La nouvelle société française

Chez le même Éditeur

Collection U, série « Sociologie » dirigée par Henri Mendras

M. Abélès, *Anthropologie de l'État,* 1990.
N. Bonneuil, *Introduction à la modélisation démographique,* 1997.
A. Degenne, M. Forsé, *Les Réseaux sociaux,* 1994.
W. Doise, J.-C. Deschamps, G. Mugny, *Psychologie sociale expérimentale,* 1997, 3e édition, 2e tirage.
C. Dubar, *La Socialisation,* 1996, 2e édition, 3e tirage.
C. Dubar, P. Tripier, *Sociologie des professions,* 1998.
M. Duru-Bellat, A. Henriot-Van Zanten, *Sociologie de l'école,* 1995, 4e tirage.
O. Galland, *Sociologie de la jeunesse,* 1997, 2e édition.
R. Ghiglione, B. Matalon, *Les Enquêtes sociologiques,* 1995, 5e édition.
R. Ghiglione, J.-L. Beauvois, C. Chabrol, A. Trognon, *Manuel d'analyse de contenu,* 1990, 3e tirage.
C. Javeau, *Leçons de sociologie,* 1997, 2e édition.
B. Kayser, *La Renaissance rurale,* 1990.
J. Lazar, *Sociologie de la communication de masse,* 1991.
Y. Lemel, *Stratification et mobilité sociale,* 1991.
P. Mann, *L'action collective,* 1991.
H. Mendras, *Éléments de sociologie,* 1996, 4e édition, 2e tirage.
H. Mendras, *Éléments de sociologie - Textes* (U2), 1978, 3e édition, 2e tirage.
H. Mendras, M. Verret, *Les Champs de la sociologie française,* 1988.
H. Mendras, M. Forsé, *Le Changement social,* 1991, 3e tirage.
R.K. Merton, *Éléments de théorie et de méthode sociologique,* 1997.
A. Ogien, *Sociologie de la déviance,* 1995.
J. Péneff, *La Méthode biographique,* 1990.
A. Percheron, *La Socialisation politique,* 1993.
P. Rabardel, *Les Hommes et les technologies,* 1995.
J.-D. Reynaud, *Les Règles du jeu,* 1997, 3e édition.
M. Segalen, *Sociologie de la famille,* 1996, 4e édition.
D. Segrestin, *Sociologie de l'entreprise,* 1996, 2e édition.
D. Vinck, *Sociologie des sciences,* 1995.

Collection Cursus, série « Sociologie » dirigée par Gilles Ferréol

L. Albarello *et al., Pratiques et méthodes de recherche en sciences sociales,* 1995.
R. Deliège, *Anthropologie de la parenté,* 1996.
G. Ferréol *et al., Dictionnaire de sociologie,* 1995, 2e tirage.
G. Ferréol, P. Deubel, *Méthodologie des sciences sociales,* 1993.
G. Ferréol *et al., Histoire de la pensée sociologique,* 1994, 2e tirage.
G. Gaillard, *Dictionnaire des ethnologues et des anthropologues,* 1997.
Y. Goussault, A. Guichaoua, *Sciences sociales et développement,* 1993.
J. Guibert, G. Jumel, *Méthodes et techniques pour travaux de terrain en sciences humaines et sociales,* 1997.
P. Guillot, *Introduction à la sociologie politique,* 1998.
J. Lohisse, *Les Systèmes de communication,* 1998.
J. Lombard, *Introduction à l'ethnologie,* 1994, 2e tirage.
G. Ferréol, J.-P. Noreck, *Introduction à la sociologie,* 1996, 4e édition.
R. Pottier, O. Leservoisier, *Les Notions clés de l'ethnologie,* 1998.
C. Rivière, *Socio-anthropologie des religions,* 1997.

Sous la direction de
Olivier GALLAND et Yannick LEMEL

La nouvelle société française

Trente années de mutation

ARMAND COLIN

COLLECTION U • SOCIOLOGIE

sous la direction de Henri Mendras

ISBN 2-200-01929-7

ARMAND COLIN • 34 BIS, RUE DE L'UNIVERSITÉ • 75007 PARIS

Sommaire

Liste des auteurs

Déchaux Jean-Hugues	Maître de conférences à Paris V, chercheur à l'Observatoire Sociologique du Changement, FNSP-CNRS, Paris.
Degenne Alain	Directeur de recherche au CNRS, LASMAS, CNRS, Caen.
Donegani Jean-Marie	Directeur de recherche au CNRS, CEVIPOF, FNSP, Paris.
Forsé Michel	Directeur de recherche au CNRS, LASMAS, CNRS, Paris.
Galland Olivier	Directeur de recherche au CNRS, Observatoire Sociologique du Changement, FNSP-CNRS, Paris.
Hérault Bruno	Chargé de cours, LAPSAC/CADIS, Département de Sociologie, Bordeaux II.
Lallement Michel	Professeur de sociologie, GRIS, Université de Rouen.
Lapeyronnie Didier	Professeur de sociologie, CADIS-EHESS, Université « Victor Segalen » Bordeaux II.
Lemel Yannick	Inspecteur général de l'INSEE, Laboratoire de Sociologie quantitative, CREST, INSEE.
Paugam Serge	Directeur de recherche au CNRS, Observatoire Sociologique du Changement, CNRS-FNSP, Paris.
Roché Sébastien	Chargé de recherche au CNRS, CERAT, CNRS, Grenoble.
Schweyer François-Xavier	Professeur de sociologie, Laboratoire d'analyse des politiques sociales et sanitaires, École nationale de la Santé publique, Rennes.

Introduction

Comment analyser les changements de la société française ?

En 1960, moins de 10 % des ménages français possédaient un téléphone ; ils sont 97 % trente ans plus tard à en disposer d'au moins un exemplaire à leur domicile. En 1960, 60 % de la population adulte assistait à une messe au moins une fois par mois ; trente ans plus tard, ils sont moins de 5 % à le faire. En 1960, les cadres supérieurs représentaient 5 % de la population active ; trente ans plus tard, leur part a été multipliée par quatre.

Les évolutions sont saisissantes et leurs exemples pourraient être multipliés. L'ampleur des changements paraît incontestable. Elle alimente d'ailleurs les débats sociaux, les craintes ou les espoirs devant la mondialisation, la montée d'une société à deux vitesses, etc, etc.

Ce livre présente, du point de vue de la sociologie, un bilan et une analyse des changements intervenus dans la société française depuis trente ans.

QUELLES MÉTHODES ?

Plusieurs méthodes sont envisageables pour dresser un bilan. Une première démarche, plus sociographique, est celle de l'enregistrement méthodique de nombreux indicateurs et le suivi de leur évolution. L'ancêtre de la méthode, la construction d'« indicateurs sociaux », suscita beaucoup d'intérêt dans les années soixante, soixante-dix avant de s'étioler en France (elle s'est maintenue sous le nom de « Social Reporting » dans d'autres pays développés). L'ouvrage *La société française en tendances*, réalisé par l'équipe de Louis Dirn, s'apparente à cette méthode. Un grand nombre de tendances élémentaires d'évolution y sont diagnostiquées, argumentées à partir des matériaux empiriques disponibles. L'analyse de leurs interactions vraisemblables permet ensuite de construire un diagnostic plus synthétique. Le souci est d'être exhaustif, minutieux, de formuler des diagnostics élémentaires plutôt que globaux, de ne rien laisser de côté. La démarche ne peut donc être que collective : Louis Dirn est le pseudonyme d'une équipe, ayant elle-même largement consulté la communauté sociologique.

Une seconde démarche est à l'opposé : il s'agit d'y proposer un diagnostic global, d'emblée synthétique. L'ouvrage d'Henri Mendras, *La seconde révolution française*, ou l'article d'Alain Touraine, « Existe-t-il encore une société française ? », en sont de bons exemples. Dans les deux cas, les auteurs s'appuient certes sur les travaux et recherches existants mais ils les sélectionnent, les organisent, en dégagent ce qui leur semble des lignes de force de manière à élaborer une vision intelligible des changements. Bien entendu, en l'absence de modèles globaux permettant d'expliquer la dynamique des changements sociaux, le résultat dépend des individus, de leurs sensibilités, de leurs intuitions.

Les deux démarches ont leurs avantages et leurs inconvénients. La première a le mérite de la rigueur et du systématisme, mais ne propose pas d'emblée des analyses synthétiques (qui doivent être construites de manière inductive) et se prête mal aux théorisations. La seconde est à l'inverse : elle traduit le plus souvent une vision générale, interprétative ou théorique, mais la confrontation aux observations y est nettement moins systématique.

Le bilan et l'analyse proposés dans ce livre résultent d'une troisième démarche. Notre point de départ sera les grandes composantes de la société, composantes pour l'interprétation desquelles des sociologies spécialisées se sont généralement constituées. Sociologie de la stratification sociale, sociologie de la famille, sociologie du travail, sociologie politique, etc., seront successivement mises à contribution. Dans chaque cas, il s'agira de dresser le bilan des principales évolutions ; des principales interprétations qui justifient de les retenir ou qu'on leur propose ; des évolutions conceptuelles que les changements ont nécessité. Nous traiterons ainsi simultanément : de l'évolution des inégalités économiques et sociales ; des analyses du système de stratification sociale et de ses changements ; de la sociologie de la mobilité sociale et de la stratification. Cette façon de faire permettra, nous semble-t-il, de garder un souci d'exhaustivité, sans néanmoins oublier que les « faits » – les changements – renvoient dialectiquement aux « interprétations » qui justifient de les constituer en éléments dignes d'intérêt.

La démarche qui sera suivie permettra, nous semble-t-il, de mobiliser les savoirs théoriques de « moyenne portée » progressivement constitués par les différents champs de la discipline. Elle ne présuppose pas qu'un mouvement d'ensemble emporte toute la société mais elle admet aussi que celle-ci n'est pas complètement fragmentée en une multitude de micro-domaines et de microchangements.

TROIS FILS DIRECTEURS

De la méthode suivie, on peut déduire assez facilement quelques-unes des questions qui organisent cet ouvrage. La *première question* est la plus évidente. Faut-il parler *du* changement ou *des* changements ? Quelles sont les congruences entre évolutions des différentes composantes de la structure sociale ? Peut-on voir à l'œuvre partout les mêmes mécanismes, les mêmes facteurs ? Rien n'est moins sûr. En tout cas, nous ne poserons pas d'emblée que tous les changements vont, partout, dans le même sens. Les différentes parties constitutives de la société ont pu évoluer chacune à leur rythme, éventuellement même dans des directions divergentes. Ce sera un résultat de l'analyse que d'établir si notre société s'est modifiée dans le sens d'une plus grande intégration ou, au contraire, d'une moindre intégration.

Deuxième question : celle de l'interprétation théorique des changements observés. Comme on l'a dit, les changements tels qu'on peut les retracer par des indicateurs comme ceux que nous évoquions au début de cette introduction ont été manifestement importants. La question sociologique qu'on peut néanmoins se poser – question qui constituera un deuxième fil directeur de l'ouvrage – est celle de savoir si pour autant les mécanismes sociologiques sous-jacents ont tant changé que cela.

Le divorce, par exemple, est maintenant fort répandu mais quelles implications doit-on déduire de ce fait à propos du fonctionnement de la famille et de la place qu'elle occupe dans la société ? La réponse, comme on le verra sur cet exemple, est loin d'être évidente puisque ce développement du divorce a pu précisément être interprété comme la conséquence récente d'une évolution déjà repérée au début du siècle par Durkheim. C'est plutôt la permanence que le changement que cette évolution révélerait.

Le parti pris dans cet ouvrage permettra d'apporter, nous l'espérons, des réponses à des questions de cet ordre. Les phénomènes, dont le changement focalise l'attention, sont-ils si nouveaux que cela, traduisent-ils vraiment des ruptures ? Aux tenants des changements radicaux, ceux de l'apparition d'une société « post-moderne », on peut opposer que rien n'est apparu qui ne puisse se comprendre comme les conséquences de la « modernité » telle qu'elle s'est mise en place aux XVIIe et XVIIIe siècles européens. Les réflexions des sociologies spécialisées sont particulièrement topiques sur ces sujets.

Dernière question enfin : celle de la spécificité. La modernité (ou la « post-modernité ») touche-t-elle notre pays plus, moins ou autrement qu'elle ne touche les autres pays ? Quelles bases peut-on trouver aux spécificités françaises ? Nous essaierons, sans être aussi systématique que dans les cas précédents d'apporter des éclairages sur ce sujet.

BIBLIOGRAPHIE

DIRN L. (1998), *La société française en tendances. 1975-1995*, Paris, PUF, coll. « Sociologie d'aujourd'hui ».

MENDRAS H. (1994), *La seconde Révolution française. 1965-1984*, Gallimard, coll. « Folio essais ».

TOURAINE A. (1990), « Existe-t-il encore une société française ? », *Tocqueville Review*, vol. 11, p. 143-171.

Chapitre 1

L'évolution des sociétés occidentales

Olivier Galland et Yannick Lemel

Les interrogations sur l'interprétation générale que l'on pourrait donner aux évolutions des sociétés contemporaines – sociétés modernes, développées, industrielles, le choix même d'un terme est significatif d'une orientation théorique – resurgissent régulièrement dans le débat académique. Le titre de quelques ouvrages, constituant autant de jalons sur la période 1960-1990, suffit à le rappeler s'il était besoin : Rostow (1960), Lipset (1960), Aron (1962), Bell (1973), Inglehart (1977), Lyotard (1984), Giddens (1990), Esping-Andersen (1990)*. Appuyés sur des matériaux assez simples en début de période, ces réflexions se fondent de plus en plus sur des recherches comparatives systématiques, de méthodologies diverses, dont malheureusement la France est trop fréquemment absente.

Il n'est évidemment pas question dans ce chapitre introductif de dresser un bilan systématique de recherches nombreuses, variées et, souvent, objets de débat. Il s'agit, avant de présenter les évolutions de la société française domaine par domaine, de donner quelques éléments de cadrage permettant de replacer les considérations qui vont suivre dans une perspective plus large.

Un point tout à fait net est que les auteurs que nous avons cités traitent du destin d'*ensemble* des sociétés occidentales. Chacune d'entre elles constitue un exemple d'application d'une tendance générale d'évolution. Les particularités éventuelles ne sont que de degré, certaines sociétés pouvant être plus avancées que d'autres dans la direction indiquée. Le mode sur lequel se font les critiques de ces auteurs, mode qui consiste à leur opposer des contre-exemples, illustre bien l'ambition de généralité qui sous-tend leurs perspectives. En témoigne aussi le mode sur lequel se font les analyses – mode qui consiste à traiter, dans des comparaisons internationales, chaque société comme élément d'un échantillon et donc, par là même, comme un cas similaire, car comparable, aux autres. La France n'est dans cette perspective qu'une variante parmi d'autres des sociétés développées. Si elle ne l'était pas, ce serait d'ailleurs, par là même, une preuve de la faiblesse de ces théories générales.

Or, il existe une tradition de réflexion sur l'évolution des sociétés qui en souligne, au contraire, le particularisme. Chacune – pour des raisons historiques,

* La bibliographie est regroupée à la fin de chaque chapitre.

culturelles et sociales – constitue une unité particulière dont la dynamique ne peut se comprendre qu'intrinsèquement (Ragin C. C. et Becker H., 1992). Cette perspective est souvent assumée par les chercheurs étudiant la société française et son « exceptionnalisme », en général de manière implicite, la généralisation des conclusions obtenues à propos de la France à d'autres sociétés n'étant guère envisagée.

C'est donc autour de ce thème – la France comme cas particulier ou comme exemple d'un processus général – que nous organiserons ce chapitre. Dans la première section, les évolutions générales supposées s'appliquer à toutes les sociétés développées seront présentées ; les références au cas particulier de la France seront là à leur plus faible niveau. La deuxième section sera consacrée aux schémas interprétatifs des évolutions de la société française proposés par des sociologues français se focalisant sur leur propre société ; les références à d'autres sociétés seront ici souvent à leur degré le plus faible.

1 LE DEVENIR DES SOCIÉTÉS MODERNES

Quasiment depuis sa fondation, la sociologie cherche à construire des lectures d'ensemble du devenir de la société moderne. Tour à tour, Saint-Simon, Comte, Marx, Tocqueville, Durkheim ou, plus près de notre époque, Max Weber s'interrogent sur les transformations de la société, conséquences des Lumières et de la Révolution industrielle. Comme le souligne Jean Baechler dans le *Dictionnaire de Sociologie*, l'analyse de la modernité – c'est-à-dire l'analyse des transformations apparues du XVIIe au XIXe siècle dans les sociétés européennes – est la pierre de touche de la sociologie : *« tout point de vue argumenté sur la modernité est une théorie sociologique et toute théorie sociologique doit être évaluée à sa capacité à rendre compte de la modernité »*.

On ne remontera pas aux pères fondateurs même si, à l'évidence, les propositions plus récentes leur doivent beaucoup et peuvent être considérées, à nombre d'égards, comme la mise à jour de leur pensée. Un point, en effet, particulièrement frappant des réflexions sur l'évolution des sociétés contemporaines est la permanence des thèmes qu'elles mettent en évidence. La croissance du savoir rationnel et le souci de l'appliquer notamment dans le monde de la production, le développement des préoccupations individualistes au détriment des appartenances communautaires, la mise en place de régimes politiques contrôlant l'absolutisme des gouvernants par des formes quelconques de consultation des citoyens, tous ces thèmes actuels, et bien d'autres, sont présents chez les auteurs du XIXe siècle.

On traitera donc ici de la période d'après-guerre. Ce que Erikson et Goldthorpe appelleront plus tard la grande synthèse « libérale » domine cette période : la division du travail liée à l'essor de l'industrie, les formes culturelles qui lui correspondent, le développement des démocraties sont vues comme allant relativement de pair. Les sociétés en développement, les sociétés socialistes convergent, considère-t-on, vers ce modèle. Cette thèse, qui fait de l'industrialisation (ou, de sa suite, la post-industrialisation) l'élément clé de la compréhension des évolutions, sera certes abondamment critiquée mais restera pendant longtemps sans alternative d'ampleur comparable. Les premières réflexions sur le « World-System » n'apparaîtront qu'aux années soixante-quinze et l'explosion des réflexions sur le post-modernisme est encore plus récente.

1.1. Talcott Parsons et le néo-évolutionnisme

L'idée d'une succession de types de sociétés dans l'histoire humaine, depuis des sociétés regroupant de petits effectifs dans des organisations simples jusqu'aux sociétés contemporaines complexes régissant des millions d'individus, semble récurrente dans la pensée sociologique. Elle est très présente dès les débuts de la sociologie, chaque grand auteur en présentant sa vision personnelle. Elle est toujours présente de nos jours (ne serait-ce que dans le langage ordinaire des sociologues lorsqu'ils opposent par exemple les sociétés « traditionnelles » aux sociétés « modernes ») et resurgit périodiquement sous des formes réélaborées.

Dans les variantes originelles les plus simples, les types étaient peu nombreux, la succession ne pouvait suivre qu'un seul chemin. Sous l'impulsion, entre autres, des auteurs fonctionnalistes dont on parle dans cette section, le cheminement fut considéré comme moins unilinéaire, les types comme plus complexes.

En fait l'« évolutionnisme » comprend de nombreux aspects. Il y a d'abord l'idée d'une succession des types de société dans l'histoire humaine. Une étape supplémentaire, plus ambitieuse du point de vue de l'explication, consiste à considérer que les types s'enchaînent, s'engendrent mutuellement. De nombreux mécanismes et processus ont été suggérés pour ce faire. Le développement progressif des contradictions inhérentes à un système de production et un état des techniques en est un exemple. Les processus de sélection naturelle, darwinien ou lamarkien, bien que peu fréquemment évoqués en France, en sont d'autres. C'est plutôt dans cette dernière perspective que les réflexions fonctionnalistes se placent.

Pour les structuro-fonctionnalistes, les changements d'un type de société à l'autre n'impliquent rien sur la « valeur » des sociétés. Leur évolution traduit plutôt une augmentation de leurs capacités d'adaptation à l'environnement, correspondant à l'un des impératifs fonctionnels de la théorie parsonnienne. C'est en examinant les possibilités de s'autonomiser vis-à-vis de l'environnement immédiat et de développer l'utilisation des ressources qu'il procure, qu'on pourra en juger.

L'évolutionnisme fut même d'ailleurs combattu par les fonctionnalistes, notamment de l'école d'anthropologie anglaise, dans l'entre-deux-guerres. L'idée que les types de société se succédaient conduit en effet assez naturellement à vouloir retrouver dans des sociétés de type récent des vestiges des sociétés de type plus ancien. Or dans une perspective fonctionnaliste, les « vestiges » ne sauraient être là par hasard. C'est du point de vue de la société considérée qu'il faut examiner les traits culturels ou sociaux et ceux qui pourraient être jugés vestigiels, car apparaissant absurdes à l'observateur extérieur, ont certainement leur raison d'être et il faut donc s'interroger sur les raisons de leur présence.

On ne développera pas les théories fonctionnalistes et les controverses qu'elles ont engendrées. Le point qui importe ici est que de nouvelles propositions sur l'évolution des sociétés humaines émanent précisément d'auteurs de ce courant. Talcott Parsons lui-même produit deux ouvrages dans la fin des années soixante (1966, 1971) proposant sa propre version de la succession des types de société. L'explication de cet intérêt pour les évolutions paraît assez simple à expliquer : des perspectives fonctionnalistes ne peuvent pas réellement s'abstraire de tout intérêt pour le changement social, ne serait-ce que pour comprendre comment ne subsistent dans une société que les traits qui lui sont fonctionnels.

Talcott Parsons distingue trois grandes catégories de sociétés : les sociétés primitives, les sociétés intermédiaires et les sociétés modernes. Ces dernières se distinguent, en particulier, par l'existence d'un droit universaliste (la rationalité formelle de Max Weber) mais l'aspect le plus important n'est sans doute pas celui-là. Chaque étape, et chaque type à l'intérieur des étapes, se caractérise par son degré de différentiation sociale et par les processus d'intégration qu'elle utilise. Les évolutions se sont faites par division, séparation et complexification de la société, d'une part ; mais aussi, en quelque sorte par conséquence, par abstraction, universalisation des processus d'intégration et des systèmes de valeur de l'autre. Le lien est de cause à effet : plus la société est différenciée, plus les systèmes de valeur qui orientent les actions individuelles doivent, pour pouvoir s'appliquer à des situations et des contextes variés, être abstraits et universels. L'évolution traduit donc bien l'accroissement des possibilités de maîtrise et d'utilisation de l'environnement par développement d'une division généralisée du travail et complexification-spécialisation des éléments de la société.

Ces mêmes processus, peut-on supposer, sont toujours à l'œuvre de nos jours. On notera à cet égard que Parsons considère (en 1970, donc avant le développement des réflexions sur la globalisation ou la mondialisation) que l'évolution à venir ne se fera pas par apparition d'un nouveau type mais par extension à l'ensemble des sociétés humaines du type « société moderne ».

1.2. Sociétés industrielles et post-industrielles

Des années soixante aux années quatre-vingt, toute une série d'auteurs, principalement nord-américains mais aussi français comme Raymond Aron, s'interrogent sur l'évolution générale des sociétés occidentales, modernes et contemporaines. Ils ne constituent pas une école à proprement parler, mais partagent incontestablement des préoccupations et des modes de réflexion assez voisins. On pourrait citer, à titre d'exemple et par ordre chronologique : Parsons (1960), Aron (1962), Moore (1963), Kerr (1969), Treiman (1970), Galbraith (1971), Bell (1973, 1976). Même si les thèses fonctionnalistes évoquées précédemment ne sont pas toujours citées, la continuité intellectuelle paraît assez évidente avec les réflexions présentées à la section précédente.

La thèse générale est que les sociétés développées ont suivi ou suivent des évolutions similaires dans leur passage de l'état pré-industriel à l'état industriel et post-industriel. L'industrialisation, et sa suite la post-industrialisation, correspondent à la généralisation à des sphères de plus en plus nombreuses de la rationalité technique et économique. La thèse cherche, en particulier, à établir un lien entre les évolutions techniques et économiques, elles-mêmes interprétées comme la conséquence d'une extension progressive du souci de rationalité productive, et l'extension progressive de la démocratie dans l'ordre politique.

Le terme « industriel » dans l'expression « société industrielle » ne doit pas être pris au pied de la lettre. Bien entendu, il signale toute l'importance qu'il faut attacher à l'industrialisation et au développement des processus industriels de fabrication : la population active sera de moins en moins employée dans le secteur primaire et de plus en plus dans le secteur secondaire. Le point de fond qu'entendent mettre en évidence les auteurs qui ont traité du sujet n'est cependant pas celui-là. Les progrès de l'agriculture – liés à la mécanisation, au changement des pratiques agricoles, à la recherche de nouvelles variétés horticoles – sont certainement à leurs yeux des conséquences tout aussi importantes de l'« industrialisation ». L'industrialisation, c'est la recherche systématique des procédures techniques les plus efficaces dans la production et la distribution des biens et services : mise en œuvre systématique des connaissances scientifiques et recherche méthodique des profits de la division du travail.

Cette recherche générale d'efficacité s'applique évidemment à la détection des talents, puis à l'utilisation professionnelle de ceux-ci, processus dans lequel le système scolaire joue un rôle essentiel, et de plus en plus important. L'évolution générale des sociétés industrielles se fait vers une plus grande « ouverture » de celles-ci.

Erikson et Goldthorpe (1993), proposent plus précisément de distinguer trois ordres d'arguments avancés par les tenants de ce qu'ils dénomment la « théorie libérale » pour expliquer par quels mécanismes les sociétés industrielles deviendraient de plus en plus « ouvertes » et donneraient une place de plus en plus grande aux processus d'« achievment » par rapport aux processus d'« ascription ». Les secteurs économiques, comme l'agriculture, les plus soumis à des processus de transmission du statut sur base d'« ascription », perdent de leur importance économique. Le développement systématique de la technologie et de sa mise en œuvre implique le changement des formes de division du travail, donc une mobilité (sociale ou professionnelle) de plus en plus grande. Le souci de ne pas gaspiller les capacités individuelles de la force de travail conduit à modifier les procédures d'affectation des individus à des positions dans la société de manière à les rendre de moins en moins « ascriptives » : la sélection méritocratique prend de plus en plus de place et le rôle de l'école va s'accroître de ce fait.

Précisément, le rôle de l'éducation et de la sélection méritocratique est central dans les propositions de Daniel Bell, l'auteur qui propose l'expression de « société post-industrielle », terme qui sera aussi utilisé en France par Alain Touraine *(cf.* section 2) pour désigner des phénomènes très semblables. Il faut noter d'abord que Daniel Bell ne présentait pas la société « post-industrielle » comme réalisée, ni même comme devant apparaître à court terme : il s'agissait donc plutôt d'extrapoler des tendances latentes.

Résumés à leur plus simple expression, les thèses tiennent en l'articulation de divers changements. En matière idéologique, la confiance dans l'utilité et la mise en œuvre du savoir théorique est de plus en plus grande, en même temps que montent les désirs d'accomplissement individuel et de participation[1].

En matière de structure sociale, techniciens et « professionnels », détenteurs des connaissances scientifiques et techniques, prennent progressivement la prééminence en même temps que se redéfinissent, en matière politique, les rapports entre ces détenteurs de connaissance et les responsables politiques. La sphère économique, enfin, est marquée par le passage de la production de biens à celle des services en sorte que les *« white-collars »* deviennent prédominants au sein de la force de travail au détriment des *« blue-collars »*. Globalement, Bell imaginait un avenir positif, où les préoccupations des *« knowledge workers »* pour le bien-être général deviendraient dominantes, mais il ne suggérait pas une société irénique où tout conflit aurait disparu : les conflits de classe, « classiques » en quelque sorte, perdraient, à son avis, de l'importance, au profit d'autres enjeux sur la santé, l'éducation ou encore l'environnement, tout aussi conflictuels.

Une bonne part des débats a porté sur le degré auquel les changements repérés par Bell peuvent être considérés comme des nouveautés ou doivent plutôt être vus comme des variantes d'évolutions générales et anciennes des sociétés développées. En particulier, Daniel Bell ne proposait aucune explication des mécanismes conduisant au passage d'une société d'un certain type à un autre. Son mode de raisonnement est plutôt d'indiquer de grandes tendances à l'œuvre, leur réunion lui paraissant suffire à justifier l'idée d'un changement qualitatif à terme.

1.3. L'étude des World-systems

Bien qu'on puisse lui trouver des antécédents (et, notablement, Fernand Braudel qui utilise la notion d'« économie-monde »), c'est l'ouvrage d'Immanuel Wallerstein (1973) qui est à l'origine d'un courant de recherche très actif sur les évolutions des sociétés rassemblant historiens, sociologues et économistes dans une démarche d'inspiration marxiste. On ne peut ici que résumer succinctement en insistant sur les conclusions.

La perspective adoptée s'abstrait radicalement de l'idée, présente chez tous les auteurs qu'on a cité précédemment, que l'unité d'analyse doit être la société, l'ethnie ou l'État-Nation. Wallerstein définit un « système-monde » comme

> la division du travail qui prévaut dans un espace multiculturel au sein duquel les échanges de biens de première nécessité et de matière première sont vitaux pour la vie quotidienne des habitants.
>
> (I. Wallerstein, *The Modern World System*)

On peut donc trouver dans un « système-monde » des sociétés que les typologies évolutionnistes classeraient dans des types différents. L'argument de Wallerstein est qu'il ne faut surtout pas, pour analyser les sociétés, les isoler les unes des autres mais, au contraire, les examiner dans leurs interrélations (pourvu, bien sûr, qu'elles soient suffisamment intenses pour le justifier).

1 Le thème d'une montée des préoccupations d'accomplissement personnel au fur et à mesure que les besoins plus élémentaires sont satisfaits grâce à la croissance économique se retrouve chez nombre d'auteurs, en particulier dans la théorie du psychosociologue Maslow.

Un autre aspect important caractérisant la perspective adoptée est l'ampleur des horizons temporels retenus. Il faut des périodes très longues pour que se mettent en place et se modifient les réseaux d'échange, de relations, les rapports de force entre composantes d'un « système-monde ». De ce point de vue, les prémisses du « système-monde » actuel sont à rechercher dans le « système-monde » de l'Europe moderne et remontent donc au moins aux XVIe et XVIIe siècles. L'histoire contemporaine, et jusqu'à nos jours, doit se comprendre comme l'intégration progressive au sein de ce système des sociétés qui lui étaient extérieures antérieurement. Les thèmes de la globalisation, du marché mondial, du rapport global de l'oekoumène à l'environnement terrestre tout entier, en plein développement cette dernière décennie, sont donc présents dès les premiers travaux sur les World-Systems ; la différence entre ces travaux et les réflexions actuelles sur la globalisation est que les uns ne considèrent pas du tout le phénomène comme récent au contraire des autres.

Au sein d'un « système-monde », on doit distinguer des sous-ensembles : le « cœur », la « périphérie » et la « semi-périphérie ». La place relative d'une société donnée reste pratiquement stable tout au long du développement d'un système, tels que les auteurs en jugent d'après leurs données[2].

Les « sociétés en développement » (de la périphérie) n'ont donc pas pour futur les « sociétés développées » (du cœur) : toutes évolueront de concert mais en restant dans les mêmes relations respectives. D'inspiration marxiste, les théoriciens des « World-Systems » raisonnent en termes de transfert inégaux depuis la périphérie vers le cœur.

La France fait évidemment partie du « cœur » du système-monde actuel. Elle a d'ailleurs toujours fait partie du cœur du système-monde européen devenu progressivement mondial mais, au sein de ce cœur, elle n'a jamais occupé la position hégémonique qui a pu être celle d'autres états ayant bénéficié d'innovations économiques (appelés à se diffuser) leur donnant un avantage de puissance. Se sont ainsi succédés dans le système-monde européen : les Pays-Bas, l'Angleterre et les États-Unis (qui constituent un cas atypique de pays passés de la zone « semi-périphérique » au « cœur »).

La conclusion essentielle que l'on pourrait retenir des recherches des théoriciens des World-Systems est qu'on peut sérieusement s'interroger sur toute analyse des sociétés contemporaines qui les percevrait comme fondamentalement nouvelles. Les évolutions, ou plutôt les co-évolutions, sont en route depuis plusieurs siècles et il n'y a pas de changements et de ruptures marquées dans les décennies récentes.

1.4. Post-modernisme ou radicalisation de la modernité ?

La thèse du « post-modernisme » est la plus récente en date des propositions sur l'évolution des sociétés développées. La thèse, en plein foisonnement, est principalement exprimée par des sociologues anglo-saxons inspirés à l'origine par des auteurs français.

2 Par exemple, Terlouw (1992) a construit, pour classer les différents pays, un index intégrant des indicateurs économiques (PNB, part du commerce), des indicateurs politiques (échanges diplomatiques) et militaires.

Tous les éléments d'évolution connotant dans nos sociétés une plus grande flexibilité et une plus grande importance des aspects culturels et subjectifs sont assemblés en un modèle idéal-typique définissant la société, dite « post-moderne ». En particulier, une grande importance est accordée aux propositions de Jean-François Lyotard sur la multiplication des croyances et savoirs en lieu et place d'une croyance unique et générale au progrès technologique fondé sur la science.

Élaborée plutôt à propos des sociétés anglaises et nord-américaines, la thèse se veut de portée générale pour les sociétés occidentales et développées. Nicolas Herpin (1993) l'a résumée comme suit :

1. les modes de consommation sont bouleversés par la diversification et la multiplication des produits et services offerts. La diversité, notamment stylistique, offerte est telle que chaque foyer peut constituer sa combinaison spécifique de biens ;
2. parallèlement, les procès de fabrication et de production se diversifient considérablement. La flexibilité, dans l'emploi de main-d'œuvre entre autres, et la mobilité professionnelle, le changement de groupe socio-professionnel durant l'existence deviennent la règle ;
3. *« à une stratification sociale hiérarchisée en un petit nombre de classes, bien distinctes les unes des autres, se substitue une structure plus floue : la nébuleuse des classes moyennes »*. Celle ci absorbe tous les groupes sociaux. La plus grande partie de l'ex-classe ouvrière s'y est intégrée par embourgeoisement et aussi en raison de l'affaiblissement des distinctions entre techniciens et ouvriers très qualifiés. En haut de la hiérarchie sociale, la classe supérieure s'en distingue de moins en moins bien. La pauvreté est devenue une situation individuelle et temporaire.

On peut ajouter à ces points, qui traitent plus particulièrement de la vision post-moderniste de la structure sociale, des évolutions culturelles conduisant à un « bricolage » idéologique généralisé.

Tous ces éléments forment système. Production fordiste, consommation de masse, croyance dans le progrès et stratification rigide de classes sociales auraient vécu de pair. Le relativisme culturel et social serait devenu la règle. On ne peut plus définir des groupes sociaux par la cooccurrence simultanée d'une position sociale, d'un mode de vie et d'un sentiment d'appartenance.

Comme la thèse de Daniel Bell, la thèse du « post-mostdernisme » peut être critiquée au titre que les changements repérés ne sont pas de « vrais » changements mais tout simplement la continuation des tendances constitutives de la modernité. Ainsi, pour Anthony Giddens (1990), les évolutions récentes des sociétés développées ne sont pas significatives de l'apparition d'une nouvelle forme de société – la société post-moderne – mais résultent bien d'une radicalisation des traits qui caractérisent usuellement la modernité : c'est la « modernité avancée ».

Les sociétés « modernes », argumente Giddens, sont nettement différentes des sociétés antérieures. La différence tient moins aux formes de production et de division du travail mis en avant par les auteurs classiques qu'aux éléments caractéristiques du dynamisme des sociétés modernes à savoir des tendances à :

- la *« dissociation du temps et de l'espace »*. Classiquement le « quand » était associé au « où » ;

– la *« délocalisation des systèmes sociaux »*. Les relations sociales sont de plus en plus abstraites des contextes locaux d'interaction et restructurées dans des champs spatio-temporels indéfinis. Un rôle tout à fait essentiel dans ce développement de la « délocalisation » est joué par la création et le développement de « gages symboliques » (dont l'argent et ses succédanés sont les archétypes) et des « systèmes experts », domaines techniques mobilisant des expertises, auxquels n'accèdent pas mais auxquels croient les usagers (par exemple lorsqu'ils utilisent des transports aériens).
– l'*« appropriation réflexive de la connaissance »*: « la production d'un savoir systématique devient partie intégrante de la reproduction du système, détachant la vie locale des fixités de la tradition ».

Tous ces traits sont présents dès le début des sociétés modernes. Ce que les théoriciens du post-modernisme mettent en exergue n'est en somme que le terme ultime, au niveau mondial, de ces traits.

2 LA FRANCE VUE PAR DES SOCIOLOGUES FRANÇAIS

Alain Touraine ou Pierre Bourdieu, pour citer deux des figures emblématiques de la sociologie française, ont proposé des interprétations des sociétés modernes qui reposent d'abord sur une construction intellectuelle et une théorie des rapports sociaux. C'est à travers ce cadre et les concepts qui l'organisent (l'historicité, le système d'action historique, les mouvements sociaux pour Touraine, l'habitus, la notion de champ et les différents types de capital pour Bourdieu) que sont proposés des types d'interprétation de la société française et de son évolution. Mais les sociologues français sont lus, le plus souvent, pour leur apport théorique et dans les manuels de sociologie notamment, ces interprétations sont délaissées au profit de l'édifice théorique initial. Nous prendrons ici délibérément le parti inverse : sans négliger bien sûr l'orientation théorique qui contribue à construire un mode d'analyse, nous essaierons de voir à quel diagnostic sur l'état de la société française et sur les changements qui la traversent, ont abouti les réflexions des sociologues français.

Malgré les divergences idéologiques et théoriques qui les séparent, ces derniers fournissent une analyse moins hétérogène qu'on pourrait le croire des évolutions et des permanences de la société française. Permanences et évolutions : c'est plutôt dans l'équilibre de ces termes que se marquent les différences entre les auteurs. Mais les facteurs et les mécanismes repérés comme essentiels diffèrent peu, finalement, d'un auteur à l'autre.

2.1. La société française : fin ou recomposition des classes sociales ?

La notion de « classe sociale » est ainsi au cœur de la plupart des travaux. C'est évident dans la sociologie de Pierre Bourdieu (1978) qui centre son analyse, quel que soit le « champ » étudié, sur les rapports de domination entre classes, cette domination ne s'exerçant pas sur le seul terrain économique, mais également, et peut-être surtout, dans le domaine culturel. Pour Alain Touraine également, la notion de classe est essentielle, mais elle prend un contenu plus dynamique : les classes sont en lutte pour la gestion de l'historicité, c'est-à-dire pour la maîtrise de l'orientation économique et culturelle de la société, et cette lutte est une source de changements permanents. Un sociologue comme Henri Mendras, moins tenté par les constructions théoriques, n'en recourt pas moins, lui aussi, à la notion de classe, même si c'est pour dire que les antagonismes de classe qui structuraient la société industrielle sont en passe de se dissoudre avec l'effondrement des structures sociales qui organisaient la société française depuis le XIXe siècle.

À vrai dire, la plupart des sociologues français sont d'accord sur le constat que l'opposition de classes issue de la tradition marxiste (fondée sur la séparation entre les producteurs et les moyens de production) ne rend plus compte de la réalité sociale française, même si l'accord s'arrête à ce constat et que les divergences réapparaissent pour interpréter les nouvelles lignes de clivage.

Dès 1969, Alain Touraine constatait que dans la « société programmée » :

> les décisions et les combats économiques n'ont plus l'autonomie et la centralité qu'ils possédaient dans un type antérieur de société, défini par son effort d'accumulation et de prélèvements de profits sur le travail directement productif.
>
> (A. TOURAINE, *La société post-industrielle*)

D'une société de domination économique, nous serions passés à une société de manipulation culturelle, dans laquelle la classe ouvrière n'est plus l'acteur historique privilégié. Le conflit central opposerait désormais les dirigeants qui maîtrisent la connaissance et l'information et les dirigés qui sont aliénés parce qu'ils sont dépossédés de cette connaissance. Dans cette perpective, le conflit « culturel » prend le pas sur le conflit matériel et le centre du conflit se déplace de l'entreprise et des travailleurs, au « membre d'une communauté, attachée à un genre de vie, à des relations familiales et amicales, à une culture ». Le contexte historique, économique et politique n'est évidemment pas étranger à cette analyse présentée par Alain Touraine en 1969. Plus tard, lorsque des difficultés économiques surgiront, les problèmes matériels et notamment ceux liés à l'emploi, reprendront leurs droits.

L'ouvrage de Robert Castel (1995) sur *Les métamorphoses de la question sociale* constitue un des exemples les plus significatifs de ce retour de la question économique (et de la question sociale qui lui est liée) dans les analyses des ressorts de la structure sociale française. Mais, pour Castel également la société de classes a vécu. Elle a laissé la place à une nouvelle forme de société qu'il appelle la « société salariale ». Les relations entre le monde du travail et la société globale ont connu trois phases majeures qui ont fait passer les travailleurs de la condition prolétarienne (quasi-exclusion du corps social) à la condition ouvrière où le salaire assure des droits et donne accès à des prestations, pour aboutir à la condition salariale.

> Cette promotion du salariat bouscule l'opposition séculaire du travail et du patrimoine. Revenus confortables, positions de pouvoir et de prestige, leadership en matière de modes de vie et de modes culturelles, sécurité contre les aléas de l'existence ne sont plus nécessairement liés à la possession d'un patrimoine.
>
> (R. CASTEL, *Les métamorphoses de la question sociale*, 1995)

Robert Castel qui se situerait certainement dans un espace idéologique fort éloigné de celui de Mendras partage pourtant, d'une certaine manière, le diagnostic de celui-ci sur l'effritement des clivages sociaux traditionnels : dans ses termes, c'est la promotion du salariat qui bouscule l'opposition séculaire du travail et du patrimoine qu'avait théorisée le marxisme. Il adhère ainsi à l'idée d'Henri Mendras selon laquelle la classe ouvrière est supplantée par la « constellation centrale » comme élément moteur de la réorganisation de la société industrielle. Mais, Castel rejoint Pierre Bourdieu pour penser qu'il demeure « un noyau de positions dominantes qui cumulent et entrelacent capital économique, capital social et capital culturel, management des entreprises publiques et privées et pouvoirs exercés dans l'appareil d'État ». Empruntant ainsi à la fois à Mendras et Bourdieu, Castel définit la société salariale par la coexistence de « blocs » (terme qu'il préfère à celui de classe car il n'y a plus de classe porteuse d'un projet historique qui lui est propre) réunis et opposés à la fois par une logique de la distinction, c'est à dire animés par des stratégies de comparaison et de classement.

Mais aujourd'hui, pour Castel, les fondements mêmes de la société salariale seraient remis en cause avec l'effritement de la condition salariale. « Il commence à devenir clair que précarisation de l'emploi et chômage sont inscrits dans la dynamique actuelle de la modernisation ». La précarisation du travail mettrait à mal la fonction intégratrice de l'entreprise et générerait un processus de « désaffiliation ». Le contraste entre le Alain Touraine de 1969 et le Castel de 1995 est frappant dans l'usage qu'ils font des termes de « pauvreté » et d'intégration. Pour Alain Touraine en 1969 :

> le thème de la pauvreté recouvre un vaste ensemble de problèmes sociaux : il ne désigne plus, comme au XIXe siècle, la « question ouvrière ».
>
> (A. TOURAINE, *op. cit.*)

Le spectre du paupérisme s'éloigne donc. Il revient en force avec Robert Castel :

> De même que le paupérisme du XIXe siècle était inscrit au cœur de la dynamique de la première industrialisation, de même la précarisation du travail est un processus central, commandé par les exigences technologico-économiques de l'évolution du capitalisme moderne. Il y a bien là de quoi poser une nouvelle « question sociale » qui a la même ampleur et la même centralité que celle que le paupérisme soulevait dans la première moitié du XIXe siècle.

Le contraste est tout aussi net avec la notion d'intégration, même si le terme n'est employé par aucun des deux auteurs dans son sens sociologique classique (sentiment d'appartenance à une communauté, interaction avec les membres qui la composent et partage de valeurs communes avec eux). Pour le Touraine de 1969, « l'intégration sociale » est une des formes de la domination, car elle impose des conduites en accord avec l'appareil de production et son système de pouvoir. Les acteurs sociaux sont dominés par les organisations, mais également par le système de consommation auxquels ils sont tenus de participer. Robert Castel au contraire, déplore la faillite de la « fonction intégratrice » de l'entreprise, mise à bas par la précarisation du travail.

La fin de la forte période de croissance économique a donc parfois conduit à un curieux renversement des analyses sociologiques de la société : d'aliénante par intégration, la société serait devenue aliénante par exclusion et le même critère d'appartenance qui servait auparavant à définir une forme de domination est maintenant revendiqué comme une condition de l'intégration. Mais cet amusant paradoxe n'est pas le fait le plus important. Il est la conséquence du fait, comme le remarque Dominique Schnapper, que :

> Le paradigme de l'exclusion est devenu brutalement dominant depuis quelques années, alors que celui de la lutte des classes et des inégalités avait dominé les débats politiques et la réflexion sociologique depuis la fin de la Seconde Guerre mondiale.
>
> (D. Schnapper, 1996).

Comme le souligne le même auteur, cette question de l'exclusion n'a pas de sens en soi, elle ne prend une portée sociologique qu'à travers une interrogation ancienne de la discipline qui consiste à se demander comment maintenir le lien social dans une société qui est, d'une part dominée par l'individualisme, d'autre part confrontée au multiculturalisme et qui voit enfin remis en cause le pacte des années de croissance où l'accroissement de la richesse semblait profiter à tous. Ce sont donc deux questions qui se posent au sociologue : quel est l'effet de l'évolution des mœurs sur la cohésion sociale ? Quelle est la place de l'État-Nation dans une société où les attaches autres que nationales prendraient une place croissante et où le rôle de l'État-providence est de plus en plus ouvertement questionné ?

2.2. La révolution des mœurs

La plupart des sociologues français seraient d'accord pour dire qu'une révolution des mœurs s'est produite en France au cours des années 60. Le renversement de la tendance séculaire au rajeunissement du mariage en a été une des traductions statistiques. La plupart d'entre eux seraient aussi d'accord sur le contenu de cette révolution que l'on pourrait résumer en deux mots : permissivité et individualisme. La croissance de la permissivité est liée au relâchement des contraintes associées à un code moral issu de la religion dont l'influence n'a cessé de décliner depuis la fin de la Seconde Guerre mondiale. Plusieurs chapitres de ce livre exploreront, dans un domaine ou un autre de la société française, les manifestations diverses de cette permissivité croissante (notamment le chapitre 8). Celle-ci n'est d'ailleurs pas un phénomène propre à la société française. Toutes les sociétés développées ont connu la révolution « post-matérialiste » théorisée par Ronald Ingelhart (1977) qui l'analyse comme une révolution générationnelle : dans les générations d'après-guerre, socialisées dans un contexte nouveau d'abondance, les préoccupations matérielles passent au second plan, et la satisfaction des besoins esthétiques, intellectuels et d'identité devient une préoccupation primordiale.

Notons également, avec Henri Mendras, que le relâchement des mœurs n'est peut-être qu'un aspect de la question. La diversification des valeurs contribue à rattacher la question de la permissivité à celle de l'individualisme : les codes moraux, nous dit Henri Mendras, ne disparaissent pas, mais ils se singularisent. La permissivité des mœurs est donc, peut-être, avant tout, un individualisme des mœurs : chacun doit pouvoir choisir sa manière de vivre, non pas hors de toutes considérations morales, mais sans que celles-ci soit imposées par un cadre abstrait, commun à tous et extérieur aux individus.

Le progrès de l'individualisme, précisément, est la deuxième grande tendance, sur laquelle s'accordent les sociologues. Le constat n'est pas nouveau. Louis Dumont (1977) proposait de distinguer *l'Homo major*, l'homme collectif, de *l'Homo minor*, l'homme individuel, deux types d'hommes représentatifs de deux types de société opposés. Le première, la société traditionnelle, se caractérise par deux traits principaux : la hiérarchie et le holisme. Il s'agit donc d'une société qui « privilégie la conformité de chaque élément à l'ensemble ». Dans ce type de société, et c'est un point fondamental pour Louis Dumont, les relations entre les hommes sont plus importantes et plus valorisées que les relations des hommes aux choses. À l'opposé de ce type de société, la société moderne privilégie l'égalitarisme et l'individualisme. Pour Louis Dumont, les fondements de cette idéologie reposent sur l'autonomisation progressive de l'économique, l'apparition et la théorisation d'un nouveau rapport des hommes aux choses. Louis Dumont montre, par exemple, comment la promotion, par John Locke au XVIIe siècle, de la notion de *propriété* est profondément liée à la question de l'individualisme. La propriété, c'est la fin de la subordination et la notion prend un sens très large : elle est aussi propriété de soi-même et est donc associée à l'idée que chacun doit pouvoir librement disposer de lui-même. Dans ce nouveau contexte, la religion doit assurer l'ordre social qui n'est plus garanti par la subordination. Mandeville, dans sa fable des abeilles, mettra à bas cette prévention morale du vice par la religion en affirmant que l'action égoïste sert le bien public et en élevant donc, au nom d'une éthique utilitaire, la prospérité matérielle au statut d'une fin morale.

Nous en sommes toujours là, le mouvement de sécularisation ayant, en quelque sorte, réglé le problème : la religion, *de facto*, n'assure plus, au moins dans les jeunes générations, le rôle régulateur qui lui était autrefois dévolu. La question est donc de savoir si l'invidualisme des mœurs dont le constat ne fait de doute pour personne, peut déboucher sur un individualisme plus radical, ce que Étienne Schweisguth (1995) appelle un individualisme particulariste pour lequel la satisfaction des désirs individuels ne doit pas rencontrer de limites. Rien ne montre, dans l'analyse que font les sociologues de la société française que celle-ci soit massivement gagnée par une telle forme d'individualisme. Le libéralisme des mœurs se combine souvent, notamment chez les jeunes, à une morale altruiste. Mais rien n'assure non plus qu'il en sera toujours ainsi.

2.3. Une crise de l'État ?

L'essor de la vie privée s'accompagne d'un recul de l'État. De nombreux sociologues partageraient sans doute le diagnostic d'Henri Mendras (1994) :

> La France était un pays d'architecture massive. Le niveau national était autrefois le plus pertinent pour comprendre le fonctionnement de l'ensemble. [...] Cette architecture massive s'est écroulée ; elle a laissé la place à des structures plus complexes, plus diversifiées et plus imbriquées. Il en résulte que le niveau national n'est plus aussi révélateur de l'ensemble.
>
> (H. Mendras, *La seconde Révolution française*)

La France est pourtant certainement l'un des pays où l'identification de l'État à la Nation est la plus marquée, alors que l'Allemagne ou l'Italie, par exemple, dissocient beaucoup plus facilement leur culture nationale de l'attachement à l'État (Touraine, 1990). Cette particularité française résulte d'une forte équivalence entre les différentes dimensions de l'appartenance, culturelle (des manières de vivre), géopolitique (un territoire), sociopolitique (la citoyenneté) (Bédarida, 1996). Mais, en France comme dans l'ensemble des pays développés (pour une discussion générale, voir par exemple Schachter, 1997), ce lien particulier entre l'État et la nation se relâche, à la fois du fait d'un affaiblissement de l'État et d'un recul du sentiment d'identité nationale *(cf.* Schnapper, 1994).

Le recul de l'État tutélaire s'effectue sur plusieurs fronts. Il y a d'abord un recul idéologique, des secteurs de plus en plus larges de l'opinion étant convaincus de la supériorité du marché sur le contrôle de l'État, même si, sur ce plan, l'opinion française reste ambivalente *(cf.* chap. 8). L'interrogation sur l'efficacité de l'État ne concerne pas que les domaines d'intervention de la puissance publique elle-même. Dès 1970, un sociologue comme Michel Crozier diagnostiquait un *blocage* du modèle bureaucratique de la société française, fondé sur la centralisation et le cloisonnement des organisations en lignes hiérarchiques dont chacune fait prévaloir une régle égalitaire en son sein. Pour Crozier, un tel modèle, bien adapté à la société pré-industrielle, ne l'est plus à la société moderne où la créativité, le non-conformisme et l'innovation deviennent des valeurs fondamentales. Les Grandes Écoles constituent le support principal de ce modèle bureaucratique français qui isole l'élite mais la « fait régner sur un désert ».

Il y a, en second lieu, un recul fonctionnel, qu'on dénomme couramment « crise de l'État-providence » qui sera analysée en détail au chapitre 6, et qui résulte d'une contradiction grandissante entre la multiplication des charges dont se trouve accablé l'État et la précarité de ses moyens d'action. En troisième lieu, on peut parler d'un recul stratégique qui tient aux effets de la mondialisation économique : la mobilité des capitaux, des technologies, les réseaux de communication restreignent, *de facto*, l'autonomie de l'État et son pouvoir d'intervention. Ce recul stratégique connaît, en Europe, une traduction politique avec la création d'une entité qui dépasse les cadres nationaux. Il y a enfin, une dimension sociologique du recul de l'État : une société plus mobile et plus individualiste se satisfait moins du cadre unificateur proposé par le modèle républicain, même lorsque celui-ci est censé offrir un cadre protecteur :

> Nos contemporains n'en appellent plus à Dieu ou au Prince, contre l'employeur ou contre le père ; ils en appellent à leurs droits naturels, à leurs convictions et leur liberté contre les princes et contre ceux qui parlent au nom d'un Dieu.
>
> (A. Touraine, 1990)

BIBLIOGRAPHIE

Aron R. (1962), *Dix-huit leçons sur la société industrielle*, Paris, Gallimard.

Bédarida, F. (1996), « Phénomène national et État-Nation d'hier à aujourdh'ui », *Vingtième siècle*, 50, p. 4-42.

Bell D. (1973), *The Coming Crisis of Post-Industrial Society*, New-york, Basic Books.

Bell D. (1976), *The Cultural Contradictions of Capitalism*, New-York, Basic Books.

BOURDIEU P., (1978), « Classement, déclassement, reclassement », *Actes de la recherche en sciences sociales*, n° 24.

CASTEL R. (1995), *Les métamorphoses de la question sociale*, Fayard.

CROZIER M. (1970), *La société bloquée*, nouvelle édition 1994, Le Seuil.

DUMONT L., (1977), *Homo aequalis. Genèse et épanouissement de l'idéologie économique*, Gallimard.

ERIKSON R. et GOLDTHORPE J.-H. (1993), *The Constant Flux*, Oxford, Oxford University Press.

ESPING-ANDERSEN G. (1990), *The Three Worlds of Welfare Catitalism*, Cambridge, Policy Press.

GALBRAITH J. K. (1971), *The New Industrial State*, Boston, Houghton Mifflin.

GIDDENS A. (1990), *The Consequences of Modernity*, Cambridge, Policy Press.

HERPIN N. (1993), « Au-delà de la consommation de masse. Une discussion critique des sociologues de la post-modernité », *L'Année Sociologique*, vol. 43, p. 295-315.

INGLEHART R., (1977), *The Silent Revolution : Changing values and political styles among Western public*, Princeton, Princeton University Press.

KERR C., (1969), *Marshall, Marx and Modern Times*, Cambridge, Cambridge University Press.

LIPSET S. (1960), *Political Man : The Social Basis of Politics*, New york, Doubleday

LYOTARD J.-F. (1984), *La condition post-moderne*, University of Minnesota press, Mineapolis.

MENDRAS H. (1994), *La seconde Révolution française. 1965-1984*, Gallimard, coll. « folio essais ».

MOORE, W. E. (1963), *The Impact of Industry : Modernization of Traditional Societies*, Englewood Cliffs, NJ, Prentice Hall.

PARSONS T. (1960), *Structure and Process in Modern Societies*, Glencoe, Illa, Free Press.

PARSONS T. (1966), *Societies : Evolutionnary and Comparative Perspectives.*

PARSONS T. (1971), *The System of Modern Societies*, Englewood Cliffs, NJ, Prentice Hall.

RAGIN C. C. et Becker H. (1992), *What is a case ?*, Cambridge, Cambridge University Press.

ROSTOW W. W. (1960), *The Stages of Economic Growth : A non-communist Manif esto*, Cambridge, Cambridge University Press.

SCHACHTER O. (1997), « The Decline for the Nation-State ans its Implications for International Law », *Columbia Journal of Transnational Law*, vol. 36, p. 3-23.

SCHNAPPER D. (1994), *La communauté des citoyens. Sur l'idée moderne de nation*, Gallimard, coll. « Essais ».

SCHNAPPER D. (1996), « Intégration et exclusion dans les sociétés modernes », in *L'exclusion, l'état des savoirs*, Paugam (dir.), La Découverte, p. 23-31.

SCHWEISGUTH E. (1995), « La montée des valeurs individualistes », *Futuribles*, n° 200, p. 131-160.

TERLOW C. P. (1992), *The Regional Geography of the World-System : external Arena, Periphery, Semi-periphery, Core*, Utrech, Faculteit Ruimtelïjke Wetenschappen.

TOURAINE A. (1969), *La société post-industrielle*, Denoël.

TOURAINE A. (1990), « Existe-t-il encore une société française ?» in D. Schnapper, H. Mendras, *Six manières d'être Européen*, Gallimard, p. 143-171.

TREIMAN D. J. (1970), « Industrialisation and Social Stratification » *in* E. O. Laumann (ed.), *Social Stratification : Research and Theory for the 1970's*, Indianapolis, Bobbs Merrill.

WALLERSTEIN I. (1974), *The Modern World System*, New York et San Diego, Academic Press.

Chapitre 2

La stratification sociale

OLIVIER GALLAND ET YANNICK LEMEL

LA RÉPARTITION DE LA POPULATION entre catégories sociales et entre classes d'âge, leurs ressources et leurs comportements, ont connu des changements très importants depuis l'après-guerre. En outre, au-delà des modifications de leurs conditions objectives d'existence, ce sont les représentations mêmes que se font les Français de leur appartenance à un groupe social qui ont changé : cette appartenance serait de plus en plus l'objet de choix individuels dans une société de plus en plus fluide.

Si l'ampleur des changements est certaine, la signification et l'interprétation qu'il faut leur donner fait toutefois l'objet de nombreux débats. L'approche en termes de classes sociales est-elle moins bien adaptée à la description de la structure sociale française ? On conçoit qu'une telle question suscite quelques controverses...

Le présent chapitre traitera plutôt des aspects matériels de l'existence des Français. Pour une description des changements en ce qui concerne les comportements et les choix que font les foyers sur la base des ressources dont ils disposent, on se reportera au chapitre 3. Nous examinerons ici les principales caractéristiques sociales et démographiques qui structurent les inégalités d'accès à ces ressources : occupation professionnelle, âge, sexe. Nous examinerons aussi l'hérédité des situations sociales, le rôle de l'éducation. Nous terminerons en dressant le bilan des propositions actuelles sur les modes de structuration du système de stratification sociale de la France.

1 INDIVIDUS OU FOYERS ? UNE NOTE PRÉALABLE SUR LE CHOIX DE L'UNITÉ D'ANALYSE

Jusqu'aux années soixante-dix, il n'eut guère été nécessaire d'indiquer si les foyers ou les individus devaient être l'objet d'étude des analyses de la stratification sociale.

Le niveau de vie, la position sociale, le destin d'une personne étaient très liés, considérait-on, à son foyer d'appartenance représenté par le « chef de ménage ».

Une telle position ne nécessitait pas d'être explicitée et faisait évidemment système avec l'idée, non moins généralement partagée, qu'une forte division sexuelle des activités était la règle au sein des foyers : la responsabilité de sa maintenance et de son fonctionnement interne était attribuée à la femme, l'homme ayant pour fonction d'obtenir les ressources monétaires par son activité professionnelle qu'il était seul à exercer. On trouvera au chapitre sur la famille une critique de cette perspective.

L'augmentation de l'activité professionnelle des femmes à partir des années soixante-dix d'une part *(cf. supra)* et la montée des divorces et du concubinage de l'autre conduisent évidemment à s'interroger fortement sur la pertinence des catégories d'analyse. Faut-il encore considérer que c'est la position sociale de l'homme et de lui seul qui définit la position du ménage ? Plus fondamentalement encore, ne faut-il pas plutôt s'intéresser aux positions sociales individuelles, hommes et femmes ayant de fortes chances de ne partager qu'un temps limité le même foyer ? Dès les années soixante-quinze, cette dernière position sera défendue par des sociologues féministes : Acker (1973), Delphy (1977).

Ces interrogations n'ont pas suscité en France les larges débats appuyés sur de nombreuses études qui se développèrent en Angleterre par exemple. Les recherches fondées sur des données longitudinales individuelles se sont certes considérablement développées en France (ce qui traduit donc à certains égards, sinon un abandon de la position ancienne, du moins sa mise en perspective) mais cette évolution n'a pas été accompagnée de l'équivalent de la volumineuse réflexion théorique observée dans le monde anglo-saxon. Si certaines analyses s'appuient sur des données individuelles, d'autres sur des données décrivant des foyers, il faut plutôt y voir, semble-t-il, le hasard de la disponibilité des informations qu'une volonté théorique réfléchie.

Force est donc de supposer qu'au moins pour l'instant le mode ancien, qui faisait du foyer l'unité la plus pertinente pour analyser les systèmes inégalitaires, n'a pas à être vraiment remis en cause. On retiendra en conséquence cette perspective pour la France. Son système inégalitaire reste d'abord un système d'inégalités entre foyers et, ensuite seulement, un système d'inégalités entre individus.

2 LE TRIOMPHE DU CODE DES CATÉGORIES SOCIO-PROFESSIONNELLES

Le repérage des positions sociales (entendues étroitement, positions de sexe et d'âge exclues) se fait pour l'essentiel en France grâce au code des catégories socio-professionnelles.

La première édition de ce code date de 1954 et six éditions successives l'ont régulièrement actualisé depuis sans introduire de changements fondamentaux dans sa conception et son architecture[1]. Parallèlement, l'usage du code s'est

1 Les modifications les plus importantes furent faites lors de l'édition 1982 et visaient à articuler complètement les nomenclatures de profession et la nomenclature de catégories professionnelles.

imposé au point que les travaux sociologiques semblent lui donner de plus en plus la préférence à tout autre terminologie (Lemel *et alii*, 1996).

Cette généralisation s'explique en partie par des raisons contingentes. Il est très difficile, en effet, en France de ne pas utiliser cette classification dès lors que l'on souhaite s'appuyer sur des données quantifiées, dont l'INSEE a plus ou moins le monopole et pour lesquelles il emploie systématiquement le code des PCS. Il faut aussi noter que les propositions alternatives sont très rares, la seule d'origine française étant celle de Fossaert (1980) et les autres ayant été conçues dans des contextes de comparaison internationale dont la France est absente.

L'usage du code ne serait cependant pas généralisé à ce point si son architecture n'avait pas paru à ses utilisateurs convenir pour analyser la structure sociale de la France. On rappellera donc cette architecture et ce qu'elle implique avant d'examiner les critiques dont le code a fait l'objet.

2.1. Les positions de classe implicites au code

Le code ne parle évidement pas de « position de classe » puisqu'il s'intéresse aux « catégories socio-professionnelles ». D'un point de vue de théorie sociologique cependant, les distinctions retenues entre groupes sociaux renvoient plus à la place qu'ils occupent dans la structure professionnelle qu'à des classements selon des échelles continues, dans la ligne des échelles de prestige par exemple. La structure sociale sous-jacente au code est discrète plutôt que continue. Sous cet angle, les éléments importants sont les suivants :

- la distinction (au moins approximativement) des salariés et des indépendants ;
- pour les indépendants, la mise à part des agriculteurs ;
- pour les salariés, des différentiations suivant le statut juridique de l'employeur (État ou entreprises) et les niveaux de qualification et de responsabilité des employés.

On peut certes envisager de hiérarchiser les grandes catégories de salariés (qui ne contiennent d'ailleurs pas exclusivement des salariés) en quelques grands ensembles : cadres/professions intermédiaires/employés/ouvriers. Toutefois, ce classement n'équivaut pas à une hiérarchisation continue de la mesure d'un « niveau » au sens, par exemple, des échelles socio-économiques utilisées dans les comparaisons internationales.

Un autre élément, tout aussi important, est tellement évident que l'on risque de l'oublier : la profession est un élément fondamental, et suffisant (combinant sans systématisme plusieurs critères) pour repérer la position sociale d'un individu.

L'emploi du terme de « position de classe » se justifie assez bien même s'il n'est pas retenu par les auteurs du code. Celui-ci propose différentes formes d'insertion dans le monde de la production, qui permettent de regrouper les foyers selon la similarité de leur situation professionnelle et la similitude vraisemblable de leur mode de vie. On retrouve bien là quelques-uns des éléments de base de toute notion de « classe sociale » : importance accordée à la place dans le système productif, représentation discrète de la structure sociale.

Le parallèle s'impose avec le « *class-schema* » proposé par John Goldthorpe (Erikson et Goldthorpe, 1993). Conçu pour permettre des analyses comparatives de mobilité sociale, le « *class-schema* » est progressivement devenu un standard international dans l'analyse des structures sociales des pays développés. C'est un code de catégorisation sociale très proche du code des PCS. L'une des principales différences est... qu'il emploie explicitement le terme de « classe », ce que les auteurs du code des PCS se sont gardés de faire. Ce « *class-schema* » adopte, lui aussi, une logique multidimensionnelle et locale, retient la distinction salarié-employeur et hiérarchise les catégories de salariés. Les distinctions faites sont néanmoins plus fines en bas de la hiérarchie sociale, parmi les ouvriers, et moins fines en haut où une large « *service class* » englobe « cadres supérieurs » et « moyens » (et aussi certains indépendants, les plus aisés). En outre, le « *class-schema* » ne fait aucune distinction suivant la nature publique ou privée de l'employeur.

Quelles que soient les différences avec les propositions de Goldthorpe, le code des catégories socio-professionnelles appartient bien à la même famille des représentations de la structure sociale en schémas de classe. Son succès prouve que les sociologues français considèrent la société française, non comme un continuum de positions séparées les unes des autres par des différences de degré, mais plutôt comme une structure discrète où des différences de « nature », celles-là mêmes repérées par éléments indiqués ci-dessus, sont présentes.

2.2. Le code ne marcherait plus

Nonobstant la généralisation de son emploi, le code des PCS a fait l'objet ces vingt dernières années de critiques récurrentes. Il est régulièrement jugé comme « ne marchant plus » ou « marchant moins bien que dans le passé ». Ces critiques sont essentiellement des dires d'expert et il n'existe pas d'analyses systématiques (excepté peut-être en matière de revenu) permettant de vérifier ce qu'il en est, en particulier de bien distinguer d'éventuels changements au cours du temps dans le chiffrement proprement dit et dans les capacités prédictives du code. Ici encore, le parallèle s'impose avec les débats autour des schémas de classe du type de celui de John Goldthorpe.

Une vive controverse s'est, en effet, développée ces dernières années entre les tenants de la « mort des classes sociales » (Clark et Lipset, 1995) et les partisans du « futur prometteur de l'analyse en termes de classe sociale » (Goldthorpe et Marshall, 1995) pour reprendre les titres d'un article de chaque bord. Le point en jeu, d'un point de vue empirique, est de même ordre qu'à propos du code des catégories socio-professionnelles ; constate-t-on, ou non, une perte de pouvoir explicatif des schémas de classe dans les domaines pour lesquels l'idée d'une structuration en classes des sociétés développées serait pertinente. La réponse, pour l'instant, n'est pas tranchée et, en tout cas, les preuves avancées d'une diminution du degré de structuration en classes n'emportent pas la conviction de tous.

On reviendra dans la conclusion sur ce débat. En tout cas, pour la suite de ce chapitre, c'est au prisme des catégories socio-professionnelles que les inégalités seront examinées.

3 CHANGEMENTS IMPORTANTS PRÉVUS ET IMPRÉVUS DANS LA STRUCTURE SOCIOPROFESSIONNELLE

La répartition de la population active par professions et groupes socio-professionnels a changé ces trente dernières années à des rythmes importants et la structure de la population active en 1995 n'est plus du tout ce qu'elle était dans les années d'après-guerre. Ces changements sont bien documentés et nous commencerons par les rappeler.

Avant de passer en revue quelques interprétations, rappelons d'abord les faits principaux.

3.1. Les faits en grands ordres de grandeur

Les principaux traits des évolutions dans la structure socioprofessionnelle de la population active sont les suivants (voir un panorama plus détaillé dans Seys, 1996) :

- une baisse considérable du nombre des « agriculteurs exploitants ». Ils représentaient 16 % de la population active en 1962 et seulement 4 % en 1994. Contrairement, peut-être, à des idées reçues, cette diminution n'est pas vraiment nouvelle. Elle avait commencé dès après la Première Guerre mondiale, simplement elle s'est très fortement accélérée après la Deuxième (Marchand et Thelot, 1991) ;
- une relative stabilité du nombre des « artisans commerçants » et des petits indépendants : 11 % en 1962, 8 % en 1994. Le déclin de ces groupes sociaux, qui paraissait aux observateurs d'après-guerre inéluctable, ne s'est donc pas produit. Leur nombre baissait régulièrement jusqu'en 1975. Il a depuis baissé plus lentement, voire s'est accru dans certains cas (Seys, 1996).
- une très nette diminution du nombre des « ouvriers » sur la période 1962-1994. Représentant presque 40 % de la population active en début de période, ils n'en constituent plus que 26 % en fin de période. Leur part relative a eu tendance à croître dans l'après-guerre jusque vers les années 75-80 avant de diminuer substantiellement ces 15 dernières années. Leur déclin numérique est donc un phénomène récent qui commence seulement en France dans les années quatre-vingt ;
- une augmentation considérable de la part des « cadres supérieurs », des « cadres moyens » et des « employés ». Les « cadres supérieurs », par exemple, ont augmenté, en part relative, à peu près au rythme auquel les agriculteurs exploitants diminuaient. Les employés, eux, ont plus que doublé en effectif. Un objet de débat est évidemment de savoir si, dans l'interprétation globale des changements de la structure sociale, ces trois évolutions similaires doivent être rapprochées (toutes les catégories de « cols blancs » augmentent en proportion, quelles que soient leurs qualifications, quand les catégories de « cols bleus » et de manuels diminuent : c'est le passage d'une société industrielle à une société post-industrielle) ou, au contraire, opposées (par exemple l'augmentation du nombre des employés

est en fait à rapprocher de la diminution de celle des ouvriers : il y a substitution d'une catégorie d'exécution à une autre). Les interprétations ne sont d'ailleurs pas forcément alternatives.

Les changements intervenus depuis l'après-guerre sont donc importants. Ils apparaissent parfois brutaux, souvent en rupture avec les évolutions de longue période (Marchand et Thélot, 1991). Ainsi, la montée du salariat semblait sans limite : on imaginait que les artisans, commerçants et autres petits indépendants constituaient des espèces en voie de disparition. Leur maintien, voire leur développement, peut surprendre et n'est pas sans soulever des interrogations. Quant aux discusions récentes sur l'éventuel affaiblissement de la distinction entre les statuts de salarié et d'indépendant (voir chapitre 5), on n'aurait pu les imaginer, il y a quinze ans. De même, le déclin relatif des catégories ouvrières au sein du salariat se produit brutalement quand on le replace dans la longue durée.

3.2. Le glissement vers le haut

Si on s'intéresse aux seuls salariés et si nous admettons que les employés et les ouvriers constituent approximativement le bas de la structure sociale dont les cadres supérieurs seraient l'échelon supérieur, les changements qu'on vient de décrire correspondent clairement à l'atténuation de l'aspect pyramidal de la structure sociale par glissement général vers le haut de celle-ci.

On peut argumenter que les « cadres », « supérieurs » ou « moyens », de 1995 ne sont pas les mêmes que ceux de 1960 par le seul fait qu'ils sont plus nombreux, mais l'argument ne peut emporter complètement la conviction : le mouvement est régulier dans le temps et s'effectue tout au long de la hiérarchie et, de plus, il se retrouve de même manière quand on détaille les catégories.

Chaque grande catégorie, en effet, a un contenu relativement hétérogène et on pourrait imaginer que des évolutions contrastées s'observent à ces niveaux plus fins, contredisant l'idée d'un glissement général vers le haut de la structure sociale. Il n'en est rien. Les variations des taux de croissance des effectifs des différentes catégories socioprofessionnelles tout au long de la période reflètent bien ce glissement généralisé. Les sous-catégories des cadres et professions intellectuelles continuent actuellement de croître aux rythmes qui furent les leurs dans les années soixante-cinq. Les catégories intermédiaires se développent moins vite tout en continuant de le faire[2]. Les catégories ouvrières diminuent maintenant toutes (et plutôt d'autant plus qu'elles sont moins qualifiées) à la seule exception des ouvriers qualifiés de type artisanal. Pour ce qui est des « employés » enfin, le diagnostic est celui qui correspondrait à ce que l'on pourrait prédire en les supposant un peu mieux placés dans la hiérarchie sociale que ne le sont les catégories ouvrières et moins bien placés que ne le sont les catégories intermédiaires : ralentissement mais croissance encore néanmoins (avec toutefois, l'exception, qui n'est pas sans signification, des « policiers » et des « personnels de service aux particuliers » qui se développent plus vite qu'ils ne l'avaient fait).

2 Exception faite du « clergé », depuis longtemps en diminution.

Quant aux catégories d'indépendants, on peut y retrouver des phénomènes voisins de ceux qui viennent d'être évoqués. Les contenus détaillés évoluent sans doute dans un glissement général vers les parties supérieures de la hiérarchie. Le cas des agriculteurs est exemplaire de ce point de vue : ce sont évidemment les plus modestes d'entre eux qui abandonnent la catégorie tout au long de la période.

Au total donc, le « statut social » moyen de la population s'est amélioré[3]. La masse des catégories les plus modestes s'est réduite. Les catégories intermédiaires et supérieures se sont développées. La pyramide sociale s'est comprimée.

Ces modifications des parts relatives des différents échelons de la structure socioprofessionnelle n'impliquent pas forcément des mobilités sociales ou professionnelles ascendantes de toutes les personnes. Ce fut certainement le cas de beaucoup.

Quant aux conséquences subjectives que les changements ont pu entraîner sur les sentiments que les agents, à titre individuel ou collectif, se faisaient de la structure sociale, elles sont mal connues. Certaines réactions, par exemple les mouvements animés par Poujade puis Nicoud pour les commerçants et artisans, s'expliquent sans doute par le sentiment que tel ou tel groupe avait de son déclin ou de son ascension. De ce point de vue, au cours de la lente réduction de l'aspect pyramidal de la société, il se produisit, vers les années soixante-quinze, un basculement. Dans une première période, les catégories intermédiaires se développaient plus vite (ou au même rythme mais portant sur des effectifs plus importants) que ne le faisaient les catégories supérieures : la structure socioprofessionnelle se développait d'abord par son milieu. Dans une deuxième étape, en cours, elle se développe d'abord par son sommet. L'aspect pyramidal continue de se réduire mais on peut se demander si les catégories intermédiaires ou populaires en auront toujours bien le sentiment.

3.3. Moyennisation et polarisation

Dans les décennies soixante-soixante-dix, l'attention des sociologues français se portait plutôt sur les catégories ouvrières (la montée de la société de consommation conduirait-elle à leur embourgeoisement ?) ou paysannes (leur diminution et les transformations concomitantes de leur métier signifiaient-elles la disparition d'une classe sociale ?). Dans les décennies suivantes, l'attention s'est portée sur les catégories socio-professionnelles du milieu de la hiérarchie sociale.

Le diagnostic était celui d'une « moyennisation » de la société française, à entendre non pas comme un nivellement général mais comme sa centration progressive sur les classes moyennes (Dirn, 1990, p. 157-165). Les « classes moyennes » dans cette perspective doivent être comprises comme la catégorie

3 Ce résultat est sans doute incontestable pour ce qui est des changements de la population active. On peut s'interroger sur l'évolution de la situation moyenne des inactifs, non que leur sort matériel ne se soit pas amélioré (voir section suivante) mais parce que, précisément en raison de l'amélioration du niveau de vie, la composition du groupe a dû changer, les catégories les plus modestes accédant maintenant à la retraite, ce qui était beaucoup moins le cas dans les années d'après-guerre.

des « professions intermédiaires » (ex « cadres moyens »), une partie des « cadres supérieurs » (notamment les enseignants du secondaire) et aussi des « employés »[4].

Cet ensemble pouvait apparaître comme l'élément le plus dynamique de la société française, source de nombreuses innovations et changements. Son expansion sur le plan démographique était la plus forte. De plus en plus de Français se considéraient comme faisant partie d'une classe moyenne. Il était à l'origine de nombreux changements dans les mœurs, appelés à se répandre dans toute la société (Bidou, 1984). Tout un réseau d'associations, la mise en place de nouvelles formes de sociabilité permettaient à certains de leurs membres d'occuper progressivement des positions de notables[5]. Le rôle et la place des catégories supérieures (bourgeoisie classique, dirigeants) en semblait réduit. L'analyse s'écartait fortement des modèles plus classiques, d'inspiration marxiste ou webérienne, dans lesquels les positions élevées combinent revenu, prestige et pouvoir et constituent l'élément dominant de la société et dont les propositions de Pierre Bourdieu constituent un bon exemple.

Comme on l'a indiqué, ce ne sont plus les échelons intermédiaires de la hiérarchie sociale qui se développent le plus rapidement mais les échelons supérieurs. De plus, les espoirs d'amélioration du niveau de vie sont fortement réduits et les inégalités économiques ne semblent plus guère se réduire. Le diagnostic d'une montée des classes moyennes dans la société française est donc, sinon remis en cause pour le passé, à tout le moins objet de débat pour le présent. Certains auteurs parlent même de la « fin du modèle français de classe moyenne » (Tenzer, 1994).

Le débat, on le soulignera, n'est pas que français. Le thème du « déclin de la classe moyenne » ou de l'« éclatement de la classe moyenne » est très présent aux États-Unis et, plus largement, dans les comparaisons internationales récentes. Il est toutefois entendu alors beaucoup plus largement qu'en France et renvoie soit à l'idée d'une polarisation entre un haut et un bas de la hiérarchie des revenus (pour lesquels des indices existent aux États-Unis mais pas en France, compte tenu de son système de protection sociale) soit entre « insiders » et « outsiders », qui fait de la segmentation du marché du travail et de l'accès à celui-ci, un critère essentiel de la structuration sociale, point qu'on va traiter dans ce qui suit[6].

4 Il ne s'agit donc pas des « classes moyennes » au sens que le terme prenait dans l'entre-deux guerres et qui désignait plutôt les « mondes de la boutique ». Par ailleurs, l'emploi d'un pluriel – les « classes moyennes », non la « classe moyenne » – traduit évidemment une certaine incertitude sur l'homogénéité du groupement. Ceci étant, le groupement considéré est opposé à la fois au « bas » de la hiérarchie sociale et aux catégories ouvrières d'une part, au haut de la hiérarchie sociale, aux plus « supérieurs » des cadres supérieurs, aux élites de l'autre.

5 Il faut rappeler à cet égard la très forte concentration géographique de la catégorie « cadres supérieurs » dont une bonne part se retrouve dans l'agglomération parisienne, part, qui ne peut donc, pour cette raison, occuper des fonctions de responsabilité aux échelons géographiques locaux de la France.

6 Ce même thème de la « polarisation » se retrouve aussi dans les études urbaines à propos du modèle de « ville globale ». La structure sociale des agglomérations post-industrielles (ou post-fordistes) aurait tendance à se polariser par disparition des catégories intermédiaires. Preteceille (1995) a examiné, dans cette perspective, le cas parisien et français et conclut à la négative.

C'est donc au minimum à une perplexité générale que l'idée de la « montée des classes moyennes » se heurte maintenant.

3.4. Chômage, *underclass* et flexibilité

Nous avons raisonné sans accorder aux chômeurs de place particulière du seul fait qu'ils seraient au chômage. Tant que leur nombre reste faible, cette position paraît raisonnable. Qu'en est-il en période de développement important du chômage ?

De 1950 à 1970, le taux de chômage en France oscillait entre 1 à 2 % de la population. À partir de 1975, il s'est élevé régulièrement (avec un palier à la fin des années quatre-vingt) jusqu'à dépasser les 10 % (près de 12 % en 1994). D'une situation très marginale, le chômage est devenu une situation largement répandue, d'autant que, le nombre d'actifs en moyenne par ménage s'étant élevé, le nombre des ménages concernés est plus important que ne le donne à penser le seul taux de chômage dans la population active : en 1996, dans un quart des ménages dans la période active de l'existence, l'un des membres au moins avait été au chômage dans les deux années précédentes (Cases *et alii*, 1996).

Quelle traduction donner en terme de structure sociale à cette augmentation du nombre de chômeurs ?

a) Une première possibilité est de considérer que le chômage définit une position sociale, voire même que l'ensemble des chômeurs constitue un véritable groupe social. Ce mode de lecture n'a semble-t-il jamais été vraiment retenu par les chercheurs français alors qu'il a suscité de nombreux débats en Grande-Bretagne par exemple : modes de vie, position sociale et système de valeurs des foyers de chômeurs modestes forment-ils un système qui justifie de les considérer comme un groupe social particulier, l'*« underclass »*? Bien que les études empiriques conduisent plutôt à la négative (Gallie, 1993), nombre d'auteurs ont néanmoins tendance à inclure dans leur schéma général de la structure sociale anglaise cette position particulière de l'*« underclass »* (par exemple Runciman, 1990 ou, récemment, Goldthorpe lui-même : Goldthorpe, 1995.

Une des raisons pour lesquelles une position analogue n'a pas été prise en France est que l'hétérogénéité du groupe de chômeurs paraît trop grande. Certains « passent » transitoirement au chômage quand d'autres y restent très durablement, voire définitivement. Le risque d'être au chômage décroît certes considérablement avec le statut social (en 1994, 20 % des ouvriers non qualifiés étaient chômeurs, 10 % des ouvriers qualifiés ou des employés, 5,5 % des catégories « intermédiaires », 4 % des cadres) mais il dépend aussi de la position dans le cycle de vie – il est beaucoup plus élevé pour les plus âgés et les plus jeunes – et du sexe – il est beaucoup plus grand pour les femmes que pour les hommes. Des principes de stratification par genre et par âge, s'appliquant plus aux individus qu'aux ménages, sont certainement aussi à l'œuvre à côté d'une stratification par hiérarchie sociale.

Il faut ajouter en outre que nombre d'auteurs ont souligné la diversité des vécus du chômage (Schnapper, 1981) qui n'a donc pas non plus d'homogénéité du point de vue des orientations et dispositions qu'il engendre.

b) Une autre possibilité suscite manifestement beaucoup plus d'intérêt parmi les sociologues français. Elle sera développée plus avant dans le chapitre sur la « société salariale ». La montée du chômage à partir des années soixante-quinze peut être rapprochée, dans cette perspective, du développement de « nouvelles formes d'emploi » : contrats à durée déterminée, travail à temps partiel, intérim, etc. Le mouvement d'ensemble peut s'interpréter comme une montée de la « flexibilité ».

On ne sait pas pour l'instant si, suivant la formule de M. Maruani et E. Reynaud (1993), les formes d'emploi atypiques sont des dérogations à la norme de l'emploi stable ou au contraire, le début d'une normalisation de l'emploi instable. Dans ce dernier cas, le degré de sécurité de l'emploi pourrait devenir un principe sur lequel fonder une description de la structure professionnelle, dans la ligne de la proposition de D. Schnapper (1989), assez différente de la description usuelle par le code des catégories socio-professionnelles.

4 LA PERMANENCE DES CANAUX DE LA MOBILITÉ SOCIALE

De fortes évolutions dans la structure socioprofessionnelle impliquent évidemment que la répartition des emplois dans les générations nouvelles est différente de celle de la génération de leurs parents. Même si tous les mouvements ne peuvent être automatiquement considérés comme des ascensions sociales, un nombre important a été considéré comme tel par les personnes concernées et l'est certainement d'un point de vue objectif. La mobilité sociale ascendante a donc été grande dans les années d'après-guerre.

Ceci étant, la question se pose de savoir si les mouvements en question dépassent ce qu'exige l'ajustement des destinées individuelles aux modifications de la structure des emplois disponibles et si le poids des origines sociales s'est affaibli. À ces interrogations sur la « mobilité nette » et la « fluidité sociale », les réponses des sociologues conduisent à remettre en cause l'idée que la société française serait vraiment devenue structurellement plus ouverte. Il existe donc une tension latente entre ce qui a pu être le sentiment général durant l'après-guerre – la société s'ouvre et les chances des enfants sont plus grandes que celles qu'ont eues les parents – et ce qui est une réalité sous-jacente – les écarts relatifs ne se comblent pas.

4.1. L'accroissement des mouvements de mobilité sociale

Globalement, l'immobilité sociale, mesurée par la proportion d'individus occupant à un instant donné l'emploi qu'avait occupé leur père avant eux, a diminué au cours du temps quel que soit l'indicateur utilisé pour mesurer le phénomène. En effet, les mesures, en matière de mobilité sociale dépendent étroitement des catégories retenues pour mesurer la position sociale. La probabilité pour une personne d'occuper le même emploi que son père est évidemment beaucoup plus faible si on utilise une nomenclature d'emploi très détaillée que si on utilise une nomenclature très agrégée.

Dans le cas de la France, on peut débattre pour savoir si la mobilité est devenue la règle ou si l'immobilité domine toujours. Il est clair toutefois que la mobilité s'est accrue au cours du temps. Si on mesure la position sociale par la catégorie socio-professionnelle à 6 postes, la moitié des hommes adultes de 40 à 59 ans occupaient en 1953 un emploi semblable à celui qu'avait occupé leur père, en 1977 moins de 40 % des adultes dans la cinquantaine étaient dans la même situation et seulement 35 % en 1993. L'augmentation est nette et s'observe aussi avec des nomenclatures moins détaillées même si, dans ce cas, c'est plutôt l'immobilité que la mobilité qui est la règle (voir, par exemple, Gollac, 1987).

4.2. La face cachée

La structure des emplois, on l'a vu, s'est profondément transformée, dans le sens d'une augmentation relative de la part des catégories les plus favorisées. Mécaniquement en quelque sorte, la mobilité sociale aura donc été importante et ascendante.

Qu'en est-il de l'inégalité des chances ? Les chances pour un fils d'ouvrier, de connaître une mobilité sociale ascendante, de ne plus être ouvrier et d'accéder à une catégorie sociale supérieure peuvent en effet fort bien avoir augmenté avec la diminution du nombre des ouvriers et l'augmentation du nombre des professions intermédiaires et des cadres supérieurs ; mais les chances pour un fils d'un membre des professions intermédiaires ou des cadres supérieurs de ne pas sortir de ces catégories peuvent aussi avoir augmenté pour les mêmes raisons. Les situations relatives pourront *a priori* avoir évolué de manière quelconque.

Les résultats montrent en substance que les rapports des probabilités d'ascension sont restés assez proches. Le sujet est hautement technique, puisqu'il faut, pour juger si les probabilités de mouvement ont, ou non, excédé ce qu'auraient nécessité les changements de structure socio-professionnelle, faire des hypothèses sur la manière satisfaisante de mesurer ce que sont précisément les « nécessités » de ces changements. Diverses théories et possibilités techniques sont envisageables et il est normal qu'il y ait de fortes controverses sur le sujet.

De manière générale, tout le monde s'accorde pour considérer que les bouleversements structurels expliquent la majeure partie de l'évolution de la mobilité sociale. Reste une petite part sur laquelle le débat va porter : aléa, fluctuation cyclique, tendance nette. Le débat porte, pour une large part, sur la comparaison des évolutions d'un pays développé à un autre car, en arrière-fond du sujet, se trouve la thèse, formulée dès les années d'après-guerre par les sociologues américains, de l'évolution générale des sociétés industrielles vers une plus grande « ouverture » *(cf.* chap. 1).

Certains pensent déceler effectivement, au travers de larges comparaisons internationales, une tendance générale à l'accroissement (léger) de la fluidité sociale (Ganzeboom *et alii*, 1989). C'est ce que suggérait Thélot (1982), à savoir que la réduction de l'immobilité en France était allé un peu au-delà de ce qu'exigeaient les évolutions structurelles.

D'autres parviennent à des conclusions inverses. Une même structure de base serait à l'œuvre à peu près universellement, en particulier dans le temps (Erikson et Goldthorpe, 1993). Le modèle général proposé par Erikson et Goldthorpe s'applique tout particulièrement, d'après eux, au cas français. Appliqué dans ce cas et estimé avec des tables de mobilité anciennes, il permet de prédire parfaitement les tables de mobilité plus récentes (Goldthorpe, 1995). La structure de base n'a pas changé, les barrières à la mobilité ascendante sont restées au total les mêmes[7].

Toutefois, un travail plus récent, portant sur la France, montre une lente mais très régulière augmentation de la fluidité sociale[8].

Du point de vue des agents, à savoir les Français, il n'est pas évident que la permanence ou le changement des structures ait une très grande importance. D'abord, elle est sans doute occultée à leurs yeux par l'ampleur des mouvements de mobilité (mais il resterait à savoir quelles seraient les conséquences d'une progression des connaissances des Français sur la réalité des structures sous-jacentes telles qu'on vient de les décrire). Ensuite, l'ampleur de la mobilité sociale globale a entraîné des conséquences bien tangibles. Chez les jeunes d'origine ouvrière, par exemple, près d'un quart ayant donné leur sentiment pensaient occuper un emploi de cadre à terme ; on peut imaginer que les aspirations à une mobilité sociale ascendante se sont accrues. Les cohabitations de personnes d'origine sociale différente dans des institutions diverses – école, entreprise – auront augmenté : le groupe des cadres, par exemple, s'est en un sens « ouvert » puisque les origines de ses membres se sont diversifiées.

En même temps, la probabilité pour un fils de cadre de rester cadre s'est accrue. Si on considère qu'un groupe social (une classe) implique une forte permanence d'appartenance – auquel cas seuls les « cadres fils de cadres » sont à prendre en compte –, le groupe social des « vrais » cadres s'est en fait renforcé et le critère « être cadre » au sens du code des PCS a perdu de sa signification sociologique. Du point de vue du sociologue, deux lectures différentes peuvent être faites du même phénomène.

4.3. L'école. Démocratisation et permanence des structures

Le degré auquel l'impact de la réussite scolaire ou universitaire sur la réussite sociale s'est accru ou non, une fois corrigées des incidences de l'origine sociale, n'est en fait qu'assez mal connu. Les études sur ce sujet sont à leurs débuts, une difficulté importante tenant à ce que les conclusions pourraient différer suivant le diplôme et la période que l'on examine. En matière d'accès à l'école on parvient, par contre, à des conclusions à peu près semblables aux

7 Avec une légère diminution des obstacles à de courts mouvements et une augmentation des obstacles à de longs mouvements.

8 Louis-André Vallet, « Quarante années de mobilité sociale en France. L'évolution de la fluidité sociale à la lumière de modèles récents », à paraître dans la *Revue française de sociologie*.

précédentes. L'école s'est démocratisée, les structures sociales sous-jacentes à son accès sont restées stables. L'explosion des effectifs scolaires *(cf.* chap. 5) n'est pas propre à la France. Elle s'observe dans presque tous les pays développés. Elle engendre évidemment des interrogations sur le rôle du diplôme, sa dévalorisation éventuelle, l'élitisme supposé croissant de nos sociétés, etc. (il peut d'ailleurs y avoir contradiction entre les divers thèmes abordés) et l'opinion commune a tendance à considérer la rapidité des changements comme source de bouleversements.

Les chiffres accréditent en effet la thèse d'un changement récent et de grande ampleur. L'explosion est évidemment incontestable, par exemple pour ce qui est de l'accès aux enseignements du supérieur, mais il ne faudrait pas en déduire qu'aucune amélioration du niveau des connaissances de la population ne s'observait antérieurement. Tout dépend en partie du seuil que l'on retient pour en juger. En 1840, 50 % des Français seulement accédaient à la lecture, ils sont 70 % en 1860 et 90 % en 1890. La deuxième moitié du XIXe siècle est celle de la généralisation de la lecture, la première moitié du XXe siècle celle de l'accès au certificat d'études primaire ou à son équivalent (Prost, 1986) la deuxième moitié sera celle de l'accès au baccalauréat de toute la population. Des progressions importantes se sont faites par paliers successifs.

Il y a certes de nos jours une explosion de l'accès aux niveaux supérieurs du système éducatif, mais, dans le passé, d'autres explosions ont eu lieu en sorte que l'élévation du niveau d'éducation des populations est en arrière-fond de toutes les réflexions sur l'évolution des sociétés occidentales. À la croissance séculaire du niveau d'éducation correspond une des questions fondatrices de la réflexion sociologique sur l'évolution des structures sociales des sociétés industrielles : celle de leur ouverture éventuelle (voir chapitre précédent). Les développements récents ont suscité des perplexités peu théorisées sur l'éventuelle « dévalorisation » de certains niveaux de diplômes.

Les travaux dont on dispose suggèrent que l'élévation générale du niveau d'éducation a profité à toutes les catégories sociales et non pas plus particulièrement à certaines d'entre elles. Un modèle dit de « démocratisation uniforme » paraît décrire correctement les données (Goux et Maurin, 1995). Déjà, Robinson et Garnier (1984) avaient trouvé une stabilité des liens entre la classe sociale d'origine et la probabilité de franchir telle ou telle étape du système scolaire pour les cohortes de Français nés entre le début du siècle et 1954. On notera cependant que l'analyse globale de Goux et Maurin traite d'individus ayant fini leur scolarité en moyenne autour des années 1980 et que des études portant sur le seul accès à l'enseignement supérieur concluent à une réduction significative des inégalités entre 1960 et 1992 (Euriat et Thélot, 1995).

On obtient des résultats analogues, semble-t-il, pour les autres pays développés *(cf.* Shavit et Blossfeld, 1993). La stabilité des structures paraît plutôt de mise à deux exceptions près : la Suède et la Hollande, deux pays dont les États-providence, certainement pour le premier, vraisemblablement pour le second, ont fait des efforts importants pour niveler les situations.

4.4. Que sera le futur ?

Les travaux disponibles sur la mobilité sociale nous renseignent actuellement au mieux sur les générations nées dans l'après-guerre. Il faut un certain temps pour que la position sociale se stabilise au cours du cycle de vie en sorte qu'il faut considérer, pour étudier la mobilité sociale, des personnes déjà suffisamment avancées en âge. L'usage est de comparer des personnes de quarante à soixante ans à leurs parents. Avec la dernière enquête disponible, réalisée en 1994, nous pouvons étudier, au mieux, les générations nées avant 1955. Les générations nées entre 1955 et 1965 s'installent, elles, dans la vie active. Les générations plus récentes finissent ou réalisent leur scolarité.

On a vu ci-dessus que le chômage commence de se développer fortement à partir des années soixante-quinze, en même temps que se renverse la tendance à la croissance du nombre d'ouvriers. Dans les années plus récentes, la croissance du pouvoir d'achat et la diminution des inégalités économiques se ralentissent. Les conséquences de tous ces changements sur la mobilité sociale ne peuvent être observées pour l'instant. En tout cas, le contexte pour les générations les plus jeunes est maintenant assez différent de ce qu'il était après-guerre.

5 L'ÉLÉVATION DES NIVEAUX DE VIE ET LE MAINTIEN DES INÉGALITÉS

La croissance économique s'est poursuivie ces dernières années, contrairement à des impressions parfois ressenties devant la montée des difficultés économiques. Les taux de 5 % par an, observés durant la période de croissance forte des « trente glorieuses » ne s'observent plus aujourd'hui. Mais si la croissance s'est très fortement ralentie, elle n'a pas pour autant complètement disparu avec la « crise » : le revenu disponible brut des ménages augmentait encore de 2 à 3 % par an dans les années quatre-vingt-dix...

Il ne faut pas pour autant confondre l'élévation des niveaux de vie, très certainement générale et forte, mesurée en terme de revenu par tête ou par unité de consommation, et la réduction des inégalités, beaucoup plus lente, particulièrement en fin de période. À un sentiment d'enrichissement général (au moins à terme) ont donc pu succéder des inquiétudes non moins générales, exacerbées par le fait qu'avec le ralentissement de la croissance, les fluctuations d'une année à l'autre peuvent avoir des incidences beaucoup plus importantes sur la vie des personnes. Telle ou telle catégorie, tel ou tel individu, dont la situation s'améliorera sur une période suffisamment longue, peuvent néanmoins connaître une année donnée une stagnation (voire une détérioration) de leur pouvoir d'achat.

5.1. L'accès généralisé à la société de consommation

L'enrichissement a été général. Il importe de le rappeler. Les thèses de paupérisation absolue de certaines catégories sociales, encore débattues dans les années d'après-guerre, se sont avérées manifestement erronées. Les catégories sociales parmi les plus modestes en début de période disposent, actuellement, de ressources tout à fait comparables à celles dont pouvaient disposer, dans l'après-guerre, les catégories les plus aisées.

En 1985, un foyer d'inactifs disposait de 260 F de 1956, de 100 F en 1956. Or, en 1956, un foyer de cadre supérieur disposait d'environ 314 F. Les ménages d'inactifs peuvent, de nos jours, et s'ils le désirent, se rapprocher du mode de vie auquel seuls les cadres supérieurs pouvaient accéder trente ans plus tôt. Certes cette croissance du niveau de vie des ménages d'inactifs s'explique en partie par les efforts consentis par la collectivité pour aider les personnes âgées démunies (l'introduction du minimum vieillesse date de 1956). Elle s'explique beaucoup par le fait que les personnes âgées de 1995 ne sont pas celles de 1945 : les inactifs sont généralement maintenant d'anciens actifs, ayant cotisé pour leur retraite. Ceci étant, et en dernier ressort, elle n'est que la traduction d'une progression générale du niveau de vie.

Les conséquences de la croissance économique ont été massives. Le volume de l'épargne et le patrimoine ont crû même si le taux d'épargne a connu des évolutions contrastées sur la période. L'accès à la société de consommation, aux biens, services et loisirs offerts par celle-ci est devenu général (Godelinais et Lemel, 1990). Le confort du logement s'est considérablement accru. Son équipement s'est modernisé, au point que la quasi-totalité des ménages possèdent actuellement un réfrigérateur, une télévision, un téléphone et dans une moindre mesure un lave-linge, et que le multi-équipement de ces biens est important. De même, l'équipement en automobile a crû au point que pratiquement tous les utilisateurs « fondamentaux » que sont les familles en possèdent.

Les consommations et équipements caractéristiques des catégories socio-professionnelles aisées de l'après-guerre sont bien accessibles quasiment à tous. La meilleure preuve en est que les mesures statistiques des taux de pauvreté renvoient actuellement de manière générale à des notions relatives et non absolues : la pauvreté est de moins en moins définie par l'absence de certains biens fondamentaux mais par le fait que les ressources financières n'atteignent pas une certaine proportion de la situation médiane.

5.2. La réduction des inégalités et les changements des années quatre-vingt

Les ressources des ménages ont des origines diverses qui peuvent se cumuler ou non pour un foyer donné : l'activité professionnelle de ses membres, les rémunérations de leurs patrimoines, pour beaucoup, enfin, des aides et transferts divers que la collectivité fait en leur faveur (30 % environ du revenu monétaire avant impôt des ménages provient en 1994 des transferts, retraites incluses) et qu'elle finance par des prélèvements sociaux et fiscaux. Chacune de ces composantes a évolué de manière particulière : le nombre moyen des actifs par ménage a augmenté, les inégalités de salaires ont d'abord décru puis ont eu tendance à se rouvrir ces dernières années, les retours du patrimoine se sont élevés, la part des transferts s'est considérablement accrue, passant d'un peu plus de 10 % du

PIB dans les années cinquante à 30 % aujourd'hui. On traite ici du résultat final, toutes ressources confondues.

Des années soixante aux débuts des années quatre-vingt, les disparités de niveau de vie entre catégories sociales se sont atténuées. Le niveau de vie des catégories les plus aisées (les « cadres et professions libérales ») progressait, mais moins vite que ne progressait le niveau de vie des catégories les moins aisées (« ouvriers », « inactifs » et « agriculteurs ») (Glaude et Moutardier, 1984). Dans le contexte d'une amélioration continue pour tous, l'éventail se resserrait donc par le rattrapage des catégories socio-professionnelles les plus modestes.

Cette diminution progressive des inégalités et disparités ne s'interrompt pas vraiment aux années quatre-vingt (en dépit des opinions souvent avancées sur le sujet) mais le rythme semble s'en ralentir. Il se stabilise dans les années quatre-vingt-dix. Il paraît même s'inverser dans les années les plus récentes. Il est encore trop tôt pour juger si le renversement de tendance est définitif ou non. Sur la population prise dans son ensemble, en tout cas, il y a eu ralentissement de la diminution mais diminution néanmoins jusqu'au début des années quatre-vingt-dix (INSEE, 1995 et 1996, CSERC, 1996).

Par ailleurs, une autre différence entre l'« avant » et l'« après » quatre-vingt est tout aussi importante. La diminution des inégalités ne se fait plus uniformément au sein de la population dans le mouvement en quelque sorte homothétique qui semblait se produire auparavant. Les écarts entre catégories socio-professionnelles ont bien diminué globalement mais cette diminution correspond sur la fin de période : i) à une relative stabilité des niveaux de vie des catégories salariées ; ii) à une augmentation du niveau de vie des catégories indépendantes ; iii) à l'augmentation nette du niveau de vie des retraités et inactifs (*INSEE*, 1995).

5.3. L'appartenance socio-professionnelle, facteur moins prégnant ?

Comme on peut s'y attendre au vu des résultats précédents, le pourcentage des inégalités de revenu expliqué par l'appartenance socio-professionnelle a baissé entre 1975 et 1990[9]. La part de l'inégalité des revenus disponibles par tête expliquée par l'appartenance socio-professionnelle passe ainsi de 25 % en 1975 à 16 % en 1990. La diminution est considérable, plus rapide d'ailleurs dans les années soixante-dix que dans les années quatre-vingt.

Certes, pour partie, le résultat est imputable au fait déjà évoqué que les contenus des catégories ont changé au cours du temps. Les ménages d'inactifs âgés comportent maintenant des personnes ayant cotisé à des systèmes de retraite et donc mieux couvertes. Ce sont les agriculteurs les plus modestes qui n'ont pas eu de successeur si bien que la situation « moyenne » de la catégorie s'est mécaniquement améliorée. Les cadres sont plus nombreux, la catégorie s'est rajeunie et est peut-être moins sélective : tous ces facteurs pourraient expliquer que le revenu moyen en soit devenu plus faible.

9 Pour la population prise dans son ensemble. Il est resté à peu près constant au sein des catégories salariées.

Ceci étant, le fait est que l'on peut considérer que la seule appartenance socio-professionnelle contribue de moins en moins à déterminer le niveau de vie d'un foyer. Les disparités entre catégories socio-professionnelles se sont atténuées mais moins que les dispersions globales. La nécessité d'analyser les inégalités économiques en terme de positions sociales paraît donc moins s'imposer. Celle de prendre en compte d'autres éléments, la génération par exemple, paraît plus forte.

5.4. D'une pauvreté à l'autre

L'analyse de la pauvreté est tout à fait exemplaire de ces changements dans l'évolution des opinions sur la nature de la structure sociale française. Durant les années soixante et soixante-dix, l'étude de la pauvreté concentrait son attention sur le « quart monde ». L'ouvrage de Labbens (1978) décrit un prolétariat urbain installé depuis plusieurs générations dans des situations d'extrême dénuement, des habitats provisoires et de très mauvaise qualité, des emplois très précaires, des habitudes et des comportements spécifiques. Ce « quart monde » apparaissait comme un véritable groupe social. Aux États-Unis, à peu près à la même époque, les analyses en terme de « culture de la pauvreté » adoptaient une approche analogue avec sans doute une insistance plus marquée sur les aspects de socialisation et d'acquisition des règles de comportement permettant aux membres d'un groupe démuni de survivre dans les conditions qui sont les leurs (Lewis, 1968).

À coté du « quart monde », un autre groupe social suscitait l'attention, celui des personnes âgées. Ces personnes âgées ne bénéficiaient pas du service des couvertures sociales (développées dans l'après-guerre) et leurs ressources étaient très basses. Toute une politique d'aide sociale fut mise en place à leur intention. Dans ce cas aussi, la « pauvreté » était plutôt perçue comme un « état » durable dans lequel se trouvaient certains : les personnes âgées n'ayant pas acquis de droits à la retraite dans leur vie active (souvent des agriculteurs ou des femmes ne disposant pas de pensions de réversion).

La pauvreté n'est plus guère analysée actuellement comme un état (auquel correspondrait un groupe social (mais comme un cheminement susceptible de s'appliquer à des personnes n'ayant aucunement connu des conditions d'existence misérables dans leur enfance. Se conjuguent la perte d'emploi, la difficulté d'insertion professionnelle, liées à la montée du chômage, et l'affaiblissement des liens sociaux, notamment les ruptures familiales (Paugam, 1993). C'est en termes beaucoup plus individuels que les phénomènes sont analysés. Le point important est qu'on examine maintenant des probabilités individuelles et non plus des destinées collectives, ce qui n'exclut évidemment pas de montrer que les probabilités de connaître des événements susceptibles de faire « basculer » dans la pauvreté sont inégalement réparties entre les individus.

Ces changements dans les modes d'approche sont certainement pour partie la conséquence du développement des outils d'observations, du développement des données rétrospectives et des panels. Pour partie aussi a dû compter la perte d'influence du marxisme et des approches très structuralistes.

Il ne faudrait pas néanmoins considérer que ce sont seulement les perspectives intellectuelles qui auraient changé. La composition du groupe des « pauvres » (délimités comme les foyers ne disposant pas, correction faite des différences de taille, d'un revenu annuel égal à la moitié du revenu médian de la population globale, sans aucune considération, donc, de la permanence de cette insuffisance des ressources) a bien changé en même temps que leur nombre diminuait tendanciellement[10]. La pauvreté « traditionnelle » – des personnes âgées, des agriculteurs, du « quart monde » – a diminué voire disparu. Une « nouvelle pauvreté » (celle des jeunes, des chômeurs, des familles monoparentales) est apparue. Alors qu'en 1984, 6 % des foyers dont le responsable est âgé de moins de quarante ans étaient « pauvres » contre 16 % des foyers de plus de 60 ans, les proportions en 1995 sont de 13 et 10 % respectivement.

On est bien passé d'une situation qui touchait des catégories sociales bien précises à une situation bien plus diffuse, jugée moins repérable par les critères traditionnels de l'analyse des inégalités[11].

5.5. Des hiérarchies toutefois inchangées

Au total, les inégalités entre catégories socio-professionnelles n'ont pas disparu et, plus significatif sans doute encore, l'ordre entre elles est resté quasiment inchangé sur cinquante ans[12], le cas de la catégorie assez hétérogène des « inactifs » mis à part. Quel que soit l'indicateur d'aisance, voire de bien-être que l'on utiliserait, un constat analogue pourrait sans doute être dressé. Les écarts s'atténuent. Peut-être la hiérarchie se brouille-t-elle. Elle n'est pas pour autant occultée, *a fortiori* inversée malgré la croissance importante des transferts sociaux.

L'État, par le système fiscal, et l'« État-providence », par le système de protection sociale, ont eu un impact certain sur les inégalités économiques et leur évolution. C'est en raison de l'importance des transferts sociaux vers les ménages à bas revenu et de l'augmentation de ces transferts que le taux de pauvreté n'a pas augmenté dans la dernière décennie alors même que le développement du chômage laissait prévoir son augmentation (Paugam, 1996). C'est en raison de la mise en place, puis de la généralisation dans les années soixante-dix, des régimes de retraite que les retraités ont rattrapé leur retard en matière de revenu. C'est en raison des redistributions et de la fiscalité que la croissance des inégalités de revenu primaire que l'on observe entre 1979 et 1989 ne se traduit pas par une augmentation des inégalités de revenu final (Bourguignon et Martinez, 1996).

10 De 1975 à 1995. En fin de période, cette diminution se ralentit voire s'inverse (Hourriez, à paraître). Ces résultats reflètent bien ce qu'on observe par ailleurs sur les inégalités économiques dans leur ensemble.

11 On peut se demander si la pauvreté n'a pas éte rendue plus visible, sans que le nombre des « pauvres » se soit accru, par le fait que celle-ci ne se cantonne plus à des catégories sociales bien délimitées.

12 Les changements de position relative seront évidemment d'autant plus importants que l'on examine des catégories plus fines. On raisonne ici sur les grandes masses.

Pourtant les études sur l'impact redistributif de l'État-providence, comparant ressources avant et après impositions et transferts (techniquement très difficiles à réaliser) ne suggèrent guère que les effets redistributifs aient été très forts (voir, par exemple, le résumé des conclusions de la commission « Ducamin » dans CSERC (1996), p. 230). Les redistributions seraient plus « horizontales » que « verticales » depuis le haut de la hiérarchie sociale vers le bas.

On ne peut s'empêcher de rapprocher ces résultats des propositions de Gosta Esping-Andersen (1990). Il classe le *« Welfare-State »* français dans ce qu'il dénomme le modèle « conservateur » (où se trouvent aussi l'Allemagne, l'Italie, l'Autriche) par opposition au modèle « libéral » (Angleterre, États-Unis) ou « social-démocrate » (pays européens du Nord). Dans les *« Welfare-States »* de type conservateur, les systèmes de protection sociale se sont développés sans trop se préoccuper de subordonner l'aide aux démunis à des conditions très fortes (comme dans le modèle « libéral ») mais avec la volonté de respecter l'ordre des statuts (et non de l'annihiler comme dans le modèle « social-démocrate »). Le fait que les fonctionnaires bénéficient en Allemagne comme en France d'un régime particulier de sécurité sociale illustre bien ces idées.

Malgré la diminution des disparités, l'ordonnance des inégalités économiques dans la société française est restée inchangée, respectueuse peut-être en cela d'un consensus culturel.

6 CLASSES, ÂGES ET SEXE

L'âge et le sexe constituent des éléments évidents de stratification sociale. Toute société est divisée par des frontières d'âge, et organise les statuts et les rôles sociaux de manière différente pour les hommes et pour les femmes. Le substrat biologique qui fonde ces divisions a toutefois très probablement des conséquences sociales plus irrémédiables dans le cas de l'âge que dans celui du sexe. L'être humain est en effet soumis inéluctablement à un processus d'apprentissage qui le mène de l'enfance à l'âge adulte ; puis, la perte progressive de ses capacités réduit sa participation sociale, jusqu'à ce que la mort l'écarte définitivement. Ces facteurs biologiques incontournables créent des différences et des inégalités objectives sur lesquelles prennent appui les divisions sociales du cycle de vie. L'organisation et l'importance de ces dernières peuvent varier d'une société l'autre, mais on imagine mal comment elles pourraient disparaître. Par contre, sur le plan biologique, rien ne semble vraiment exclure *a priori* que le statut social des hommes et des femmes puisse être parfaitement équivalent.

Qu'elles soient principalement biologiques ou sociales, les divisions d'âge ou de sexe se retrouvent en tout cas dans toutes les sociétés humaines. Dans certaines d'entre elles, elles constituent même l'architecture essentielle de la structure sociale. C'est le cas, par exemple, de certaines sociétés traditionnelles africaines. Peu de sociologues s'aventureraient à soutenir que c'est également le cas des sociétés développées, et de la société française en particulier, mais on peut par contre se demander si ces facteurs y prennent ou non une importance grandissante.

6.1. Une société vieillissante

Depuis la fin de la Seconde Guerre mondiale, l'évolution du poids relatif des grandes classes d'âge a connu en France deux phases distinctes. Jusqu'au milieu des années soixante, la part des jeunes s'est accrue (les moins de 20 ans représentant près de 35 % de la population en 1965), les classes d'âge intermédiaires connaissant un net déclin, tandis que la croissance du vieillissement demeurait modérée. La croissance du poids relatif des jeunes dans les années cinquante-soixante est la résultante du baby boom. Les naissances atteignirent en effet, le chiffre, inégalé depuis le début du siècle, de 846 000 en 1946 et culminèrent à des maxima de 2,9 enfants par femme en 1964 et de 879 000 naissances en 1971 avant de baisser ensuite (Lévy, 1996).

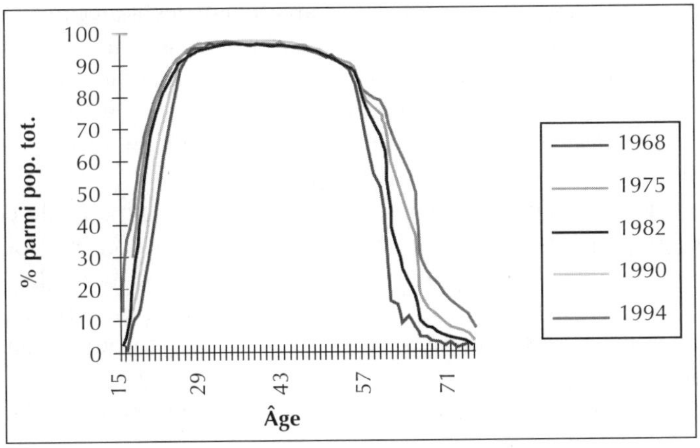

Figure 1 Taux d'activité des hommes selon l'âge de 1968 à 1994

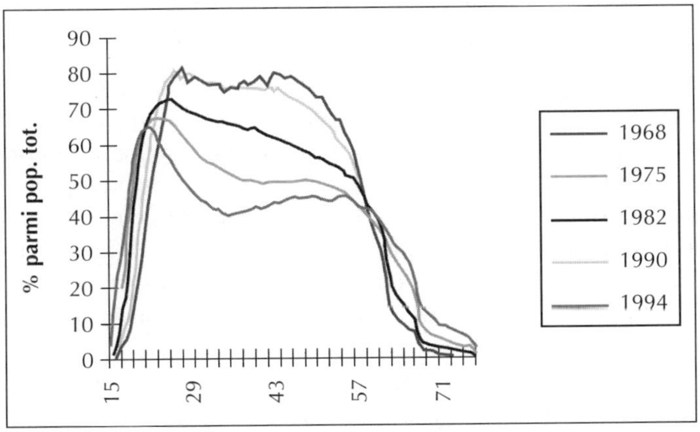

Figure 2 Taux d'activité des femmes selon l'âge de 1968 à 1994

Après 1965, le poids des jeunes s'abaisse régulièrement et le vieillissement de la population s'accélère, les plus de 60 ans représentant dorénavant un cinquième de la population française. La cause essentielle du vieillissement est la baisse de la fécondité qui, en diminuant la part des jeunes dans la population, augmente corrélativement celle des personnes âgées. Mais depuis les années soixante-dix, la baisse de la mortalité qui, jusqu'alors avait permis des gains en vie humaine à tous les âges, s'effectue dorénavant surtout aux âges avancés et devient donc également un facteur de vieillissement (Daguet, 1996). Après avoir concouru au rajeunissement de la société française, le baby boom contribuera donc, comme l'allongement de l'espérance de vie, à l'accélération de son vieillissement qui apparaît une tendance inéluctable du siècle prochain (Blanchet, 1996).

Ces transformations démographiques ont des conséquences sociologiques sur la place respective des classes d'âge dans la société et les rapports entre générations. L'arrivée de classes d'âge nombreuses dans l'enseignement secondaire à la fin des années cinquante et à l'université au milieu des années soixante, n'est probablement pas sans rapport avec les mouvements sociaux qui ont agité les jeunes générations à cette époque. Leur arrivée sur le marché du travail à partir de 1970 posa d'autres problèmes et leur accession à la retraite à partir de 2005 représentera une lourde charge pour les générations plus jeunes et moins nombreuses qui les ont suivies.

Toutefois, il ne faut probablement pas exagérer l'importance de ces mouvements démographiques sur l'identité des générations et les rapports sociaux qu'elles nouent entre elles. Ce n'est pas le poids du nombre à lui seul qui a construit l'identité générationnelle de la jeunesse des années soixante ; c'est bien plutôt la généralisation et l'allongement de la scolarisation qui faisaient cohabiter plus longtemps, à l'écart de l'influence familiale, des jeunes d'horizons sociaux différents qui se sont progressivement fédérés autour d'une culture commune de génération.

6.2. Une concentration de plus en plus marquée de l'activité aux âges intermédiaires

Dans toute société, quelle que soit leur origine, les jeunes n'accèdent que progressivement aux statuts modaux du groupe social auquel ils appartiennent. Il est important d'avoir cette idée simple à l'esprit pour éviter l'indignation naïve qui conduit à s'étonner que les plus jeunes soient moins bien pourvus que les plus âgés. Toutefois, cet accès progressif au statut adulte peut être plus ou moins rapide et faire de l'âge un facteur plus ou moins clivant de la structure sociale. L'état de l'économie à un moment donné et – facteur plus structurel – l'organisation sociale du cycle de vie peuvent plus ou moins favoriser les *insiders* ou les *outsiders.*

Sur ce plan, la France semble, par exemple, s'opposer assez nettement à l'Allemagne (Gautié, 1994). Le modèle allemand est un modèle de régulation institutionnelle de l'entrée des jeunes sur le marché du travail par l'apprentissage, résultant d'un certain consensus entre le gouvernement, le patronat, les syndicats et les jeunes eux-mêmes pour faire fonctionner ce système, avec un partage de l'emploi qui est plutôt favorable aux jeunes générations. Cette relative protection de l'emploi des jeunes a pour contrepartie une plus grande mobilité des adultes. En France, prévaut plutôt un système de marché interne qui débouche plus souvent sur une « exclusion sélective » des jeunes qui sont condamnés à faire leurs classes sur les emplois précaires et mal payés du marché secondaire. La gestion de la réduction des effectifs de la sidérurgie dans les deux pays a illustré cette différence d'approche de la gestion des âges. Ayant à faire face à une diminution globale du même ordre, l'Allemagne et la France ont fait des choix différents : nos voisins d'outre-Rhin ont maintenu, voire accru le nombre de places offertes en apprentissage en faisant supporter aux autres classes d'âge la réduction des effectifs, alors qu'en France au contraire les embauches ont été complètement gelées.

Quelles que soient les politiques mises en œuvre, l'accès à l'activité selon l'âge s'ordonne selon des séquences qui, du moins pour les hommes, n'ont pas fondamentalement changé depuis une trentaine d'années (*cf.* fig. 1 et 2). À toutes les dates étudiées, la courbe du taux d'activité selon l'âge a une forme en U renversé, la présence des individus sur le marché du travail n'atteignant son taux maximum qu'à partir de 30 ans, pour commercer à décliner au tournant de la cinquantaine. Mais c'est bien sûr avant et après son apogée que la courbe a subi le plus de modifications. De 1968 à 1994, l'âge auquel la moitié de la population masculine s'est déjà présentée sur le marché du travail est passé d'un peu plus de 17 ans à près de 22 ans, tandis que l'âge auquel la moitié de la même population s'est retirée du marché de l'emploi est passé de 65 ans à 59 ans. Autrement dit, la période du cycle de vie durant laquelle les hommes sont actifs, s'est fortement réduite à ses deux extrémités, mais surtout dans sa partie finale, et est donc nettement plus courte qu'il y a trente ans. Une autre façon de voir les choses consiste à dire que, sur le plan de l'accès au marché du travail (ou de l'accès à l'emploi, les conclusions sont les mêmes[13]), le contraste est nettement plus marqué aujourd'hui qu'à la fin des années soixante entre les individus dans la force de l'âge et les autres classes d'âge.

Chez les jeunes, le facteur essentiel du report de l'âge d'accès au marché du travail est évidemment la prolongation de la scolarisation. Le pourcentage de garçons de 20 à 24 ans scolaires ou étudiants est passé de 15 % en 1968 à 41 % en 1994. Au regard de ce facteur massif, l'effet du chômage sur le retard d'accès à l'emploi est moins important. La proportion de chômeurs parmi les garçons de 20 à 24 ans a certes crû de façon spectaculaire entre 1968 et 1994 – puisqu'elle a été multipliée par sept – mais elle ne concerne malgré tout qu'un peu plus d'un garçon sur dix (14 %).

À l'autre bout du cycle de vie, on enregistre des évolutions qui présentent de nombreuses similitudes avec celles qui concernent la jeunesse. Les seuils de passage ont, là aussi, connu une importante translation dans les 20 dernières années. Alors que l'entrée dans la vie active s'effectue à un âge de plus en plus tardif, la sortie d'activité est quant à elle de plus en plus précoce. Le taux

13 Mais l'effet est renforcé par le fait que la stabilité d'emploi se concentre également sur les classes d'âges intermédiaires (Cases et Lagarde, 1996)

d'emploi[14] de la population masculine âgée de 55 à 64 ans est passé, en France de 74 % à 44 % entre 1970 et 1988, et à 34 % en 1993. La crise économique de 1974 a eu un effet immédiat sur l'emploi des travailleurs âgés que les entreprises ont licenciés massivement. Par la suite, la mise en place de différents dispositifs (garantie de ressources, contrat de solidarité, retraite à 60 ans) permettra à ces travailleurs menacés d'opter pour une cessation anticipée d'activité (Dumartin, 1994). De la même manière qu'on enregistre pour la phase de jeunesse une déconnexion des seuils de passage et l'apparition d'une phase intermédiaire composée de statuts ambigus entre la jeunesse et l'âge adulte proprement dit, la phase de vieillesse se caractérise aujourd'hui par la multiplication de statuts intermédiaires entre celui d'actif et celui de retraité : invalidité, longue maladie, chômage, préretraite (Guillemard, 1990).

Chez les femmes, l'évolution beaucoup plus marquée des comportements a fortement concouru à la concentration de l'activité sur les classes d'âges intermédiaires (figure 2). Alors qu'en 1968 le taux d'activité entamait une chute très rapide et presque irrémédiable dès 23-24 ans (malgré un second pic, peu marqué, après la naissance des enfants), ces taux restent aujourd'hui presque stables jusqu'à 50 ans. Cette baisse massive et régulière de l'inactivité féminine vient plus que compenser l'effet d'autres facteurs, et notamment le chômage, qui font reculer le taux d'accès à l'emploi. Ainsi, aux âges intermédiaires, la proportion de femmes occupées est plus importante aujourd'hui qu'elle ne l'a jamais été.

6.3. L'avantage des générations nées avant ou pendant la Seconde Guerre mondiale

L'accès aux positions socio-professionnelles et aux différents niveaux de revenu est évidemment fonction de l'âge. Mais il ne faut pas confondre effet du cycle de vie et effet de génération. Quelles que soient les générations auxquelles ils appartiennent et les atouts personnels dont ils disposent, les jeunes ne parviennent pas immédiatement à la position la plus élevée de leur carrière professionnelle. Mais, chaque cohorte peut accéder plus ou moins facilement et plus ou moins largement à ces positions modales.

La figure 3 montre ainsi qu'une série de ruptures semble s'être produite entre les trois groupes de générations, représentés sur le graphique, qui sont nées avant ou pendant la Seconde Guerre mondiale : entre 1930 et 1935, entre 1936 et 1941 et enfin entre 1942 et 1947. De chacun de ces groupes de générations au suivant, la proportion qui atteint un statut de cadre ou de profession intermédiaire croît nettement. Une rupture aussi nette n'apparaît plus entre les différentes générations de l'après-guerre. Ceux qui ont eu vingt ans dans le courant des années cinquante-soixante-dix ont bénéficié du développement exceptionnel

14 Anne-Marie Guillemard souligne que le taux d'emploi qui concerne la seule population active occupée est plus pertinent pour étudier ce groupe d'âge que le taux d'activité qui inclut les chômeurs. En effet, le chômage à cette phase du cycle de vie réserve une très faible probabilité de retour à l'emploi et doit plutôt être considéré comme une sortie précoce et définitive de l'activité.

de la société française pendant les « trente glorieuses » qui leur a permis d'occuper des positions sensiblement meilleures que celles auxquelles accédaient les générations précédentes aux mêmes âges[15].

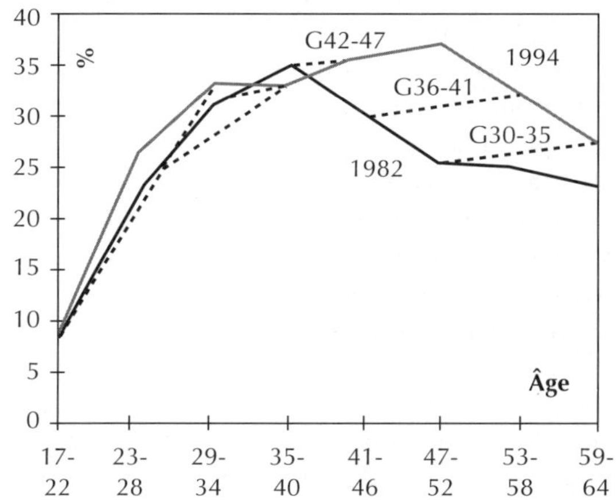

Lecture : les traits pleins indiquent le % de cadres et de professions intermédiaires selon l'âge à chaque date (1982 et 1994). Les traits pointillés permettent de « suivre » chaque génération sur une période de 12 ans.

Source : INSEE, enquêtes « Emploi ».

Figure 3 Pourcentage de cadres et de professions intermédiaires parmi les actifs selon l'âge et la génération en 1982 et 1994

L'avantage relatif des générations nées pendant ou avant la Seconde Guerre mondiale se manifeste encore plus nettement en matière de niveau de vie. Sur ce plan, les ménages dont la personne de référence a moins de trente ans en 1990 n'ont connu qu'une faible amélioration par rapport aux ménages de même âge en 1975. Le renouvellement des générations s'effectuant dorénavant à pouvoir d'achat global presque constant, les nouveaux venus ne profitent plus des hausses générales de niveau de vie. Jusqu'au début des années quatre-vingt-dix, la dégradation de la situation des ménages de moins de 30 ans n'a été que relative : leur niveau stagnait ou progressait moins vite que celui des ménages plus âgés. Depuis le début des années quatre-vingt-dix, les ménages de moins de trente ans accusent une baisse de leur niveau de vie moyen (INSEE, 1996).

En fait, cette baisse se concentre dans les ménages de moins de 25 ans (–15 % entre 1984 et 1994). Elle provient en partie d'un effet de structure, l'écart de niveau de formation entre les actifs précoces et les autres jeunes s'étant relativement accru. L'accroissement de la pauvreté chez les moins de 25 ans concerne une minorité décroissante de jeunes dont le profil est de plus en plus atypique par rapport au profil moyen de leur génération : ceux qui n'ont pas pu poursuivre

15 Cet effet générationnel disparaît toutefois complètement si on compare, non plus l'ensemble des générations d'actifs, mais seulement celles qui ont atteint ou dépassé le niveau du baccalauréat. C'est donc bien cet effet de structure – croissance des emplois d'encadrement et progression corrélative du niveau de formation – qui explique probablement l'avantage relatif des générations de la Seconde Guerre mondiale ou de l'immédiat après-guerre.

autant que les autres des études longues et qui n'ont pas pu prolonger la cohabitation avec les parents. Il est probable que l'écart s'accroît entre cette minorité de jeunes et les autres. Les jeunes ménages qui se présentent le plus tôt sur le marché du travail rencontrent plus de difficultés à accéder et à se maintenir dans l'emploi. D'autre part, leurs salaires en début de carrière, en partie parce qu'elle démarre plus tard, sont moins élevés qu'il y a dix ans : en 1994, le salaire mensuel moyen des jeunes de moins de 25 ans qui travaillent est équivalent au SMIC, soit 5 000 francs, alors qu'il était de 5 800 francs en 1984 (en francs 1994). En revanche les 25-29 ans maintiennent leur pouvoir d'achat et enregistrent même une légère hausse depuis dix ans (INSEE, 1996). Le salaire des moins de 40 ans, exprimé en pourcentage du salaire des 41-50 ans, a décru pendant la décennie quatre-vingt. Mais ce rapport semble s'être stabilisé depuis le début des années quatre-vingt-dix (Bayet et Demailly, 1996).

À l'inverse des ménages jeunes, le niveau de vie des ménages plus âgés, et notamment ceux de plus de 60 ans a fortement progressé car ces générations ont effectué leur carrière durant une période où le pouvoir d'achat a connu des relèvements importants (Legris et Lollivier, 1996). Alors qu'en 1970, les retraités avaient un niveau de vie sensiblement plus faible que les actifs (écart de l'ordre de 20 % entre les deux catégories, Hourriez et Legris, 1995) et que leurs conditions de vie les désignaient comme une catégorie défavorisée (consommation plus faible, logements plus anciens, sous-équipements en biens durables), ils ont rattrapé leur retard. Depuis 1970, le montant des retraites a beaucoup augmenté, à la fois cause d'une revalorisation des pensions et d'un effet de génération : les nouveaux retraités ont cotisé plus longtemps avec des salaires plus élevés. Par ailleurs, la montée de l'activité féminine contribue à augmenter la retraite moyenne par ménage. Conséquence de ces évolutions : à la fin des années quatre-vingt, le niveau de vie des retraités a rejoint en moyenne et probablement dépassé celui des actifs (Houriez et Legris, 1995).

Mais cette population des plus de 60 ans est elle-même hétérogène en matière de revenus. En gros on peut opposer les veuves très âgées qui ont un niveau de vie sensiblement inférieur à la moyenne des personnes âgées et chez qui la pauvreté n'a pas totalement disparu, aux « jeunes » cadres retraités dont le revenu par tête est au contraire nettement plus élevé que la moyenne.

6.4. Une lutte des âges ?

On peut se demander si l'évolution de la distribution des revenus selon l'âge ne va pas générer des tensions nouvelles entre les générations, puisque, comme on vient de le voir, celle-ci a évolué dans un sens défavorable aux plus jeunes.

De la même manière, si l'on s'attache au bas de la distribution des revenus, on constate que les ménages pauvres se concentrent aux deux extrémités de l'échelle des âges, mais surtout chez les jeunes. C'est même chez les ménages de moins de 30 ans que la pauvreté a le plus augmenté : le taux de ménages pauvres (demi-médiane des revenus par unité de consommation d'Oxford) a doublé chez les moins de 30 ans alors qu'il restait stable dans l'ensemble de la population (autour de 10 %) (INSEE, 1996).

En fait, on peut distinguer trois classes d'âge en fonction du revenu : les moins de 40 ans qui sont les moins favorisés ; les « seniors » (40-70 ans), qui sont les plus aisés en moyenne ; enfin les personnes très âgées (plus de 70 ans) sensiblement moins aisées, surtout les femmes. L'opposition entre actifs et retraités est donc devenue moins pertinente qu'autrefois pour décrire la société : ni les actifs, ni les retraités ne forment un groupe homogène.

Mais la perception subjective de l'aisance n'est pas conforme aux données objectives de situation (Hourriez et Legris, 1995). Les plus jeunes, qui sont pourtant les plus défavorisés, se sentent plus à l'aise financièrement que les quadragénaires, pourtant les plus favorisés. Et surtout les personnes ayant entre 60 et 70 ans ont un sentiment d'aisance beaucoup plus élevé que le reste de la population. Comment expliquer ce décalage par rapport aux données objectives ?

En ce qui concerne les moins de trente ans, il faut dire en préalable que les notions de « ménage » d'une part, d'« actif » d'autre part, sont moins pertinentes pour décrire leur situation que ce n'était le cas il y a vingt ans. En effet, la proportion de jeunes scolarisés a crû dans des proportions considérables, tandis que s'accroissait également la proportion de ceux qui vivent chez leurs parents. Le raisonnement sur les ménages et les actifs est donc de moins en moins adapté pour décrire la situation des jeunes de moins de 25 ans tout simplement parce que ces derniers constituent de plus en plus tardivement une entité de cette nature. En raisonnant sur celle-ci on raisonne en fait sur une minorité de jeunes de plus en plus étroite.

Par ailleurs, une proportion non négligeable des jeunes ménages bénéficie d'une aide des parents[16]. Cette aide peut être régulière ou occasionnelle, s'effectuer sous forme monétaire ou en nature (mise à disposition d'un logement par exemple, cas fréquent pour les étudiants). Elle se fait également de plus en plus souvent sous la forme de donations. Ces transferts entre générations à l'intérieur des familles expliquent probablement que le sentiment d'aisance des jeunes ménages soit comparable à celui des 40-60 ans, bien que leur niveau de vie soit plus faible. Une autre explication tient au fait que la mobilité des ménages entre les situations de pauvreté et de non-pauvreté est la plus forte au début du cycle de vie, avant 35 ans (INSEE, 1996). Les situations défavorisées que connaissent les jeunes sont donc plus souvent transitoires.

Quant aux plus âgés leur sentiment de bien-être est lié à la transformation du mode de vie qui survient au moment de la cessation d'activité. Les retraités disposent de temps libre, leurs revenus échappent aux aléas du marché de l'emploi, ils sont nombreux à disposer d'un patrimoine qui leur assure un sentiment de sécurité, alors que les plus jeunes consacrent une partie de leurs ressources à l'accession à la propriété ce qui crée des contraintes sur leur budget. Les remboursements de crédits absorbent jusqu'à 15 % du budget moyen vers 35 ans, puis disparaissent aux âges élevés.

16 Selon l'enquête INSEE de 1992, 10 % des jeunes de 18 à 29 ans vivent dans un logement payé par les parents et 16 % de l'ensemble de cette classe d'âge déclare avoir reçu personnellement dans le mois précédent l'enquête une aide financière des parents.

La perception subjective de la situation financière ne correspond donc pas aux inégalités objectives de niveau de vie et semble atténuer le risque d'un fort conflit entre générations sur la répartition du revenu. Les transferts informels entre générations corrigent en effet en partie les inégalités de revenu selon l'âge. Les enquêtes du CREDOC (Hatchuel et Kowalski, 1995) montrent que la solidarité entre générations n'apparaît pas seulement aux parents comme une contrainte imposée par les circonstances économiques : ils veulent contribuer à l'intégration et à la réussite de leurs enfants.

6.5. Une individualisation du parcours des âges ?

Les changements concernant la répartition de l'activité et des revenus selon l'âge n'ont pas que des conséquences économiques. La position générale des classes d'âge dans la société s'en trouve également transformée. On le voit bien en ce qui concerne les personnes âgées.

La coupure sociale de la « retraite » n'est plus une frontière aux contours aussi nets qu'autrefois et le groupe des « vieux » n'est plus aussi homogène qu'il l'était. Les enquêtes « valeurs » de 1981 et 1990 montrent que dans les nouvelles générations de jeunes retraités, la cessation de l'activité professionnelle s'accompagne d'un regain de participation associative qu'on n'enregistrait pas dans les générations précédentes. Ainsi, de la même manière qu'il apparaît un nouvel âge de la vie précédant l'âge adulte, il se constitue à l'autre bout du cycle de vie une nouvelle catégorie d'âge, retirée de l'activité, mais qui ne se considère pas pour autant de ce fait comme étant définie par les notions de « retraite » et de « vieillesse ». Ces « nouveaux retraités » sont animés par un souci d'utilité sociale qui remet en cause la division stricte des fonctions sociales dévolues à chaque âge de la vie : « ils s'efforcent d'estomper les clivages entre les âges, en bouleversant les frontières entre travail et non-travail » (Guillemard, 1990).

Tout ceci contribue peut-être à remettre en cause la division ternaire du cycle de vie (jeunesse, temps de formation – âge adulte, temps du travail – vieillesse, temps de la retraite) :

> L'ordonnancement du parcours des âges devient imprécis, aléatoire. La « déchronologisation » des dernières étapes du cycle de vie s'accompagne inévitablement d'un recul de leur caractère uniforme et standardisé.
>
> (Guillemard, 1990)

Serait donc en cours un processus d'*individualisation du parcours des âges* lié à l'affaiblissement du rôle des repères chronologiques associés aux dispositifs institutionnels (l'école, le système de retraite...) dans le déroulement du cycle de vie. Les manifestations concernant la jeunesse en sont assez claires : le jeu avec les frontières y est plus grand qu'autrefois et autorise un report ou une déconnexion du franchissement des principaux seuils. Pour la phase de vieillesse, cette individualisation équivaut moins souvent à un élargissement des capacités de choix individuel, la sortie précoce d'activité étant plus souvent subie que choisie. Malgré tout, ces pratiques semblent donner lieu à l'apparition d'un nouveau mode de vie qui s'intercale entre la maturité et la vieillesse.

Ces évolutions auront peut-être aussi pour conséquence de rendre plus incertaines les définitions d'âge (« être jeune », « être vieux ») et donc de réduire le rôle de l'âge comme critère de classement et de reconnaissance sociale.

7 QUELLE STRUCTURE SOCIALE ?

L'incertitude sur la représentation de la structure sociale la mieux adaptée à analyser et décrire la situation de la France en cette fin de siècle est grande. Les propositions synthétiques et globales ne sont pas d'ailleurs très nombreuses. L'approche en terme de capital économique et social de Pierre Bourdieu est devenue un des outils intellectuels standards de la discipline sans pour autant que les différentes classes de *La Distinction* (sous-ensembles des « classes dominantes », de la « petite bourgeoisie » et des « classes populaires ») se soient imposées de la même manière. Une autre proposition plus récente est celle d'Henri Mendras ; elle accorde une grande importance aux processus de moyennisation décrits plus haut et dont on a vu qu'ils suscitaient doute quant à leur permanence dans les années récentes. Le schéma d'inspiration marxiste de Robert Fossaert n'a, lui, guère eu de succès.

7.1. Des conclusions contradictoires

On conçoit que la balance ne soit pas aisée à établir. Les changements, décrits dans les sections précédentes, sont importants, mais les permanences ne le sont pas moins : hiérarchies somme toute inchangées, maintien des canaux de la mobilité sociale.

Malgré l'enrichissement généralisé, malgré la réduction des inégalités, derrière même la prise en charge des situations les plus difficiles grâce au développement sur la période d'après-guerre des systèmes de protection sociale, les structures sous-jacentes du système des inégalités en France sont plutôt restées stables. Les changements sont grands au niveau individuel, ils le sont beaucoup moins au niveau structurel, niveau évidemment beaucoup moins directement perceptible pour les Français (mais qui risque de le devenir de plus en plus, si le rythme du changement se ralentit).

De plus, l'avenir est fort incertain. En particulier, les générations les plus récentes, qui débutent leur vie active, s'installent plus difficilement et améliorent peu leur situation matérielle par rapport à leurs parents, en tout cas l'améliorent moins que ceux-ci ne l'avaient fait par rapport à leurs propres parents. On ne peut encore déterminer les conséquences du phénomène et savoir ce que sera la situation dans vingt ans de ces générations mais il n'est sans doute pas étranger aux inquiétudes actuelles.

À tous ces changements objectifs, solidement attestés, s'en ajoutent d'autres, plus subjectifs, dans les sensibilités des chercheurs : par exemple, l'intérêt nouveau, déjà souligné, pour l'étude des trajectoires individuelles. La vision de la structure sociale qui en résulte sera d'emblée plus complexe. L'intérêt s'est-il porté sur l'étude des trajectoires précisément parce que se répandait le sentiment que la structure sociale s'était complexifiée ou bien la disponibilité de ces données fait-elle apparaître une complexité sous-estimée jusqu'alors mais bien présente dans le passé néanmoins ?

7.2. Du brouillage des repères...

Les sociologues parleront de groupe social pour désigner un ensemble de foyers et de personnes occupant des positions voisines dans la société, partageant des modes de vie semblables, partageant plus ou moins le sentiment d'appartenir à un même groupe. Le terme est d'emploi courant et, s'il n'a pas de définition précisément établie, les contenus approximatifs de chacune de ses composantes faisaient l'objet de consensus. Or, ce sont ces contenus eux-mêmes qui font objet actuellement d'interrogations et de redéfinitions.

Les « positions » retenues correspondaient fondamentalement aux insertions professionnelles des foyers telles qu'elles sont approchées par exemple par les professions et catégories socio-professionnelles. Les classes sociales pouvaient être considérées comme les plus « vastes » des groupes sociaux éventuellement observables dans la société. L'emboîtement dans la nomenclature des PCS, depuis les nomenclatures les plus détaillées de professions (489 postes) aux listes les plus agrégées de catégories socio-professionnelles (6 postes), traduit bien cette façon de voir.

Le développement du chômage, les modifications dans les conditions d'accès à l'emploi, le développement de l'activité professionnelle des femmes, l'importance croissante des transferts dans les ressources des ménages, autant d'éléments qui doivent peut-être être pris en considération dans la définition d'une position sociale ; de même, pour les positions de sexe et d'âge qui sont de plus en plus considérées comme susceptibles d'engendrer, dans certains cas, similitudes de modes de vie et sentiment d'appartenance. La stricte activité professionnelle ne suffit sans doute plus.

De nouvelles perspectives, par ailleurs, se sont fait jour sur la manière dont il convient d'analyser les modes de vie et les conséquences sur le repérage des « positions » présentes dans la société sont grandes. La notion de « mode de vie » renvoie à une idée de cohérence entre pratiques, opinions, attitudes et valeurs. La recherche des similitudes en la matière permet donc de repérer des groupes sociaux. Pour cela, le primat était accordé dans le passé aux aspects objectifs comme la nature des produits acquis, les types de personnes rencontrées, le partage des tâches entre conjoints... Les aspects subjectifs – opinions et attitudes, à un moindre degré valeurs – étaient beaucoup moins pris en considération comme critères principaux de délimitation de groupes sociaux. Significativement les travaux sur les « styles de vie », développés par des instituts de recherche privé, furent fortement critiques et plutôt ignorés (Herpin, 1986) alors même qu'ils étaient objet de vif intérêt dans la sociologie allemande (Hradril, 1993).

Or au moins deux thèmes assez voisins se sont développés qui justifient d'accorder une plus grande attention dans la délimitation des groupes sociaux à ces composantes subjectives des modes de vie. Le premier est celui de la diversification : les produits offerts par les fabricants sont de plus en plus variés et les possibilités de choix de plus en plus grandes ; les similitudes dans les pratiques sont donc moins évidentes *a priori* à repérer et, surtout, le sociologue doit s'interroger sur la place qu'il doit faire dans ses modèles à ce souci que manifestent les consommateurs d'acquérir des objets personnalisés. Deuxième thème, celui de la montée de l'individualisme : les individus sont de plus en plus à la recherche de leur autonomie (parmi les nombreuses références, voir, par exemple, Schweisguth, 1995).

Les modes de vie deviendraient objets construits de la part des foyers. À la limite, les foyers pratiqueraient le mode de vie de la position qu'ils souhaitent occuper. Les fondements de la structure sociale perdraient ainsi de leur objectivité.

Dernier élément contribuant à brouiller les repères, le développement des identifications locales, catégorielles souligné par nombre d'observateurs (Dirn, 1990). Dans la représentation que se font les Français de la structure globale de la société française, comme dans leur conception de la vie collective aux échelons intermédiaires, les frontières sont moins tranchées. On ne dispose pas d'étude explicite du sujet mais les indices d'évolution sont nombreux. La diminution du sentiment d'appartenir à une classe sociale par exemple est générale et particulièrement marquée parmi les ouvriers (et certainement liée, dans ce cas, à la perte d'influence du parti communiste et des institutions dont il était la cheville ouvrière) : la majorité des analystes parlent d'une véritable disparition de la culture ouvrière urbaine traditionnelle (par exemple Azemar, 1992).

7.3. ... à une thèse extrême : la société post-moderne

La thèse de l'émergence d'une nouvelle forme de société, dite « post-moderne » (voir chapitre 1) rassemble toutes les considérations précédentes en un tout. La nébuleuse des classes moyennes a absorbé tous les groupes sociaux. Les trajectoires individuelles remplacent les destinées collectives.

Peu de sociologues français contestent l'existence des différents éléments de diversification, d'accroissement de fluidité, de flexibilité sur lesquels s'appuient les théoriciens du post-modernisme. La question est de savoir s'ils forment système et suffisent à rendre compte à eux seuls de tous les changements pertinents.

La plupart des observateurs ne constatent pas le dépérissement des deux extrémités de la hiérarchie sociale que croient déceler les théoriciens de la société post-moderne. Les caractéristiques de mobilité, de fluidité, la disparition des limites tranchées qui caractérisent la société dans son ensemble pour les sociologues de la post-modernité paraissent spécifiques d'une partie seulement de celle-ci : les classes moyennes. Henri Mendras, par exemple, propose dans *La seconde Révolution française* un schéma d'évolution qui conduit de quatre grands groupes sociaux bien caractérisés et distincts des débuts du siècle (paysan, bourgeoisie, prolétariat et classes moyennes peu nombreuses à l'époque) à un ensemble nettement plus complexe mais qui n'est pas pour autant invertébré. Une « constellation centrale » y est bien caractérisée par une mobilité sociale intense, une multiplication des sous-groupes et échelons internes, une multiplication des normes et systèmes de valeurs tolérables en son sein. Mais d'autres constellations – populaires notamment – existent et si les frontières sont moins nettement marquées entre « constellations » qu'elles ne l'étaient entre classes, les distinctions n'en existent pas moins à son avis aussi bien vers l'élite que vers la « constellation populaire ». En particulier, le principe d'une structuration verticale est toujours présent et ce ne sont pas les fluidités individuelles et généralisées qui sont mises en avant.

Les couches supérieures, quant à elles, apparaissent fortement structurées et très homogènes, ne serait-ce qu'en raison de leur mode de recrutement similaire ; en tant que groupe social, la haute bourgeoisie, ou la noblesse, semble perdurer (Pinçon-Charlot, 1989). On peut interpréter la montée du sentiment d'appartenance de classe parmi la catégorie moyenne, enfin, comme l'indice de leur constitution progressive en groupe social, porteur d'un système de valeurs spécifiques (Scheiswguth, 1983).

En somme, les oppositions seraient moins marquées, moins nettes, objets aussi de moins d'attention mais toujours présentes, suffisamment présentes en tout cas pour qu'il paraisse imprudent d'abandonner les catégories traditionnelles. L'étude des formes de diffusion des prénoms permet certes de constater un affaiblissement de la diffusion hiérarchique de ceux-ci mais au bénéfice de formes de diffusion « horizontale » (Besnard, 1994). Si les catégories supérieures imposent moins leur goût, ce n'est pas pour autant que les groupes sociaux ne se distinguent plus les uns des autres, au contraire.

7.4. La métaphore de l'accordéon

Il est évidemment attristant de ne pouvoir présenter de conclusions simples, claires, décisives sur l'évolution du système de stratification sociale de la France. Le faire serait distordre la réalité de nos connaissances sur le sujet, mésestimer l'ampleur des débats et anticiper des conclusions qui ne sont pas encore atteintes.

Il importe de distinguer classes et positions de classes. La notion de classe est évidemment beaucoup plus englobante que celle de position de classe. Une classe se repère outre par sa position, par les sentiments des agents qui la partagent, par le degré auquel ils s'engagent dans des actions, par l'existence d'acteur collectif, etc., etc.

On ne peut, à notre avis, vraiment conclure sur les « classes », leur persistance ou leur changement, sur l'évolution du degré de structuration en classes de notre société, faute en grande partie d'éléments de comparaison pour le passé, mais, pour ce qui est des « positions de classe », la conclusion nous paraît sans ambiguïté. Ce sont les mêmes éléments de structuration – ceux évoqués ci-dessus à propos du code des catégories socio-professionnelles – qui sont à l'œuvre dans la société française tout au long des cinquante ans écoulés. Tous ces éléments sont toujours présents dans la société française contemporaine.

Un point, tout au plus, est obscur, celui de savoir s'il faut compléter ou non le schéma des catégories socio-professionnelles par l'inclusion d'une position qui correspondrait au 1,2 ou 3 % supérieur de la distribution hiérarchique des foyers français. Le « très haut » de la hiérarchie sociale (qu'on veuille le désigner comme l'élite, les dirigeants, les capitalistes...) échappe, en effet, complètement aux travaux statistiques qui sont la source principale de notre connaissance des inégalités sociales et économiques en sorte qu'il est bien difficile de juger s'il doit, ou non, être isolé au sein des « cadres supérieurs ». Quant au « très bas » de la hiérarchie sociale, on a vu que, pour l'instant au moins, il existait peu d'indices de l'apparition d'une position d'*underclass* ou de la persistance d'un quart monde.

Les positions de classe peuvent être vues comme autant de soufflets d'un accordéon. Quelque soit le volume de l'accordéon, les positions relatives des soufflets sont les mêmes. Ils sont simplement plus ou moins proches physiquement les uns des autres, mais dans les mêmes situations les uns par rapport aux autres. À notre avis, l'accordéon s'est, sans ambiguïté contracté. Les soufflets se sont rapprochés. Les positions de classe, bien que toujours les mêmes, correspondent à des situations objectives moins différentes que ce n'était le cas dans le passé. Les soufflets sont pourtant toujours bien distincts et l'accordéon n'a pas changé de structure.

BIBLIOGRAPHIE

ACKER J. (1973), « Women and Social Stratification : A Case of Intellectual Sexism », *American of Journal of Sociology,* 78(4), p. 936-945.

AZEMAR G. P. (1992), « Ouvriers, ouvrières. Un continent morcelé et silencieux » *Éd. Autrement,* Séries Mutations, n° 126

BAYET A. et DEMAILLY D. (1996), « La hiérarchie des salaires », *INSEE Première,* n° 487.

BLANCHET D. (1996), « Le vieillissement », encadré, *Données Sociales 1996,* INSEE, p. 20-21.

BOURGUIGNON F. et MARTINEZ M. (1996), « Decomposition of the Change in the Distribution of Primary Family Incomes : A Microsimulation Approach Applied to France, 1979-1989 », miméo, Delta, 42 pages.

BIDOU C. (1984), *Les aventuriers du quotidien,* Paris, PUF.

CASES C. et LAGARDE P. (1996), « Activité et pauvreté. Une tranche de vie des personnes de 17 à 59 ans », *INSEE-Première,* n° 450, 4 pages.

CLARK T. et LIPSET S. (1991), « Are Social Classes Dying ?» *International Sociology,* 6(4) : 397-410.

CSERC (1996), *Les inégalités d'emploi et de revenu,* Paris, La Découverte, 244 pages.

DAGUET F. (1996), « Le bilan démographique du siècle », *Données sociales 1996,* INSEE, p. 12-21.

DELPHY C. (1977) « Les femmes dans les études de stratification » *in* MICHEL A. (dir.), *Femmes, sexisme et sociétés,* Paris, PUF.

DIRN L. (1990), *La société française en tendances,* Paris, PUF, 368 pages.

DIRN L. (1994), « Chroniques des tendances de la société française », *Observations et Diagnostics économiques,* n° 50, p. 131-139.

DUMARTIN S. (1994), « Générations et emploi depuis 1970», *INSEE Première,* n° 326.

ERIKSON R. et GOLDTHORPE J. (1993), *The Constant Flux. A Study of Class Mobility in Industrial Societies,* Oxford, Clarendon Press.

ESPING-ANDERSEN G. (1990), *The Three Worlds of Welfare Capitalism,* Cambridge, Polity Press.

FOSSAERT R. (1980), *La société. 4. Les classes,* Paris, Le Seuil, 493 pages.

GALLIE D. (1993) « Are the Unemployed An Underclass ? Some Evidence from The Social Change and Economic Life Initiative » CASS Working Paper, n°46, Juin.

GANZEBOOM H. et TREIMAN D. (1989), « Intergenerational Class Mobility in Comparative Perspective in *Research in Social Stratification and Mobility,* 8, p. 3-84.

GAUTIE J. (1994), « Le chômage des jeunes : un problème de formation ?» *Futuribles,* n° 186, p. 3-23.

GLAUDE M. et MOUTARDIER M. (1984), « L'évolution des niveaux de vie en treize ans suivant le milieu social », *Données sociales,* p. 290-292.

GODELINAIS M.-C. et LEMEL Y. (1990), « Les évolutions du mode de vie. Bouleversements et permanences sur fond de croissance », *Données Sociales,* p. 182-190.

GOLDTHORPE J. (1995), « Le "noyau dur" : fluidité sociale en Angleterre et en France dans les années 70 et 80 », *Revue Française de Sociologie,* XXXVI-1, p. 61-79.

GOLDTHORPE J. et MARSHALL G. (1995), « The promising Future of Class Analysis : a Response to Recent Critiques », *Sociology,* 26(3), p. 381-400.

GOLLAC M. et LAULHE P. (1987), « La transmission du statut social. L'échelle et le fossé » *Économie et Statistique,* n° 199-200, p. 85-93.

GOUX D. et MAURIN E. (1995), « Origine sociale et destinée scolaire. L'inégalité des chances devant l'enseignement à travers les enquêtes FQP 1970, 1977, 1985 et 1993 », *Revue Française de Sociologie,* XXXVI-1, p. 81-122.

GUILLEMARD A.-M. (1990), « Emploi, protection sociale et cycle de vie : résultats d'une comparaison internationale des dispositifs de sortie anticipée d'activité », *Sociologie du Travail,* n° 3/93, p. 257-284.

HATCHUEL G. et KOWALSKI A.-M. (1995), « La reconnaissance de l'aide parentale », *Consommation et modes de vie,* n° 97.

HERPIN N. (1986), « Socio-style », *Revue Française de Sociologie,* XXVI p. 265-272

HERPIN N. (1993), « Au-delà de la consommation de masse. Une discussion critique des sociologues de la post-modernité », *L'Année Sociologique,* vol. 43, p. 295-315.

HOURRIEZ J.-M. et LEGRIS (1995). (À paraître).

HRADRIL S. (1993), « New German Social Structure Analysis », *Schweiz fur Soziologie,* 19, p. 663-688.

INSEE (1995), Numéro spécial « Revenus et patrimoine des ménages », *Synthèses,* n° 1.

INSEE (1996), « Revenus et patrimoine des ménages », édition 1996, *Synthèses,* n° 5.

LABBENS J. (1978), *Sociologie de la pauvreté. Le tiers monde et le quart monde,* Paris, Gallimard, 312 pages.

LAUTMAN J. (1980) « Où sont les classes d'antan ?» *in* MENDRAS H. (dir.), *La sagesse et le désordre-France 1980,* Paris, Gallimard, p. 81-99.

LEGRIS B. et LOLLIVIER S. (1996), « Le niveau de vie par génération », *INSEE Première,* n° 423.

LEMEL Y., OBERTI M. et REILLER F. (1996), « Classe sociale : un terme fourre-tout ? Fréquence et utilisation des termes liés à la stratification sociale dans deux revues », *Sociologie du travail,* n° 2, p. 195-207.

LÉVY M.-L. (1996), « Les cinquante ans du baby boom », *Population et sociétés,* mars, n° 311.

LEWIS O. (1968), *La Vida A Puerto Rican Family in the Culture of Poverty,* Londres, Panther Book, 826 pages.

MARCHAND O. et THÉLOT C. (1991), « Deux siècles de travail en France », *INSEE-Études.*

MARUANI M. et REYNAUD E. (1993), *Sociologie de l'emploi,* Paris, La Découverte, 126 pages.

PAUGAM S. (1993), *La Société fançaise et ses pauvres*, Paris, PUF, 317 pages.

PAUGAM S. et ZOYEM J.-P. (1996), « Pauvreté et transferts sociaux : une dépendance accrue des ménages à bas revenus », *Solidarité-Santé*, n° 1, p. 47-65.

PINCON M. et PINCON-CHARLOT M. (1989), *Dans les beaux quartiers*, Le Seuil, 1989.

PRETECEILLE A. (1995), « Division sociale de l'espace et globalisation. Le cas de la métropole parisienne », *Sociétés Contemporaines*, 22, p. 1-30.

PROST A. (1986), *L'enseignement s'est-il démocratisé ? Les élèves des lycées et collèges de l'agglomération d'Orléans de 1945 à 1980*, PUF, 2e éd.

ROBINSON R. et GARNIER M. (1985), « Class Reproduction among Men and Women in France : Reproduction Theory on Its Home Ground », *American Journal of Sociology*, vol. 91(2), p. 250-280.

RUNCIMAN W. (1990), « How Manu Classes are These in Contemporary British Society », *Sociology*, 24, 3, p. 337-396.

SEYS B. (1996), « L'évolution sociale de la population active », *INSEE-Première*, n° 434.

SCHNAPPER D. (1981), *L'épreuve du chômage*, Paris, Gallimard, 222 pages.

SCHNAPPER D. (1989), « Rapports à l'emploi, protection sociale et statuts sociaux », *Revue Française de Sociologie*, n° 1, p. 3-29.

SHAVIT Y. et BLOSSFELD H. P. (1993), *Persistent Inequality. Changing Educational Attainement in Thirteen Countries Boulder*, Westview Press.

SWEISGUTH E. (1983), « Les salariés moyens sont-ils des petits bourgeois ?», *Revue Française de Sociologie*, XXIV-4, p. 679-704.

SWEISGUTH E. (1995), « La montée des valeurs individualistes, *Futuribles*, n° 200, p. 131-160.

TENZER N. (1994), « La fin du modèle français de classe moyenne », *Le Banquet*, n° 4, p. 153-164.

THÉLOT C. (1982), *Tel père, tel fils ? Position sociale et origine familiale*, Dunod.

WEBER F. (1991), « Nouvelles lectures du monde ouvrier : de la classe aux personnes », *Genèses*, 6, p. 179-189.

Chapitre 3

Dynamique de la famille : entre individualisme et appartenance

JEAN-HUGUES DÉCHAUX

DEPUIS VINGT À TRENTE ANS, la famille en France, comme ailleurs en Occident, est perçue comme un domaine en mutation. Cette perception dépend bien évidemment du contexte social. Dans la foulée des événements de 68, les années soixante-dix ont été celles de la contestation de la famille traditionnelle ou « patriarcale » : enfin, la famille se modernisait sous l'influence des femmes et des jeunes générations qui entendaient rejeter l'autoritarisme des rapports familiaux légués par la tradition. Par contraste, la décennie quatre-vingt marque une montée de l'inquiétude et voit émerger le thème de « la crise de la famille ». Depuis, cette interrogation a fait place peu à peu à d'autres préoccupations de nature plus économique où la famille est appréciée à l'aune de la solidarité qu'elle est en mesure de fournir à ses membres. L'idée d'un « retour de la famille » fait son chemin[1], marquant une inflexion notable dans la façon dont le débat social aborde la question familiale. Force est donc de constater que, sur un laps de temps assez court, les propos sur la famille ont considérablement évolué.

Cette obsolescence rapide des discours est sans nul doute l'indice d'un certain désarroi de la société. Elle exprime la confusion des esprits plus que le caractère chaotique ou aveuglant des transformations de la famille. Bien que ne pouvant totalement s'abstraire des enjeux sociaux attachés à son objet, la sociologie de la famille parvient à formuler des diagnostics beaucoup plus sûrs qui se fondent sur de nombreuses enquêtes. Deux points peuvent être avancés : d'une part, le contraste est net entre l'obsolescence des discours et des représentations et le caractère continu des changements familiaux depuis une trentaine d'années ; d'autre part, il se dégage parmi les sociologues un relatif consensus en faveur d'une interprétation qui confère à l'individualisme un rôle déterminant. En effet, selon cette thèse, les mutations prennent sens si l'on y voit la marque d'un « individualisme familial » qui touche à la conception même du lien de parenté : celui-ci ne relèverait plus d'une institution sociale, fondée sur des normes, rôles, droits et devoirs partagés, et se rapprocherait d'un système de relations interpersonnelles, négociables et révocables au gré des exigences individuelles.

1 En témoigne la parution récente d'un dossier spécial du *Figaro Magazine* (12 avril 1997), largement commenté, et intitulé : « La famille, plus que jamais ».

Les théories du changement pêchent souvent par manque de nuances. Elles ont volontiers recours à des dichotomies analytiques pour mieux distinguer passé et présent. La thèse de l'individualisme familial ne fait pas exception : les droits du sujet y sont définis contre ceux de l'institution. Notre objectif est de lui opposer une autre grille de lecture théorique qui, tout en se fondant sur le matériau recueilli, dont on ne discute pas le sérieux et la pertinence, est attentive aux signes de l'autonomie individuelle comme à ceux de l'appartenance statutaire, l'hypothèse centrale étant qu'il s'agit là des deux faces d'une même réalité.

1 UN NOUVEAU PAYSAGE FAMILIAL

Depuis environ vingt ans, la société française a connu de profondes transformations des structures familiales. Les signes avant-coureurs remontent aux années soixante, mais c'est au cours des deux décennies suivantes que le changement s'amplifie. On peut résumer cette transformation à un ébranlement de la famille dans sa forme « classique » ou « traditionnelle », c'est-à-dire le couple marié avec ses enfants, élevés par l'épouse inactive.

1.1. Mariages, fécondité et activité féminine

En 1972, les mariages célébrés atteignaient le nombre record de 416 000[2]. En 1994, il est tombé à 254 000, ce qui est le niveau le plus faible du siècle si l'on s'en tient aux années de paix. À l'exception d'une timide reprise entre 1988 et 1990, la baisse des mariages a été continue depuis 1973. Parallèlement, alors qu'il ne cessait de diminuer depuis près d'un siècle, l'âge moyen au premier mariage s'est s'élevé : de 24,4 ans pour les hommes et de 22,4 ans pour les femmes en 1970, il est en 1995 de 29 ans pour les premiers et de 27 ans pour les secondes. Le nombre de personnes encore célibataires à des âges avancés augmente.

Outre le recul du mariage, les modifications de la famille se traduisent par une baisse sensible de la fécondité. Elle est entamée depuis 1965. De 2,9 enfants par femme en 1964, l'indice synthétique de fécondité s'est stabilisé autour de 1,7 depuis 1992 et se situe donc au-dessous du seuil de renouvellement des générations (2,1). Comme pour le mariage, on observe des comportements de report. Le calendrier des naissances est décalé : l'arrivée du premier enfant est retardé de sorte que l'âge moyen à la naissance, qui avait baissé au cours des années cinquante et soixante pour atteindre un minimum de 26,7 ans en 1975, est remonté depuis à 29 ans en 1995. Les maternités après 30 ans sont toujours plus fréquentes : 40 % des naissances en 1992. Aussi est-il bien délicat de savoir si la forte baisse de l'indicateur synthétique de fécondité (qui, par hypothèse, estime la descendance d'une génération fictive) sera ou non partiellement compensée par un plus grand nombre de naissances tardives. Si la fécondité recule, le désir

2 L'évolution des principaux indicateurs socio-démographiques est présentée au tableau 1, p. 65.

d'enfant, mesuré par la proportion des femmes qui ont au moins un enfant, n'est pas remis en cause. Enfin, les naissances ne supposent plus nécessairement le mariage. En 1995, près de quatre enfants sur dix (39 %) naissent hors mariage, ce qui représente la proportion la plus élevée en Europe à l'exception des pays scandinaves. Cette hausse, constante depuis 30 ans et dont le rythme s'accélère, est liée à la banalisation de l'union libre. Ces enfants nés hors mariage ne doivent pas être confondus avec les « enfants naturels » d'autrefois. Ils sont en effet massivement reconnus par leurs pères (Festy, 1994).

Avec la diminution des naissances, on assiste à la contraction de la taille des familles comme l'indique la comparaison du nombre moyen d'enfants par femme pour celles dont la descendance directe est achevée (Desplanques, 1994b). La baisse de la fécondité touche essentiellement les naissances de rang 3 et plus. Les familles nombreuses d'au moins trois enfants se raréfient : leur part est de 31 % pour la génération de 1956, contre 44 % pour la génération de 1932.

Simultanément, le modèle de la femme au foyer, si caractéristique de la famille dans sa forme « traditionnelle », devient plus marginal. Les femmes au foyer étaient 5,5 millions en 1968 ; elles ne sont plus que 3,3 millions en 1990. Entre 20 et 59 ans, moins d'une femme sur trois (30 %) vivant en couple est au foyer, alors qu'elles étaient 60 % en 1968. Le modèle est désormais celui de la femme active qui concilie, tant bien que mal, activité professionnelle et responsabilités familiales. À partir du troisième enfant, la conciliation devient plus difficile et la proportion de femmes au foyer dépasse une sur deux. L'exercice d'une profession est devenu tellement banal qu'il est exceptionnel qu'une femme reste au foyer tout au long de sa vie. (Djider et Lefranc, 1995).

1.2. Unions libres, divorces et vie solitaire

Parallèlement au recul de la famille « traditionnelle », de nouvelles formes de vie familiale se développent. L'union libre, qui était encore marginale dans les années soixante, s'est largement diffusée. En 1990, un couple sur huit vit en union libre, contre un sur 35 en 1968. Cette forme de cohabitation est surtout appréciée des jeunes. En 1990, un tiers (31,9 %) des jeunes couples où l'homme est âgé de moins de 35 ans ne sont pas mariés ; ils étaient 2,6 % en 1968. L'union libre est devenue un mode d'entrée courant dans la vie en couple : 90 % des nouveaux couples commencent leur vie commune sans se marier, contre seulement 10 % trente ans plus tôt en 1965. Mais, comme l'indique la poussée des naissances hors mariage, cette cohabitation n'est pas seulement prénuptiale. Selon le dernier recensement (1990), 39 % des couples non mariés constitués de deux célibataires ont un enfant. Vivre en couple avec des enfants ne signifie plus forcément être marié.

Le mariage s'est non seulement raréfié, il s'est fragilisé. Le nombre de divorces a presque été multiplié par 3,5 entre 1962 et 1990. Il s'est stabilisé depuis autour de 110 000 en raison du recul des mariages. Cette plus grande fréquence des divorces est à l'origine de nouvelles formes de vie familiale. Elle explique dans une large mesure la progression du nombre de familles monoparentales. Être divorcé est désormais la situation la plus commune du parent seul

(43 % des cas). Les divorces ont aussi pour effet de multiplier les familles recomposées, c'est-à-dire comprenant un couple et au moins un enfant d'un autre lit. En 1990, on compte 660 000 familles recomposées. Cela représente 1,5 million d'enfants (de moins de 25 ans), dont 950 000 qui, issus d'une autre union, vivent avec un beau-parent (Desplanques, 1994a). Au total, près de 15 % d'enfants mineurs ne vivent pas avec leurs deux parents biologiques.

Enfin, les personnes vivant seules sont de plus en plus nombreuses. Entre 1968 et 1990, leur nombre a doublé passant de 3 à 6 millions. Cela signifie qu'une personne sur dix habite seule et qu'un logement sur quatre ne compte qu'un occupant. La multiplication des personnes vivant seules est en partie une conséquence « mécanique » du vieillissement de la population. Mais c'est parmi les adultes entre 20 et 35 ans que la progression est la plus forte au cours de la dernière décennie (Durr, 1992). Cela traduit une montée du célibat (du moins déclaré), ce qu'il ne faut pas confondre avec la solitude. En effet, selon l'enquête « situations familiales »[3] (INED-INSEE) de 1994, un tiers des hommes âgés de 20 à 24 ans et un cinquième des femmes du même âge déclarent vivre seuls et avoir une « relation amoureuse stable » (de Guibert-Lantoine *et al.*, 1994).

1.3. La diversification des modes de vie familiaux

Quels constats d'ordre général tirer de l'examen de ces indicateurs sociodémographiques ? Tout d'abord, les inflexions se produisent toutes à peu près simultanément au cours des deux dernières décennies. Les transformations qu'elles traduisent ne touchent pas tel ou tel aspect de la famille, mais bien la vie familiale elle-même dans toutes ses composantes. En vingt ans, les changements ont été plus profonds qu'au cours du siècle précédent. Ensuite, ces derniers vont dans le sens d'une diversification des formes de vie familiale. L'époque, encore récente, où prédominait un modèle unique, celui du couple marié avec ses enfants, est révolue. De plus, ces nouveaux comportements ont pour effet de modifier le calendrier familial : report de la mise en couple, report de la première naissance, séquences de vie solitaire pour ne mentionner que trois tendances statistiquement établies. Les trajectoires familiales connaissent à la fois des retards et une plus grande instabilité[4]. Enfin, si l'on fait de la présence d'enfant(s) l'un des critères de définition de la famille, force est d'admettre qu'elle n'est pas en péril puisque l'infécondité des femmes ne progresse que très légèrement.

Dans cette évolution, le rôle des femmes a été décisif. La généralisation du travail féminin est exactement contemporaine des changements familiaux. En accédant massivement à l'emploi, les femmes se sont certainement affranchies des contraintes les plus pesantes attachées à leur rôle d'épouse et de mère. Aujourd'hui, les couples où seul l'homme travaille, hier encore la norme, ne

3 L'enquête « situations familiales » s'efforce de saisir ce qui est mal cerné par les statistiques courantes ; pour ce faire, elle reconstitue l'histoire familiale des adultes (de 20 à 49 ans) et des enfants (de moins de 18 ans). La première a eu lieu en 1986, la seconde en 1994.

4 Ce qui justifie d'adopter une méthodologie longitudinale pour mieux saisir les changements.

représentent plus qu'un quart de l'ensemble. De nouvelles perspectives se sont ouvertes aux femmes favorisant leur indépendance. Leur autonomie financière les conduit à être plus exigentes à l'égard du couple. C'est en grande partie sous leur impulsion que les divorces et l'union libre ont progressé. Trois fois sur quatre, c'est à leur initiative que le divorce est prononcé. De même, le célibat féminin a augmenté, notamment parmi les femmes actives très diplômées. Quant au report des naissances, s'il résulte de la maîtrise croissante des méthodes contraceptives, il est surtout dû à la prolongation des études et à l'insertion professionnelle des femmes. Cette autonomisation des femmes a aussi un coût. Les personnes seules à la tête d'une famille sont à plus de 80 % des femmes. Certaines, peu diplômées ou inactives – nous le verrons –, sont dans une situation des plus précaires.

Ces transformations familiales ne touchent pas identiquement tous les milieux sociaux. Elles sont plus urbaines que rurales même si elles tendent à se diffuser à l'ensemble du territoire national. Pour certaines d'entre elles (union libre, célibat, report des naissances), les étudiants ont eu un rôle pionnier[5]. Le niveau d'instruction introduit de sensibles différences pour tout ce qui a trait aux naissances : baisse de la fécondité et report des naissances sont plus marqués pour les femmes les plus diplômées. D'une façon générale, les nouveaux comportements familiaux sont plus courants parmi les membres des couches moyennes salariées à l'exception des familles monoparentales et recomposées plus fréquentes dans le bas de l'échelle sociale, c'est-à-dire parmi les femmes pas ou peu diplômées.

Si la diversification des modes de vie familiale est réelle, elle ne contraste pas si radicalement avec le passé. Certes, le couple marié avec enfants, présenté comme la famille « traditionnelle », est ébranlé. Mais les historiens nous expliquent que ce type de famille n'a constitué un modèle dominant que pendant une courte et récente période allant des années vingt aux années soixante (Segalen, 1993). C'est à cette époque que se sont forgées les images de la femme au foyer et de la famille dite « traditionnelle ». Elles exprimaient un idéal bourgeois de la famille conjugale où mari et femme tiennent des rôles très différenciés. Auparavant, qu'il s'agisse de la société d'Ancien Régime ou de la société industrielle naissante, la diversité familiale a toujours été la norme. Elle découlait des traditions et coutumes successorales, ou encore des clivages régionaux ou de classes. En ce sens, le pluralisme familial des deux dernières décennies marque la fin d'une parenthèse historique exceptionnelle. Loin d'annoncer un plongeon dans l'inconnu, il traduit sur le long terme un certain retour à la normale.

Notons pour finir que les changements qui affectent la famille ne laissent pas l'opinion muette. Il y a encore une dizaine d'années, ils suscitaient d'âpres discussions entre partisans et adversaires de la famille « traditionnelle », chacun cherchant à imposer sa vision des mœurs familiales. En filigrane, le débat était éthique, car il engageait des options morales sur ce qui est ou non légitime en matière familiale. L'enjeu consistait à pouvoir écrire le mot famille au pluriel de façon à reconnaître le pluralisme familial. C'est à présent chose à peu près admise. Aujour-

5 Les résultats de l'enquête « situations familiales » de 1985 contestent le rôle pionnier des étudiants en matière de cohabitation hors mariage. Il semble que cette dernière ait été un comportement plus ancien en milieu ouvrier. *Cf.* Villeneuve-Gokalp (1990).

d'hui, le débat n'est plus éthique, mais socio-économique. Les questions familiales ne relèvent plus simplement des mœurs et de leur évolution, mais des problèmes sociaux nés de la crise économique. Les modes de vie familiaux sont appréciés à l'aune de la « crise du lien social », tantôt envisagés comme l'une de ses causes possibles, tantôt au contraire comme un remède. La famille est désormais perçue à travers le prisme de l'exclusion sociale. Cette inflexion du regard se répercute sur les orientations des recherches sociologiques qui, de plus en plus, privilégient une approche destinée à estimer ou mesurer la vigueur des liens familiaux.

Tableau 1 Évolution des principaux indicateurs socio-démographiques

	Fécondité (a)	**Âge moyen à la maternité**	**Naissances hors mariage (%)** (b)	**Mariages (milliers)**	**Âge moyen au 1er mariage (femmes)**	**Divorces et séparations (milliers)**	**% de familles mono-parentales** (c)
1960	2,72		6,1	320	23,0	30,2	
1965	2,83		5,9	346	22,7	34,9	
1970	2,47	27,2	6,8	394	22,6	40,0	9,3 (1968)
1975	1,93	26,7	8,5	387	22,5	61,3	9,4
1980	1,94	26,8	11,4	334	23,0	81,1	10,2 (1982)
1985	1,81	27,5	19,6	269	24,2	107,5	
1986	1,83	27,6	21,9	266	24,4	108,4	
1987	1,80	27,9	24,1	265	24,7	106,5	
1988	1,80	28,0	26,3	271	25,0	106,1	
1989	1,79	28,2	28,2	280	25,3	105,3	
1990	1,78	28,3	30,1	287	25,5	105,8	13,2
1991	1,77	28,4	31,8	280	25,8	108,1	
1992	1,73	28,5	33,2	271	26,3	108,0	
1993	1,65	28,7	34,9	255	26,6	110,8	
1994	1,65	28,8	36,0	254	26,7	114,0	
1995	1,70	29		254	27	121,3	
1996 (d)	1,72	29,1	39	280			
1997 (d)	1,71	29		284			

(a) Les valeurs reportées sont celles de l'indicateur conjoncturel de fécondité.

(b) Les pourcentages sont donnés en proportion du total des naissances.

(c) Les pourcentages sont donnés en proportion de l'ensemble des familles et se réfèrent aux quatre derniers recensements de la population.

(d) Les chiffres cités sont des résultats provisoires.

Source : INSEE et ministère de la Justice.

2 PRÉCARISATION DE LA VIE EN COUPLE ?

Pour les plus pessimistes, le recul du mariage traduirait un refus du couple. Ce dernier, et à travers lui la famille, serait en crise. Cette thèse, au demeurant récurrente au cours de l'histoire, exige, pour être mise à l'épreuve, de ne pas confondre mariage et couple. L'observation des faits conduit alors à un diagnostic plus nuancé[6].

2.1. Des couples moins fréquents, moins stables et moins institutionnalisés

La vie en couple est moins fréquente. Les résultats des recensements confirment ce déclin. Déjà légèrement perceptible entre 1975 et 1982, il s'est amplifié depuis. En 1975, parmi les hommes âgés de 25 ans, 55 % vivaient en couple ; ils ne sont plus que 39 % en 1990. Pour les femmes du même âge, la proportion est passée de 71 % à 58 %. Ce déclin touche les hommes jusqu'à 40 ans et les femmes jusqu'à 50 ans. Il pourrait, pour une part, être un report de la vie en couple. Mais, bien qu'il soit encore un peu tôt pour en avoir confirmation faute du recul temporel nécessaire, la baisse semble trop prononcée pour s'expliquer uniquement par un report. On assiste donc à un effritement du mode de vie en couple.

Le couple est aussi moins stable. La progression des divorces en témoigne. La législation a entériné cette évolution en facilitant le divorce, notamment par consentement mutuel[7], depuis la loi de 1975. Aujourd'hui, pour les couples formés dans les années quatre-vingt, un mariage sur trois se termine par un divorce. Certes, la présence d'un enfant, surtout quand il est jeune (moins de 6 ans), protège du divorce (Toulemon, 1994), mais les ruptures se produisent de plus en plus tôt en début de vie conjugale. C'est la conception même de la vie à deux qui s'en trouve affectée : l'éventualité de la séparation est inscrite dans le mariage lui-même. L'union libre, quant à elle, favorise les essais de vie en couple et le changement de partenaires. D'un côté, elle peut faire office de mariage à l'essai et offre ainsi des garanties aux futurs mariés, mais de l'autre, elle légitime le fait de changer de partenaires en n'y opposant aucun obstacle institutionnel. Étant de moins en moins une cohabitation prénuptiale, des deux effets le second l'emporte probablement sur le premier. L'instabilité du couple est devenue une donnée normale de la vie familiale.

Enfin, le couple est une réalité moins institutionnalisée qu'hier. Ce diagnostic, moins factuel que les deux précédents, recouvre différentes acceptions. Il signifie tout d'abord qu'il n'est plus nécessaire de se marier pour vivre en couple. Le mariage perd peu à peu son caractère de rite de passage. Cet effri-

6 Précisons que nous n'abordons pas, faute de place, deux aspects importants de la vie conjugale : la production domestique et la sexualité.

7 En 1992, les divorces par consentement mutuel représentent 54 % du total des divorces de l'année, contre 34 % en 1977. *Cf.* Prioux (1994).

tement concerne le rituel civil, comme l'indique la baisse de la nuptialité, et plus encore le rituel religieux : en 1992, sur 271 000 mariages devant le maire, 137 000 – soit 50 % – ont été célébrés dans une église catholique. En 1972, la proportion était de 75 %. S'il existe des différences sensibles selon les milieux sociaux, les cadres et les agriculteurs étant plus attachés à une « belle cérémonie » (fiançailles suivies de grandes noces), le rituel tend à se simplifier et cesse d'être impératif. Comme le mariage est lui-même souvent précédé d'une cohabitation préalable, il n'y a plus de seuil qui marque symboliquement l'entrée dans la vie commune.

Ce constat d'une déritualisation est, selon certains analystes, le signe d'une mutation plus générale. Pour Louis Roussel (1989), il indique un refus de soumettre sa vie privée à la loi et au contrôle social. François de Singly (1993) propose une interprétation analogue : depuis les années soixante-dix, l'amour conjugal tendrait à se dissocier et même à se substituer à l'institution matrimoniale. Cette privatisation du lien conjugal annoncerait le temps du « démariage » (Théry, 1993), le mariage cessant d'être le pivot de la famille et de la filiation. Bien qu'étant d'inspirations variées, ces thèses soulignent toutes la rupture entre hier et aujourd'hui, et soutiennent que nous sommes à présent dans une période inédite. Le recul et l'instabilité du couple ne serait par conséquent que les symptômes d'un mouvement de désinstitutionnalisation.

Certains éléments permettent de modérer l'hypothèse d'une césure. En premier lieu, il faut relativiser les constats précédents fondés sur une vision transversale et non longitudinale des comportements matrimoniaux. Même si c'est moins vrai qu'auparavant, l'union libre débouche encore souvent sur le mariage. Quant à la vie solitaire, elle correspond généralement à des séquences, soit avant ou après la vie en couple, soit entre deux périodes de vie commune. Ce sont les trajectoires conjugales plus que le couple lui-même qui ont connu les plus profondes transformations. En second lieu, si l'instabilité conjugale existe et s'est incontestablement renforcée, elle n'apparaît pas comme une lame de fond bouleversant de fond en comble le paysage familial. La cohabitation hors mariage est de moins en moins « juvénile » et s'impose de génération en génération comme une véritable alternative au mariage, socialement acceptée. Les naissances hors mariage (39 % du total en 1996), sont le fait de couples vivant en union libre et marquent une certaine pérennisation de cette forme de vie commune. Les couples cohabitants qui ont un enfant finissent de moins en moins par se marier. Leur mode de vie n'est pas forcément très différent de celui des personnes mariées. Certes, la vie en couple recule, mais elle recueille toujours les suffrages de l'immense majorité des individus : selon les enquêtes « situations familiales » (INED-INSEE), entre 21 et 44 ans, 74 % des femmes et 69 % des hommes vivent en couple (marié ou non) en 1994, contre 79 % et 73 % en 1986 (de Guibert-Lantoine *et al.*, 1994). La vie en couple domine donc encore largement la vie adulte et, bien qu'il soit délicat de le mesurer, demeure une référence centrale même parmi ceux qui vivent seuls : le couple existe aussi dans les pensées et les projets des individus vivant seuls mais engagés dans une relation amoureuse stable (Jean-Claude Kaufmann, 1993).

Si l'idée de césure est ainsi relativisée, l'hypothèse de la désinstitutionnalisation est, elle, plutôt confirmée tant l'évolution de la vie commune paraît aller dans le sens d'un affaiblissement de l'institution matrimoniale. Bien plus, c'est parce que l'union libre prend, dans une certaine mesure, le relais du mariage que le couple ne dépérit pas. Reste à savoir quelles en sont les conséquences sur le fonctionnement de la vie de couple. C'est ici que la thèse de la désinstitutionnalisation exige d'être nuancée, car il demeure de profondes permanences.

2.2. Persistance de l'homoganie et des rôles sexués

Le premier facteur d'inertie est le poids de l'homogamie dans la formation des couples. L'ère des mariages arrangés par la parenté, scellant une alliance entre deux lignées, appartient au passé. C'est le sentiment amoureux qui, plus que jamais, justifie le choix du partenaire. Pourtant le résultat du choix n'a pas fondamentalement changé : le partenaire élu reste un homologue social (Bozon et Héran, 1987 ; 1988). Non seulement l'amour, que l'on dit volontiers aveugle, désintéressé, ne menace pas l'ordre social, mais il contribue à le reproduire. L'homogamie est particulièrement forte aux deux extrémités du spectre social, qu'il s'agisse de couples mariés ou non : professions libérales, commerçants d'un côté, ouvriers non qualifiés de l'autre. Par exemple, pour une fille de commerçant, la probabilité de choisir son conjoint (ou son compagnon) dans la même PCS est très supérieure (d'au moins 50 %) à la probabilité moyenne, toutes PCS confondues, de former un couple avec un fils de commerçant. *A contrario*, cela rend certaines alliances très improbables. Ainsi une fille de professeur ne s'établira pas en couple avec un fils d'agriculteur. Il n'est pas nécessaire de faire l'hypothèse de stratégies matrimoniales pour l'expliquer. Bozon et Héran ont établi que le choix homogame résulte principalement de formes de sociabilité très différenciées socialement.

Hommes et femmes n'ont pas les mêmes attentes. Les premiers valorisent chez leur partenaire l'excellence esthétique et les qualités relationnelles, alors que les secondes privilégient l'excellence sociale et professionnelle (de Singly, 1987). « Les capitaux sont sexués », parce que demeurent des représentations très clivées des rôles d'homme et de femme. La formation des couples a donc aussi pour effet de reproduire un ordre sexuel.

L'étude des étapes de la mise en couple confirme ce point et met en évidence, derrière l'érosion des seuils et des rites des passage, d'autres facteurs d'inertie. Si, dans leur désir de s'affranchir des règles et disciplines de l'institution, les jeunes couples tiennent à vivre dans l'instant de sorte que chacun puisse aisément se retirer, ils font aussi l'épreuve de la durée et s'inscrivent dans un « cycle conjugal » qui a sa propre structure (Kaufmann, 1992 ; 1993). Après la rencontre qui est le moment des émotions, succède une phase au cours de laquelle, dans la cohabitation, se forge la relation à deux et s'ajustent mutuellement les identités. Insensiblement, le couple commence à s'installer et se dote de règles d'échange, jusqu'au moment où les rôles deviennent stables et bien établis. Le désir d'authenticité du lien, motivant le discrédit de l'institution, explique que les partenaires ne puissent pas vivre avec la conscience trop claire de la structuration qui se met en place : l'entrée en couple est mi-voulue, mi-subie et il n'est pas sûr que mariage et union libre s'opposent sur ce point. Le ressort de ce processus de stabilisation conjugale est constitué de pratiques répétées, intériorisées, souvent héritées, qui sont l'un des fondements majeurs de l'identité. Par la routine qu'elles mettent en place, elles organisent les rôles et définissent pour chacun des territoires dans l'univers ménager et domestique. Kaufmann décrit de nombreuses femmes qui, poussées par leur conception du propre et de l'ordonné, vont ainsi prendre en charge la plupart des tâches domestiques, en dépit de leur idéal égalitaire. Cela souligne l'enracinement et la persistance de la sexuation des rôles conjugaux ainsi que la force des normes et habitudes incorporées.

D'une part, la répartition des rôles résulte moins d'une négociation technique portant sur l'attribution des tâches domestiques que d'un processus de construction identitaire consubstantiel à la mise en couple. Avec le temps, les rôles se distinguent plus nettement. La vie commune entretient et réaffirme un ordre sexuel. D'autre part, désinstitutionnalisation et sentimentalisation du couple n'impliquent pas sa dérégulation. Affection et norme ne s'excluent nullement. La moindre emprise des institutions sur le couple alimente un processus de normalisation inédit. Inédit, parce qu'inavoué et souvent en contradiction avec les valeurs énoncées par les partenaires qui refusent de se faire les interprètes de rôles conjugaux préconstruits ; mais par là même très efficace, parce qu'opérant à leur insu. Derrière la déritualisation et la désinstitutionnalisation conjugales, on découvre ainsi la force des micro-rituels domestiques et l'inertie de l'institution au sens durkheimien du terme.

On ne peut donc qu'être dubitatif devant le diagnostic de Roussel (1989) pour qui le couple serait devenu plus incertain par suite de l'affaiblissement général des normes autrefois prescrites. Sa crainte d'un fonctionnement conjugal intégralement négocié, voire anomique, minore la perdurance des rôles et des normes, qui sans être aussi visibles que jadis, continuent à organiser la vie commune. Le couple ne se réduit pas à un simple contrat d'intérêt, révisable et résiliable à tout moment. Il se construit dans une temporalité qui lui confère inévitablement une certaine structure. Pourtant, l'hypothèse de la désinstitutionnalisation ne doit pas être intégralement rejetée. Elle mentionne à juste titre la place de plus en plus centrale de l'amour et de l'affection et, ce qui va de pair, du désir d'authenticité du lien. Autant d'inflexions qui sont la conséquence d'une affirmation croissante de l'individualisme. Selon de Singly (1996), on assisterait à une psychologisation du lien familial et notamment du couple. Hommes et femmes seraient plus que jamais attachés à la qualité des relations interpersonnelles. Ce point de vue omet de préciser que la maîtrise des relations que les individus souhaitent aussi vraies et authentiques que possible leur échappe dans une large mesure. Le désir de personnalisation des liens engendre paradoxalement leur encadrement progressif et insidieux par des rôles et des normes.

3 LA SOCIALISATION FAMILIALE : VERS UN PARTENARIAT FAMILLE-ÉCOLE

Bien que la fécondité baisse continûment depuis vingt ans, l'idée de famille est avant tout associée à la présence de l'enfant (Barthélemy *et al.*, 1986). Aux yeux de l'opinion, ne pas avoir d'enfant lorsque l'on vit en couple est perçu comme étant la négation de la famille. La proportion de couples qui ne désirent aucun enfant était de 1 % en 1965 ; elle n'atteint guère en 1990 que 3 %. Le nombre idéal d'enfants souhaité par les couples reste supérieur à 2. Bref, le recul de la fécondité ne permet pas de conclure au refus de l'enfant.

La place et le rôle de l'enfant dans la famille ont changé. Cela est nettement perceptible sur le long terme. L'historien Philippe Ariès (1960) a bien montré que c'est au moment où les familles nombreuses se raréfient, c'est-à-dire à partir du XVIIIe siècle, que l'enfant acquiert un réel statut. Autrement dit, l'attachement et l'investissement affectif augmentent quand le nombre d'enfants se réduit. Dès lors que l'enfant est désiré et ses chances de survie en bas âge assurées, il devient un « pourvoyeur de bonheur » pour ses parents et occupe à ce titre une position centrale dans la famille. Le souci éducatif s'avère alors essentiel.

3.1. Diversité et évolution des styles éducatifs

Si du fait de l'importance accrue de l'école, les parents ne sont plus maîtres de la formation de leurs enfants, l'éducation demeure encore largement une affaire de famille. Selon les familles et notamment selon leur genre de « cohésion », les choix éducatifs diffèrent substantiellement. Une enquête récente réalisée en Suisse auprès de 300 familles où vit un enfant âgé de 13 ans montre que les « styles éducatifs » dépendent des formes de vie familiale (Kellerhals et Montandon, 1991). Les objectifs, les méthodes et les rôles éducatifs, ainsi que la façon dont la famille médiatise les influences possibles des autres instances de socialisation (école, TV, pairs) définissent un style éducatif. L'analyse de l'ensemble de ces paramètres permet aux auteurs de distinguer trois styles éducatifs : i) le style « maternaliste » où se cotoient autorité parentale et chaleur affective est orienté vers l'accommodation de l'enfant au monde extérieur ; le rôle, essentiellement expressif, de la mère est central ; ii) le style « statutaire » insiste aussi sur l'accommodation, mais procède de façon coercitive et normative ; la distance entre les parents et l'enfant est forte ; iii) le style « contractualiste » privilégie l'autorégulation sur l'accommodation et l'empathie sur le contrôle normatif ; au contraire des deux précédents, il est ouvert aux tiers extérieurs et reconnaît par exemple une large mission à l'école.

Ces styles éducatifs sont marqués socialement, surtout les deux derniers. Pour simplifier, le style éducatif est disciplinaire à la base de l'échelle sociale et relationnel à son sommet. Ces clivages retrouvent les résultats déjà anciens de la sociologie américaine : les milieux aisés valorisent l'autonomie et la maîtrise de soi à travers un modèle d'éducation libérale, alors que les ouvriers s'attachent aux qualités d'obéissance. Mais contrairement à ce que pourrait suggérer une telle présentation, chaque milieu social ne se définit pas par un style éducatif unique. En d'autres termes, l'éducation n'est pas exclusivement déterminée par la position sociale des parents.

Afin de cerner l'effet des formes de vie familiale, définies par leur fonctionnement interne, sur les styles éducatifs, Kellerhals et Montandon utilisent une typologie construite à partir de deux dimensions : i) la cohésion interne, c'est-à-dire la manière dont les membres du groupe se relient à celui-ci ; elle privilégie soit l'autonomie, soit la fusion ; ii) l'intégration externe, c'est-à-dire la manière dont le groupe s'ouvre sur l'extérieur ; schématiquement, elle est ouverte ou fermée. En croisant ces deux axes, on obtient quatre types de famille : « parallèle », « bastion », « compagnonnage », « association ». Il apparaît clairement, à milieu social contrôlé, qu'une majorité de familles « association » (ouvertes sur l'extérieur et privilégiant l'autonomie) adopte un style éducatif « contractualiste », alors que le style « statutaire » est plus répandu dans les familles « bastion » (fermées sur l'extérieur et privilégiant la fusion). Enfin, le style « maternaliste » se répartit de façon plus homogène. Les objectifs et les méthodes pédagogiques varient grandement selon le type de famille. L'éducation des enfants ne tient donc pas seulement aux normes culturelles du milieu social, mais relève aussi du genre de cohésion familiale, c'est-à-dire d'une certaine idée de la famille. La pédagogie familiale tendrait ainsi à se définir *hic et nunc* ; ce qu'est la famille au présent importe autant que le passé social des parents.

Toutefois, les différences selon les catégories sociales et les styles éducatifs ne doivent pas faire oublier que le projet d'un enfant à la fois autonome et efficace gagne les faveurs d'un nombre croissant de parents. L'éducation familiale devient moins statutaire et plus relationnelle. Ce diagnostic rejoint les observations de Michel Fize (1990) concernant les transformations récentes des relations parents-enfants : depuis l'après-guerre, le modèle parental « autoritaire » recule au profit d'un autre, porté par les classes moyennes, que l'auteur appelle la « démocratie familiale ». Les valeurs d'autonomie, d'épanouissement personnel, de libre expression impliquent un fonctionnement plus négocié où les limites et les repères ne s'imposent plus par la contrainte externe. Il en résulte un recul du formalisme : dévalorisation des codes de politesse, plus grande tolérance dans le langage, abandon des préséances, disparition de l'obligation d'assister à certains temps familiaux communs (par exemple le repas). Parti des classes moyennes, ce modèle s'étendrait peu à peu depuis les années quatre-vingt aux autres catégories sociales, favorisé par l'émergence d'une culture adolescente qui s'avère un réel facteur d'homogénéisation sociale.

3.2. L'école, partenaire obligé

Du fait de l'allongement de la scolarité, l'école est devenue un partenaire obligé. En ce sens, la fonction éducative de la famille ne s'est pas restreinte, elle s'est surtout complexifiée. Qu'elle le veuille ou non, et nous avons vu que les styles éducatifs diffèrent sur ce plan, elle intègre la présence incontournable de l'école.

L'objectif de la réussite scolaire s'impose à la plupart des familles. Le suivi familial de la scolarité devient une nécessité. Les parents s'efforcent de préparer et de gérer au mieux la carrière scolaire de leurs enfants. La publication dans la presse, à partir des années quatre-vingt, du hit-parade des formations (lycées, classes préparatoires, IUT, universités) témoigne d'un changement d'attitude à l'égard de la scolarité. Cette dernière devient un investissement qui doit être rentable ; par conséquent, le choix et la conduite des études doivent être le plus efficace possible (Ballion, 1982). On peut penser qu'il en va de même, dans les familles pour lesquelles ce souci est très affirmé, avec l'emploi du temps extra-scolaire des enfants. Les activités de loisirs et de sports acquièrent une valeur nouvelle dans la mesure où elles participent à la rentabilisation de l'investissement scolaire. À la limite, dans une période où les repères d'évaluation ne s'imposent plus de façon évidente, la réussite scolaire deviendrait l'aune à laquelle les parents évalueraient la qualité de leur éducation. L'école transformerait la famille en façonnant les rapports en son sein et en favorisant l'éclosion d'une nouvelle morale familiale. Ainsi, selon de Singly (1993), la famille serait aujourd'hui plus nettement qu'hier sous l'emprise de l'école.

Cette volonté de rationalisation des choix scolaires s'exprime sur fond de concurrence sociale. Les familles n'ont certes pas toutes les mêmes atouts, mais elles sont en compétition pour l'obtention de titres scolaires très convoités. Une récente enquête de l'INSEE s'est efforcée de mesurer cet « effort éducatif » des familles (Gissot *et al.*, 1994). La « mobilisation » familiale est d'abord financière. En moyenne, en 1991-1992, chaque ménage a dépensé 3 070 F par an et par enfant scolarisé. Cette dépense varie beaucoup selon le niveau de diplôme des parents et plus encore selon les PCS, et ce à tous les niveaux de scolarisation. Dès la maternelle, les parents exerçant une profession libérale dépensent entre quatre à cinq fois plus que les parents ouvriers non qualifiés. L'autre composante de l'effort éducatif des familles est le temps. Le temps passé à soutenir l'enfant culmine au moment du primaire pour atteindre presque 15 heures par mois et ne cesse de décliner ensuite. En maternelle, les catégories les plus aisées ou les plus instruites ne sont pas celles qui passent le plus de temps à aider leurs enfants (les agriculteurs occupent la première position) ; mais elles le deviennent à mesure que l'enfant progresse dans la scolarité (notamment à partir du lycée). Les ouvriers, quel que soit le niveau scolaire, sont ceux qui consacrent le moins de temps au soutien scolaire de leurs enfants. Enfin, ces derniers sont aussi ceux qui se déclarent le moins familier avec le système scolaire et disent être « très souvent dépassés » faute d'avoir les connaissances nécessaires. Certes, l'effort éducatif des familles n'est nulle part négligeable mais schématiquement, la famille se mobilise d'autant plus qu'elle dispose d'atouts (argent et surtout familiarité avec les exigences du système scolaire). Il est incontestable que l'école affecte le fonctionnement de la famille, mais elle le fait d'autant plus profondément que la famille y consent, c'est-à-dire qu'elle adhère à la croyance en la vertu des biens scolaires. Or si cette croyance se diffuse, elle n'est pas encore tout à fait unanime. L'adhésion des professeurs s'oppose à la relative indifférence des ouvriers non qualifiés, pour ne retenir que les deux extrêmes. Ce soutien parental n'est pas sans effet. La manière dont les parents interviennent est fortement corrélée avec le degré de réussite scolaire (Caille, 1993).

3.3. Maintien des disparités sexuelles

La mobilisation des familles tend aussi à renforcer les clivages de rôles les plus traditionnels. La disponibilité que requiert le suivi de la scolarité des enfants n'est pas équitablement répartie entre le père et la mère (Gissot *et al.*, 1994). En premier lieu, la mère passe en moyenne deux fois plus de temps que le père à soutenir le travail scolaire des enfants : 6 à 7 heures par mois et par enfant scolarisé, contre 3 à 4 heures pour le père. Cet écart est une donnée structurelle, observable dans tous les milieux sociaux et à tous les niveaux de scolarité. Il est toutefois à son maximum chez les indépendants et lors de l'enseignement primaire. Seuls les pères enseignants de métier (professeurs ou instituteurs) parviennent à le réduire et presque à l'abolir à partir du collège. En revanche lorque la mère est enseignante, l'écart persiste. C'est aussi la mère qui, en second lieu, se charge le plus fréquemment des contacts avec les enseignants. À mesure que s'élève le niveau de diplôme des parents, leur participation devient plus égalitaire, sans jamais que ne s'efface la prépondérance féminine. À l'évidence, le suivi familial de la scolarité n'altère pas la sexuation des rôles parentaux ; le suivi maternel apparaît plutôt comme le simple prolongement du rôle expressif traditionnel de la mère.

Un autre élément d'inertie réside dans le sort réservé aux enfants selon leur sexe. Kellerhals et Montandon (1991) ne relèvent aucune différence marquée dans les choix éducatifs déclarés. En revanche, l'étude de l'INSEE montre qu'il existe quelques nuances en matière de suivi scolaire. Les parents dépensent plus d'argent pour les garçons que pour les filles. Ils passent aussi plus de temps à suivre le travail scolaire des garçons. Il est difficile de ne pas estimer que les parents accordent plus d'importance à la réussite scolaire des garçons. Sans doute aussi ces derniers, du fait de leur socialisation, sont-ils moins « scolaires » que les filles, c'est-à-dire plus réticents à l'égard des apprentissages et des disciplines requises par l'école (Felouzis, 1994). Cette éducation sexuée se retrouve dans les relations parents-enfants à la fin de l'adolescence. Dans une enquête réalisée auprès de jeunes adultes de 25 à 34 ans, Bozon et Villeneuve-Gokalp (1994) mettent en évidence une spectaculaire différence de traitement qui s'exerce à trois niveaux : les sorties, l'autonomie financière et la liberté de déplacement. Sur ces trois points, les filles sont beaucoup plus contrôlées que les garçons. Cela atteste le maintien (au moins jusqu'aux années 80)[8] d'une représentation traditionnelle des rôles. La « démocratie familiale » a ses limites : le libéralisme éducatif n'est pas tout à fait égalitaire. Depuis deux à trois décennies, les stéréotypes de sexe se sont atténués, mais n'ont pas disparu. Comme en matière de répartition des tâches dans le couple, il faut se garder de confondre les discours et les actes, les intentions déclarées et les faits.

Au total, il ne saurait être question de nier l'importance croissante de l'école dans les soucis et les pratiques éducatives des parents et, d'une façon plus générale, les transformations du mode de reproduction sociale. Ce dernier est désormais « à composante scolaire ». La mutation est déjà ancienne, mais elle s'est

8 Les jeunes adultes enquêtés avaient en effet 18 ans dans les années quatre-vingt.

accélérée depuis 20 ans. L'allongement et la démocratisation des études en témoignent. La valeur sociale des individus dérive moins du patrimoine matériel transmis que de la « dot scolaire » (de Singly, 1987). Dès lors que le capital qui compte est culturel, c'est-à-dire immatériel, la socialisation familiale et les rapports parents-enfants se transforment forcément. Tout d'abord, ce capital étant incorporé à la personnalité psychique sous la forme de manières d'être, de penser et d'agir, bref d'attitudes, il n'y a plus interdépendance obligée entre les générations comme lorsqu'il s'agissait de transmettre aux enfants l'outil de production. Ensuite, le capital culturel, n'étant pas une quantité finie, est reproductible. La concurrence entre enfants a donc moins de raison d'être. On comprend alors que la valeur de l'autonomie individuelle ait pu s'affirmer au point de marquer fortement les stratégies éducatives des parents. Enfin, la transmission du capital culturel ne va pas de soi ; elle n'est pas assurée de réussir, car la famille n'intervient qu'indirectement dans ce processus qui dépend en premier lieu de l'école. Elle oblige ainsi les familles à s'organiser en conséquence, c'est-à-dire à « se mobiliser » pour la réussite scolaire de leurs enfants. Même dans les milieux les mieux pourvus en diplômes, l'école nécessite de forts investissements de la famille.

Mais pour autant, il ne faudrait pas conclure trop vite à l'émergence d'une famille « nouvelle », façonnée par la pression de l'institution scolaire. Toutes les familles ne sont pas identiquement touchées par cette emprise ; les clivages sociaux demeurent. En outre, cette orientation éducative n'efface pas les rôles de sexe. Quant à la dépendance intergénérationnelle, elle n'a pas disparu sous l'effet de la valorisation de l'autonomie individuelle, elle est simplement devenue moins évidente en raison de la nature immatérielle du capital aujourd'hui dominant.

4 RECOMPOSITIONS FAMILIALES ET ÉBRANLEMENT DES FONDEMENTS DE LA PARENTÉ

Ces dernières années ont vu émerger dans le débat social comme en sociologie le thème des « transitions familiales ». La multiplication des divorces pose évidemment le problème de l'après-rupture. Ce qui advient après la désunion est essentiel pour le destin des ex-conjoints : des nouvelles configurations familiales peuvent ou non émerger, plus ou moins propices à l'exercice d'un soutien social, et souvent révélatrices de nouvelles façons de concevoir le lien de parenté.

4.1. Séparation et pauvreté : de fortes inégalités

Le débat social a surtout retenu le lien établi entre les effets de la séparation et la « nouvelle pauvreté ». Si la désunion entraîne en règle générale un appauvrissement des ménages, elle annonce en fait des trajectoires très diverses, car elle touche toutes les catégories sociales. L'existence d'une corrélation entre rupture conjugale et chômage (Paugam *et al.*, 1993) ne doit pas conduire à voir systématiquement dans la séparation un facteur de précarité et d'exclusion sociales. Observons ce qu'il en est en distinguant appauvrissement et désocialisation.

Sur le premier point, la désunion ne condamne pas tous les parents à la pauvreté. Dans une enquête menée auprès d'une cohorte de plus 300 parents gardiens séparés ou divorcés, interrogés à trois ans d'intervalle (en 1987 et 1990), Didier Le Gall et Claude Martin (1993) montrent qu'elle accélère le processus de précarisation pour ceux qui étaient déjà vulnérables avant la rupture. Dans cette population composée à 97 % de femmes, ce sont celles qui étaient inactives durant leur vie de couple qui sont les plus exposées aux difficultés économiques et qui deviennent très vite dépendantes du système redistributif. À l'inverse, pour les femmes actives et fortement diplômées, l'effet économique de la séparation est faible. Le versement des pensions alimentaires confirme ce clivage (Festy et Valetas, 1993). Ce sont les femmes ayant le plus besoin du soutien de leur ex-conjoint qui en sont privées.

L'exercice du droit de visite du parent non gardien (c'est-à-dire neuf fois sur dix le père) a des effets de même nature cette fois sur le plan relationnel. Si la désunion n'engendre pas forcément la rupture définitive des rapports parentaux, les différences sont tout de même très marquées selon la position sociale et handicapent ceux qui sont déjà les plus vulnérables (Martin, 1997). L'inscription dans un réseau et le soutien que l'on en retire peuvent constituer des ressources complémentaires. À nouveau, ce « capital réseau » est inégalement réparti (Martin, 1994) : ce sont les plus diplômés qui déclarent être le plus aidés par leurs proches (parents et amis) ; ils disent avoir beaucoup plus d'amis que les moins diplômés. Ces derniers fréquentent davantage leur réseau de parenté, mais en retirent un moindre soutien. Ce manque de réseau et leur confinement dans des relations à prédominance familiale expliquent qu'ils aient plus souvent que les autres le sentiment d'être isolés : 50 % s'auto-évaluent comme tels parmi les non-diplômés, contre 19 % parmi ceux qui ont au moins le baccalauréat. Tout concourt donc à montrer que vulnérabilité relationnelle et vulnérabilité économique se cumulent et engendrent de fortes inégalités.

4.2. Multiplication de nouvelles configurations familiales

Une nouvelle union peut ou non advenir après une rupture. S'il y a des enfants, la famille sera recomposée ou monoparentale. Ces deux catégories de familles sont en expansion depuis 20 ans. Patrick Festy (1994) en prend la mesure en reconstituant le cadre familial de l'enfant. Premièrement, les phases de monoparentalité sont plus fréquentes. Dans les générations récentes, un enfant sur quatre vivra au moins un moment séparé d'un de ses parents avant sa majorité, contre un sur six dans la génération 1967-1970. Deuxièmement, de plus en plus d'enfants connaissent des situations de recomposition familiale. La progression des familles recomposées rend aussi plus probable le fait pour un enfant d'avoir dès sa naissance des demi-frères ou des demi-sœurs : Festy estime cette proportion à 17-18 % au début des années quatre-vingt-dix, contre 6 % vers 1970.

Cette croissance des effectifs s'est doublée d'une transformation de la perception de ces familles (Lefaucheur, 1993). La catégorie « famille monoparentale » date des années soixante-quinze et a été largement forgée par l'action sociale. Elle a permis de rompre avec l'indignité traditionnelle de la mère célibataire ou divorcée et son assimilation par les criminalistes, médecins et psychiatres à une pathologie sociale. Au cours des années quatre-vingt, les familles monoparentales ont concentré l'essentiel des inquiétudes sociales relatives à « l'anormalité familiale », et ce aux dépens des familles recomposées, en quelque sorte éclipsées. Le sort des enfants de ces familles n'est revalorisé que depuis peu. Ce nouveau regard, qui rompt avec la haine très ancienne des secondes noces et de la marâtre, tend à faire du remariage un moindre mal. Toutefois, nous le verrons, il y a plusieurs façon d'interpréter ce moindre mal et par là de cerner ce que doit être le rôle du beau-parent.

La remise en couple (qu'il s'agisse ou non de remariage) obéit à un certain nombre de régularités sociales. La recomposition familiale est en général assez rapide (Festy, 1994) : l'essentiel des recompositions s'effectue dans les cinq ans qui suivent la rupture. Cependant des différences sensibles s'établissent selon le sexe. Pour les pères, la remise en couple est à la fois plus fréquente et plus précoce que pour les mères. Cela rejoint un fait bien attesté (de Singly, 1987) : sur le marché matrimonial, les femmes sont très vite handicapées par leur âge ; *a fortiori*, les femmes divorcées ou séparées qui ont presque toujours la garde de leur(s) enfant(s). Celles qui se remettent plus volontiers en couple sont les moins diplômées (Desplanques, 1994a) et c'est donc dans le bas de l'échelle sociale que les familles recomposées sont les plus nombreuses. Les femmes très diplômées se marieraient moins que les autres, et lorsqu'elles divorcent ou se séparent resteraient plus souvent seules. Cela résulte sans doute à la fois d'un choix personnel, celui de l'indépendance, qui traduit une réticence à l'égard de la vie de couple, et d'un calcul économique, qui les autorise à pouvoir élever leurs enfants sans le soutien d'un nouveau conjoint.

Depuis une dizaine d'années, des pères se plaignent d'être évincés et déchus de leurs droits par les juges. Il est vrai que l'attribution de la garde, qui doit être décidée depuis la loi de 1975 sur le divorce au regard de l'intérêt de l'enfant, se fait presque toujours au bénéfice de la mère[9]. Des associations de défense des pères se sont créées pour protester contre cette éviction, signe que les représentations sont en train d'évoluer sur cette question depuis quelques années. En fait, il semble bien que les pères se désengagent : 30 % des enfants (de moins de 18 ans) dont les parents sont divorcés ou séparés ne voient plus leur père et 23 % moins d'une fois par mois (Villeneuve-Gokalp, 1993). La présence d'un beau-père ne change rien. C'est uniquement lorsqu'il y a des demi-frères ou des demi-sœurs que les relations avec le père se raréfient. Bien sûr, ce désengagement des pères n'est pas forcément de leur fait, mais il est difficile de ne pas y voir une moindre implication dans la vie familiale. Les hommes étant plus nombreux que les femmes à se remettre en couple, il est probable qu'ils sont absorbés par ce nouvel ancrage familial.

9 Les enfants sont confiés à la mère dans 85 % des cas et au père dans 10 % (5 % faisant l'objet d'autres décisions). *Cf.* Festy (1994).

4.3. Redéfinition des liens d'alliance et de parenté

L'étude de la façon dont le droit et la justice traitent du divorce et des relations familiales après rupture résume bien l'évolution des esprits (Théry, 1993). Depuis environ dix ans, la justice promeut le modèle d'un divorce pacifique et constructif. L'inflexion n'est pas négligeable ; son enjeu symbolique est central : elle montre que ce qui paraît le plus contraire aux valeurs familiales peut les respecter. En effet, le divorce n'est envisagé que comme la séparation du « couple conjugal » ; le « couple parental », lui, reste indissoluble, les parents séparés devant s'entendre sur un objectif commun qui ne peut être que l'intérêt de l'enfant. En somme, la famille doit survivre au divorce. C'est ce modèle que prônent aussi bien la loi Malhuret (22 juillet 1987) sur l'autorité parentale conjointe, que la médiation familiale, en plein essor, ou encore la convention de l'ONU sur les droits de l'enfant (2 juillet 1990). Cette évolution marque le passage d'une logique à une autre dans la vision du divorce et des recompositions familiales. Le moindre mal que représente le beau-parent revêt deux sens distincts. Dans la logique antérieure, dite de la « substitution », la seconde famille efface la première ; le parent social est le « vrai » parent de l'enfant. C'est au contraire la « pérennité » qui caractérise la logique récente : pérennité de la famille d'origine ; le beau-parent n'a plus à prendre la place du parent ; le lien de filiation devient indissoluble[10]. L'application de ce modèle ne va pas sans poser problème. Comme le souligne Théry (1993), en stigmatisant les conflits, ce modèle du « divorce réussi » fragilise les plus faibles, ceux pour qui l'obligation de l'accord est impossible. L'analyse de 700 cas de divorces « très difficiles », cas où le juge est contraint de recourir à des mesures d'instruction particulières (examen médico-psychiatrique, enquête sociale), souligne l'écart qui peut exister entre le modèle et la réalité. Dans ces situations, le recours à l'expertise revient le plus souvent à entériner les compromis existants et donc à légitimer la loi du plus fort.

Tous les groupes sociaux n'adhèrent pas de façon identique à ces évolutions. Dans les milieux modestes, à faible capital culturel, la séparation souvent conflictuelle débouche sur une recomposition substitutive, le parent gardien cherchant à « refaire sa vie » avec un nouveau partenaire qui remplace et éclipse l'ancien (Le Gall et Martin, 1993). À l'inverse, dans les couches sociales aisées, dotées d'un fort capital culturel, la rupture est moins brutale et la constellation post-séparation ne gomme pas l'ex-conjoint qui, bien que parent non gardien, conserve ses prérogatives parentales : choix de la garde alternée, arrangements pour le suivi scolaire de l'enfant, échanges de services, etc. Il est donc vain de parler de « la » famille recomposée. Le modèle du divorce négocié que prône la justice est celui des catégories favorisées.

En faisant du rapport parent biologique-enfant un lien indissoluble, ce nouveau modèle touche aux fondements mêmes de la parenté (Théry, 1993). Classiquement, le mariage constituait la clé de voûte de l'édifice juridique de la

10 La garde alternée est recommandée et l'adoption de l'enfant du conjoint cesse d'être encouragée. L'adoption pleinière est même interdite par la loi de janvier 1993.

parenté. C'est lui qui permettait de donner un père aux enfants, de définir la place de chacun en lui assignant les droits et devoirs issus de la filiation et de l'alliance. En somme, c'est en faisant l'hypothèse de la pérennité du couple que l'on définissait la parenté. Cela n'est plus possible : la vie en couple ne suppose plus le mariage et ce dernier peut être aisément rompu par le divorce. Avec la logique de la pérennité, l'indissolubilité du mariage se trouve transférée à la filiation. Cela signifie que la famille se définirait désormais à partir de l'enfant comme une réalité pérenne, fondée sur les liens du sang. Dès lors que le modèle de la pérennité inspire les conduites, la cellule familiale devient obsolète ; elle éclate en un véritable réseau familial qui peut être très complexe. Aux parents s'adjoignent les beaux-parents, aux frères et sœurs, les demi-frères et sœurs, et plus largement aux lignées antérieures, d'autres lignées. Une telle situation constitue un laboratoire en vraie grandeur où sont sans doute en train de s'inventer de nouvelles façons de « construire » la parenté.

Les familles recomposées sont, à certains égards, inédites. Elles ne sont pas l'équivalent des familles élargies d'antan où les rôles de chacun étaient étroitement circonscrits. Elles ne sont pas non plus comme ces nombreuses familles qui se reconstituaient après le décès d'un des conjoints ; elles en diffèrent profondément sur un point : la séparation est voulue, alors que la mort est subie. L'ex-conjoint reste, au moins en théorie, un partenaire avec qui il faut, d'une manière ou d'une autre, composer. Ces familles sont volontiers dépeintes comme des tribus où rien ne va de soi. Les places respectives de chacun n'y sont pas claires, faute de normes et de règles admises et partagées. Il en résulte des problèmes incessants pour se nommer, s'interpeller. En définitive, les familles recomposées sont des « institutions incomplètes » pour reprendre le terme du sociologue américain Andrew Cherlin (1978). Théry et Dhavernas (1993) établissent que le beau-parent se définit par une double négation : ni parent, ni ami. Son rôle évolue aux confins de la parenté et de l'amitié. Se réfèrant un peu au modèle de l'amitié, il conçoit le lien qui l'unit aux enfants de son conjoint comme une reconnaissance et une élection mutuelles qui, au contraire du lien de filiation, ne sont pas données, mais se conquièrent progressivement. Cette élection a ceci de paradoxal qu'elle est, au bout du compte, imposée aux enfants par les adultes et par le temps. Le second paradoxe, qui rend cette relation irréductible à la seule amitié, est que « ce lien électif n'existe et ne prend sens que dans la volonté de construire en commun une famille (...) et de s'intégrer à son tour comme un élément particulier du système de parenté en accédant à un statut inédit » (p. 187). En théorie le lien électif n'est pas définitif, mais virtuellement révocable. Tout l'enjeu de la « parenté élective » est donc de parvenir à refonder de l'inconditionnalité, non plus sur la filiation biologique, mais à partir d'une élection mutuelle qui se construit dans la durée. En somme, la précarité conjugale est acceptée à condition qu'elle ne s'accompagne pas d'une précarité des rapports entre parents et enfants. Ainsi, les questions que posent ces nouvelles familles cristallisent les inquiétudes sociales à l'égard de la parenté : on ne sait plus très bien comment définir le lien de parenté. Le développement des procréations artificielles alimente aussi cette sourde angoisse. La fécondation par insémination artificielle, le don d'ovule, etc., touchent à quelques principes fondamentaux de la parenté : sexualité et fécondité sont dissociées et la parentalité éclate en une « pluriparentalité » floue (génétique, sociale). Comme l'observe Segalen (1993), c'est l'ordre symbolique qui conceptualise les rapports nature-culture qui est défaillant ou du moins en retard sur les innovations des mœurs et de l'ingénierie génétique.

5 VIGUEUR ET MODIFICATION DES RELATIONS AVEC LE RÉSEAU DE PARENTÉ

Jusqu'à présent, il a surtout été question de la famille au sens étroit du terme, c'est-à-dire du groupe domestique. Or, la famille recouvre aussi le réseau de parenté, c'est-à-dire les relations entre parents adultes qui le plus souvent ne cohabitent pas. Déjà l'étude des recompositions familiales oblige à se situer à cette échelle. Que représente la parenté pour l'ensemble de la population ?

5.1. La parenté retrouvée

En cette matière, le constat le plus frappant de ces vingt dernières années est l'évolution des discours : discours du sens commun, mais aussi discours savant. Jusqu'au début des années soixante-dix, la famille semblait réduite à l'unité conjugale. Tant le débat social que les orientations de recherches ne mentionnaient que la famille conjugale. Les théories sociologiques en vogue reprenaient la thèse de la nucléarisation familiale naguère soutenue par Talcott Parsons (1955) : l'industrialisation et l'urbanisation auraient entraîné un recentrage sur la famille nucléaire, les liens avec le reste de la parenté devenant épisodiques et obsolètes. La parenté était perçue comme un archaïsme fatalement condamné à disparaître sous l'effet de la modernisation de la société. Les représentations depuis ont beaucoup évolué. L'aptitude de la famille à protéger ses membres des menaces que fait peser la crise économique est devenue objet d'inquiétude. La parenté et notamment la lignée se voient reconnaître des vertus protectrices. À l'évidence, cette soudaine redécouverte de la parenté est contemporaine de la prise de conscience de la vulnérabilité du corps social et en porte la trace. C'est au moment où, dans la décennie quatre-vingt, le débat sur la « nouvelle pauvreté » a émergé que l'expression « solidarités familiales » s'est propagée, véhiculant cette idée que la solidarité entre parents est l'expression naturelle de la concorde familiale. La perception de la parenté est sans doute plus proche de la réalité familiale que son déni vingt ans auparavant, mais elle n'en est pas moins investie de fortes attentes idéologiques.

Il est difficile, faute de données adéquates, d'identifier précisément l'évolution des comportements. Le réseau de parenté d'un individu est délimité par la démographie. Ici déclin de la fécondité et allongement de l'existence se conjuguent pour restreindre l'espace de collatéralité et consolider l'armature de la parenté en ligne directe. Selon une enquête de la CNAV (1992) destinée à étudier dans les familles les rapports entre les trois générations adultes (grands-parents, parents, enfants), 57 % des 49-53 ans constituant la génération « pivot » sont dans une lignée où coexistent trois générations adultes (Attias-Donfut, 1995). La proximité géographique est forte : aïeux, parents et enfants résident dans la même commune dans 14 % des cas et une fois sur deux dans le même département. La distance est cependant un peu plus grande entre parents et enfants qu'entre aïeux et parents. Cette proximité autorise de fréquents contacts. Enfin, la parenté de la femme est plus fréquentée que celle de l'homme.

Sur tous ces points, il ne semble pas que la situation ait beaucoup évolué en vingt ans. Au début des années soixante-dix, les premières enquêtes relevaient déjà des résultats analogues (Roussel 1976 ; Pitrou, 1978). Certes la coexistence entre les générations s'est accrue du fait de l'augmentation de l'espérance de vie, mais ce ne sera probablement plus vrai dans l'avenir si l'âge à la première naissance continue à s'élever comme c'est le cas depuis 1973.

Ce qu'il est convenu d'appeler les « solidarités familiales » demeure très vivace. Elles se présentent comme un système d'échanges fait de trois composantes. La première recouvre les prestations d'ordre domestique (garde des enfants, aide-ménagère, etc.) et mobilisent des ressources matérielles, le temps nécessaire à l'accomplissement d'un service et le savoir-faire requis pour cette action. Elles supposent disponibilité et polyvalence, ce qui explique qu'elles circulent entre femmes, mères et filles surtout. La deuxième composante concerne l'accès à autrui, pour trouver un travail, un logement, ou pour s'introduire dans un circuit de troc. Les ressources mobilisées sont sociales (relations, connaissances, informations) et exigent une organisation souple, dite « en réseau », de la parenté. Les transferts financiers correspondent à la troisième composante. Les ressources sont économiques, aides pécuniaires (dons ou prêts d'argent) ou de nature patrimoniale (équipement ménager, voiture, maison), et se transmettent dans la lignée. Les deux premiers types d'échanges sont informels, parce que souterrains et soustraits aux statistiques officielles. Le dernier relève en partie de la transmission patrimoniale déclarée (héritage et donations) et pour le reste des relations financières officieuses, de la main à la main. La périodicité des échanges est variable : en matière domestique, elle est beaucoup plus soutenue, mais chaque prestation est plus ténue.

Selon l'enquête de la CNAV, si les échanges de services s'établissent de façon assez réciproque entre grands-parents, parents et enfants, c'est la génération intermédiaire qui est la plus grande dispensatrice, surtout à destination des plus jeunes (Attias-Donfut, 1995). Elle confirme ainsi sa position de pivot, mise à contribution par les deux autres. Patrimoine et argent circulent massivement dans le sens descendant. Dans la génération pivot, 89 % ont rendu des services à leurs parents et 96 % à leurs enfants ; 9 % ont fait des dons d'argent à leurs parents et 64 % à leurs enfants. Pour la garde des enfants, le rôle des « pivots » est essentiel : 27 % d'entre eux gardent régulièrement leurs petits-enfants, notamment les grands-mères. La famille est préférée aux voisins et aux amis, car elle bénéficie d'une présomption de confiance.

Ces résultats corroborent les conclusions plus anciennes de Roussel (1976) et Pitrou (1978). Les échanges entre parents forment un réseau discret de solidarité dont la fonction sociale est tout à fait centrale. Les échanges ne visent pas uniquement à protéger contre les risques de l'existence. Ils servent aussi à mieux insérer leurs bénéficiaires dans la société. L'équilibre protection-insertion s'établit au gré des circonstances et varie selon les positions sociales. En milieux populaires, le soutien est surtout protecteur, car la situation sociale moins assurée. C'est l'inverse dans les milieux moyens et supérieurs. Cette double fonction de protection et d'insertion découle de la position charnière de la parenté, située à la médiation des sphères publique et privée.

Derrière cette permanence des « solidarités familiales », on peut tout de même noter quelques inflexions depuis vingt à trente ans qui concernent les rapports entre générations et les appartenances familiales.

5.2. Les changements liés au cycle de vie : jeunesse et grand âge

En premier lieu, les rapports entre générations ont évolué du fait de la progressive redéfinition du cycle de vie. À la tripartition classique des âges de la vie (enfant, adulte, vieux) tend à se substituer une division plus complexe : entre l'enfance et l'âge adulte s'interpose une étape plutôt indéterminée, celle de la jeunesse ou de la « post-adolescence », au cours de laquelle les jeunes vivent par choix ou contrainte une période moratoire (Galland, 1995) ; la vieillesse, sous l'effet de l'allongement de la vie, se scinde de plus en plus en deux phases distinctes, dites « troisième » et « quatrième » âges (Guillemard, 1996). Cela signifie concrètement qu'un nombre croissant de familles doit assumer la charge d'enfants qui tardent à entrer dans la vie adulte et de parents qui, en raison de leur âge avancé, ne peuvent subvenir par eux-mêmes à leurs propres besoins.

Sur le premier point, il est clair que parents et enfants adultes (c'est-à-dire de plus de 18 ans) cohabitent plus longtemps (Lefranc et Thave, 1994). L'augmentation est nette à partir des recensements de 1975 et surtout de 1982. Le changement s'est sans doute amplifié à la fin des années soixante-dix sous l'effet conjugué du chômage et de l'allongement des études. La proportion des enfants de 16 à 24 ans qui résident chez leurs parents et n'occupent pas d'emploi est passée pour les garçons de 43 % en 1968 à 69 % en 1990 et pour les filles de 49 % à 77 %. La plupart sont à la charge de leurs parents. La décohabitation elle-même est devenue plus progressive (Bozon, 1995) : le départ n'est pas toujours définitif, surtout lorsqu'il est précoce ; en fait, le domicile des parents est une sorte de refuge en cas d'échec conjugal (pour les filles) ou professionnel (pour les garçons). On peut donc conclure, sur la base de ces données, à un renforcement du soutien parental à destination des jeunes non encore installés.

Sur le second point, celui du grand âge, il est beaucoup plus délicat de procéder à des comparaisons dans le temps. Le vieillissement de la population est clairement attesté. Il en résulte deux conséquences : d'une part, les lignées s'allongent et il devient fréquent qu'au moins trois générations adultes coexistent dans une même famille ; de l'autre, la part des personnes dépendantes (ne pouvant subvenir par elles-mêmes à leurs propres besoins) ne cesse de croître[11].

11 La notion de dépendance est cependant très malaisée à cerner. Les estimations varient donc largement selon les critères de définition retenus.

Cependant, ils sont encore la moitié à résider chez eux même lorsqu'ils ont besoin d'une aide « quotidienne et essentielle ». Cela signifie que l'aide de l'entourage leur est absolument indispensable. Si le conjoint est décédé, elle provient le plus souvent des enfants, c'est-à-dire de la génération pivot : 31 % déclarent aider leurs parents ou beaux-parents. La fréquence de l'aide dépend de la gravité de la dépendance. Ce soutien est trois fois sur quatre le fait des filles. Si la part des personnes âgées de plus de 75 ans cohabitant avec un de leurs enfants a régulièrement décliné depuis les années soixante, il est très probable que, dans le même temps, le nombre des personnes âgées dépendantes a progressé et que cela s'est traduit par un soutien accru des proches, au premier rang desquels les enfants. Notons que ceux sur qui pèse la charge des « post-adolescents » et ceux qui aident leurs parents aujourd'hui dépendants sont les mêmes. Cette double sollicitation est une donnée nouvelle des rapports entre générations.

Ces problèmes de la jeunesse et du grand âge sont devenus deux enjeux importants du débat social. Les discussions sur la protection sociale et la politique familiale de l'État en témoignent : la dépendance des vieux et la précarisation des jeunes focalisent l'attention, parce qu'ils sont perçus comme des facteurs d'exclusion. Sur ces deux thèmes, les pouvoirs publics veulent promouvoir d'autres formes de solidarité entre les générations et cherchent à impliquer davantage les familles. Même si les orientations des pouvoirs publics sont encore floues, car partagées entre plusieurs options, une tentation familialiste se fait jour et s'exprime sous la forme d'un appel aux solidarités familiales. Cette redécouverte de la parenté ne doit pas occulter le fait que ces solidarités « indigènes » ont des effets inégalitaires (Déchaux, 1994) : entre milieux sociaux, les catégories possédantes échangeant davantage que les autres ; entre sexes, les femmes étant beaucoup plus mobilisées que les hommes, en particulier pour les aides courantes ; entre générations, l'absence de réciprocité matérielle entre parents et enfants adultes risquant de renforcer le pouvoir des premiers sur les seconds.

5.3. L'affaiblissement des requisits généalogiques

Le second type d'inflexion touche à un autre aspect des rapports entre les générations : celui des appartenances familiales. Le poids de la reproduction sociale se traduit de fait par une certaine continuité familiale. Si la transmission du status social a perdu son caractère d'automaticité en raison du rôle désormais incontournable du diplôme, la tendance reste tout de même à l'héritage. Mais, avons-nous remarqué plus haut, cet héritage ne signifie plus interdépendance obligée entre les générations. On peut donc penser que la lignée s'est amoindrie en tant que groupe institué. Puisque le patrimoine de la lignée n'est plus indispensable à l'accès au status, la lignée serait de moins en moins un groupe de filiation défini par des droits et des devoirs attachés à des positions généalogiques. Cette hypothèse permet de comprendre deux évolutions regardant la question des appartenances familiales : d'une part, la modification du rapport à la mémoire familiale ; de l'autre, l'émergence de nouvelles normes relationnelles.

Dans ses écrits, Maurice Halbwachs (1950) présentait la mémoire familiale comme une mémoire collective qui lèguerait les éléments emblématiques et légendaires d'une identité de groupe. Ces considérations théoriques convenaient peut-être à une époque où, la rupture avec la société paysanne n'étant pas tout à fait consommée, demeuraient de fortes tendances lignagères. Ce n'est plus aujourd'hui le cas. Les familles qui apparaissent de la sorte « imprégnées » de mémoire appartiennent à des milieux étroits comme l'aristocratie ou la haute bourgeoisie. Dans cet univers, les traces mnémoniques restent omniprésentes et la vie familiale forme un système très ritualisé ; l'éducation rappelle constamment que l'individu est d'abord l'héritier d'une lignée (Le Wita, 1988). Une telle organisation familiale est devenue anachronique. Cela n'implique pas pour autant un effacement de la mémoire familiale, car c'est moins son existence qui fait question que les formes qu'elle revêt et la légitimité qu'on lui reconnaît. Ses contours paraissent plus flous et son évocation moins ritualisée, comme le souligne une récente étude consacrée au souvenir des aïeux (Déchaux, 1997). Certes, les morts gardent une présence. Mais cet attachement à la mémoire familiale n'implique plus forcément le respect du rite commémoratif de la fête des morts. La dévalorisation de la ritualité traduit l'aspiration à une « mémoire à soi » sur laquelle le groupe n'a pas prise : la lignée devient un imaginaire personnel. Le paradoxe est que subsiste sous une forme subjective très affirmée, une mémoire familiale qui, bien qu'étant reconstruite, est par définition héritée et assignatrice. Tout se passe comme si l'individualisme croissant dans la famille entretenait le désir d'assignation et n'en affectait finalement que l'expression, à travers la déritualisation et la subjectivation du souvenir.

Cette même dialectique est à l'œuvre en matière de normes relationnelles. Par rapport au modèle du lignage paysan[12], il est clair que les normes de status se sont atténuées sans tout à fait disparaître. Faute d'étude adéquate, il est plus délicat d'apprécier les évolutions sur les deux dernières décennies. On peut cependant avancer l'hypothèse que la parenté est de moins en moins assimilable à un système de positions et de rôles nettement définis. De ce point de vue, l'ébranlement des fondements de la parenté qui résulte des recompositions familiales ne ferait que grossir une tendance plus générale. L'individu revendique plus volontiers son droit à l'autonomie. Mais simultanément, il n'entend pas se priver des ressources (matérielles et symbolique) de sa parenté. En conséquence, la circulation de l'aide entre parents donne lieu à des rapports subtils où la dépendance qui naît de l'établissement des échanges est déniée au nom de l'autonomie à laquelle chacun aspire. Pour concilier autonomie et échange, il ne faut surtout pas paraître l'obligé de celui dont on dépend (Déchaux, 1996).

12 L'expression « lignage paysan » est une facilité de langage car, comme nous le rappelons plus bas, les sociétés paysannes européennes n'ont jamais été lignagères au sens strict du terme. Il serait plus juste de parler de « tendances lignagères » liées, pour l'essentiel, au souci de perpétuation des patrimoines. *Cf.* Augustins (1989).

Les deux logiques, celle de la mémoire et celle des normes d'échange, sont homologues : l'individu refuse d'admettre le « coût relationnel » des ressources qu'il retire de sa parenté ; les repères et les mythes dont est porteuse la mémoire et le soutien matériel que sont susceptibles de fournir les proches ne doivent pas être payés au prix d'une emprise du groupe de parenté sur l'individu. En somme, le rapport « subjectiviste » à la parenté n'est pas érosion des appartenances familiales, mais recherche d'une appartenance sans allégeance.

Rôles et status subsistent, mais ne forment qu'un cadre souple au sein duquel il y a place pour des rapports électifs, négociés et stratégiques (Coenen-Huther *et al.*, 1994). Il faut cependant modérer la portée de cette conclusion, car les sociétés occidentales, la France comme les autres, n'ont jamais été des sociétés lignagères. Même les sociétés paysannes européennes ont dû composer entre principe lignager et principe conjugal. De tout temps, la parenté est une réalité seconde par rapport à la maisonnée. Il n'est donc pas sûr que sa faible organisation marque un changement très profond.

6 QU'EST-CE QUE LA FAMILLE CONTEMPORAINE ?

La plupart des analyses de la famille contemporaine mettent l'accent sur l'individualisme. Quel que soit le thème privilégié, qu'il s'agisse de la « personnalisation » des relations familiales, de leur « contractualisation », de leur caractère révocable ou encore de l'érosion des normes statutaires, il se rapporte toujours, au bout du compte, à un mouvement d'individuation croissante. Curieusement, cette vision est aussi ancienne que la sociologie de la famille elle-même. Il est tout à fait frappant de noter le parallélisme entre ces thèses et celle développée par Émile Durkheim (1892, repris *in* 1975) un siècle auparavant. Dans la perpective évolutionniste qui était la sienne, le sociologue français résumait le changement multiséculaire de la famille à une « loi de contraction ». Reprenons l'argumentation. La famille se contracte, car ses liens se concentrent sur un nombre limité de parents cohabitants. Elle repose ainsi de plus en plus sur le mariage. Dès lors que l'enfant se marie, les rapports avec ses parents cessent ou sont « à peu près nuls ». En se concentrant, les liens familiaux se modifient : ils deviennent plus « personnels », c'est-à-dire plus attentifs à l'individualité propre de chacun. Dès lors, la solidarité domestique dépend moins des choses (les biens patrimoniaux) et davantage des personnes. En d'autres termes, de statutaire, elle devient inter-personnelle ou relationnelle. Le risque, selon Durkheim, est que l'individu soit pour lui-même une « fin suffisante » ; le lien conjugal est trop éphémère pour offrir de « vastes perspectives », c'est-à-dire lier l'individu à quelque chose qui lui survivra.

Si l'évolutionnisme durkheimien a fait l'objet de sévères critiques, notamment de la part des historiens (Burguière *et al.*, 1986), cela n'a pas suffi à discréditer l'ensemble de la thèse. Ses grands axes se retrouvent dans les théories les plus récentes de la famille contemporaine. On peut ranger ces dernières en deux catégories. Elles diffèrent surtout par leur arrière-plan moral. Après les avoir rencontrées à plusieurs reprises au fil de ce chapitre, résumons-les rapidement.

6.1. Les deux versions de la thèse de l'individualisme familial

Celle de « la famille relationnelle », proposée par de Singly (1993, 1996), se situe explicitement dans le sillage de Durkheim et en reprend l'orientation en la poussant plus loin. Les transformations de la famille découleraient du primat de l'affection et de l'autonomisation des acteurs. L'individu étant de plus en plus attaché à la qualité des relations interpersonnelles, le fonctionnement familial évoluerait vers davantage de « psychologisation ». L'épanouissement de soi deviendrait l'objectif de chacun et la vie familiale serait au service de l'identité personnelle. En somme, l'individu lui-même s'autonomiserait par rapport à la famille, ce qui correspond bien à la poursuite du processus décrit par Durkheim. En conduisant à la revendication de l'autonomie personnelle, l'individualisme rendrait ainsi le lien familial plus précaire, plus instable, et par là même, l'unité familiale plus soumise au contrôle étatique. L'évolution de la famille contemporaine n'est pas ici présentée comme une fragilisation de la solidarité et du lien social, mais plutôt comme une démocratisation, c'est-à-dire une émancipation à l'égard des traditions et des normes statutaires. Cette thèse prend un peu le contrepied du discours naguère répandu sur « la crise de la famille ».

L'inspiration durkheimienne est tout aussi présente dans la thèse de la désinstitutionnalisation familiale, dont la première formulation est celle de Roussel (1989), mais le propos est plus inquiet. Les changements de la famille marqueraient un affaiblissement des normes hier prescrites qui faisaient de la famille une institution qui s'imposait à tous. Le refus de soumettre sa vie privée à la loi, au contrôle social souligne la coupure qui se serait établie entre sphère privée et sphère publique : les contemporains survaloriseraient la première au nom de l'épanouissement de soi. À la limite, le privé apparaît comme une sphère compensatrice où chacun se remet des frustrations que ne manque pas de générer la vie publique, compétitive et fonctionnelle. Les mutations en cours seraient donc l'expression d'un mouvement de « privatisation » de l'existence ou de sa brutale accélération. Jusqu'ici cette thèse est proche de la précédente, mais elle s'en distingue en précisant que la désinstitutionnalisation rend le fonctionnement de la famille plus « incertain », à la fois pour le groupe familial lui-même et pour ses membres. La privatisation, reflet de l'orientation narcissique de la culture moderne, est supposée éroder toute appartenance en rendant les liens familiaux labiles et révocables. On retrouve les craintes de Durkheim concernant l'effacement des « vastes perspectives ».

Finalement, avec ces orientations théoriques, nous disposons de deux versions d'une même vision des changements familiaux : celle qui conclut à l'individualisme familial. Il s'agit d'une lecture moniste et linéaire des mutations familiales. L'essentiel des transformations serait l'effet d'un facteur unique ou d'un faisceau de facteurs convergents. Une seule logique sociale serait à l'œuvre qu'il s'agisse de l'appeler « contraction », « psychologisation » ou « désinstitutionnalisation ». Il n'est pas question d'en nier l'existence. Le problème est plutôt de savoir si cela suffit à qualifier la famille actuelle. Peut on réduire son fonctionnement à une individuation croissante ? Les appartenances familiales sont-elles condamnées à s'émousser ? La famille contemporaine ne se définirait-elle pas avant tout par les tensions qui s'établissent entre des logiques sociales à la fois opposées et liées ?

6.2. Des évolutions plus complexes

Tous les points abordés dans ce chapitre ont été l'occasion de relever la complexité des évolutions en cours. En première approximation, on pourrait discerner changements et permanences. C'est d'ailleurs ce que nous avons fait à plusieurs reprises, ainsi pour expliquer la formation des couples ou l'évolution des modes de socialisation familiale. On serait alors tenté d'extrapoler à l'ensemble des mutations familiales en considérant que l'individuation est du côté du changement et la persistance des normes et des appartenances du côté de la permanence. Traits modernes et traditionnels se mêleraient pour dessiner le portrait de la famille contemporaine. Pourtant, cette vision ne serait guère plus satisfaisante que la précédente, car elle échouerait à montrer que les deux aspects sont intimement liés. Opposer modernité et tradition, c'est séparer ce qui constitue en réalité les deux faces d'une même réalité. Individuation et appartenance, autonomie et dépendance ne sont pas plus (ou moins) modernes l'une que l'autre ; elles s'appellent l'une l'autre de façon dialectique.

L'attention portée à cette « complémentarité dialectique » (Gurvitch, 1962) souligne *a contrario* les risques d'une trop grande focalisation du regard. Les thèses de l'individualisme familial restent prisonnières d'une vision étroite de la réalité familiale : leur objet de prédilection est l'unité conjugale, non la parenté. Dès lors, elles assimilent la famille au privé et à l'affectif; le lien conjugal, devenu plus labile et contractuel, est comme l'archétype du lien familial. Or, sur ces deux aspects, l'étude des échanges dans la parenté montre l'inverse : situé aux interstices du privé et du public, le réseau de parenté constitue en fait un groupe intermédiaire, les prestations échangées ne se résumant nullement à l'affectif; loin de n'être que contractuelle, la régulation des échanges dépend aussi de normes liées à des positions, surtout entre parents et enfants. En somme, deux propriétés rendent le lien de filiation irréductible au lien conjugal : i) il compense la tendance au repli domestique dont est porteuse l'idéologie moderne de l'autonomie du sujet ; ii) il se présente comme un lien inconditionnel qui contrebalance la révocabilité du lien conjugal. Ce qui paraît relever d'une contradiction tient autant d'un jeu de balance entre principes contraires. Les deux types de lien ne prennent leur sens que rapportés l'un à l'autre. Ils répondent sans doute à des attentes opposées et complémentaires : épanouissement de soi et désir d'appartenance.

Il serait cependant simpliste de ne voir dans ces deux liens que chacun des deux principes. L'individuation n'est pas tout entière dans le lien conjugal et l'appartenance dans le lien de filiation. La « complémentarité dialectique » est présente dans l'un et l'autre lien. D'une part, la relation conjugale, aussi contractuelle soit-elle, est travaillée par la routinisation du quotidien : les micro-rituels « encastrent » les interactions entre conjoints qui, dès lors, n'échappent pas à une certaine normalisation. D'autre part, en incarnant une appartenance donnée, voire indiscutée, la relation de filiation répond probablement à un désir d'institution du sujet, mais n'est pas la reconduite des allégeances traditionnelles ; plutôt que de consacrer, comme on le croit parfois, le retour de la tribu ou du lignage, la vigueur des relations de parenté exprime le refus d'une trop grande emprise du groupe sur l'individu. Le lien familial est régi par une dialectique de l'autonomie et de la dépendance.

Au total, les thèses de la désinstitutionnalisation ou de la famille relationnelle ne sont pas fausses. Elles sont surtout unidimensionnelles et donc partielles. Elles négligent le fait que l'individualisme contemporain puisse générer ses propres contradictions. Comme le remarque Charles Taylor (1994), sauf à se réduire à une introspection sans consistance, aussi dévorante qu'obsédante, l'individualisme entendu comme la quête de l'authenticité exige des horizons collectifs. L'urgence à se définir par soi-même suppose la reconnaissance par autrui et la référence à des entités collectives (actualisées sous la forme d'échanges ou de valeurs partagées) supports de la définition de soi. À moins d'échouer dans le narcissisme, l'individualisme appelle son propre dépassement. Ainsi s'expliquerait que l'individualisme familial n'évacue pas tout désir d'appartenance. Tout se passe comme si, dans le cadre de leur vie familiale, les individus tentaient d'accéder à cet équilibre complexe entre des exigences contraires qui n'en sont pas moins liées.

BIBLIOGRAPHIE

Ouvrages généraux

LERIDON H. et VILLENEUVE-GOKALP C. (1994), *Constance et inconstances de la famille. Biographies familiales des couples et des enfants*, Paris, PUF-INED, coll. « Travaux et documents », cahier n° 134.

Population (1994), n° 6, « L'enfant dans la famille : vingt ans de changements ».

ROUSSEL L. (1989), *La famille incertaine*, Paris, Odile Jacob.

SEGALEN M. (1993), *Sociologie de la famille*, Paris, A. Colin, coll. « U ».

SINGLY F. de (1993), *Sociologie de la famille contemporaine*, Paris, Nathan, coll. « 128 ».

Liste des références citées

ARIÈS P. (1960), *L'enfant et la vie familiale sous l'Ancien Régime*, Paris, Plon.

ATTIAS-DONFUT C. (éd.) (1995), *Les solidarités entre générations. Vieillesse, familles, état*, Paris, Nathan, coll. « Essais et recherches ».

AUGUSTINS G. (1989), *Comment se perpétuer ? Devenir des lignées et destins des patrimoines dans les paysanneries européennes*, Nanterre, Société d'ethnologie.

BALLION R. (1982), *Les consommateurs d'école*, Paris, Stock.

BARTHÉLEMY M., MUXEL A. et PERCHERON A. (1986), « Et si je vous dis famille... Note sur quelques représentations sociales de la famille », *Revue Française de Sociologie*, vol. 27, n° 4, p. 697-718.

BOZON M. et HÉRAN F. (1987), « La découverte du conjoint. I. Évolution et morphologie des scènes de rencontre », *Population*, n° 6, novembre-décembre, p. 943-986.

BOZON M. et HÉRAN F. (1988), « La découverte du conjoint. II. Les scènes de rencontre dans l'espace social », *Population*, n° 1, janvier-février, p. 121-150.

Bozon M. et Villeneuce-Gokalp C. (1994), « Les enjeux des relations entre générations à la fin de l'adolescence », *Population*, n° 6, novembre-décembre, p. 1527-1556.

Burguière A., Klapisch-Zuber C., Segalen M. et Zonabend F. (éd.) (1986), *Histoire de la famille*, 2 tomes, Paris, A. Colin.

Caille J.-P. (1993), « Formes d'implication parentale et difficulté scolaire au collège », *Éducation et Formations*, n° 36, octobre, p. 35-53.

Cherlin A. (1978), « Remarriage as an incomplete institution », *American Journal of Sociology*, vol. 84, n° 3, p. 634-650.

Coenen-Huther J. (1994), *La mémoire familiale. Un travail de reconstruction du passé*, Paris, L'Harmattan, coll. « Logiques sociales ».

Coenen-Huther J., Kellerhals J. et Von Allmen M. (1994), *Les réseaux de solidarité dans la famille*, Lausanne, éd. Réalités sociales.

Déchaux J.-H., 1994, « Les échanges dans la parenté accentuent-ils les inégalités ? », *Sociétés contemporaines*, n° 17, mars, p. 75-90.

Déchaux J.-H. (1996), « Les services dans la parenté ; fonctions, régulation, effets », *in* Kaufmann J.-C. (éd.), *Faire ou faire faire ? Familles et services*, Rennes, Presses Universitaires de Rennes, coll. « Le sens social », p. 39-54.

Déchaux J.-H. (1997), *Le souvenir des morts. Essai sur le lien de filiation*, Paris, PUF, coll. « Le lien social ».

Desplanques G. (1994a), « Les familles recomposées en 1990», *Population et sociétés*, INED, n° 286, janvier.

Desplanques G. (1994b), « Taille des familles et milieu social », *INSEE-Première*, n° 296, février.

Djider Z. et Lefranc C. (1995), « Femme au foyer : un modèle qui disparaît », *INSEE-Première*, n° 403, septembre.

Durkheim É. (1892), « La famille conjugale », *in* Durkheim É. (1975), *Textes 3. Fonctions sociales et institutions*, Paris, Minuit, coll. « Le sens commun », p. 35-49.

Durr J.-M. (1992), « Six millions de personnes seules », *INSEE-Première*, n° 200, mai.

Felouzis G. (1994), *Le collège au quotidien. Adaptation, socialisation et réussite scolaire des filles et des garçons*, Paris, PUF, coll. « L'Éducateur ».

Festy P. et Valetas M.-F. (1993), « Les pensions alimentaires à l'épreuve de la recomposition familiale », *in* Meulders-Klein M.-T. et Théry I. (éd.), *Les recompositions familiales aujourd'hui*, Paris, Nathan, coll. « Essais et recherches », p. 97-120.

Festy P. (1994), « L'enfant dans la famille. Vingt ans de changement dans l'environnement familial des enfants », *Population*, n° 6, novembre-décembre, p. 1245-1296.

Fize M. (1990), *La démocratie familiale. Évolution des relations parents-adolescents*, Paris, Presses de la Renaissance.

Galland O. (1995), « Une entrée de plus en plus tardive dans la vie adulte », *Économie et Statistique*, n° 283-284, p. 33-52.

Gissot G., Héran F. et Manon N. (1994), « Les efforts éducatifs des familles », *INSEE-Résultats, Consommation-Modes de vie*, n° 62-63, septembre.

Guibert-Lantoine C. de, Leridon H., Toulemon L. et Villeneuve-Gokalp C. (1994), « La cohabitation adulte », *Population et sociétés*, INED, n° 293, septembre.

Guillemard A.-M. (1996), « Vieillissement et exclusion », *in* Paugam S. (éd.), *L'exclusion : l'état des savoirs*, Paris, La Découverte, coll. « Textes à l'appui », p. 193-206.

Gurvitch G. (1962), *Dialectique et sociologie*, Paris, Flammarion.

Halbwachs M. (1950), *La mémoire collective*, Paris, PUF.

Kaufmann J.-C. (1992), *La trame conjugale. Analyse du couple par son linge*, Paris, Nathan, coll. « Essais et recherches ».

Kaufmann J.-C. (1993), *Sociologie du couple*, Paris, PUF, coll. « Que Sais-Je ? ».

Kellerhals J. et Montandon C. (1991), *Les stratégies éducatives des familles*, Neuchâtel, Delachaux & Niestlé.

Kellerhals J., Troutot P.-Y. et Lazega E. (1984), *Microsociologie de la famille*, Paris, PUF, coll. « Que Sais-Je ?».

Le Gall D. et Martin C. (1993), « Transitions familiales, logiques de recomposition et modes de régulation conjugale », *in* Meulders-Klein M.-T. et Théry I. (éd.), *op. cit.*, p. 137-158.

Le Wita B. (1988), *Ni vue ni connue. Approche ethnographique de la culture bourgeoise*, Paris, Édition de la MSH.

Lefaucheur N. (1993), « Sur la scène de l'anormalité familiale », *in* Meulders-Klein M.-T. et Théry I. (éd.), *op. cit.*, p. 123-136.

Lefranc C. et Thave S. (1994), « L'évolution de l'environnement familial des enfants », *Population*, n° 6, novembre-décembre, p. 1297-1320.

Martin C. (1994), « Diversité des trajectoires post-désunion », *Population*, n° 6, novembre-décembre, p. 1557-1584.

Martin C. (1997), *L'après-divorce. Lien social et vulnérabilité*, Rennes, Presses Universitaires de Rennes, coll. « Le sens social ».

Parsons T. (1955), « The kinship system of the contemporary United States », *in* Parsons T., *Éléments pour une sociologie de l'action*, Paris, Plon, p. 129-150.

Paugam S., Zoyem J.-P. et Charbonnel J.-M. (1993), *Précarité et risque d'exclusion en France*, Documents du Centre d'étude des revenus et des coûts, Paris, La Documentation française.

Pitrou A. (1978), *Vivre sans famille ? Les solidarités familiales dans le monde d'aujourd'hui*, Toulouse, Privat, nouvelle éd., augmentée et mise à jour, en 1992 sous le titre : *Les solidarités familiales*, Toulouse, Privat, coll. « Pratiques sociales ».

Prioux F. (1994), « Le droit et les familles non mariées en France », *Population*, n° 6, novembre-décembre, p. 1347-1374.

Renaut S. et Rozenkier A. (1995), « Les familles à l'épreuve de la dépendance », *in* Attias-Donfut (éd.), *op. cit.*, p. 181-208.

Roussel L. (1976), *La famille après le mariage des enfants. Étude des relations entre générations*, Paris, PUF-INED, coll. « Travaux et documents », cahier n° 78.

Singly F. de (1987), *Fortune et infortune de la femme mariée*, Paris, PUF, coll. «Économie en liberté ».

Singly F. de (1996), *Le soi, le couple et la famille*, Paris, Nathan, coll. « Essais et recherches ».

Taylor C. (1994), *Le malaise de la modernité*, Paris, Le Cerf, coll. « Humanités ».

Théry I. et Dhavernas M.-J. (1993), « La parenté aux frontières de l'amitié : statut et rôle du beau-parent dans les familles recomposées », *in* Meulders-Klein M.-T. et Théry I. (éd.), *op. cit.*, p. 159-187.

Théry I. (1993), *Le démariage. Justice et vie privée*, Paris, Odile Jacob.

Toulemon L. (1994), « La place des enfants dans l'histoire des couples », *Population*, n° 6, novembre-décembre, p. 1321-1346.

Villeneuve-Gokalp C. (1990), « Du mariage aux unions sans papiers : histoire récente des transformations conjugales », *Population*, n° 2, mars-avril, p. 265-298.

Villeneuve-Gokalp C. (1993), « De la famille d'origine à la famille recomposée », *in* Meulders-Klein M.-T. et Théry I. (éd.), *op. cit.*, p. 67-79.

Chapitre 4

Vers une sociabilité négociée

ALAIN DEGENNE ET MICHEL FORSÉ

1 QU'APPELLE-T-ON SOCIABILITÉ ?

L'étude sociologique de la sociabilité n'a pas pour objet de repérer des individus aimables ou dont le caractère les orienterait vers la convivialité par opposition aux timides ou aux « ours ». Le sociologue évacue ici, comme dans d'autres domaines, la dimension purement psychologique. Pour cerner ce qu'il étudie, le mieux est sans doute de revenir aux analyses que Georg Simmel (1918) développait au début de ce siècle. D'aucuns le considèrent comme un des fondateurs de la sociologie et il confère à la sociabilité un rôle central dans ses réflexions sur la société. Il la définit en séparant le contenu et les formes de l'existence sociale et en posant que :

> ces formes conquièrent leur vie propre, une fonction libérée de tout enracinement dans un contenu car elles se développent pour elles-mêmes et pour l'attrait qui en rayonne grâce à cette libération ; c'est ainsi qu'apparaît la sociabilité. [...] Vue sous l'angle des catégories sociologiques, je définirais la sociabilité comme la forme ludique de la socialisation et – *mutatis mutandis* – elle se comporte par rapport à sa concrétion déterminée par les contenus, à la manière de l'œuvre d'art par rapport à la réalité.
>
> (G. SIMMEL, *Sociologie et épistémologie*, 1918)

De ce point de vue, l'analyse de la sociabilité s'attache à la forme des interactions, indépendamment de leur contenu. Ceci nous met sur la voie de l'interactionnisme.

Il y a cependant une autre manière, plus contemporaine, de s'interroger sur la forme des relations. Grâce à des analyses de réseaux, elle consiste à décrire et à comprendre la structure des relations d'un individu, ou d'un groupe d'individus, en remarquant que cette structure pèse sur les interactions, tout en en étant l'effet émergent. Ces deux approches sont loin d'être incompatibles. En définissant la sociabilité comme « l'ensemble des relations qu'un individu (ou un groupe) entretient avec d'autres, compte tenu de la forme que prennent ces relations » (Forsé, 1991), on se donne une orientation qui permet de traiter tout autant de la formalité des interactions, que de la structure du réseau où se tissent les liens qui servent de support à ces interactions. Cette définition a plus généralement l'avantage d'être conforme au paradigme de l'interactionnisme structural (Forsé, 1992), expression dont les deux termes cherchent justement à exprimer ce double point de vue.

Toutes les relations dont il est ici question obéissent à des normes. Il est bien connu que lorsque nous rencontrons quelqu'un que nous ne connaissons pas l'échange se coule dans le moule des conventions de politesse. Dès qu'une relation a pris corps, tout un langage commun facilite l'échange. Si bien que même les relations les plus intimes, électives ou privilégiées suivent des régularités sociologiques fortes.

Ce sont précisément ces régularités en général et plus particulièrement leurs évolutions en France au cours des trente dernières années qui constituent l'objet de ce chapitre. Le diagnostic sur le changement sera toutefois extrêmement difficile à établir car, si la sociabilité a fait l'objet au cours de ces mêmes trente dernières années d'un nombre important et croissant d'études, tant qualitatives que statistiques, il faut bien avouer que dans un cas comme dans l'autre, il sera difficile de comparer strictement des données à plusieurs dates pour juger des éventuelles évolutions. En contrepartie, on peut faire l'hypothèse que certains changements structurels importants de la société française n'ont pas été sans conséquences sur les rapports de sociabilité. Leur examen amènera notamment à se demander si ces rapports ne laissent pas aujourd'hui davantage de place à la négociation. Avant que de chercher les éléments qui peuvent concourir à établir ce diagnostic, commençons par préciser quelques-unes des caractéristiques qui font la spécificité de la sociabilité telle qu'elle vient d'être définie.

2 TRANSVERSALITÉ ET RÔLE RÉGULATEUR DES RELATIONS DE SOCIABILITÉ

Ces caractéristiques apparaissent au travers de diverses distinctions qui ont petit à petit été proposées dans les études spécialisées. Précisons toutefois qu'il ne faut pas leur conférer un sens trop absolu. Entre les divers types de sociabilité les frontières peuvent être assez floues ou sujettes à variation.

Sur le long terme, l'industrialisation et l'urbanisation ont conduit à distinguer des types de relations de sociabilité qui se recouvraient plus largement dans les sociétés paysannes qui ont précédé. Dans ces sociétés, le voisin est bien souvent aussi, le parent, le collègue de travail (son aide étant nécessaire pour certains travaux agricoles) ou l'ami. La séparation des types de relations est le fruit du passage à une société industrielle et urbaine. Il en va de même de la séparation des sphères du travail et du loisir qui a été pour beaucoup l'occasion d'opposer les sociabilités qui s'y rattachent, tenant par exemple que lorsque les échanges entre personnes n'avaient d'autre but que le loisir, la sociabilité prenait nécessairement une forme ludique. Certains auteurs contestent cette séparation stricte. C'est ainsi que tout en prenant appui sur l'enquête « loisirs » de l'INSEE,

Yannick Lemel et Catherine Paradeise (1976) écrivent : « la sociabilité s'exprime [donc] à travers des activités accomplies en commun avec autrui, de façon volontaire et régulière, dans un cadre formel ou informel, en n'importe quel lieu », ce qui n'implique aucune séparation entre les activités professionnelles et les autres. Nous conserverons ici cette position qui nous paraît plus féconde qu'une distinction fondée sur les buts de l'activité faite en commun.

Une autre manière de différencier les relations consiste à distinguer *les relations électives ou affinitaires* de celles qui ne le sont pas, ou moins. Certaines relations, comme celles que l'on a dans son travail, n'autorisent le choix que dans un cadre restrictif. Les relations avec les membres de la famille sont dites semi-électives, car elles peuvent correspondre à une certaine affinité, mais elles présentent aussi un caractère relativement obligatoire et s'opèrent au sein d'un cadre préétabli. À l'inverse la relation amicale est purement affinitaire. Rien n'oblige à choisir tel ou tel ami. L'*intensité* du lien peut être plus ou moins forte, ce qui permet de spécifier différents degrés : amis, camarades, copains, simples connaissances, etc.

Quel que soit ce degré, la relation affinitaire doit être distinguée de la relation d'équivalence. Il existe en effet deux principes différents des interactions entre les personnes :

- le fait d'avoir quelque chose en commun – des biens, des amis, une passion, des idées – constitue le fondement des relations affinitaires ;
- le fait d'avoir quelque chose à échanger, d'être complémentaire, amène à distinguer des rôles.

Sur un marché, il y a des vendeurs et des acheteurs. Entre les deux, il s'établit une relation d'échange commercial. Est vendeur celui qui offre quelque chose aux acheteurs. Est acheteur celui qui achète quelque chose à un vendeur. Les deux groupes ne se définissent pas de l'intérieur, mais corrélativement dans la relation d'échange. Les vendeurs sont d'un côté, les acheteurs de l'autre[1]. La classe des vendeurs est définie par la relation avec celle des acheteurs. On dit que les vendeurs d'une part, les acheteurs d'autre part sont en position équivalente dans cette relation commerciale. Se définissent de la même façon les enseignants et les enseignés, les médecins et les patients, les employeurs et les employés, etc.

A priori, il n'y a aucune raison de supposer que les vendeurs soient liés par une relation quelconque. Il en va de même pour les acheteurs. Que les vendeurs prennent conscience de leur communauté de position, qu'ils se découvrent des intérêts communs et constituent un syndicat professionnel est possible. Que les acheteurs comprennent eux aussi qu'ils sont en position équivalente et fondent par exemple une association de consommateurs, peut également arriver, mais dans les deux cas cela n'est pas nécessaire à la définition des rôles d'acheteur et de vendeur.

L'équivalence de position ou *équivalence structurale* est à la base de la reconnaissance des rôles dans l'analyse des réseaux sociaux. On néglige trop souvent la distinction entre affinité et complémentarité dans l'étude des relations et pour-

1 Négligeons ici le fait que quelqu'un peut être à la fois vendeur et acheteur.

tant les rôles dans lesquels se trouvent placés les différents individus pèsent lourdement sur leur sociabilité. Ils peuvent constituer des obstacles incontournables à l'établissement de liens affinitaires. Bien sûr, un commerçant peut se lier d'amitié avec son client, un malade avec son médecin, etc. L'établissement d'une relation affinitaire entre un ouvrier et son patron, un employé et son chef de service est peut-être moins évident mais l'on voit bien que c'est précisément à partir de la distinction de rôles que l'étude de la sociabilité prend tout son sens.

Il est alors important de s'interroger sur le caractère *collectif* ou plus strictement interindividuel de la sociabilité en se demandant si la relation peut exister en dehors d'un groupe ou d'un contexte spécifique qui sert de support, autrement dit si elle ne peut exister que moyennant la présence d'autres relations ou si, au contraire, l'aspect interpersonnel l'emporte. Par exemple, les quatre amis qui se retrouvent en fin d'après-midi pour jouer aux cartes dans un café ont-ils d'autres occasions de sociabilité plus strictement dyadique ?

Dans son livre sur l'amitié, Claire Bidart (1997) trace une sorte de cheminement type de la relation d'amitié. La première rencontre a lieu dans un certain contexte. C'est par la multiplication des contextes de rencontre qu'elle s'autonomise, devient vraiment une relation entre deux personnes ; vient ensuite l'accès à la sphère privée dont la première marque est le fait de recevoir l'autre chez soi, suivi du renforcement des similitudes et enfin la confirmation par l'épreuve qui scelle les amitiés les plus durables.

Il n'y a cependant pas que les relations d'amitié qui traversent plusieurs contextes. La plupart des relations durables que nous entretenons ont cette caractéristique. On se retrouve avec son voisin à l'association de parents d'élèves ou au club sportif. On retrouve le collègue de travail en vacances dans le chalet du comité d'entreprise. On perd de vue son camarade de régiment et puis on le rencontre par hasard et l'on s'aperçoit qu'il peut aider à résoudre un problème. Il est rare qu'une relation qui dure ne dépende que d'un seul contexte, ne concerne qu'une seule facette de la vie des deux personnes. À un moment donné elle est le fruit de toutes les occasions dans lesquelles ces personnes se sont rencontrées, de l'expérience commune qu'elles ont acquise.

Les contextes ne sont pas neutres et pour marquer les différences qu'ils induisent on a souvent distingué la sociabilité *formelle* de la sociabilité *informelle*. Ce critère permet aussi d'opposer sociabilité organisée et sociabilité spontanée, mais ce dernier terme est sujet à caution car, comme nous l'avons dit, la sociabilité respecte toujours des normes et ne peut donc jamais être vraiment qualifiée de « spontanée ». En fait, il s'agit surtout de marquer ce qui sépare deux types de réseaux : ceux dont l'organisation est constituée (*organisation* au sens courant du terme, par exemple une entreprise) et ceux dont l'organisation n'est pas constituée (*réseau* au sens courant, comme par exemple un réseau d'amis). Entre ces deux pôles, il existe bien sûr des rapports et c'est d'ailleurs ce qui permet de dégager deux caractéristiques essentielles des relations de sociabilité : elles sont transversales et elles ont une fonction intégratrice.

Dès 1954, dans une monographie de la petite île norvégienne de Bremmes, devenue depuis un classique, J. A. Barnes montre cette transversalité et le rôle régulateur qui en découle. Il distingue trois systèmes de rapports sociaux dans l'île : le système à base territoriale (famille, paroisse, divisions administratives, associations) où les frontières sont stables et les relations durables ; le système industriel où les unités sont nombreuses et relativement autonomes, les relations étant hiérarchisées ; un système « diffus » ne comportant ni unité ni frontière, ni hiérarchie et où les relations sont moins stables (amis et connaissances). Ce dernier système équivaut aux réseaux de sociabilité informelle de l'île et il est transversal aux autres. Autrement dit, les réseaux de sociabilité éloignent ou rapprochent les acteurs des systèmes industriels et territoriaux. Barnes note que les réseaux jouent d'autant mieux ce rôle intégrateur que les relations dans leur ensemble sont fortement entrelacées.

Cette fonction, maintes fois soulignée depuis, vaut également à l'intérieur d'une même organisation. Emmanuel Lazega (1992) a analysé trois types de relations entre les membres d'un cabinet d'avocats d'affaires aux États-Unis : auprès de qui cherchent-ils conseil, avec qui collaborent-ils et de qui sont-ils amis ? À partir d'une analyse formalisée de ces réseaux, il montre que chaque type de lien contribue de manière spécifique à l'intégration de la firme, en particulier là où les conflits peuvent apparaître entre membres. Il conclut que « les différences formelles internes qui affaiblissent l'intégration, sont contrebalancées par les relations informelles qui, au contraire, la renforcent. » La transversalité s'avère donc nécessaire au bon fonctionnement du groupe.

Qu'il s'agisse de relations devenues affinitaires ou de simples connaissances, c'est cette transversalité des relations interpersonnelles qui explique leur capacité à jeter des ponts entre des milieux différents et qui fait qu'on les utilise. Certes, il peut se faire que deux personnes ne se retrouvent que pour une activité bien précise et que leur échange s'en tienne là. Toutefois cette relation, dite uniplexe et fondée sur la complémentarité des rôles, va souvent permettre de relier des personnes différentes par leur statut, leur profession ou leur milieu.

Granovetter est l'un des premiers à avoir cherché à développer cette idée de façon systématique. Il le fait en analysant le rôle des relations personnelles dans l'obtention d'un emploi. Dans son ouvrage *Getting a Job* (1974), il rend compte d'une enquête réalisée dans une petite ville du Massachusetts auprès de quelques cols blancs qui avaient changé d'emploi entre deux recensements. Il montre que 50 % des personnes enquêtées ont obtenu leur emploi grâce à des contacts personnels, soit qu'ils aient donné accès à une information essentielle, soit qu'il y ait eu recommandation. 31 % sont des liens familiaux et 69 % des liens professionnels. Granovetter remarque que les contacts professionnels ont conduit à des emplois jugés meilleurs par ceux qui les détiennent que les liens personnels ou d'amitié ; c'est ce qu'il traduit en disant que les liens faibles sont plus efficaces que les liens forts. Son article de 1973 *The strength of weak ties,* va initialiser un important courant de recherche sur l'approche utilitariste des réseaux. La théorie concerne la circulation de l'information. Si deux personnes, Luc et Marc se connaissent bien et passent beaucoup de temps ensemble, et si de plus Luc et Mathieu sont également bons amis et se voient souvent, il y a de bonnes chances pour que Marc et Mathieu se connaissent par l'intermédiaire de Luc et deviennent aussi amis. Ainsi les relations qu'il appelle des liens forts tendent à être transitives et à créer des cliques. Dans ces cliques les informations circulent vite et tout le monde dispose finalement des mêmes ressources. Les informations que l'on obtient auprès de l'un sont les mêmes que celles que l'on peut obtenir de l'autre. En particulier il y a peu à apprendre des gens qui constituent notre environnement proche. Certes ils feront ce qu'ils peuvent pour nous aider mais, surtout en matière d'information, ils auront la même que celle que nous avons. Les liens faibles sont ceux qui jettent des ponts entre les différents groupes de liens forts. C'est par eux qu'arrivent des informations fraîches. Rien d'étonnant donc à ce qu'ils permettent d'obtenir de meilleurs résultats.

Confrontée au marché du travail difficile de la France des années quatre-vingt-dix, cette théorie a dû être complétée. On a constaté par exemple que pour des personnes faiblement qualifiées, soit elles ne disposaient pas d'un réseau comportant des liens faibles susceptibles de les mettre en contact avec des personnes disposant d'informations intéressantes, soit elles n'avaient pas les moyens d'utiliser les informations qui pouvaient leur être ainsi données. Dans ce cas les liens forts restent la meilleure manière d'obtenir un emploi, que l'on ne choisit pas mais que l'on accepte parce que c'est la seule chose possible.

Michel Forsé (1997) analyse une question posée dans l'enquête emploi (réalisée par l'INSEE en 1994) sur le moyen qui a permis d'obtenir l'emploi actuellement occupé par la personne enquêtée. Dans le tableau 1 les lignes en italique indiquent les moyens liés à l'utilisation d'un réseau.

Tableau 1 Mode d'obtention de l'emploi actuel

Mode d'obtention de l'emploi actuel	**Effectifs**	**%**
1 - par une démarche personnelle auprès de l'entreprise	2 945	30,3
2 - *par la famille*	617	6,3
3 - *par les relations personnelles*	1 897	19,5
4 - par concours ou examen	293	3,0
5 - en répondant à une annonce ou en en faisant passer une	604	6,2
6 - par l'ANPE ou un organisme de placement	1 297	13,3
7 - *par l'école ou un organisme où a été suivie une formation*	399	4,1
8 - *a été contacté par l'employeur*	554	5,7
9 - s'est mis à son compte	458	4,7
10 - par un autre moyen que ci-dessus	668	6,9
Total	9 732	100,0

Source : Forsé, 1997.

Il s'avère que les relations jouent un rôle central dans plus de 35 % des cas et que ceci est vrai quel que soit le milieu social, même si l'on observe des différences que l'auteur a résumées sous la forme du tableau 2. Mais il apparaît aussi que les liens présumés forts sont plus efficaces pour trouver un emploi dans les milieux populaires, alors que les liens faibles, surtout à caractère professionnel, ont un rôle plus déterminant dans les milieux supérieurs.

Tableau 2 Typologie des relations ayant donné accès à l'emploi actuel

	Âge	Urbanisation	Diplôme	Catégorie sociale
Famille	Jeunes	Rural et petites villes	Inférieur	Inférieure
Lien personnel	Âgés	Grandes villes	Inférieur	Indifférent (sup.)
Employeur	Âgés	Rural et petites villes	Supérieur	Supérieure
École	Jeunes	Grandes villes	Supérieur	Supérieure

Source : Forsé, 1997.

On constate à quel point les relations personnelles, même lorsqu'elles n'ont rien à voir avec le travail, peuvent jouer un rôle régulateur dans les situations d'embauche. D'une manière plus générale, on peut en conclure qu'il est souvent plus intéressant d'étudier ensemble les différentes sortes de relations qu'entretiennent les individus et de prendre en compte leur transversalité que de chercher à les classer *a priori*. Ce parti méthodologique est d'ailleurs celui adopté par nombre d'études de communautés locales. Depuis longtemps, elles ont largement contribué à en établir le bien-fondé.

3 LA SOCIABILITÉ VUE SOUS L'ANGLE DES COMMUNAUTÉS LOCALES

Reprenant la tradition des études anglo-saxonnes de communautés, beaucoup d'études qualitatives ont, en France, consisté à effectuer des monographies locales, qui n'ont malheureusement pas été répliquées dans le temps[2]. Un important programme du CNRS (Observation du Changement Social) a cependant permis de mettre en évidence l'importance et l'impact de la dimension locale sur les formes de sociabilité.

En synthétisant les résultats de plusieurs monographies et suite à une enquête spécifique sur sept des terrains concernés, Alain Degenne (1987) propose de distinguer trois types principaux de sociabilité locale. Le premier type est qualifié d'enraciné. Il correspond à un fort investissement dans la sociabilité du lieu (fêtes, informations locales, etc.). Il s'observe en contexte rural, alors que les deux suivants ont surtout trait à des milieux urbains. Le deuxième type, qualifié de traditionnel discret, n'est pas, comme son nom l'indique, d'apparition récente. Il correspond à un faible investissement dans la sociabilité du lieu. En particulier, on n'adhère pas aux associations locales lorsqu'elles existent. Les échanges entre personnes sont limités au strict minimum. On reste sur son quant à soi, c'est tout au plus bonjour bonsoir, mais les voisins sont connus, jugés et appréciés différentiellement. Le dernier type, qualifié de néoconvivial, est plus contemporain. L'insertion locale prend ici fortement appui sur la vie associative.

2 *Cf.* par exemple Jollivet et Mendras, 1971 ; Maurice et Deloménie, 1976 ; Bozon, 1984.

Il correspond souvent à l'arrivée de nouvelles couches moyennes ou supérieures salariées qui investissent un lieu en pleine mutation : quartier rénové ou réhabilité de grandes villes, ville nouvelle, petite commune dont l'économie locale traditionnelle est bouleversée par l'implantation d'un site industriel ou tertiaire important. Par opposition aux deux types précédents, les liens de sociabilité sont nombreux et peu intenses, ce qui favorise l'intégration rapide de nouveaux arrivants et permet davantage la mobilité. Il n'y a ainsi pas contradiction avec la valorisation du foyer qui ici comme ailleurs s'impose. Il faut noter que ces distinctions ne résultent pas, ou pas seulement, de ce que les caractéristiques socio-démographiques des individus concernés sont dans chaque lieu différentes. Une analyse quantitative des données évoquées montre que la dimension locale, lorsqu'on la compare aux dimensions classiquement considérées comme ayant une influence sur la sociabilité (âges, catégories socioprofessionnelles, etc.), s'avère être le facteur le plus discriminant.

Il est donc clair que la sociabilité est influencée par le lieu où elle s'exerce. Mais, comme nous l'avons dit, il est très difficile d'aboutir sur ce point à un diagnostic sur d'éventuelles évolutions. Dans les termes de la typologie évoquée, on peut seulement faire l'hypothèse que le type qualifié de néoconvivial est celui qui s'est le plus développé depuis les années soixante-dix.

4 L'ÉTUDE DES PRATIQUES DE SOCIABILITÉ À TRAVERS LES ENQUÊTES STATISTIQUES

4.1. Quelques résultats généraux

Les pratiques de sociabilité ont été étudiées par les statisticiens au même titre que n'importe quelles autres pratiques. De nombreuses enquêtes représentatives et portant sur de grands échantillons ont été mobilisées pour en estimer l'importance et les mettre en relation avec des variables socio-démographiques. Toutes ces enquêtes et les travaux qu'elles ont suscités montrent de grandes régularités qui peuvent être résumées en deux points (*cf.* Degenne et Forsé, 1994).

Il y a tout d'abord un effet de l'âge : d'une manière générale, la sociabilité décroît avec l'âge. Le nombre des contacts et le nombre des discussions diminuent surtout au-delà de 40 ans. Les contacts avec les relations de travail disparaissent pratiquement entre 60 et 70 ans, les contacts avec les amis décroissent également. La fréquentation des voisins résiste mieux ainsi que les contacts avec les personnes que l'on rencontre à cause de leur métier (commerçants, médecins, etc.). Quant à la parentèle, elle représente moins de 20 % des contacts à 20 ans et près de 50 % à 80 ans. Il y a donc une évolution de la sociabilité en fonction du cycle de vie. Pour en rendre compte on peut distinguer entre sociabilité interne et externe (Forsé, 1981). Il faut ici entendre « extériorité » comme une distance au foyer, distance non seulement physique mais aussi symbolique. Les jeunes ont une sociabilité largement tournée vers l'extérieur, faite de sorties entre amis, de pratique du sport et de fréquentation des associations sportives, etc. Cette sociabilité se transforme avec la création du foyer, l'installation du couple et surtout la naissance des enfants. Diminuent, la fréquentation des bals, des cafés, les sorties nocturnes et la pratique des sports. Elles sont remplacées par les réceptions à domicile ou au domicile des amis, la fréquentation des restaurants de certaines associations. Chez les personnes âgées la sociabilité tend à se centrer sur le voisinage, les relations avec la parentèle et les associations religieuses. En somme, la sociabilité d'abord croissante et fortement tournée vers l'extérieur du foyer diminue au fur et à mesure que les personnes vieillissent et se centre sur les relations avec les plus proches.

En second lieu, la sociabilité croît avec le statut social, qu'il s'agisse des relations de travail, des relations d'amitié ou plus simplement des interlocuteurs de la semaine. Comme le montre la figure 1 (Héran, 1988c), les professions salariées se hiérarchisent nettement. Les cadres et professions libérales ont le plus grand nombre de relations hors parenté et le plus petit nombre de relations au sein de la parenté. Le phénomène est inverse pour les ouvriers. La position des agriculteurs et des artisans est à part mais l'image communément admise d'une sociabilité ouvrière foisonnante, correspondant à une véritable culture ouvrière, ne résiste pas à l'examen. Cette réalité, contraire aux idées reçues, avait déjà été remarquée dans les années 1970 (*cf.* Paradeise, 1980). Même s'il existe des formes de sociabilité bien développées autour des liens de camaraderie et de la fréquentation de lieux publics, la sociabilité ouvrière reste en deçà de celle des couches sociales supérieures.

Relations de parenté

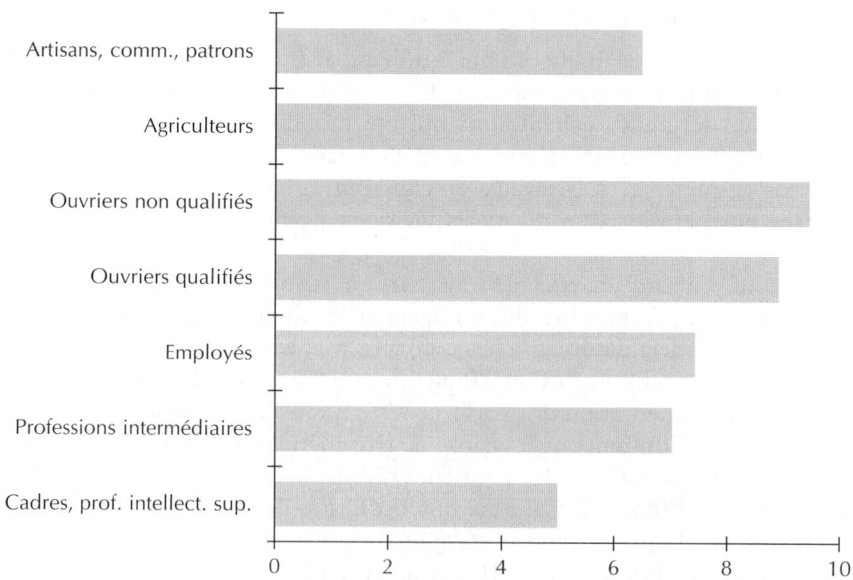

Source : Héran (1988c) ; nombre de membres de la parenté que l'on voit au moins une fois par mois.

Source : ibid. ; nombre de personnes ou de couples que l'on considère comme ses meilleurs amis (trois au maximum).

Figure 1 Relations de parenté et d'amitié selon la PCS

Ceci nous donne une vision globale des pratiques de sociabilité et de la manière dont elles s'analysent en fonction des principales variables socio-démographiques. Il est remarquable qu'en dépit des changements que notre société a connus ces trente dernières années, on trouve là des constantes structurelles. Le niveau et les formes de la sociabilité peuvent changer mais les effets de la position dans le cycle de vie et du niveau d'instruction demeurent. Examinons à présent plus en détail ce que l'on sait de certaines pratiques.

4.2. Les sorties

Les occasions de sorties sont nombreuses et l'on range sous ce terme des choses très différentes comme le fait d'aller à un spectacle, au restaurant ou de pratiquer un sport. Olivier Choquet (1988) a étudié, à partir de l'enquête « Contacts entre les personnes », la répartition du nombre moyen par an de sorties avec quelqu'un d'extérieur au ménage. Cette condition particulière (sortir avec quelqu'un d'extérieur au ménage) place les ouvriers au-dessus de la moyenne et en particulier au-dessus des cadres et professions intermédiaires (89 sorties pour les ouvriers qualifiés, comme pour les cadres, 70 pour les ouvriers non qualifiés, la moyenne étant à 73). Ceci modère un peu la conclusion faite plus haut à partir des contacts.

Les sorties varient également fortement suivant le type de ménage et le cycle de vie. Leur nombre moyen passe de 320 par an pour un homme seul de 18 à 35 ans à 16 pour une femme de plus de 60 ans vivant en couple. Les femmes sortent dans tous les cas moins que les hommes, mais c'est surtout le fait de vivre en couple qui fait chuter considérablement le nombre des sorties. Ces différences se retrouvent systématiquement pour les autres catégories d'âge. Plus on vieillit, moins on sort.

Tableau 3 Nombre moyen de sorties par an avec une personne extérieure au ménage

	18-35 ans		36-60 ans		Plus de 60 ans	
	Hommes	**Femmes**	**Hommes**	**Femmes**	**Hommes**	**Femmes**
Seul	320	220	168	72	51	21
En couple	107	57	63	32	33	16

Source : Choquet, 1988.

Les promenades se font dans 45 % des cas avec la famille et dans 55 % des cas avec des amis. On va au théâtre, au cinéma ou au bal, dans plus de 70 % des cas, avec des amis. En revanche, dans 50 % à 70 % des cas, les sports se pratiquent avec des collègues, des voisins ou dans le cadre d'une association. Il y a donc une assez forte spécialisation des liens en fonction de l'activité pratiquée.

Si l'on se restreint aux sorties de type récréatif, souvent onéreuses (spectacles, manifestations sportives, etc.), il s'avère que les fréquences de ces pratiques (Forsé, 1993a) sont sensibles au niveau de revenu. On sait par ailleurs que la taille de l'agglomération de résidence conditionne l'offre de spectacle : celle-ci est d'autant plus forte que cette taille est importante et elle culmine à Paris. Son effet sur la fréquence de sorties est également important puisqu'elle s'élève à mesure que la taille de l'agglomération augmente, pour devenir nettement supérieure à la moyenne lorsqu'on arrive en région parisienne. Ces effets se maintiennent toutes choses égales d'ailleurs.

4.3. Les relations avec les voisins

François Héran (1987) s'est appuyé, pour étudier les relations de voisinage, sur l'enquête « Contacts entre les personnes » réalisée par l'INSEE en 1983 déjà évoquée ci-dessus. Il retient quatre niveaux de pratique dont les fréquences sont reproduites dans le tableau 4.

Tableau 4 Les relations de voisinage (en %)

Aucune relation	8,7
Conversations ou visite	18,8
Petits services	44,8
Liens étroits	27,7

Source : Héran, 1987.

Les relations de voisinage sont, parmi les différents types de sociabilité, celles qui sont les plus sensibles au niveau d'urbanisation. Comme le montre la figure 2, les ruraux et les habitants des petites villes ont des relations supérieures à la moyenne, alors que c'est l'inverse pour les habitants des villes moyennes ou grandes. Il faut noter que ce résultat obtenu au début des années quatre-vingt-dix est très stable puisque, avec des données des années soixante-dix, on obtient un graphique quasiment identique (Forsé, 1981 ; 1993a).

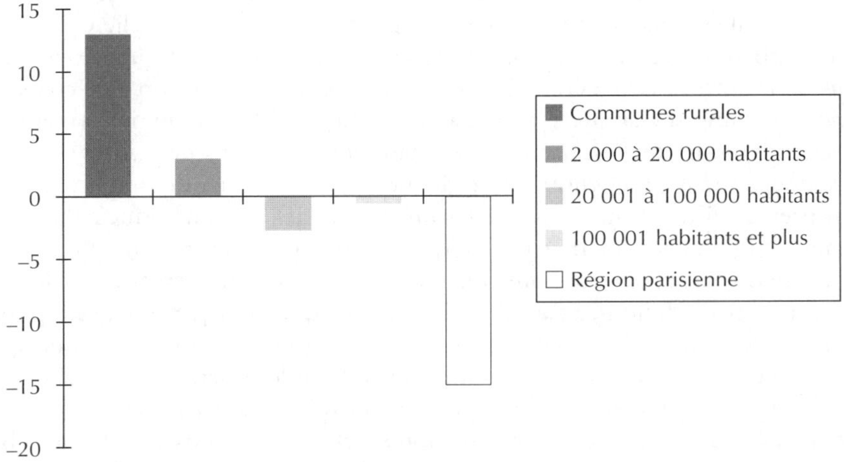

Source : Forsé, 1993a.

Figure 2 Les relations de voisinage selon la taille de l'agglomération (écarts à la moyenne en %)

4.4. Les visites aux parents et aux amis

Sortir pour aller chez des parents est une activité qui est beaucoup plus fréquemment pratiquée. D'après une enquête de 1990 sur un échantillon par quotas de 2 000 individus adultes (Forsé, 1993a), 41 % de l'échantillon le fait au moins une fois par semaine, 42 % moins d'une fois par semaine mais au moins une fois par mois, 15 % plus rarement et seulement 2 % jamais.

Il n'y a pas de différence de rythme de pratique entre hommes et femmes. Les écarts de comportement dus à l'état matrimonial sont significatifs sans être spectaculaires. Les couples mariés voient un peu plus souvent leurs parents que les célibataires mais ce sont les divorcés qui ont les relations les plus fréquentes (49 % au moins une fois par semaine). Cela confirme un résultat connu par ailleurs. Le divorce est un comportement matrimonial qui est aujourd'hui très largement accepté, si bien que, loin d'éloigner les individus de leur famille, il a plutôt tendance à les en rapprocher. La famille étend ici sa fonction traditionnelle d'aide matérielle ou affective à ceux de ses membres qui sont en difficulté.

Le nombre d'enfants n'est pas déterminant. On remarque tout au plus une légère tendance à augmenter le rythme de ses visites au fur et à mesure que celui-ci s'élève. Comme c'est dans la tranche d'âge 25-34 ans qu'on trouve la plus faible propension à voir fréquemment ses parents, on peut penser que c'est moins le nombre que l'âge des enfants qui est déterminant : on voit plus souvent ses parents lorsqu'on a des enfants en bas âge et si la naissance d'un premier enfant est l'occasion de resserrer les liens, les éventuels cadets n'apportent pas d'effet supplémentaire propre. Ensuite, lorsque les enfants sont plus âgés, ces liens familiaux se relâchent très légèrement au fur et à mesure que l'âge des parents s'élève. Le cycle de vie a donc un effet sur la sociabilité familiale, mais certains événements, comme un divorce, peuvent jouer un rôle accélérateur et d'autres non, comme par exemple la naissance d'un enfant supplémentaire.

Ce profil est valable quelle que soit la position sociale, mais celle-ci à son tour vient, à chaque étape du cycle de vie, accentuer les écarts de fréquences de visites. Plus on monte dans la hiérarchie socioprofessionnelle, moins on a de chances de rencontrer une sociabilité familiale très assidue : 57 % des ouvriers voient leurs parents au moins une fois par semaine, mais seulement 29 % des cadres supérieurs. Les indépendants, en dehors des agriculteurs, ont un taux de pratique qui est à peu près celui de la moyenne, et parmi les inactifs, ce sont principalement les femmes au foyer qui voient le plus fréquemment leurs parents. Il n'est dès lors pas étonnant que la propension à une forte sociabilité familiale décroisse avec le niveau de revenu et de diplôme, mais il est intéressant de remarquer que, sauf pour les diplômes les moins élevés, cet effet se fait sentir à PCS identique ; ce qui signifie par exemple qu'un employé ayant un niveau d'étude supérieur a tendance à voir moins fréquemment ses parents qu'un employé n'ayant pas achevé ses études secondaires. La relation inverse est moins nette et ne s'observe, toutes choses égales, que chez les ouvriers ou employés ; l'appartenance aux autres catégories socioprofessionnelles n'ayant pas par elle-même d'effet significatif.

Les visites aux amis se font quasiment au même rythme que les visites aux parents : au moins une fois par semaine 40 %, moins d'une fois par semaine mais au moins une fois par mois 43 %, plus rarement 14 %, jamais 3 %.

Ce sont les célibataires, sans enfant, qui voient le plus fréquemment leurs amis. La fréquence des réceptions décroît avec l'âge jusqu'à 50 ans pour croître ensuite légèrement. Le niveau scolaire a l'effet inverse de celui constaté pour la sociabilité familiale : plus il est élevé, plus les relations avec les amis sont fréquentes. Pour l'amitié, comme pour la famille, le niveau culturel explique mieux les différences de pratiques que la catégorie socioprofessionnelle. Comme l'amitié est d'abord l'affaire de jeunes (jusqu'à 35 ans), ayant un niveau scolaire élevé et habitant en région parisienne, on a plus de chances de rencontrer dans cette population des célibataires, des couples sans enfant ou des cadres. Mais l'influence du diplôme reste significative toutes choses égales par ailleurs.

Si, comme les données évoquées plus haut le montrent, les relations amicales ont tendance à être plus développées là où les relations familiales le sont moins, il ne faut surtout pas en conclure que les unes se substituent purement et simplement aux autres. Ainsi les jeunes, qui se tournent volontiers, comme nous l'avons dit, vers les amis, ne négligent pas en moyenne de voir assez souvent leurs parents. La probabilité qu'il en soit ainsi ne diminue fortement qu'après association d'autres critères, comme une assistance très assidue aux spectacles. Si une relation ne s'oppose pas terme à terme à une autre, c'est que dans la grande majorité des cas il y a cumul de plusieurs types de sociabilité et que les distinctions résultent d'un dosage relatif de *tous* ces types.

4.5. L'entraide

L'enquête « Modes de vie » (1988-1989) offre des données originales sur l'entraide entre les ménages. Pour la première fois, en effet, les ménages ont été invités à citer les échanges d'entraide qu'ils ont eus dans l'année précédente, quels que soient les ménages partenaires[3].

14 % des ménages ne déclarent aucun échange de service. 86 % en ont donc au moins un. Les échanges avec la parenté sont plus nombreux que les échanges hors parenté : 74 % des ménages ont au moins un échange dans leur parenté alors que 61 % en déclarent au moins un avec des ménages hors de la parenté. Qu'il s'agisse des aides échangées avec la famille ou hors de la famille, la distribution est très dissymétrique. Beaucoup de ménages déclarent un petit nombre d'aides mais quelques ménages en annoncent beaucoup.

Tableau 5 Répartition des aides en fonction de l'origine et de la structure du ménage

	Nombre total d'aides	Aides en famille : A	Aides hors famille : B	A/B
Homme seul	6.0	3.4	2.6	1,31
Femme seule	6.8	4.7	2.2	2.14
Couple sans enfant	6.9	5.1	1.9	1,76
Couple avec enfants	8.7	5.5	3.2	1,71
Monoparentaux	7.5	4.2	3.3	1,79
Autres	5.8	3.6	2.2	1,64

Source : INSEE – Enquête « Modes de vie ».

Plus de 40 % des ménages ont déclaré au moins une relation d'entraide avec leurs parents, mais 24 % seulement déclarent en avoir avec leurs enfants. La proportion chute à 4,5 % avec les grands-parents. 37 % des ménages ont des échanges de service avec leurs amis et 33 % avec leurs voisins. Seulement 5 % en déclarent avec leurs collègues. Le nombre moyen d'aides enregistré pour un ménage est de 7,4 dont 4,8 sont faites avec des ménages de sa famille et 2,6 avec des ménages hors de sa famille. Toutes formes confondues, on déclare plus d'aides données (3,5) que d'aides reçues (2,1) ou d'aides échangées (1,8). Ce sont les couples avec enfants qui montrent en moyenne le plus grand nombre d'aides mais ils sont suivis au second rang par les ménages monoparentaux.

3 L'enquêteur présentait à la personne interrogée une liste de 18 occasions d'entraide et posait la question ainsi : « Maintenant, à l'aide de cette carte (carte aides et services), pouvez-vous m'indiquer les travaux, les services, aides, coups de mains qui ont été échangés depuis un an entre votre foyer et d'autres foyers (famille proche, famille éloignée, voisins, amis). Il s'agit de recenser toutes les aides même les plus courtes, les plus rares, comme les plus courantes. »
Les renseignements étaient consignés dans un tableau dont les lignes représentent les types d'aide et les colonnes les ménages partenaires. Un premier tableau était réservé aux aides avec les ménages de la parenté un second tableau permettait d'explorer les échanges avec les ménages hors de la parenté. Pour chaque foyer cité, on enregistrait les informations caractérisant le ménage partenaire : la profession de la personne de référence, la composition du ménage, le lien avec le ménage enquêté et la distance entre les lieux d'habitat des deux partenaires. Chaque type d'échange était repéré comme donné, reçu ou à la fois reçu et donné.
Dans le tableau des échanges, une colonne correspond à un ménage. On peut donc prendre le ménage comme unité statistique et calculer par exemple le nombre d'aides qu'il déclare donner ou recevoir ou encore le nombre de ménages avec lesquels il a un certain type d'aide. Cette enquête a fourni 6 807 tableaux d'entraide exploitables.

Dans leurs échanges, les femmes seules restent les plus proches de leur famille, les hommes seuls en sont les plus éloignés, les ménages sans enfant et les ménages avec enfants, y compris les monoparentaux ont des comportements semblables. La distribution du nombre de partenaires est, elle aussi très dissymétrique.

Tableau 6 Répartition des ménages partenaires en fonction de l'origine et de la structure du ménage

	Nombre de ménages partenaires	**Partenaires de de la famille : A**	**Partenaires hors famille : B**	**A/B : « taux de parentèle »**
Homme seul	2,5	1,2	1,4	0,86
Femme seule	2,7	1,5	1,2	1,25
Couple sans enfants	2,9	1,8	1,1	1,64
Couple avec enfants	3,4	1,9	1,6	1,19
Monoparentaux	3,1	1,4	1,7	0,82
Autres	2,5	1,3	1,3	1

Source : INSEE – Enquête « Modes de vie ».

Dans leurs échanges d'aide, les couples sans enfant sont ceux qui ont le plus de partenaires dans leur famille et le moins hors de la famille. Ils ont ainsi le « taux de parentèle » le plus élevé, les hommes seuls et les ménages monoparentaux ont le plus de partenaires hors de leur famille.

L'âge de la personne de référence montre aussi des variations importantes. Globalement, le nombre d'échanges d'aides diminue régulièrement avec l'âge, qu'il s'agisse des échanges avec des ménages de la famille ou avec des ménages hors de la famille.

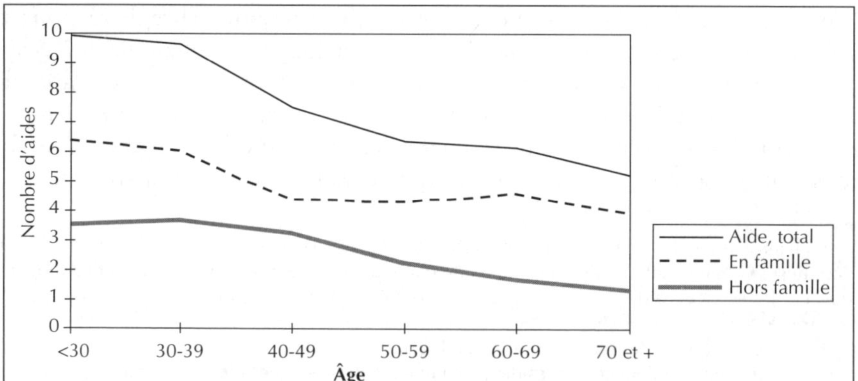

Source : INSEE – Enquête « Modes de vie ».

Figure 3 Variation de l'aide en fonction de l'âge

Si l'on ne considère que l'aide reçue, celle qui provient des ménages hors de la famille varie peu. En revanche celle qui vient de la famille est forte au début et à la fin du cycle de vie et diminue dans la phase médiane.

La forme de la répartition de l'aide en fonction du revenu fait apparaître une courbe globalement croissante à partir des revenus moyens avec un accident chez les bas revenus qui montre un niveau d'aide un peu supérieur. Ce supplément d'aide chez les bas revenus vient des aides reçues dont le niveau décroît en fonction du revenu, qu'il s'agisse des aides reçues de la famille ou des aides reçues de ménages hors de la famille, ce qui n'est pas surprenant, mais il vient aussi des aides données, ce qui l'est plus. Il apparaît ainsi que les couches les moins favorisées de la population compensent la faiblesse de leurs revenus par un supplément d'aide reçue mais le niveau de l'aide donnée incite à penser que cette entraide n'est pas à sens unique : pour recevoir, il faut aussi donner, et pour recevoir un peu plus, il faut donner un peu plus. Reste que le phénomène majeur est que l'entraide croît avec le revenu, jusque dans les couches favorisées de la société (Degenne *et al.*, 1997).

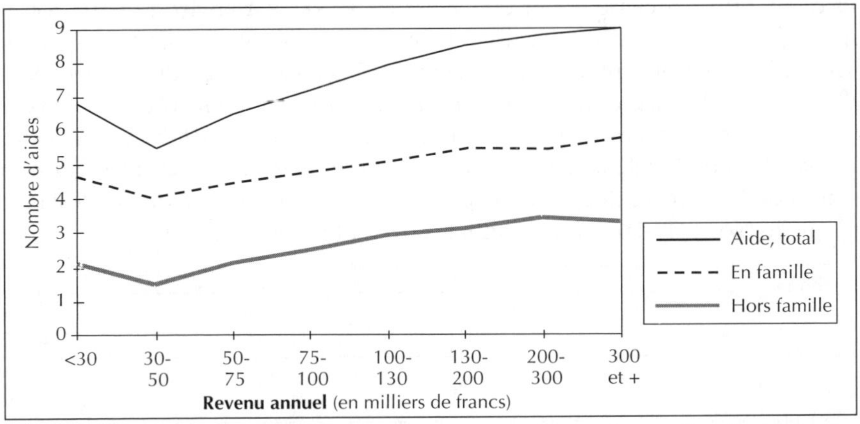

Source : Insee – Enquête Modes de vie.

Figure 4 Variation de l'aide en fonction du revenu

Il n'est pas facile de séparer les formes d'aide particulièrement liées à un besoin de celles qui relèvent plus de la sociabilité, c'est-à-dire qui correspondent plutôt à une volonté de faire ensemble. Dans la plupart des cas l'entraide est aussi une occasion d'échange sociable, qu'il s'agisse des aides que se rendent les femmes dans les tâches ménagères ou de celles qu'évoquent les hommes dans le domaine du bricolage ou de l'entretien de la voiture, toutes ces pratiques de semi-loisir interfèrent avec la sociabilité (Degenne, Lebeaux, 1991). Ce sont moins les différences de classe sociale qui semblent influencer les comportements que le niveau d'instruction d'une part et le statut d'indépendant ou de salarié d'autre part.

Le niveau d'instruction joue comme sur toutes les formes de relations en favorisant la taille et la diversité du réseau d'entraide. En ce qui concerne le statut, les indépendants ont des réseaux d'entraide de plus petite taille que les salariés. On peut penser que les travailleurs indépendants qui sont dans une relation permanente de négociation avec leurs clients séparent moins encore que les salariés, les relations professionnelles et la sociabilité.

4.6. Les associations

La participation à une ou plusieurs associations correspond à une forme de sociabilité qui s'est développée. Il y a aujourd'hui en France entre 700 000 et 800 000 associations et l'on estime qu'un Français sur deux adhère au moins à une association. Si le nombre des associations n'est pas connu avec précision, c'est que beaucoup d'entre elles, après une existence souvent éphémère, entrent en léthargie sans signaler leur cessation d'activité, sans parler des associations de fait. Au niveau national, nous ne connaissons véritablement que les flux annuels de créations d'associations. Les associations qui se créent sont en effet tenues, pour disposer d'une capacité juridique, d'en faire la déclaration à la préfecture. Cette déclaration étant publiée au *Journal Officiel*, nous disposons là d'une source exhaustive de recensement.

Le nombre de ces créations d'associations a progressé lentement jusque dans les années soixante, mais à partir de 1965 le mouvement s'est fortement accéléré. Plus de 50 000 associations ont été créées en 1987, soit environ quatre fois plus que dans les années soixante et dix fois plus qu'au début du siècle. Les créations d'associations ont progressé de 20 % entre 1977 et 1982 et de 30 % entre 1982 et 1987. Avec 62 000 associations créées en 1992, on atteint un record, mais le rythme de progression sur 5 ans revient à celui de la période 1977-1982 (Forsé, 1993b). La répartition régionale de ces créations ne traduit pas de bouleversement majeur au cours de la dernière décennie : Paris est plus associationniste que la Province, le Sud que le Nord et, dans une moindre mesure, l'Ouest que l'Est.

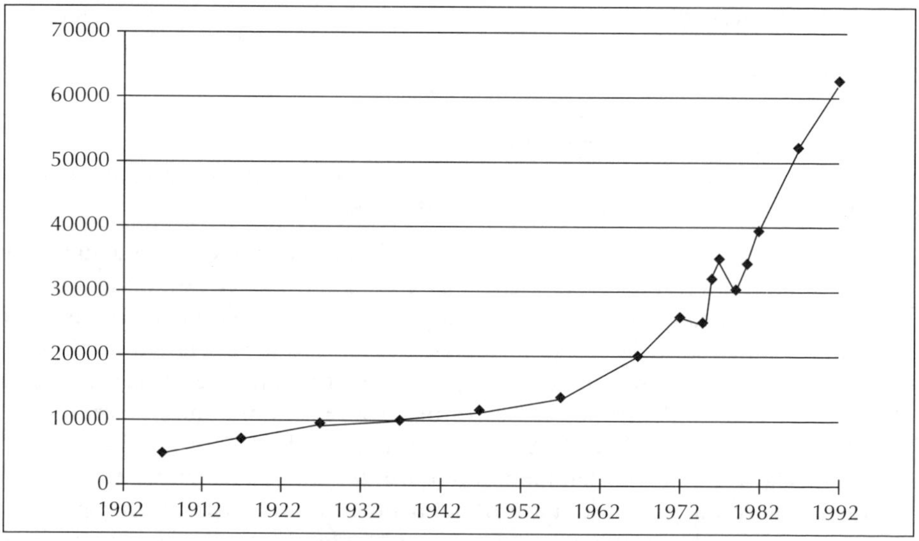

Source : Forsé, 1993b.

Figure 5 Nombre d'associations créées entre 1908 et 1992

Les nouvelles associations créées suivent de très près les événements de l'actualité et épousent fidèlement les changements sociaux de court ou de moyen terme. Par exemple, un nombre important d'associations ont été créées en 1989 pour célébrer le bicentenaire de la Révolution française. La démographie associative est également très sensible à l'évolution des lois ou règlements. Comme le montre Édith Archambault (1996), chaque fois qu'une nouvelle disposition juridique favorise le secteur associatif, il s'ensuit une accélération des créations d'association par rapport à l'année précédente. C'est le cas par exemple en 1965 avec la loi sur les associations de chasse et de pêche qui leur réserve le monopole de la délivrance des permis.

La forte progression des créations d'association contraste avec la relative stabilité du taux d'adhésion des Français (rapport entre le nombre d'adhérents adultes à au moins une association et la population de 18 ans et plus). D'après les enquêtes du CREDOC (1993), ce taux, qui était de 44,4 % en 1978-1980, ne s'élève qu'à 45,6 % sur la période 1990-1992 (*cf.* tableau 7). Il faut en déduire que l'adhésion à plusieurs associations a dû augmenter (d'après les données de l'INSEE (*cf.* Héran, 1988a et b), environ 40 % des adhérents appartenaient à plus d'une association en 1983, mais contrairement au CREDOC ce chiffre inclut les enfants) et/ou que les nouvelles associations sont plus éphémères que par le passé.

Tableau 7 Taux d'adhésion par type d'association (en pourcentage de la population âgée de plus de 18 ans)

Type d'association	1978-1980	1984-1986	1990-1992
Sportives	15,3	18,9	19,4
Culturelles/de loisirs	12,2	11,6	16,6
De parents d'élèves	10,0	8,2	8,1
Professionnelles	6,8	7,1	–
Syndicales	9,7	6,8	6,8
Caritatives	5,6	6,6	–
De voisinage	5,3	6,0	–
Religieuses	5,1	4,7	5,9
Politiques	2,5	3,1	2,4
De jeunesse et d'étudiants	4,7	4,5	3,0
De défense de la famille	3,1	2,6	–
De défense des consommateurs	2,6	2,4	1,4
De défense de l'environnement	3,4	2,0	3,0
Des droits des femmes	1,8	1,1	–
Total	44,4	43,8	45,6

Source : CREDOC, 1993.

Les associations sportives, culturelles ou de loisirs sont de loin celles qui mobilisent le plus d'adhérents et ce sont également celles qui progressent le plus. En revanche, les associations militantes (défense de droits, associations politiques, etc.) n'ont jamais rassemblé que des minorités et elles régressent entre la fin des années 1970 et le début des années 1990.

Ce contraste recouvre, au moins en partie, celui entre les secteurs à structure fédérale, où quasiment toute association est affiliée à une fédération nationale, comme dans les domaines du sport ou des parents d'élèves pour ne citer que ces deux exemples, et les secteurs où, même s'il peut exister des fédérations, la part des petites associations autonomes est importante. Monique Barthélemy (1994) note que quatre ou cinq thèmes conservent ici les faveurs des Français : la défense des droits des immigrés ou plus simplement des groupements à vocations diverses de jeunes issus de l'immigration, le caritatif, l'environnement et l'écologie, les Droits de l'homme et l'humanitaire. Même si les effectifs concernés demeurent peu nombreux, les Français en ont une image favorable. Selon les sondages de l'OIP, une majorité se dit prête à faire parti d'associations humanitaires ou de défense de l'environnement.

D'une manière générale, le taux d'adhésion des hommes (52 %) est plus élevé que celui des femmes (39 %), mais la différence est moindre que naguère. Il croît avec l'âge jusque vers 45 ans avant d'augmenter à nouveau au moment de la retraite – sans doute du fait des clubs du troisième âge dont l'essor a été important depuis le milieu des années soixante-dix. Il est également très sensible au niveau de diplôme : plus celui-ci est élevé plus les chances d'adhérer à au moins une association sont fortes. L'effet de la catégorie socioprofessionnelle va dans le même sens. Le taux d'adhésion des cadres et des professions intermédiaires est de l'ordre de 65 %, les plus associationnistes étant les enseignants. Les agriculteurs et les étudiants sont un peu au-dessus de la moyenne alors que les ouvriers ou employés sont plutôt au-dessous. Chez les multi-adhérents, quoique plus marquée, la hiérarchie est la même.

Bien sûr, la simple affiliation n'a pas toujours de signification « associationniste » forte – que l'on songe par exemple à l'adhésion à une association de parents d'élèves pour obtenir une assurance scolaire obligatoire ou à un club sportif dans le seul but de pouvoir pratiquer un sport pendant les vacances. Cela étant, les enquêtes permettant de prendre en compte la participation à vie de l'association – comme le fait de se rendre plus ou moins fréquemment à des réunions (Forsé, 1993a) – voire la prise de responsabilités, révèlent des distinctions à peu près similaires à celles qui viennent d'être évoquées.

Il est assez difficile de se faire une idée des évolutions précises dans ce domaine, mais plusieurs indices amènent à penser que s'il n'y a pas eu de bouleversements majeurs depuis vingt ans, les écarts entre catégories ont légèrement eu tendance à se resserrer. Le rôle et la hiérarchie des facteurs explicatifs ne sont sans doute plus tout à fait les mêmes. Les enquêtes sur les valeurs des Européens montrent qu'en 1990 le niveau d'instruction est, en ce qui concerne l'adhésion, le critère le plus clivant. Toutes choses égales par ailleurs, il devance notamment la catégorie sociale et professionnelle, alors que c'était l'inverse en 1981[4].

4 Deux modèles logit appliqués séparément aux enquêtes EVS effectuées en 1981 et 1990 (n = 958 et 798) le montrent. En voici ci-dessous les résultats résumés.

	Ddl	Chi-Deux de Wald	Prob. > Chi-Deux
1981			
diplôme	4	8,06	0,089484
catégorie sociale	2	20,19	0,000041
1990			
diplôme	4	28,99	0,000008
catégorie sociale	2	15,10	0,000527

Plus la probabilité (reproduite à la dernière colonne) de trouver un chi-deux supérieur à celui observé (reproduit à la deuxième colonne) est faible, plus l'effet de la variable en question sur l'adhésion aux associations peut être considéré comme significatif, toutes choses égales d'ailleurs. De ce point de vue, les effets du niveau de diplôme (selon une échelle qui en distingue cinq, des non-diplômés jusqu'aux diplômés de l'enseignement supérieur) et de la catégorie socioprofessionnelle (regroupées en trois classes : supérieures, moyennes et populaires) s'inversent entre 1981 et 1990.

Avec la crise et ses répercussions sur les milieux tant urbains que ruraux, beaucoup de militants ont en tout cas orienté leur action vers des terrains locaux. Se méfiant des grands appareils, ils ont pensé que si des transformations devaient être opérées ou infléchies, c'était davantage au niveau de l'îlot, du quartier ou de la commune qu'ils pouvaient expérimenter et essayer une action, car on y est plus proche de la vie quotidienne et des échelons de décision que sont les collectivités locales. Se méfiant des dangers de la délégation, ils cherchent parfois à prendre eux-mêmes des responsabilités.

Les monographies locales (Passaris et Raffi, 1984) confirment les résultats des enquêtes statistiques évoquées. Ce sont les couches moyennes ou supérieures qui adhèrent le plus à ces associations, leur fraction intellectuelle (enseignants) y exerçant les responsabilités. Certains deviennent des notables avec lesquels les élites locales traditionnelles doivent compter, et parfois entrent en conflit. Animer une association est un apprentissage qui peut conduire à faire de la politique municipale. La vie associative joue par là un rôle incontestable dans le renouvellement des élites locales. Mais il ne faut pas s'y tromper. Les associations militantes (défense de droits, associations politiques, etc.) n'ont jamais rassemblé que des minorités et régressent entre la fin des années soixante-dix et le début des années quatre-vingt-dix. Beaucoup des associations créées dans l'intervalle ne correspondent pas forcément à l'idée d'une société civile militante que certains ont cru pouvoir diagnostiquer.

4.7. Homophilie et homogamie

Les relations de sociabilité s'établissent préférentiellement entre semblables. Ici aussi, il n'y a pas eu de bouleversements majeurs, même si certains infléchissements se sont produits. Le proverbe qui se ressemble s'assemble est largement confirmé par les données sur l'homophilie (fréquentation d'amis de même catégorie) ou l'homogamie (conjoints de même catégorie), qu'il s'agisse de couples concubins ou mariés.

Deux enquêtes réalisées à trente ans d'intervalle par J. Maisonneuve (1993) confirment que les amis ont tendance à appartenir aux mêmes catégories (*cf.* tableau 8). Elles permettent également de constater quelques évolutions : l'homophilie selon la profession s'est globalement légèrement affaiblie ; l'homophilie selon les ressources économiques s'est au contraire renforcée ; l'homophilie selon le niveau d'éducation a évolué de façon plus complexe : elle est stable chez les cadres, en baisse chez les ouvriers et en hausse chez les employés.

En comparant, à partir de l'enquête « Emploi » de 1989, 17 000 couples mariés où l'épouse a moins de 36 ans d'une part avec ceux où elle a plus de 58 ans d'autre part, L. Chauvel et M. Forsé (1995) montrent que l'homogamie selon le niveau de diplôme ou l'origine sociale des époux est importante mais que l'évolution n'a pas été la même selon ces deux dimensions, même une fois contrôlée des changements de structure (élévation du niveau de diplôme, transformation de la structure des emplois et du lien entre origine sociale et diplôme entre les deux générations, différentiellement selon le sexe). De façon brute, comme toutes choses égales d'ailleurs, l'homogamie selon le niveau de diplôme

Tableau 8 Pourcentages d'homophilie selon la profession, le revenu et l'instruction.

ont des amis	Ouvriers 1960	Ouvriers 1990	Employés 1960	Employés 1990	Ingénieurs 1960	Ingénieurs 1990	Ensemble 1960	Ensemble 1990
Ouvriers	50	40	15	5	2	2	22	16
Techniciens	6	14	2,5	13	3	11	4	13
Commerçants, artisans	7	9	6	10	5	6	6	8
Employés	17	19	53	41	8	8	26	23
Cadres moyens	4	8	8	17	9	18	7	14
Cadres supérieurs	1,5	5	4	5	45	41	17	17
Professions libérales	1	1,5	1,5	3	8	8	3	4
Ruraux	2	0	2,5	2	1	2	2	2
Sans profession, autre	11	3,5	7,5	3	19	4	13	3
De même aisance	71	91	67	72	73	76	70	79
Plus aisés	25	9	27	23	14	5	22	11
Moins aisés	4	0	6	5	13	19	8	10
De même instruction	74	60	52	61	64	62	64	61
Plus instruits	14	26	20	13	3	6	11	14
Moins instruits	12	14	28	26	33	32	25	25

Source : Maisonneuve et Lamy, 1993.

Lecture : Pour chacune des trois variables en ligne, la somme des pourcentages fait 100 en colonne.

est à peu près constante, alors que celle selon l'origine sociale des époux a significativement baissé (*cf.* fig. 6).

Une fois encore, nous remarquons que, toutes choses égales, une stratification culturelle prend le pas sur une stratification plus strictement socio-professionnelle. Mais c'est aussi le rôle devenu prépondérant d'un statut acquis par comparaison avec un statut hérité qui se trouve par là souligné. On peut dès lors se demander si les réseaux de sociabilité, qui fournissaient (Girard, 1964) et fournissent encore (Bozon et Héran, 1987) la majorité des occasions de rencontre, ne sont pas davantage entrelacés aujourd'hui qu'il y a trente ans.

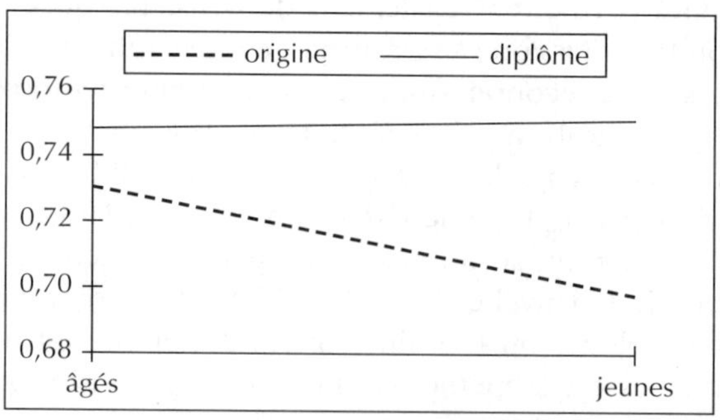

Source : Enquête « Emploi » 1989, INSEE (Forsé et Chauvel, 1995).

Figure 6 Évolution à structures constantes des indices d'homogamie (IDN) selon le diplôme et l'origine sociale

4.8. Diagnostics généraux et hypothèses

Sur toutes les pratiques de sociabilité qui ont été évoquées jusqu'ici, il y avait peu de chances que des bouleversements notables se soient produits au cours des vingt dernières années. Même si nous manquons de données strictement comparables pour le prouver, le rapprochement de plusieurs sources amène plutôt à penser que c'est le rôle explicatif de certaines variables qui a changé. Le niveau d'éducation joue sans doute un rôle plus discriminant alors que dans l'ensemble les écarts de pratiques entre les diverses catégories socio-démographiques ont dû se resserrer légèrement.

Le passage à une société industrielle et urbaine, caractérisée par l'importance de sa classe ouvrière et le déclin de sa paysannerie, avait provoqué une différenciation des cercles sociaux. Le passage à une société post-industrielle, caractérisée entre autres par l'importance croissante de sa « classe de service », pour reprendre le terme de Goldthorpe, s'est vraisemblablement accompagné d'un plus grand entrelacement des réseaux et des cercles. Ce mouvement est peut-être facilité par le fait que les statuts acquis prennent un rôle prépondérant en regard des statuts assignés. Statistiquement, il devrait s'ensuivre une moindre congruence de certains statuts sociaux, notamment lorsque l'hérité et l'acquis sont en cause simultanément. Cette hypothèse pourrait d'ailleurs être confortée par celle qui a été proposée plus haut à partir des études qualitatives locales. Si la sociabilité néoconviviale s'est développée au détriment des autres formes de sociabilité locale, cela devrait logiquement faciliter l'entrelacement des réseaux, et cette sociabilité correspond mieux aux catégories sociales en expansion qui viennent d'être évoquées.

On peut poursuivre ce raisonnement en notant que certains changements structurels importants de la société française au cours de la période étudiée ont certainement eu un impact sur la sociabilité.

5 QUELQUES CHANGEMENTS STRUCTURELS PROFONDS QUI AFFECTENT LA SOCIABILITÉ

5.1. Vieillissement relatif de la population et amélioration de l'état de santé

L'espérance de vie à la naissance est passée de 45,9 ans pour les hommes et de 49,5 ans pour les femmes en 1900 à 72,7 ans pour les hommes et 80,9 ans pour les femmes en 1990 (Daguet, 1996). Cette élévation considérable de l'espérance de vie s'accompagne d'une meilleure santé globale des personnes âgées. On note ainsi (Robine, Mormiche, Sermet, 1996) que l'espérance de vie sans incapacité est passée de 60,8 ans pour les hommes et 65,9 ans pour les femmes en 1981 à 63,8 ans pour les hommes et 68,5 ans pour les femmes en 1991. Cette statistique est confirmée par les médecins traitants qui constatent une amélioration de l'état de santé du troisième âge depuis quelques décennies. Cette meilleure santé des personnes âgées leur permet une activité accrue, même si elles sont retraitées et ceci se traduit par exemple dans les départs en vacances, de plus en plus nombreux.

Christiane Delbès et Joëlle Gaymu (1995) écrivent, en s'appuyant sur les enquêtes « Pratiques culturelles des Français » : « Dans l'ensemble, les retraités gardent à 70 ans les goûts et les préférences en matière de culture et de loisirs qu'ils avaient 15 ans plus tôt [...] dans l'avenir, plus encore qu'à l'heure actuelle, il faudra compter avec les plus âgés dans l'univers des loisirs, d'une part parce qu'ils seront plus nombreux, d'autre part parce que, globalement les comportements des 40-59 ans d'aujourd'hui préfigurent ceux des aînés de demain. »

L'amélioration de l'état de santé va de pair avec une situation économique supérieure à la moyenne et un temps libre dont ne dispose aucune autre catégorie de population (Dirn et Mendras, 1984). La sociabilité du troisième âge est ainsi certainement à la fois plus importante en volume et plus diversifiée, comme en attestent d'ailleurs les données sur la participation aux associations.

5.2. L'élévation du niveau d'instruction

Marchand et Thélot, 1997, mettent en évidence l'accroissement continu de la durée moyenne des études en un siècle, de 5,46 ans en 1896 à 12,43 ans en 1996 pour la population active. « Un actif sur cinq possède un diplôme du supérieur, dix fois plus qu'en 1950. » Or l'enquête « Contacts entre les personnes », parmi d'autres, a montré (Héran, 1988c) la corrélation entre le niveau d'instruction et le niveau de la sociabilité et en particulier la concentration des contacts dans les fractions les plus diplômées de la population.

Cette influence de l'éducation sur la sociabilité s'étend jusqu'au sein de la famille, comme le note Olivier Galland (1997) : « L'analyse toutes choses égales par ailleurs confirme que le niveau de formation est la variable qui joue le plus fortement et le plus systématiquement, la fréquence des discussions avec les parents décroissant régulièrement avec le niveau d'études. »

5.3. L'augmentation du travail des femmes qui rapproche leur sociabilité de celle des hommes

Les femmes qui restent au foyer, élèvent leurs enfants et n'ont pas l'occasion de nouer des relations du même type que celles qui ont une activité salariée. Cela ne signifie pas qu'elles n'aient pas de relations, mais celles-ci sont plus liées à leur voisinage, à la vie des enfants, de leur école, de leurs activités périscolaires, etc. Le fait d'exercer une activité professionnelle induit un certain nombre d'échanges et une sociabilité plus large. Or l'accroissement du travail des femmes

Tableau 9 Structure de la population active

	Population active /population totale		
	Hommes	**Femmes**	**Ensemble**
1962	58,4	28,2	42,9
1974	54,7	30,8	42,5
1990	51,1	36,9	43,8
1996	49,7	38,4	43,9

Source : Marchand et Thélot, 1997.

est considérable. Non seulement la population active s'est accrue mais la place des femmes y est de plus en plus grande. On peut en augurer un rapprochement des sociabilités masculines et féminines.

Cet accroissement de la participation des femmes à la vie active est concomitant de profondes transformations de l'organisation du travail, ce qui en renforce encore les effets sur la sociabilité en général.

5.4. Les transformations dans la régulation des situations de travail

Le monde du travail a connu des changements profonds ; structurels d'abord, puisque le nombre des agriculteurs et celui des ouvriers a considérablement diminué, alors que le nombre des cadres et professions intermédiaires s'est accru. Parallèlement, l'organisation du travail a bien souvent changé. Si la chaîne existe toujours, on y a introduit plus de coopération que dans le modèle de Taylor. Thuderoz (1995) écrit ainsi :

> L'hypothèse d'une réécriture actuelle du lien social en entreprise prend d'autant plus de force qu'il est mis au regard de ses formes antérieures. Nul doute que chez Taylor il s'agissait d'individualiser chaque ouvrier. [...] Placer des opérateurs issus d'ethnies différentes, sans langue commune, sur des chaînes de montage d'automobiles ou les affecter chacun à leur machine, sans qu'ils n'aient besoin de communiquer, telles étaient, il y a encore peu d'années, les formes archétypiques de cette volonté rationalisatrice d'individualiser le rapport salarial.
>
> (C. Thuderoz, « Du lien social dans l'entreprise, travail et individualisme coopératif », *Revue Française de Sociologie*, XXXVI, 1995).

On encourage désormais les équipes où le travail et sa coordination sont négociés. Thuderoz emploie l'expression *d'individualisme coopératif* pour caractériser ce mode d'organisation. Il ne s'agit pourtant pas d'un retour à une forme communautariste :

> Ce qui semble le mieux illustrer cette culture de travail, tout entière sous le signe de la différenciation et de l'intégration, c'est la double affirmation des salariés qu'ils travaillent en équipe mais qu'il leur est relativement indifférent de quitter leurs compagnons de travail.
>
> (C. Thuderoz, *op. cit.*)

Certes les enquêtes sur lesquelles s'appuie Thuderoz ont été menées dans de grandes entreprises de la sidérurgie et de l'industrie automobile, c'est-à-dire là où les rapports sociaux ont le plus fortement évolué. Il est probable que les changements sont moindres dans les entreprises artisanales ou dans des secteurs moins touchés par les changements technologiques. Il reste que les sociologues des organisations mettent tous l'accent sur le passage d'un ordre strictement réglé de l'extérieur à un modèle d'organisation de la production directement négocié par les travailleurs et ceci va de pair avec la complexité du travail collectif à organiser :

> Derrière l'apparence de la contrainte pure, il existe toujours une négociation (au sens large du terme). À l'intérieur de cette marge de négociation, la règle sociale s'applique à proportion du consentement de l'individu assujetti. [...] L'autonomie de l'assujetti varie aussi en fonction de la complexité de l'activité à régler.
>
> (J.-D. Reynaud, « Action collective et contrainte sociale », *in* F. Chazel (dir.), *Action collective et mouvements sociaux*, 1993).

Encore faut-il avoir un travail. Or, ce que l'on appelle la flexibilité (Méda, 1996) consiste en une réduction de la part des emplois stables fondés sur un contrat à long terme au profit d'emplois instables que le travailleur est obligé de rechercher et de renégocier sans cesse :

> Il ne suffit plus de savoir travailler mais il faut tout autant savoir vendre et se vendre. Les individus sont ainsi poussés à définir eux-mêmes leur identité professionnelle et à la faire reconnaître, dans une interaction qui mobilise autant un capital personnel qu'une compétence technique générale.
>
> (R. Castel, *Les métamorphoses de la question sociale,* 1995)

5.5. L'évolution des mœurs

Il n'y a pas que dans le travail que la régulation sociale a changé de forme et que des normes imposées de l'extérieur ont laissé la place à la négociation directe entre les partenaires. La famille n'y échappe pas. Une famille recomposée demande beaucoup plus de négociations dans les relations parents/enfants qu'une famille traditionnelle.

Parallèlement, la libéralisation de la vie sexuelle a fait croître le nombre des partenaires sexuels surtout chez les jeunes. L'enquête « Analyse des comportements sexuels en France » (Spira et Bajos, 1993) montre que le pourcentage des personnes qui déclarent avoir eu un seul partenaire sexuel croît en fonction de l'âge du répondant, (de 11 % dans la tranche des 20-24 ans à plus de 32 % chez les 60-64 ans chez les hommes et de 26 % dans la tranche des 20-24 ans à 61 % dans celle des 60-64 ans chez les femmes) alors que le pourcentage de ceux qui en déclarent de 6 à 14 décroît avec l'âge (de 27 à 18 % chez les hommes et de 16 à 2 % chez les femmes). Or, l'augmentation du nombre des partenaires suppose une plus grande liberté d'action mais aussi plus d'échanges et plus de négociations.

CONCLUSION

D'une manière générale, si l'on considère que la vie d'un groupe ou d'une organisation est coordonnée par des règles, des normes, des conventions connues et acceptées par ses membres, c'est-à-dire tout ce qui contribue à la régulation des échanges, et que cette régulation peut prendre une forme plus ou moins autoritaire ou renégociée, il est clair que, depuis la fin des années 1960, la régulation imposée a été de plus en plus souvent, et dans des contextes très variés, remplacée par une régulation négociée. C'est sans doute aussi ce qu'a exprimé le mouvement de mai 1968.

Ce changement affecte l'ensemble des relations de sociabilité et est sans doute lié au plus grand entrelacement des réseaux dont nous avons vu la plausibilité au moins lorsque les statuts assignés sont concernés. À l'inverse, les statuts acquis, notamment le niveau d'éducation, expliquent mieux aujourd'hui les différences de sociabilité.

Il en résulte que, même si nous ne disposons pas de deux enquêtes comparables, la première qui aurait été réalisée en 1960 et la seconde en 1990, les changements structurels d'une part, les changements des mentalités et des mœurs d'autre part, aboutissent à une remise en cause des classements traditionnels des relations.

Certes, les barrières de rôle demeurent difficiles à franchir pour établir des liens affinitaires. Pour ce faire, la similitude reste bien plus favorable que la complémentarité. Mais, la négociation des règles de l'action collective par des personnes qui occupent des rôles ou des positions hiérarchiques différentes est de plus en plus souvent requise, si bien que la coupure entre les échanges fondés sur l'affinité et ceux qui découlent de la complémentarité perd de son sens. C'est finalement à une nouvelle théorie de l'articulation des formes de sociabilité qu'invitent les évolutions récentes.

BIBLIOGRAPHIE

ARCHAMBAULT E. (1996), *Le secteur sans but lucratif*, Paris, Économica.

BARNES J. A. (1954), « Class and committees in a Norvegian island parish », *Human Relations*, VII, 1, 39-58.

BARTHÉLEMY M. (1994), *Les associations dans la société française : un état des lieux*, Paris, FNSP-CNRS, Les cahiers du CEVIPOF, n° 10.

BIDART C. (1997), *L'amitié, un lien social*, Paris, La Découverte.

BOZON M. (1984), *Vie quotidienne et rapports sociaux dans une petite ville de province*, Lyon, PUL.

BOZON M. et HÉRAN F. (1987), « La découverte du conjoint », *Population*, 6.

CASTEL R. (1995), *Les métamorphoses de la question sociale*, Paris, Fayard.

CHOQUET O. (1988), « Les sorties, une occasion de contacts », *Économie et Statistique*, 214.

CREDOC (1993), *Participation des Français à la vie associative*, Tableaux des données détaillées.

DAGUET F. (1996), « Le bilan démographique du siècle », *Données sociales*, 1996, Paris, INSEE, p. 12-21.

DEGENNE A. (1987), « Un langage pour l'étude des réseaux sociaux », in Programme OCS, *L'esprit des lieux*, Paris, Éditions du CNRS.

DEGENNE A. et LEBEAUX M.-O. (1991), « L'entraide entre les ménages, un facteur d'inégalité sociale », *Sociétés Contemporaines*, 8, p. 21-42.

DEGENNE A. et FORSÉ M. (1994), *Les réseaux sociaux*, Paris, A. Colin.

DEGENNE A., GRIMLER G., LEBEAUX M.-O. et LEMEL Y. (1997), « La production domestique atténue-t-elle la pauvreté ?» *Économie et Statistique*, p. 308-309-310, 159-186.

DELBÈS C., GAYMU J. (1995), « Le repli des anciens sur les loisirs domestiques, effet d'âge ou de génération ?» *Population*, 3, p. 689-720.

DIRN L. et MENDRAS H. (1984), « Le troisième âge animera la société française », *Observations et diagnostics économiques, Revue de l'OFCE*, Presses de la FNSP, n° 8.

FORSÉ M. (1981), « La sociabilité », *Économie et statistique*, n° 132.

FORSÉ M. (1991), « Les réseaux de sociabilité : un état des lieux », *L'Année Sociologique*, vol. 41, p. 247-264.

Forsé M. (1992), « L'analyse des réseaux sociaux : vers un paradigme », *Cahiers Lillois d'Économie et de Sociologie*, n° 20, p. 113-127.

Forsé M. (1993a), « La fréquence des relations de sociabilité : typologie et évolution », *L'Année Sociologique*, vol. 43.

Forsé M. (1993b), « Les créations d'associations progressent selon un rythme ralenti », *Observations et diagnostics économiques, Revue de l'OFCE*, Presses de la FNSP, n° 46.

Forsé M. (1997), « Capital social et emploi », *L'Année Sociologique*, vol. 47-1.

Forsé M. et Chauvel L. (1995), « L'évolution de l'homogamie en France », *Revue française de sociologie*, 36-1.

Galland O. (1997), « Parler en famille : les échanges entre parents et enfants », *Économie et Statistique*, 304-305, p. 163-189.

Girard A. (1964), *Le choix du conjoint*, Paris, PUF.

Granovetter M. S. (1973), « The strength of weak ties », *American Journal of Sociology*, 78, p. 1360-1380.

Granovetter M. S. (1974), *Getting a job : a study of contacts and careers*, Cambridge, Harvard University Press.

Héran F. (1987), « Comment les Français voisinent », *Économie et Statistique*, n° 195.

Héran F. (1988a), « Un monde sélectif : les associations », *Économie et Statistique*, n° 208.

Héran F. (1988b), « Au cœur du réseau associatif : les multi-adhérents », *Économie et Statistique*, n° 208.

Héran F. (1988c), « La sociabilité, une pratique culturelle », *Économie et Statistique*, n° 216.

Jollivet M. et Mendras H. (1971), *Les collectivités rurales françaises*, Paris, A. Colin.

Lazega E. (1992), « Une analyse de réseaux : les avocats d'affaire », *Revue Française de Sociologie*, XXXIII, 4, p. 559-589.

Lemel Y., Paradeise C. (1976), *La sociabilité*, Paris, INSEE, Document rectangle.

Maisonneuve J. et Lamy L.(1993), *Psychosociologie de l'amitié*, Paris, PUF.

Marchand O. et Thélot C. (1997), *Le travail en France, 1800-2000*, Paris, Nathan.

Maurice M. et Deloménie D. (1976), *Modes de vie et espaces sociaux : processus d'urbanisation et différenciation sociale dans deux zones urbaines de Marseille*, Paris, Mouton.

Méda D. (1996), « Travail, emploi, activité : de quoi parle-t-on ?» *Données sociales 1996*, Paris, INSEE.

Paradeise C. (1980), « Sociabilité et culture de classe », *Revue Française de Sociologie*, XXI, p. 54.

Passaris S. et Raffi G. (1984), *Les associations*, Paris, La Découverte, coll. « Repères ».

Reynaud J.-D. (1993), « Action collective et contrainte sociale », *in* F. Chazel (dir.), *Action collective et mouvements sociaux*, Paris, PUF.

Robine J.-M., Mormiche P. et Sermet C. (1996), « Vie et santé s'allongent : un effet conjoint de meilleures conditions d'existence et des progrès médicaux ?», *Données sociales 1996*, Paris, INSEE, 283-290.

Simmel G. (1918), 1981, *Sociologie et épistémologie*, Paris, PUF.

Spira A., Bajos N. (1993), *Les comportements sexuels en France*, Paris, La Documentation française.

Thuderoz C. (1995), « Du lien social dans l'entreprise, travail et individualisme coopératif», *Revue Française de Sociologie*, XXXVI, p. 325-354.

Chapitre 5

Les métamorphoses des systèmes éducatifs et productifs

MICHEL LALLEMENT

LA PÉRIODE D'APRÈS-GUERRE a été marquée par une série de transformations du rapport salarial, objet d'analyse du présent chapitre. À la suite de Marc Maurice, François Sellier et Jean-Jacques Silvestre, convenons dès à présent de désigner par rapport salarial l'ensemble, plus ou moins bien articulé, de trois dimensions : la qualification et l'orientation des mobilités éducatives et professionnelles (rapport éducatif), les relations de pouvoir et de coopération dans l'entreprise (rapport organisationnel) ainsi que les formes de régulation des conflits et de la négociation (rapport industriel).

Dans une recherche comparative entre la France et l'Allemagne, Marc Maurice, François Sellier et Jean-Jacques Silvestre (1982) avaient montré que, dans les années soixante-dix, le système éducatif français reposait sur un hybride de formation générale et professionnelle, le premier pôle étant largement le plus développé et le plus valorisé. Également émietté en multiples filières de formation, ce système n'était guère de nature à promouvoir la construction d'identités professionnelles collectives favorables à la coopération au sein de l'atelier. Les entreprises françaises héritaient de ce double fait d'une lourde responsabilité en matière de formation professionnelle et de gestion de l'emploi. Preuve en est donnée, à cette période, par l'importance des marchés internes du travail dans les grandes unités productives. Ces marchés reposaient sur un mode d'allocation des postes où prédomine la promotion interne aux dépens de la mobilité horizontale entre entreprises, ce qui signifie que l'adaptation de la formation aux besoins de l'organisation l'emporte sur des procédures de standardisation des qualifications propres à assurer une certaine transférabilité des compétences acquises. Ainsi peut se comprendre le choix d'un taux d'encadrement élevé : contrairement aux salariés allemands, les ouvriers français n'étaient pas insérés dans un espace de qualification homogène qui puisse inciter à la coopération. Par le truchement d'un encadrement intermédiaire fourni, dont l'action de contrôle répondait aux canons des logiques tayloriennes et bureaucratiques, les entreprises françaises ont pu résoudre à leur manière le problème de la coordination des tâches. L'association étroite de l'individu à son poste ainsi que « la défense des territoires de chacun et la gestion centralisée de tous », selon l'expression de Jean-Jacques Silvestre (1990), caractérisait bien en fin de compte la dynamique organisationnelle de l'entreprise française. Le système de relations professionnelles, enfin, tirait ses spécificités de l'histoire et de l'interaction avec les rapports éducatifs et organisationnels. Formée lentement par addition de strates sociales successives (paysans, artisans), la classe ouvrière française s'est avérée plus hétérogène et plus prolétarisante que son homologue allemande. L'anarcho-syndicalisme affiché du mouvement ouvrier français naissant puis les difficultés à instaurer un système de négociation ainsi que la légitimation tardive de l'entreprise au sein de la société française en sont autant de conséquences échelonnées dans le temps.

Depuis le milieu des années soixante-dix, la société française a changé et le rapport salarial dominant en son sein n'a pas fait exception. Le présent chapitre est composé de quatre parties consacrées, respectivement, au système éducatif, au marché du travail, à l'organisation des entreprises et au système de relations professionnelles. Dans la mesure où les modes de fonctionnements, les transformations et les pesanteurs de ces quatre composantes interfèrent les unes avec les autres, il est certainement maladroit de cliver ainsi l'examen. La clarté du propos impose cependant une tel découpage.

ENCADRÉ 1

Quelques repères chronologiques

1881-1882 : lois Ferry qui instituent la gratuité de l'enseignement primaire et l'obligation scolaire primaire jusqu'à 13 ans révolus et qui laïcisent les contenus de l'enseignement.

1927-1933 : loi Herriot qui assure la gratuité progressive de l'enseignement secondaire (sauf pour les classes primaires des lycées, appelées « petits lycées »).

1941 : les écoles professionnelles de commerce et d'industrie fondées dans la seconde moitié du XIXe siècle deviennent des « collèges techniques », nommés « lycées techniques » à compter de 1960.

1959 : réforme Berthoin qui porte l'obligation scolaire à 16 ans et institue les cycles d'observation (6e et 5e) et d'orientation (4e et 3e).

1960 : les « cours complémentaires » deviennent des « collèges d'enseignement général ».

1966 : réforme Capelle-Fouché. Création des « collèges d'enseignement secondaire » par transformation des CEG et des classes de premier cycle des lycées.

1966 : création des IUT.

1968 : loi Faure qui réorganise l'enseignement supérieur.

1975 : réforme Haby qui crée le « collège unique » en fusionnant les filières des CES au niveau du cycle d'observation.

1982 : lois de décentralisation administratives qui étendent les pouvoirs des collectivités locales en matière d'éducation, notamment pour ce qui concerne la construction et le fonctionnement des établissements : les communes ont compétences sur les écoles, les départements sur les collèges et les régions sur les lycées. L'État garde cependant la haute main sur l'organisation générale des programmes et des examens ainsi que sur le recrutement et la gestion des enseignants.

1989 : loi Jospin qui institue les cycles dans l'enseignement primaire et crée les « instituts universitaires de formation des maîtres ».

Une ligne d'interprétation générale trame les développements qui suivent. La fin de siècle que nous vivons consacre l'achèvement d'une période inaugurée par le pacte républicain noué à la fin du siècle dernier. La IIIe république était porteuse d'un projet intégratif par l'école et par l'institutionnalisation de la condition de salarié. La construction d'une école de masse, la généralisation du statut de salarié et la légitimité croissante des organisations syndicales sont à la fois le produit de ce mouvement de long terme et le point de départ de nouvelles formes d'intégration et de régulation. Alors que, jusque dans les années soixante, le système éducatif est une institution qui organise ouvertement la segmentation sociale et la reproduction des inégalités, l'intégration par l'emploi est aisée. Avec les décennies soixante-dix et quatre-vingt, les modalités s'inversent progressivement à mesure que le capital scolaire prend le pas sur le capital économique comme levier de la réussite sociale (Bourdieu, 1989). La domination par le capital scolaire et le primat du diplôme sont tels que l'école devient en apparence une grande « intégratrice » tandis que l'accès à l'emploi, de plus en plus malaisé pour les moins diplômés, est un facteur de segmentation sociale de premier ordre. Opéré sur fond de recomposition du système productif, ce retournement affaiblit un syndicalisme aux traits hérités de la société industrielle et qui adapte difficilement son action à la fois à des profils salariés de plus en plus qualifiés et à une population durablement exclue du monde du travail.

1 LA CONSTRUCTION D'UNE ÉCOLE DE MASSE

La France républicaine s'était dotée, au début des années 1880, d'une série de lois qui semblaient satisfaire à un des idéaux les plus marquants du moment : celui de l'instruction comme instrument d'unification nationale et de socialisation civique (Déloye, 1994). En dépit de véritables « guerres scolaires » entre républicains et catholiques, l'école devient le véhicule de valeurs telles que la méritocratie, l'émancipation et le contrôle de soi, le neutralisme, le dépassement des particularismes locaux et régionaux... Mais il y a parfois loin de la coupe aux lèvres. L'obligation scolaire date maintenant de plus d'un siècle. Or, pour rendre effectif ce simple impératif, il aura fallu vaincre les réticences de tous ceux, les paysans au premier chef, pour lesquels envoyer les enfants à l'école signifiait avant tout se défaire d'une main-d'œuvre peu rétive et bon marché. Une première étape est franchie lorsque, en 1939, le bénéfice des allocations familiales est conditionné par la pratique scolaire. Graduellement, la scolarisation de tous devient alors une réalité. Depuis, en raison d'une entrée à l'école toujours plus précoce et d'une sortie toujours plus tardive, les Français consacrent une part croissante de leur vie à fréquenter les établissements scolaires : près de 11 ans en moyenne en 1970 contre moins de 8 au début du siècle (Baudelot, Establet, 1989).

Jusqu'à la fin des années cinquante, l'accès au système éducatif est marqué ensuite par de profonds clivages. À côté de la segmentation garçons/filles, la manifestation la plus évidente en est la séparation entre une filière primaire destinée aux enfants des classes populaires et une filière secondaire fréquentée par des élèves d'origine bourgeoise (Baudelot, Establet, 1971). Le parcours des premiers s'achève en règle générale avec le passage du certificat d'études primaires, les meilleurs d'entre eux accédant ensuite au collège d'enseignement technique. Le public « bourgeois » bénéficie pour sa part d'une scolarisation qui le mène jusqu'aux études supérieures. À cette période, un fils de cadre supérieur a encore quatre-vingt fois plus de chance d'entrer à l'université qu'un fils de salarié agricole et quarante fois plus qu'un fils d'ouvrier (Bourdieu, Passeron, 1964). Aussi paradoxale que cette situation puisse paraître, l'école est perçue jusqu'en ces années charnières comme une institution juste qui sélectionne peu et qui traite équitablement un public socialement homogène. Si inégalités il y a, celles-ci sont imputables à la société qui barre l'accès à la scolarisation. En d'autres termes, « la sélection en amont préserve l'école du sentiment d'injustice scolaire tout en accentuant le sentiment d'injustice sociale » (Dubet, 1992, p. 111). Puis, avec la massification qui s'amorce au mitan de la décennie soixante, les formes de l'intégration évoluent tout comme les modes de sélection des publics scolaires. Aussi, alors qu'elle n'a jamais été aussi ouverte, l'école se trouve-t-elle progressivement mise sur la sellette à mesure que le diplôme devient la clef d'entrée prioritaire sur un marché du travail de plus en plus déprimé.

1.1. L'explosion scolaire

Depuis le milieu des années soixante, le paysage scolaire et universitaire s'est considérablement modifié. Le niveau de formation des Français s'est accru sous l'action conjointe d'un double phénomène : l'accès d'un plus grand nombre aux différents niveaux du système éducatif et la tendance à l'allongement des études. La décennie soixante-dix consacre d'abord l'entrée massive des jeunes Français au collège. Une telle ouverture ne signifie pas, en dépit de l'instauration d'un collège unique en 1975, la disparition de toute inégalité. La grande majorité des élèves qui rencontrent des difficultés dans leurs études au collège sont encore aujourd'hui originaires des milieux les plus défavorisés (ouvriers, personnels de service ou inactifs). Il n'en reste pas moins que les carrières scolaires se sont progressivement homogénéisées : la proportion des élèves arrivés en troisième sans redoubler est passée de 39,2 % au début des années quatre-vingt pour les enfants d'ouvriers à 53,2 % une décennie plus tard (contre, respectivement, 79,3 % et 84,4 % pour les enfants de cadres supérieurs et professeurs) (Euriat, Thélot, 1995). La diminution des pratiques de redoublement et l'abolition progressive, depuis 1988, d'un point de bifurcation pour l'orientation en fin 5e expliquent largement une telle progression. Aujourd'hui, donc, le collège est un point de passage pour presque tous les jeunes. La quasi-totalité d'une classe d'âge y entre et en sort : en 1994, plus de 85 % des jeunes ont accès à la classe de seconde ou peuvent entrer en BEP.

Le déversement d'un flux important de jeunes vers l'enseignement de second cycle est une conséquence du phénomène décrit précédemment. La fin des années quatre-vingt constitue plus précisément la période de consolidation d'un lycée du masse. L'évolution du taux d'accès en terminale en témoigne sans ambiguïté : alors qu'entre 1965 et 1985, la part d'une génération atteignant le niveau baccalauréat n'avait progressé que de 17 points, elle passe brusquement de 37 à 58 % entre 1985 et 1990. Mais, pas plus que dans le cas du collège, l'ouverture des lycées à un public scolaire élargi ne permet de préjuger *a priori* de l'évolution des inégalités. Si l'on s'en tient au rapport des chances d'avoir un bac entre enfants d'origine « cadre supérieur ou professeur » et « d'origine ouvrière », le changement apparaît plutôt timide : parmi les enfants entrés en 6e au début des années soixante, un enfant de cadre avait 9,4 fois plus de chances d'avoir le bac qu'un enfant d'ouvrier. Le ratio passe à 9,7 dans les années soixante-dix et à 8,4 dans les années quatre-vingt. Un deuxième facteur oblige à la prudence avant que de conjuguer trop rapidement construction d'une école de masse et démocratisation du système éducatif. La croissance des effectifs lycéens a été agrémentée, sur la période soixante-dix/quatre-vingt-dix, d'une évolution différente des publics selon les filières. Alors que le nombre de reçus aux bacs généraux a été multiplié par deux à peine, celui des bacs techniques a été multiplié par quatre. Suite à la disparition du cloisonnement ouvert et institutionnalisé comme au début du siècle, la filiarisation au sein de chaque établissement a donc été un outil privilégié pour concilier massification et pratique sélective (Prost, 1986).

En raison d'un accès plus ouvert au baccalauréat, le flux de jeunes prétendant à une formation supérieure s'est largement accru au cours de la décennie 1980. Alors que l'on ne comptait que 30 000 étudiants en 1960, le nombre atteint 1 200 000 en 1980 pour finalement passer la barre des 2 millions en 1994. Les effectifs ont augmenté partout, aussi bien dans les IUT que dans les grandes écoles. Mais les changements quantitatifs ont avant tout bouleversé l'université. Entre 1959 et 1993, le nombre d'universités a été multiplié par six pour accueillir, en 1994, plus de 1 200 000 étudiants. L'élargissement du public universitaire a pour premier effet de faire disparaître la figure de l'Héritier (Bourdieu, Passeron, 1964) comme idéal type unique du profil étudiant. La diversité des conditions l'emporte à présent sur l'homogénéité sociale d'hier (Galland (éd.), 1995 ; Galland, Oberti, 1996). Comme il y a trente ans, par contre, la répartition des étudiants au sein des établissements de l'enseignement supérieur demeure différenciée, les inégalités s'accentuant avec la durée des études. Ainsi les probabilités d'entrée en classe préparatoire et à l'université ne sont-elles toujours pas les mêmes d'un groupe social à l'autre. En 1991, les enfants d'ouvriers avaient encore 7 fois moins de chances d'entrer à l'université que les enfants de cadres (contre 11 fois moins en 1981). De la même manière, la médecine, la pharmacie et le droit demeurent plus fermés aux premiers. Quant à l'inégalité d'accès aux grandes écoles prestigieuses, elle est restée stable ou a décru légèrement. Comme l'ont montré Michel Euriat et Claude Thélot (1995), les enfants issus d'un milieu populaire ont toujours 23 fois moins de chance d'entrer dans les quatre plus grandes écoles françaises (X, ENS, HEC, ENA).

Pour condenser finalement en quelques mots les termes et les enjeux des transformations contemporaines, nous pourrions dire que, comparée à celle du début des années soixante-dix, la photographie du système éducatif actuel révèle trois changements majeurs. La poussée du nombre de jeunes qui y ont accès est, nous l'avons vu, le premier fait remarquable. L'allongement des études, qui concerne désormais tous les groupes sociaux, est le second trait frappant : 44 % des jeunes quittaient le système éducatif avant l'âge de 18 ans en 1973. Ils étaient à peine 14 % en 1991. La diminution, tant en valeur absolue qu'en part relative, des faibles niveaux de qualification parmi les 800 000 jeunes qui sortent chaque année du système éducatif est la conséquence de ce double mouvement.

La transformation, troisième point, concerne également la formation professionnelle. L'image d'un système éducatif français centré sur l'enseignement général et en complète rupture avec le monde des entreprises n'est plus guère de mise aujourd'hui. Depuis la loi de 1971, qui oblige les employeurs à participer au financement de la formation professionnelle continue, les innovations se sont multipliées sous l'impulsion de l'État (Tanguy, 1991). Les entreprises ont significativement développé leur effort de formation continue, entraînées par les plus grandes d'entre elles (leur investissement financier a augmenté de 50 % au cours des années quatre-vingt). Conséquence : au début de la décennie quatre-vingt-dix, plus d'un salarié sur deux suit chaque année une action de formation continue (Gehin, Méhaut, 1993). Les termes de l'opposition classique avec l'Allemagne demandent dès lors à être quelque peu relativisés puisque, toutes catégories de formation confondues (formation initiale et formation continue), les entreprises françaises réalisent à l'heure actuelle des efforts quantitatifs assez comparables à ceux de leurs homologues allemandes.

1.2. À nouvelle configuration de l'école, nouvelles pratiques éducatives

La consolidation d'une école de masse a non seulement eu un impact sur le volume, la répartition et le type des diplômes délivrés mais elle a également infléchi les attentes, les comportements sinon les stratégies des personnels enseignants, de l'État, des familles et des élèves.

Les enseignants, les premiers, ont éprouvé pour nombre d'entre eux le sentiment amer de la déclassification avec l'ouverture de l'école à des populations d'élèves de plus en plus hétérogènes et parfois bien difficiles à encadrer au quotidien. Aussi, et en dépit des évidences statistiques, le discours sur la baisse du niveau des élèves fonde-t-il encore souvent une partie de la rhétorique des professionnels de l'enseignement. Une telle anamorphose des images de soi et du système éducatif n'entrave pas pour autant toute innovation. Les responsables éducatifs ne peuvent plus en rester à un modèle de pédagogie unique mais doivent composer avec la réalité locale. Cette option se traduit concrètement, depuis les lois de décentralisations du début des années quatre-vingt, par un assouplissement de la carte scolaire, par la promotion de zones d'éducation prioritaires et par une autonomie croissante accordée aux établissements dans leur politique éducative.

Utile afin d'adapter l'école, une telle décentralisation de la politique éducative n'est pas non plus exempte de défauts. Elle rend visible, quand elle ne l'aiguise pas, la concurrence entre collèges et lycées de plus ou moins bonne réputation et elle étend par là même les marges de manœuvre stratégiques de parents d'élèves davantage soucieux de peser dans l'orientation et le devenir de leurs enfants. Contrairement aux années soixante, l'utilité sociale du diplôme est, en effet, reconnue par une grande majorité des groupes sociaux : l'école n'est plus associée à l'image d'une institution où se distillent une culture et des savoirs gratuits et distanciés. Le premier « effet pervers » d'une telle évolution est le suivant : par le jeu de processus auto-renforçants, les « bons » établissements attirent les « bons » élèves tandis qu'ailleurs la fuite des élèves les moins en échec accentuent les difficultés des collèges et lycées les plus à la traîne (Cacouault, Œuvrard, 1995). Au sein de chaque établissement, le choix des options fait également la différence. La constitution des classes étant pour partie déterminée par les menus optionnels, les regroupements engendrent presque mécaniquement des hiérarchies sociales et culturelles au sein d'un même niveau d'étude. Les familles qui concentrent les diplômes les plus élevés sont enfin celles qui s'impliquent le plus dans les études de leurs enfants.

Quant au rapport des élèves à l'éducation, il a également changé à la mesure des transformations qui ont bousculé l'école et la société globale. Mais, en la matière, les avis des sociologues sont loin d'être convergents. Certains estiment que les jeunes des classes populaires, qui ne faisaient auparavant qu'un passage rapide au sein du système éducatif, sont conscients qu'un allongement des études n'est pas le gage d'une meilleure intégration dans le monde du travail. Les « exclus de l'intérieur », pour reprendre les termes de Pierre Bourdieu et Patrick Champagne, savent pertinemment que « le bac qu'ils ont obtenu, sans les mentions indispensables, les condamne aux filières mineures d'un enseignement qui n'a de supérieur que le nom, et ainsi de suite [...] ils traînent sans conviction une scolarité qu'ils savent sans avenir » (Bourdieu, Champagne, 1992, p. 74). D'autres, comme François Dubet (1991), sont frappés à l'écoute des lycéens par le rapport utilitaire aux études, par la pression de la concurrence ou encore par l'angoisse de la sélection et de la discipline qui forgent leur vie sans, bien heureusement, l'envahir totalement. Pour les plus démunis, en l'espèce, « l'école n'est (...) que le prolongement d'une galère sociale, une protection passagère. Ces élèves font semblant d'être lycéens » (Dubet, Martucceli, 1996, p. 299). Autre méthode, autre résultat ? Selon l'enquête « Éducation » menée par l'INSEE en 1992, la grande majorité des jeunes interrogés n'associe pas en tous les cas leur collège ou leur lycée aux images négatives comme celles de « galère », « cirque », « poubelle »... souvent mobilisées par les élèves interrogés par François Dubet (Choquet, Héran, 1996). Cette enquête relativise les thèses de ce dernier et enregistre de surcroît, dès le collège, une montée de l'individualisme et du sens de la compétition.

Les transformations qui viennent d'être évoquées indiquent combien les termes du débat sociologique sur l'école ont changé depuis le milieu des années soixante et ne se réduisent plus simplement à l'analyse frontale des inégalités de scolarisation. L'attention est aujourd'hui accordée au jeu des acteurs, aux logiques multiples qui structurent leurs expériences, à la construction des compromis dans la classe ou dans l'établissement (Derouet, 1992)... La question des inégalités n'en est pas pour autant obsolète : l'origine sociale, ethnique ou encore géographique d'un individu n'a cessé jusqu'à présent d'interférer sur son destin scolaire. De ce point de vue, deux résultats de recherche valent d'être évoqués tant ils bousculent les idées reçues. À situations familiales et sociales comparables, élèves étrangers ou issus de l'immigration réussissent mieux que leur *alter ego* français (Vallet, Caille, 1995). Perçue comme un moyen privilégié d'intégration, la réussite scolaire valorisée par des parents, qui ne possèdent pourtant pas les connaissances adéquates pour suivre et soutenir directement le travail quotidien de leurs enfants, suscite chez ces derniers un intérêt pour les études, favorise une adhésion plus active aux normes de l'école et incite à la production de projets scolaires ambitieux (Zeroulou, 1988).

L'inégale réussite des filles et des garçons mérite également de retenir l'attention. Jusque dans les années cinquante, en France, les garçons étaient les plus performants. Puis les filles ont commencé à les rattraper dans les années soixante et ont même pris l'avantage au cours des années soixante-dix. Depuis, les garçons ont commencé à combler une partie de leur retard mais celui-ci perdure et reste d'autant plus sensible que l'on descend dans la hiérarchie sociale (Baudelot, Establet, 1992). L'on pourrait être tenté ici d'analyser le phénomène en terme de continuité. Si les filles réussissent mieux, n'est-ce pas parce qu'elles se soumettent plus volontiers aux prescriptions de l'autorité scolaire, attitude redevable à un habitus de sexe forgé par le jeu des rapports de domination entre hommes et femmes qui perdurent au sein de la société française ? Preuve supplémentaire qu'un rapport de domination sexué instrumente continûment les performances des deux garçons et des filles : la rentabilité sociale du diplôme n'est pas non plus la même. Plus de réussite n'empêche pas les filles de s'insérer dans les filières scolaires les moins nobles puis d'accéder à des emplois qui, à niveau de diplôme donné, leur confèrent des rémunérations et un statut souvent inférieurs à ceux des hommes (Duru-Bellat, 1990). Bien que sa validité ne laisse guère prise au doute, ce double constat tend à occulter certains aspects du changement. Les transformations du marché du travail y ont sans doute beaucoup contribué. Le plus frappant est peut-être la mobilisation des filles de milieux populaires qui, en quête de nouvelles conditions de vie, ont compris que le succès scolaire était le moyen de rompre avec les modèles anciens. Leur attitude coopérative avec les enseignants, le soutien de la mère dont elles peuvent profiter mieux que leurs frères, leur détermination à accéder à un « métier »... sont autant d'éléments nouveaux qui expliquent, pour partie du moins, la surscolarisation féminine de ces dernières décennies.

1.3. De l'école au marché du travail : une transition plus difficile

Avec l'allongement des études et la dégradation de la situation sur le marché du travail, les modalités de passage de l'école à l'entreprise ne sont plus similaires à celles qui prévalaient dans les années 1970. En 1975, 57 % des 15-29 ans occupaient un emploi, ils ne sont plus que 40 % dans ce cas vingt ans plus tard. Plus tardif, l'accès à l'emploi est également moins aisé. En 1992, près de la moitié des jeunes actifs de moins de 24 ans étaient en situation de chômage ou de précarité sur le marché du travail. Phénomène repérable dès les années 1960, la relégation des femmes vers l'inactivité est en revanche de moins en moins forte. En 1975, un quart des femmes de plus de 24 ans était au foyer. Depuis le début des années quatre-vingt-dix, dans toutes les générations des moins de 30 ans, moins de 20 % d'entre elles se trouvaient dans le même cas (Meron, Minni, 1995).

Conjuguées aux autres bouleversements relatifs à l'entrée dans la vie adulte (Galland, 1995), ces nouvelles modalités d'accès à la vie active ont-elles modifié le rôle du diplôme dans l'allocation à un emploi ? La réponse doit être ici nuancée. Produit, en amont, d'une croissance des diplômés qui n'a pas trouvé d'équivalent en terme d'offre d'emplois stables et, en aval, de la flexibilité du marché du travail, l'insertion professionnelle des plus diplômés s'est dégradée au cours de la décennie quatre-vingt. Lorsque la conjoncture se déprime, les emplois trouvés par les jeunes diplômés correspondent à des niveaux de qualification moins élevés. L'effet de conjoncture ne doit pourtant pas faire illusion : plus que jamais, les études sont une garantie contre le chômage. Les disparités de taux de chômage selon le niveau de diplôme se sont même accrues au cours de ces dernières décennies. En bref, comme dans les années soixante-dix, le type de diplôme mais aussi la spécialité sont aussi déterminants que l'origine sociale et le sexe : les hommes titulaires d'une maîtrise de sciences exactes dont le père est cadre ont à présent une probabilité de 0,76 d'obtenir un emploi de cadre contre seulement 0,21 pour les femmes titulaires d'une maitrise de lettres dont le père est exploitant agricole (Martinelli, 1994).

Arrivé au terme de ce rapide parcours consacré aux métamorphoses du système éducatif, l'on aura compris qu'imputer à l'école tous les maux relatifs aux dysfonctionnements actuels sur le marché du travail serait un bien mauvais procès. La tentation est souvent grande, ici ou là, de mobiliser le mythe du déclin et d'en appeler plus précisément à la dévaluation des diplômes, à la baisse du niveau, à une prétendue inadéquation entre formation et besoin du système productif, etc., pour expliquer les difficultés d'insertion des populations les plus difficilement « employables ». Faibles quand elles ne sont pas fausses, ces critiques ignorent que le niveau scolaire n'a en fait cessé de monter (Baudelot, Establet, 1989) ou qu'il n'y a pas de causalité simple et attestée entre contenu de la formation initiale des salariés et productivité dans l'entreprise. En d'autres termes encore, même si l'on peut toujours lui faire reproche de concentrer de réels et multiples défauts, rien ne permet d'affirmer que l'école cumule aujourd'hui plus de travers et de dysfonctionnements qu'en des temps fondateurs trop souvent et trop indûment glorifiés.

2 LA DÉSTABILISATION D'UNE NORME D'EMPLOI

Les changements dans l'articulation entre formation et emploi ne peuvent s'expliquer uniquement par les évolutions du système éducatif. L'interaction avec les régulations en vigueur sur le marché du travail et le type d'emploi et de qualification offerts par les entreprises sont aussi déterminants que les nouvelles politiques mises en œuvre par l'Éducation nationale. Pour cette raison notamment, alors qu'il était traditionnellement annexé au champ de l'analyse économique, le fonctionnement du marché du travail est devenu, depuis la fin des années 1970, un objet d'intérêt croissant pour les sociologues (Maruani, Reynaud, 1993 ; Schnapper, 1994). Plus encore, la montée du chômage, les mutations de l'activité et l'intervention grandissante de l'État sur le marché du travail rendent plus saillant que jamais le rôle des normes sociales dans le partage et la mise en forme de l'emploi ainsi que le caractère conventionnel des catégories utilisées pour en analyser les transformations.

2.1. De la montée d'un chômage de masse à la remise en cause d'une catégorie constituée

Appréhendé d'un simple point de vue comptable, le chômage se définit comme différence entre population active et volume des emplois. Quelles sont, dans cette optique, les tendances dominantes de ces vingt dernières années ? L'évolution de la population active s'explique tout d'abord par des considérations d'ordre démographique. Au cours des années soixante, le surplus démographique était largement débiteur du solde migratoire des actifs. Les générations issues du *baby boom* ont ensuite pris le relais de cet apport extérieur. Ces deux facteurs cessent de jouer avec les années quatre-vingt et contribuent directement au ralentissement de la croissance de la population active. Un second mouvement de fond a pesé dans le sens inverse : l'entrée massive des femmes sur le marché du travail. Le phénomène est d'autant plus remarquable que non seulement il concerne toutes les générations mais, surtout, que la conjoncture de ces dernières décennies n'a pas eu d'effet sur l'évolution à la hausse du travail des femmes : leur taux d'activité est passé de 30,8 % en 1973 à 47,2 % en 1995 sous l'influence de la baisse du taux de fécondité, de la croissance des services et du secteur public... Dernier trait enfin : en raison de l'abaissement légal de la retraite à 60 ans depuis le 1er janvier 1983, de l'impact des politiques d'incitation à la préretraite et de l'extension de la scolarisation (elle-même liée à l'augmentation des risques de chômage), la population active française tend à se concentrer sur la tranche des 25-54 ans (82 % en 1995 contre 72 % à peine dix ans plus plus tôt), ce qui n'est pas, entre autres conséquences, sans exacerber les difficultés permanentes de financement du système de protection sociale...

Qu'en est-il maintenant du second terme qui permet de définir le chômage, à savoir le volume global d'emplois offerts ? Véritable locomotive dans la création d'emplois, le secteur tertiaire a plus que compensé au cours de ces deux dernières décennies les pertes sèches dans l'agriculture et dans l'industrie et est devenu le lieu d'accueil de la grande majorité des actifs français occupés. Mais cela s'est avéré insuffisant pour combler l'écart, qui a été croissant, avec la population active (tableau 1). Bien qu'il apparaisse dès la décennie soixante, le chômage ne commence à prendre figure de phénomène massif qu'à compter du milieu des années soixante-dix. Depuis, la courbe ne cesse de grimper : 500 000 chômeurs au dernier trimestre 1974, un million au premier trimestre 1977, deux millions au deuxième trimestre 1982, plus de trois millions en 1996. Cette dérive quantitative emporte avec elle des mutations qualitatives relatives

Tableau 1 Évolution de l'emploi et du chômage (1970-1995)

	1970	1975	1980	1985	1990	1995
Population active (milliers)	21 433	22 052	23 240	23 922	24 576	25 280
Emploi total (milliers)	20 900	21 400	21 747	21 450	22 397	22 344
Hommes (%)	64,5	63,3	61,4	59,0	57,9	56,2
Femmes (%)	35,5	36,7	38,6	41,0	42,1	43,8
Taux de chômage (%)						
Global	2,5	4,0	6,3	10,7	10,2	11,6
Hommes	1,5	2,6	4,3	8,3	6,7	9,8
Femmes	4,3	5,1	9,5	12,9	11,7	13,9
Agriculteurs exploitants	0,1	0,2	0,3	0,4	0,5	0,6
Artisans, commerçants et chefs d'entreprise	0,5	1,3	1,4	3,3	3,0	4,1
Cadres et professions intellectuelles supérieures	0,8	1,6	2,1	2,8	2,8	5,0
Professions intermédiaires	0,8	2,0	2,9	4,4	4,5	6,7
Employés	1,4	4,5	7,5	12,4	10,8	14,6
Ouvriers	1,7	4,1	6,7	14,8	13,7	14,2

Source : INSEE – Enquête « Emploi ».

au « vécu » du chômage. En parallèle à l'augmentation considérable du nombre de demandeurs d'emploi, on observe d'abord un allongement des durées de chômage. L'enquête « Emploi » de l'INSEE indique que l'ancienneté moyenne est ainsi passée de 7,6 mois à 14,6 mois entre mars 1975 et mars 1995. Le chômage français est marqué, ensuite, par de fortes inégalités : les femmes et les jeunes (lorsqu'ils ont quitté l'école) sont particulièrement touchés. Les ouvriers et employés sont les plus atteints tandis que le chômage des cadres, malgré une vive augmentation, reste d'une ampleur beaucoup plus limitée. En un mot, la croissance du chômage n'atténue pas les disparités, elle ne fait au contraire que les accentuer (Outin, 1994).

L'explosion du chômage a ceci de commun avec la croissance des effectifs scolaires qu'elle pénalise le moins les groupes qui sont déjà les mieux dotés en diplômes et capital culturel. À la suite des travaux du sociologue américain Mark Granovetter (1974), une équipe de chercheurs a vérifié la pertinence de la thèse de la « force des liens faibles » auprès d'une population de jeunes Français. Obtiennent les meilleurs emplois ceux – les plus diplômés en l'occurrence – qui utilisent des contacts professionnels plutôt que de profiter de liens familiaux ou d'amitié. Moins efficace, cette dernière stratégie est surtout adoptée par les plus jeunes et par les individus peu qualifiées (Degenne *et al.*, 1991). Le résultat a cependant été relativisé suite à une étude menée auprès d'un échantillon représentatif de l'ensemble des Français occupant, en 1994, un emploi depuis un an au moins (Forsé, 1997). Si le capital social a toujours un impact indéniable sur l'accès à l'emploi, il n'explique guère en revanche la mobilité entre générations.

Autre conséquence, la crue du chômage se traduit par l'émergence de profils identitaires de plus en plus variés. Par-delà la situation administrative, que peut rapprocher en effet un chômeur de 55 ans prêt à bénéficier d'un dispositif de pré-retraite, un jeune chômeur qui n'a quasiment pas d'expérience professionnelle et dont la qualification est déjà considérée comme obsolète ou encore un « débrouillard » qui sait profiter de multiples combines pour travailler au noir, etc... ? (Demazière, 1992a).

C'est finalement la pertinence même de la catégorie « chômage » qui pose aujourd'hui de plus en plus question. L'invention de cette dernière ne date pourtant que d'un siècle. Avec la substitution du contrat de travail au contrat de louage de service, le lien salarial se définit par la reconnaissance d'une subordination qui fait dépendre le salarié d'un employeur. Un tel critère de dépendance facilite l'identification, parmi les différents types de suspensions de travail, de ce qui est rupture définitive de la relation d'emploi et donc chômage. Historiquement, ce chômage possède une double caractéristique. Il est involontaire (le chômeur est un individu sans emploi qui veut et recherche du travail) et transitoire (le chômeur est considéré comme étant sur le point de retravailler). Or, comme l'a suggéré Didier Demazière (1992b), avec la montée du chômage de masse ces deux normes sont remises en causes. Au cours des années quatre-vingt, il y a progression nette du taux d'absence de recherche d'emploi par les chômeurs, en raison notamment du dispositif de dispense de recherche d'emploi accordé en 1984 par l'État aux chômeurs malades ou âgés. Le chômage n'est plus, par ailleurs, une situation transitoire pour une petite minorité des sans-emplois : le pourcentage de chômeurs de longue durée est passé de 16,7 % en 1975 à 42 % en 1989. Au total, la catégorie chômage n'est plus en adéquation avec les pratiques contemporaines, elle est elle-même en crise.

2.2. Normes et modes d'emploi : ruptures, recompositions

Le diagnostic précédent peut également s'appliquer sans peine à l'emploi *stricto sensu*. Jusqu'aux années soixante-dix, le salariat est une condition qui se généralise dans la population active. Un ensemble de normes touchant aux recrutements et aux licenciements, à la rémunération, aux conditions de travail, à la représentation des salariés dans l'entreprise, etc., est progressivement fixé et dessine les contours de l'emploi « normal ». Ce dernier est, pour l'essentiel, un emploi à durée indéterminée, occupé à plein temps auprès d'un employeur unique qui est lui-même l'utilisateur direct des compétences du salarié (Freyssinet, 1989).

Qu'il s'agisse de l'individualisation du salaire des cadres ou du recours accru aux emplois précaires, la mise en œuvre de politiques de gestion flexible du travail est venue briser la norme en vigueur. La multiplication de situations intermédiaires comme celles de travailleur à temps partiel, de bénéficiaires d'emploi aidé ou de stage de formation... précipite par ailleurs l'obsolescence des outils statistiques classiques puisque l'emploi devient une réalité sociale de plus en plus difficile à appréhender et à mesurer.

Il n'est guère étonnant, dans ces conditions, de constater que les évaluations des transformations de l'emploi soient fortement contrastées. Le recours aux critères administratifs classiques fournit, par exemple, une image de la précarité qui a peu à voir avec celle que peuvent livrer d'autres enquêtes. Dans le premier cas, les critères administratifs conduisent à distinguer quatre types de statut précaire. Outre l'intérim et les contrats à durée déterminée, il faut compter avec les bénéficiaires de stages et contrats aidés par les pouvoirs publics. Le dernier statut précaire est celui occupé par les jeunes en apprentissage, forme particulière d'emploi à laquelle s'ajoute la formation en alternance. Si l'on s'en tient à ces définitions, 7,5 % de la population active française se trouvait, en 1995, en situation de précarité sur le marché du travail[1].

Le travail à temps partiel échappe au recensement précédent. Or, on peut le considérer lui aussi comme un emploi atypique dont l'importance ne saurait être négligée. Depuis le début des années quatre-vingt, c'est même lui qui a le plus contribué à la création d'emplois nouveaux. En 1996, 16 % de la population active occupée travaille à temps partiel contre 9 % en 1982. Essentiellement utilisé dans le tertiaire peu qualifié, il se décline d'abord au féminin : plus de 80 % de ces emplois sont occupés par des femmes et une Française active sur quatre bénéficie, au milieu des années quatre-vingt-dix, d'un tel statut (contre un Français actif sur vingt-cinq).

Dans un rapport publié en 1993 sous la direction de Serge Paugam, feu le centre d'étude sur les revenus et les coûts (CERC) propose un autre mode d'évaluation de la précarité qui va plus loin encore que la simple imputation du travail à temps partiel à l'ensemble des formes particulières d'emploi. Exploitant une enquête de l'INSEE auprès de 7 699 individus, les chercheurs du CERC repèrent cinq grands types de situation par rapport à l'emploi. La première catégorie regroupe l'ensemble des individus dotés d'un emploi stable non menacé, autrement dit des individus titulaires d'un contrat à durée indéterminée et qui considèrent qu'ils n'ont pas de risque de le perdre dans les deux prochaines années. Seul ce groupe peut être considéré en situation stable sur le marché du travail. Seulement 51,6 % de la population des actifs de 18 à 64 ans répond à de telles exigences ; ce qui signifie, *a contrario*, que près de la moitié des actifs est en position précaire et/ou perçoit son avenir comme grevé d'incertitudes. Et cette fragilité de la situation professionnelle se cumule souvent avec une instabilité familiale, un repli sur soi et une dégradation des modes de vie.

L'on peut affiner plus encore le diagnostic en examinant l'évolution de la proportion des personnes dotées d'un très bas salaire (*i.e.* inférieur à la moitié du salaire médian) dans l'ensemble de la population salariée. Cet indicateur n'a cessé de grimper au cours de ces dernières années pour passer de 5 % en 1983 à 10 % en 1995, si bien qu'à cette dernière date près d'un salarié sur six gagne moins

1 On peut certes juger le chiffre modeste. Encore convient-il de rappeler qu'en une décennie à peine il a fait plus que doubler. Estimé en flux, le phénomène est plus impressionnant encore : au milieu des années 1990, 70 % des nouveaux contrats de travail sont conclus à durée déterminée. En France, la mobilité entre emploi, activité et inactivité est d'ailleurs l'une des plus fortes des pays développés. Plus d'un emploi sur cinq y est renouvelé chaque année alors que le taux moyen annuel est de 16,5 % en Allemagne et 15 % au Royaume-Uni (Boissonnat, 1995).

que le SMIC. Imputable notamment au développement du temps partiel, ce mouvement marque en France un tournant majeur : l'apparition de « working poors » (pauvres laborieux), personnes en incapacité de tirer du produit de leur travail un revenu suffisant pour subsister.

2.3. L'État et le marché du travail : des implications croissantes et multiformes

Pour tenter d'endiguer un chômage déjà plus que menaçant, les pouvoirs publics ont modifié le sens de leur action dès qu'ils ont pu tirer les leçons de l'échec de la relance Chirac du milieu des années 1970. Les tentatives de restructuration et de modernisation de l'appareil productif l'ont disputé alors à un volontarisme qui visait, et qui vise toujours aujourd'hui, à gérer au mieux le retrait de certaines couches du salariat hors du marché du travail (préretraites, congés conversion...) et à impulser une politique d'incitation à l'insertion professionnelle des catégories les moins employables (formules de formation en alternance). Si les objectifs n'ont guère varié depuis 1977, l'intervention étatique n'a cessé de gagner en ampleur. Alors qu'en 1980, 619 000 personnes étaient redevables d'un dispositif, le nombre triple quasiment au milieu des années quatre-vingt-dix. La dépense a crû également : en 1975, le coût de la politique de l'emploi s'élevait à deux milliards (indemnisation du chômage et préretraites non comprises), il passe à quarante milliards en 1990 (Lallement, 1997). Bien que la place croissante prise par l'État ait été en décalage avec les valeurs dominantes des années quatre-vingt, ce mouvement de fond n'a guère suscité de débats ou d'hostilités, y compris lorsque la lutte contre le chômage s'est accommodée de l'érosion de normes aussi importantes que celle qui régit le salaire minimum. La seule exception concerne le contrat d'insertion professionnel (CIP), dispositif destiné à inciter les entreprises à recruter des jeunes à un coût salarial inférieur au SMIC. L'annonce de sa mise en place par le gouvernement Balladur en 1993 a provoqué un fort mouvement de réaction parmi les jeunes et s'est soldé par un retrait du projet.

Pragmatisme et jeu conjoint sur les registres économiques, politiques et sociaux caractérisent plus fondamentalement encore l'intervention de l'État français sur le marché du travail. La création régulière de nouveaux dispositifs d'insertion et d'incitation à l'embauche souligne, en premier lieu, que le pilotage se réalise avant tout sur court terme. Il n'est pas rare au demeurant que des dispositifs aient une durée de vie si courte que les études évaluatives qui leur sont consacrées ne présentent plus guère d'intérêt dès leur publication. De multiples « effets pervers » limitent ensuite l'efficacité des politiques d'incitation à l'embauche. Parmi ceux-ci, les plus fréquents sont certainement l'effet d'aubaine (l'employeur perçoit une subvention pour des embauches qu'il aurait réalisées de toutes les manières) et l'effet de substitution (parmi les postulants à un emploi, l'employeur choisit celui qui lui rapporte une subvention) (Bouquillard, 1993 ; Gazier, Gautié, Silvera, 1994). L'intervention de l'État a enfin des conséquences sur le statut social des individus concernés par la politique de l'emploi. Souvent basée sur le principe du ciblage (les dispositifs sont destinés aux jeunes, aux chômeurs de longue durée, aux femmes...), la politique de l'emploi contribue directement à une définition des conditions d'emploi, ces conditions étant elles-mêmes largement déterminantes de la reconnaissance sociale dans l'entreprise. Comme l'a noté Margaret Maruani (1990), à travail égal et à niveau de formation égal, deux salariés ne bénéficient pas nécessairement des mêmes qualifications (et donc du même statut social) selon qu'ils sont, par exemple, employés à temps plein ou à temps partiel.

Depuis la fin des années soixante-dix, la palette des outils mobilisés pour activer la politique de l'emploi n'a finalement guère varié d'un gouvernement à l'autre. Deux options novatrices ont malgré tout vu le jour. Le temps de travail a d'abord été l'objet de négociations, réglementations et de conventions visant à le réduire pour mieux combattre le chômage. À l'occasion de la conférence salariale de 1997, les 35 heures sont ainsi devenues la norme pour l'entrée dans le nouveau millénaire. Mais la vraie tendance de fond est celle d'un assouplissement toujours plus conséquent des cadres temporels des activités. Ainsi que l'illustrent les résultats des enquêtes sur les conditions de travail du ministère du Travail, l'on constate par exemple une extension des horaires « irréguliers » : en 1991, 52 % des actifs seulement vivent sur le même modèle horaire de travail tous les jours. Ce pourcentage était respectivement de 65 % en 1978 et de 59 % en 1984.

La mise à l'écart durable, hors de l'univers du travail, d'une partie importante de la population française est à l'origine d'une seconde innovation plus importante encore : le revenu minimum d'insertion (RMI). Au fondement d'une telle initiative, un constat : les nouvelles formes de précarité et d'insécurité sociales qui se sont généralisées avec la crise contemporaine contribuent à brouiller, en matière de politique sociale, l'articulation entre principe assistantiel et principe assurantiel. En France, la logique de l'assistance a longtemps prévalu afin de couvrir les risques de populations en incapacité de travailler (pour des raisons de handicap, de maladie, d'âge ou de situation familiale), celle de l'assurance afin de traiter la population des pauvres, vagabonds... qui n'étaient pas en état d'être secourus dans la mesure où ils n'étaient pas atteints par une quelconque invalidité (Castel, 1995). Or, une politique de généralisation de la couverture assurantielle s'accommode mal d'une économie qui s'éloigne progressivement du plein emploi. En effet, en raison de l'exclusion d'un plus grand nombre hors d'un système de protection sociale dont le bénéfice était acquis par une participation au système productif, la croissance du chômage a érodé les fondements socio-juridiques de la société industrielle d'après-guerre. Le RMI est un dispositif destiné précisément à remédier à cette faiblesse nouvelle : en bénéficient des valides sans travail et donc exclus par définition du processus assurantiel. Si, d'année en année, le RMI concerne un public de plus en plus conséquent (près d'un million de bénéficiaires en 1995), cette procédure d'insertion à mi-chemin entre assistance et assurance est plus ambiguë qu'il n'y paraît : il s'agit d'intégrer des individus dans un univers économique et social où l'emploi est une denrée rare et d'exiger, tout en même temps, une contrepartie de la part des bénéficiaires (recherche active d'un emploi, stage, formation...), contrainte qui n'est pas toujours bien acceptée par les intéressés.

3 CRISE ET MODERNISATION DU SYSTÈME PRODUCTIF

3.1. L'érosion du modèle taylorien-fordien

La remise en cause d'une norme d'emploi standard s'est conjuguée, au cours des deux dernières décennies, avec des changements significatifs de l'organisation du travail et des entreprises. En ce domaine, les transformations peuvent être commodément lues en s'appuyant sur un fond interprétatif qui rend intelligible l'évolution du compromis global, dénommé fordisme, caractéristique de la période allant de l'après-guerre jusqu'aux années soixante-dix. Robert Boyer (1993) a pu repérer plusieurs traits spécifiques de cette période. D'un point de vue macro-économique, le fordisme se caractérise d'abord par une production en grande série réalisée par de grosses entreprises. Cette production de masse dégage, grâce aux rendements d'échelle, de forts gains de productivité qui se répercutent sous forme de baisse des prix relatifs des biens de consommation et autorisent de surcroît un partage substantiel de la valeur ajoutée entre capital et travail. Une telle répartition favorise à la fois un investissement productif soutenu et une augmentation régulière des salaires propres à stimuler la consommation de masse. L'offre ne se heurte donc jamais à une demande trop faible puisque les marchandises produites en longue série et à bas coût trouvent toujours acquéreurs.

Moteur d'une croissance propre à stimuler la création de nombreux emplois, un tel système n'a pu fonctionner qu'en s'adossant sur une sorte de contrat social qui a porté les salariés à accepter le jeu de la rationalisation du travail. Entre les années cinquante et soixante-dix, l'augmentation des salaires, la stabilité de l'emploi et, plus timidement, la réduction du temps de travail sont les chevaux de bataille prioritaires des grandes organisations syndicales françaises. À l'exception de quelques grandes entreprises publiques, les syndicats ne portent guère le fer de la contestation à l'encontre de l'organisation du travail ou de la gestion, ce qui laisse une grande latitude aux directions des grandes entreprises pour impulser des politiques d'inspiration taylorienne. La rationalisation des temps opératoires élémentaires et la gestion sur un mode hiérarchique de l'articulation entre conception et organisation de la production en constituent deux principes fondateurs. Dans ce modèle, qui est loin d'être la norme générale du système productif mais qui impulse sa dynamique, la souplesse est assurée par une division du travail entre grandes firmes qui assurent la part stable de la production de masse et petites unités capables de répondre aux mouvements de la conjoncture et de prendre en charge des petites séries de produits différenciés.

Ce mode d'organisation et de coordination commence à se heurter, dès la fin des années soixante, à une série d'obstacles. Avec l'ouverture grandissante de la France sur l'économie internationale, l'exigence de compétitivité sape d'abord les fondements du compromis fordiste. Des augmentations rapides et régulières des salaires deviennent contradictoires avec les politiques de compétitivité par les coûts. Après 1968, ensuite, l'apparition d'attitudes nouvelles face au travail sont les symptômes d'un malaise grandissant. Pourtant, cette première crise du taylorisme ne débouche pas sur une remise en question déterminante. Ce n'est qu'avec les années quatre-vingt que la mise en place d'une automatisation flexible et la généralisation de nouvelles règles du jeu sur les marchés des produits (concurrence internationale plus vive, diversification de la demande, rôle déterminant de la qualité, différenciation accrue des biens, délais rapides de livraison, politique de service après-vente, course à l'innovation...) poussent les entreprises les plus inventives à rompre avec les pratiques d'inspiration taylorienne. Les anciennes lignes de production fordiennes s'avèrent en effet peu opératoires pour affronter les fluctuations du marché. De surcroît, en raison des charges imputables au processus d'automatisation et de l'alourdissement des moyens investis dans la conception des produits, les coûts indirects sont devenus prédominants, ce qui limite plus que jamais l'efficacité des politiques de concurrence fondées sur la compression des salaires (Lorino, 1992).

3.2. Par-delà le taylorisme ? Des formes d'organisation du travail innovantes mais toujours contraignantes

Si certains voient en Volvo une alternative crédible (Freyssinet, 1995), la plupart de ceux qui analysent les formes actuelles de recomposition du taylorisme s'instruisent des modes de gestion à la japonaise testés, dès les années cinquante, par l'usine automobile Toyota (Coriat, 1991). Quels sont les principes élémentaires de ce « toyotisme » ? Le premier consiste à travailler en flux tendus et à éliminer ainsi les stocks-tampon. Chaque commande déclenche un flux d'informations qui, partant de l'aval (service clientèle, fournisseurs extérieurs) remonte vers l'amont du système de production. Ne sont produites et montées que les seules pièces intermédiaires nécessaires. Associée à ce premier principe, l'exigence d'une organisation maigre vise à réduire le taux de rebut et à améliorer la qualité de la production (objectif du zéro défaut). L'élargissement des tâches, l'intégration par les équipes opérationnelles de fonctions auparavant prises en charge par l'encadrement et les équipes d'entretien (traitement de l'information, gestion de stocks, prévention des pannes...) sont autant de moyens d'atteindre ce double objectif. Il s'agit, en d'autres termes, d'une redéfinition des compétences en faveur d'une polyvalence supplémentaire qui assure au total une meilleure coordination horizontale et interactive entre les salariés (Veltz, Zarifian, 1993).

La vigueur des débats engagés, en France comme à l'étranger, est révélatrice des incertitudes qui pèsent sur la portée et l'originalité effectives de ce post-taylorisme. Ces formes nouvelles d'organisation du travail ne font parfois que dupliquer des principes adoptés dans des secteurs, comme le bâtiment et les travaux publics, qui savent gérer depuis longtemps déjà, sur un modèle dérogeant aux canons du fordisme, la variabilité de la demande et la polyvalence de la main-d'œuvre (du Tertre, 1989). De plus, le taylorisme et ses formes dérivées sont loin d'être tombés en désuétude quand ils ne tendent pas à s'imposer avec une vigueur nouvelle comme c'est le cas dans l'habillement ou encore, à l'image des grandes surfaces alimentaires, dans de nombreuses branches des services. Au sein même des industries où la novation est la plus perceptible, la modernisation s'accompagne parfois de stratégies de compromis minimal qui ne modifient guère l'organisation du travail en profondeur. En effet, les systèmes de juste à temps ne diffèrent guère, dans leur fonctionnement, de la ligne de production fordienne lorsque la coordination horizontale entre ouvriers est réduite à sa plus simple expression ou que l'enrichissement des tâches se limite à l'ajout d'un contrôle qualité du produit fabriqué.

Des structures de production flexibles peuvent donc reposer dans leur économie sur des temps de production de plus en plus contraignants pour les salariés. Contrairement à la majorité des travaux monographiques consacrés au post-taylorisme, c'est précisément à une telle conclusion qu'aboutissent les enquêtes menées par le ministère du Travail français. Dans l'industrie comme dans les services, avec la généralisation des politiques de flexibilité, d'ajustement au marché, etc., la pression sur les salariés semble s'être accentuée et leurs conditions de travail dégradées (*cf.* encadré).

ENCADRÉ 2

Taylorisme, post-taylorisme et conditions de travail dans l'industrie française

Les quelques données dont l'on dispose en France sur les conditions de travail des salariés montrent que le travail à la chaîne, symbole par excellence du taylorisme et du fordisme, ne constitue, à la fin des années soixante-dix, qu'une réalité plutôt limitée. Au sens strict du terme, le travail à la chaîne ne concernait que 3 % des salariés en 1978, soit 570 000 ouvriers (dont un OS sur quatre). Depuis, le pourcentage est étonnamment stable : 3 % en 1984 comme en 1991. Compte tenu de l'effet de structure dû au déclin global de la population ouvrière, le pourcentage d'ouvriers concerné a même crû pour atteindre 8 à 9 % en 1991 (soit toujours 570 000 ouvriers environ). Lorsque l'on étend le champ d'investigation, les chiffres prennent une plus grande ampleur. En 1978, 12 % des ouvriers déclaraient être soumis à des cadences automatiques. En 1991, 20 % des ouvriers disent travailler à la chaîne ou être soumis à des automatismes. La proportion de salariés travaillant en équipes est enfin passée de 16 % en 1970 à 18, 5 % en 1981 puis à 22,6 % en 1990.

Les enquêtes sur les conditions de travail réalisées par l'INSEE montrent par ailleurs que les formes d'organisation et de contrôle évoluent bien mais de façon ambivalente (Cézard, Dussert, 1993). L'autonomie au travail gagne ainsi un peu de terrain. En 1991, 18 % des salariés déclarent qu'on leur indiquait comment faire leur travail contre 22 % en 1987 ; de même, 50 % des salariés affirment régler par eux-mêmes les incidents qui surviennent dans leur travail contre 44 % en 1987. Selon cette même enquête, la polyvalence progresse quelque peu : 22 % des salariés disent changer de poste dans l'entreprise en fonction des besoins de l'entreprise en 1991 contre 17 % en 1987. En revanche, avec le développement des politiques de flexibilité, la pression subie par les salariés paraît avoir augmenté. En 1991, 56 % des ouvriers déclarent être soumis à des normes de production ou à des délais à respecter en une journée au maximum contre 31 % en 1984. Augmente également le pourcentage d'individus agissant sous la pression de la demande de clients ou du public (39 % contre 25 en 1984) et du contrôle permanent de la hiérarchie (on passe de 22 à 31 %). En bref, des exigences accrues, dont au premier chef le souci de la qualité et une plus forte recherche de réactivité, incitent les entreprises à accorder davantage d'initiative et de polyvalence tout en resserrant et en accentuant les contraintes de machines et de délais et en accentuant les dépendances entre salariés (Cézard, Vinck, 1996).

3.3. Portées et ambiguïtés de la modernisation des entreprises

Outre l'organisation du travail *stricto sensu*, le fonctionnement interne des entreprises a donné prise, tout au long de la décennie quatre-vingt, à un discours moderniste dont la tonalité a été donnée par une partie du patronat français (Riboud, 1987). L'objectif affiché était d'en finir avec un modèle bureaucratique jugé peu maniable et générateur de blocages internes. L'adaptation au changement n'oblige-t-elle pas à innover socialement en décloisonnant les fonctions, en déconcentrant les responsabilités, en développant la communication... ? De nombreuses initiatives ont bien été menées en ce sens au sein des grandes entreprises françaises, tout comme d'ailleurs dans le secteur public qui, sous l'impulsion du gouvernement Rocard, a entamé un mouvement de modernisation visant à fortifier l'efficacité administrative, à motiver les personnels, à mieux satisfaire les demandes des usagers et à améliorer les contacts avec ce dernier (Barouch, Chavas, 1993). Le management participatif a connu dans le même temps une certaine vogue : la mobilisation autour de projets d'entreprises, la création de groupes de projets, la mise en place de cercles de qualité... sont autant de formules qui ont fleuri dans un tel esprit au cours des années quatre-vingt. Selon Danièle Linhart (1994), l'on pouvait compter près de 40 000 cercles de qualité en France en 1987 contre à peine 5 000 en Suède ou encore 4 000 en Allemagne et en Grande-Bretagne. Avec l'une des lois Auroux de 1982, dont le champ a ensuite été étendu en 1986, le législateur a œuvré dans un sens similaire. Depuis cette date, il oblige les partenaires sociaux à négocier au sein de l'entreprise sur les modalités d'expression directe des salariés à propos de l'organisation, du contenu et des conditions de travail.

En dépit d'un premier élan prometteur, les bilans menés au début et au milieu des années quatre-vingt-dix sont plutôt en demi-teinte. Il est certes possible de recenser quelques cas de réussite exemplaire (Laville, 1992). Mais, en règle générale, les salariés se sont montrés plutôt réticents ou, au mieux, indifférents aux incitations à la participation (Bué, 1996). Le déclin des mouvements autogestionnaires, la crise d'audience du syndicalisme et les tensions sur le marché du travail ont tempéré toute velléité d'implication. Près de dix ans après sa mise en application, la loi relative au droit d'expression directe des salariés est elle aussi un quasi-échec (Coffineau, 1993). Fin 1990, la moitié des établissements étaient bien couverts par un accord sur le droit d'expression mais, dans de nombreux cas, ce dernier était purement formel. Par ailleurs, les groupes d'expression fonctionnent peu et mal. De plus, les organisations syndicales ont peu été à même, faute de conviction et de militants, de se saisir de ces structures nouvelles afin de développer la démocratie dans l'entreprise.

Bien qu'elles aient suscité beaucoup moins de débats et de discours publics, les transformations des modes de coordination inter-entreprises et leurs impacts sur les relations de travail ne sont pas à négliger. C'est même une attention soutenue qu'il conviendrait de leur accorder au simple constat que l'extériorisation de services, autrefois intégrés à la grande entreprise, a été un moyen pour cette dernière de se prémunir et de s'adapter à un contexte d'incertitude croissant. Conséquence première : les grandes entreprises ont si bien cédé la place aux petites que depuis les années 1980 la majorité de la population active se trouve concentrée au sein d'unités de moins de 50 salariés (Segrestin, 1992). Plus fondamentalement, on l'aura compris, la politique de « l'entreprise hors de l'entreprise » est avant tout au service des stratégies de flexibilité et de gestion en flux tendus. Elle s'attache à une meilleure maîtrise de la qualité et à un ajustement au plus fin des temps de production des fournisseurs. Dans les faits, elle s'est d'abord traduite par une rationalisation des réseaux de sous-traitance gérés par les grandes entreprises : le nombre de fournisseurs de l'industrie automobile française a ainsi chuté de moitié entre 1980 et 1990. Mais la réussite la plus inattendue vient des réseaux locaux de PME qui, au sein d'espaces régionaux, ont su reproduire les conditions de fonctionnement qui ont fait le succès des districts industriels italiens (Courault, 1990). La réglementation de la concurrence, la gestion conjointe des innovations, le développement des synergies entre entreprises (co-traitance) sont quelques facteurs explicatifs du maintien plus qu'honorable d'industries comme le cuir, le meuble, le plastique, etc., dans un univers de concurrence mondialisée. Il ne faut pas pour autant se leurrer. Au sein des PME, l'absence de représentation syndicale, l'élision des droits sociaux tout comme le poids équivoque des relations de proximité obligent le plus souvent à tempérer le discours trop enchanteur de la libre entreprise et de l'efficacité entrepreneuriale.

4 MUTATION DU SYNDICALISME ET DÉCENTRALISATION DES RELATIONS PROFESSIONNELLES

Tout comme les composantes du rapport salarial évoquées précédemment, la portée des changements récents dans les modes de confrontation et de négociation entre salariés et employeurs ne peut être véritablement appréciée que s'il a opéré, au préalable, un court détour historique.

Le système de relations professionnelles français a été bâti au XIXe siècle sur la base d'un compromis implicite entre deux acteurs qui trouvaient tout intérêt, pour des raisons différentes, à éviter l'entreprise comme niveau pertinent de confrontation et de négociation. Les syndicalistes, les premiers, étaient plus soucieux d'agir dans l'espace public que de se compromettre dans des accords locaux. Quant aux employeurs, il ont soigneusement évité de laisser une trop grande marge de manœuvre aux représentants des salariés, convaincus qu'ils pouvaient être que l'entreprise est avant tout un patrimoine privé plutôt qu'une œuvre collective. Il faut alors attendre les accords de Matignon de 1936 pour que les forteresses s'entrouvrent grâce à la mise en place d'un système de délégués élus par le personnel. Plus tardivement encore, la loi du 30 décembre 1968 autorise l'implantation d'une section syndicale dans l'entreprise. Quant à la négociation de branche, après deux tentatives de réglementation peu fructueuses (en 1919 et 1936), elle est véritablement mise en forme par la loi du 11 février 1950 et ce n'est donc qu'après-guerre que les conventions de branche jouent un rôle moteur en France : elles deviennent à la fois un élément de construction et de délimitation des identités collectives professionnelles et un outil de régulation des pratiques. Avec les lois Auroux de 1982, une nouvelle page se tourne. Mais, paradoxalement, alors que ces lois consacrent la légitimité de la représentation et de l'action syndicales au niveau de l'entreprise, c'est sur un fond de crise permanente que le syndicalisme français tente difficilement de faire fructifier ces nouveaux avantages.

4.1. Une douloureuse mue syndicale

En dépit d'intérêts et d'orientations parfois contradictoires, le CNPF, principale confédération patronale française, continue d'afficher à l'heure actuelle une unité apparente. Cette organisation fédère toujours près de 90 % des entreprises du privé adhérentes à une association de branche ou de région. Le bilan de santé est en revanche moins glorieux côté salarié. Le syndicalisme français reste d'abord divisé. L'existence de plusieurs confédérations de taille moyenne, dont cinq ont statut de syndicat représentatif *(cf.* encadré suivant), n'a jamais favorisé l'action commune. Cette stratégie unitaire est d'ailleurs tombée en désuétude à mesure que les difficultés économiques grandissaient et que se posait la question du soutien de gouvernements socialistes peu soucieux de répondre systématiquement, après 1983, aux revendications salariées. La chute continue du taux d'adhésion est un indice de crise structurelle plus sûr encore. Depuis le milieu des années soixante-dix, les effectifs des plus grandes confédérations syndicales n'en finissent pas de décliner. Même si les données sont difficilement comparables en raison de l'hétérogénéité des sources d'information et du sens variable conféré à l'adhésion syndicale d'un pays à l'autre, les mises en perspectives internationales ne sont pas plus flatteuses : avec un taux d'adhésion d'environ 10 %, la France se trouve en situation de lanterne rouge dans l'ensemble des pays de l'OCDE. La diminution du nombre des adhérents s'est doublée d'une perte d'audience mesurable avec les résultats obtenus aux différentes élections professionnelles. Alors qu'en 1975, la CGT passait encore la barre des 40 %, elle ne mobilise qu'un quart des salariés à la fin des années quatre-vingt, se faisant même doubler sur le fil par les non syndiqués. Quant aux autres confédérations, elles avaient bénéficié, au cours des années soixante-dix, d'une lente croissance qui a été ensuite interrompue.

À quels facteurs peut-on imputer un tel discrédit syndical ? Il ne fait aucun doute, tout d'abord, que le déclin de l'industrie, l'évolution des qualifications ou encore la croissance de la part des établissements de petite taille ont pesé en défaveur d'un recrutement de masse. Le sens de la conclusion ne varie pas lorsque ces effets de structure sont neutralisés : l'implantation syndicale dans le secteur privé est en recul depuis la fin des années soixante-dix, le secteur public fournissant toujours un réservoir plus important d'adhérents (Labbé, 1992). Qu'elle soit cause ou symptôme, la moindre crédibilité, au yeux des salariés, de l'action des organisations syndicales n'a fait que renforcer cette tendance de fond. Plusieurs recherches ont tenté d'élucider plus en profondeur les raisons déterminantes d'une telle évolution. Alain Touraine et son équipe (1984) diagnostiquent la mort du mouvement ouvrier à partir du milieu des années soixante-dix, moment où la classe ouvrière cesse d'être un acteur historique central à même de jouer sur les grandes orientations de la société. Dans les difficultés rencontrées par le syndicalisme, Pierre Rosanvallon (1988) voit, pour sa part, le produit de l'épuisement d'une triple fonction – représentation des intérêts, régulation des conflits, production des solidarités – qui guidait auparavant l'action du mouvement ouvrier.

ENCADRÉ 3

Représentativité et recomposition syndicales

Côté salarié, le jeu social du conflit et de la négociation est dominé en France par les syndicats dits « représentatifs ». Un syndicat est « représentatif» s'il satisfait aux cinq critères suivants : i) un minimum d'effectifs, ii) une indépendance réelle des organisations syndicales à l'égard des employeurs, iii) la régularité et l'authenticité des organisations, iv) de l'expérience et v) une attitude patriotique pendant l'Occupation. Un syndicat est représentatif soit après en avoir fait la preuve (sur la base des critères énoncés précédemment) soit de droit s'il est affilié à l'une des organisations syndicales représentatives au plan national. Aujourd'hui, au niveau national, sont reconnues représentatives les confédérations suivantes : la CGT, la CFDT, la CGT-FO, la CFTC et la CFE-CGC. En France, être représentative permet à une organisation de présenter des candidats au premier tour des élections des membres du comité d'entreprise et des délégués du personnel, de désigner un représentant au comité d'entreprise, de constituer des sections syndicales dans les entreprises et de désigner des délégués syndicaux, de siéger à la commission nationale de la négociation collective et au conseil économique et social, etc. Mais, surtout, la représentativité permet à un syndicat de négocier un accord applicable à tous les salariés appartenant au champ d'application de l'accord.

Ce modèle institutionnel de représentation des intérêts salariés est-il en voie d'épuisement ? Depuis les années quatre-vingt, on assiste en tous les cas à une timide recomposition syndicale. En 1992, la FEN éclate après avoir exclu une partie de ses syndicats minoritaires. Douze d'entre eux fondent alors la Fédération syndicale unitaire (FSU), organisation qui précipite le déclin du nombre des adhérents de la FEN (perte de près de la moitié des effectifs). La FSU s'installe même, dès 1993, en tête des élections professionnelles. La même année apparaît l'Union Nationale des Syndicats Autonomes. Cette dernière rassemble, au milieu des années quatre-vingt-dix, une quinzaine de fédérations autonomes (des transports, de l'éducation nationale, des fonctionnaires, de l'agriculture...). Le groupe des Dix, du nom des dix syndicats autonomes qui se sont regroupés en 1981, constitue un pôle alternatif plus ancien mais toujours actif. Ce groupe revendique un syndicalisme plus indépendant, plus unitaire, plus démocratique et plus proche des salariés que les organisations classiques. Pour cette raison, le groupe des Dix a d'emblée refusé d'adopter la forme traditionnelle de confédération pour lui préférer celle, plus souple, d'union interprofessionnelle. Constitué en 1996 d'une vingtaine de syndicats et fédérations (soit l'équivalent de 60 000 adhérents), le groupe des Dix participe d'un mouvement de renouvellement des formes de protestation et d'action collective avec d'autres organisations syndicales, des associations de chômeurs et de sans-abri, etc.

Parmi les signes manifestes de blocage et/ou de transformation, deux phénomènes ont pris une ampleur significative au cours de ces dernières années : la crise d'un militantisme de plus en plus éloigné du terrain et la bureaucratisation des organisations syndicales (Labbé, 1996). Au nom d'un souci accru de démocratie directe, sont apparues, depuis le début de la décennie 1980, des formes alternatives d'action collective : le groupe des Dix (*cf.* encadré) et les coordinations d'infirmières, d'instituteurs, de cheminots... Ces dernières ont débordé les canaux habituels de la négociation pour imposer et gérer leur propre mouvement revendicatif. Expression d'un fort décalage entre les préoccupations des salariés de base et le mode de fonctionnement des appareils syndicaux, ces mouvements reflètent également la multiplication des intérêts et la frustration sociale de couches moyennes salariées qui acceptent difficilement le déphasage entre leur niveau moyen de qualification et une reconnaissance statutaire peu satisfaisante. Avec les changements de composition de la population active, enfin, la production des solidarités se réalise sur des bases beaucoup plus restreintes et en référence à des modalités d'action de moins en moins unifiées. L'action de masse traditionnelle cède la place à d'autres modèles de stratégies syndicales comme l'accent mis sur les relations de service (investissement syndical dans la gestion des comités d'entreprises, politique d'information au profit des salariés, juridicisation des conflits...), la cogestion (contrôle des groupes d'expression, implication dans la gestion de l'entreprise...) ou encore le repli corporatiste. Comme l'a montré Pierre-Éric Tixier (1992), ces modèles correspondent à des cultures catégorielles variées et leur succès grandissant signe la fin d'une forme de mobilisation basée principalement sur l'affrontement social ouvert et les grèves récurrentes.

Le déclin progressif des conflits jusqu'en 1995 est un indice qui ne dément pas, en tous les cas, pareille hypothèse. Sur la période 1976-1980, le nombre de journées de grèves avait déjà diminué fortement : trois millions contre près de quatre au cours des cinq précédentes années. Le déclin s'est accentué depuis : un million et demi de journées de grèves entre 1981 et 1985, moins d'un million ensuite en moyenne pour atteindre même le demi-million en 1992. 250 000 grévistes en 1993 (Furjot, 1994). Sur ce fond social atone, les grandes grèves de novembre et décembre 1995 ont donc autant surpris par leur déclenchement soudain et inattendu que par leur ampleur (*Sociologie du travail*, 1997). Déclenché en réaction au plan Juppé de réforme du système de protection sociale, le mouvement de décembre a vite révélé qu'il était porteur d'enjeux politiques et sociaux plus généraux. Certains sociologues y ont décelé les traces d'une déstabilisation culturelle consécutives à la modernisation des services publics, d'autres un grand refus basé sur la défense des intérêts acquis plutôt qu'un vrai mouvement social, d'autres encore une sorte d'anachronisme radical mêlant discours libéral-technocratiques et défense des intérêts salariés dans une situation où un nouveau contrat social reste à inventer. Quel que soit l'angle d'interprétation à privilégier, il paraît certain, en tout état de cause, que décembre 1995 témoigne des transformations profondes du rapport salarial construit après-guerre et des difficultés à construire de nouvelles formes d'intégration par et hors le travail salarié.

4.2. Vers une désarticulation du système de relations professionnelles ?

Avec les transformations internes du syndicalisme, l'adoption des lois Auroux constitue dans le champ des relations professionnelles la seconde rupture importante de ces deux dernières décennies. Ces lois créent des conditions inédites en faveur de la négociation d'entreprise. Auparavant, associé à l'action réglementaire de l'État et aux procédures d'extension (application d'un accord à un champ plus large que celui pour lequel il a été négocié), l'usage du principe de représentativité avait pallié à la faible dynamique contractuelle des niveaux les plus décentralisés. Après les événements de mai 1968 et jusqu'au seuil de la décennie quatre-vingt, on avait pourtant assisté à une évolution des positions des organisations syndicales dominantes (CGT et CFDT). Au cours des années soixante-dix, l'autogestion, la démocratie économique et l'implication syndicale au sein de l'entreprise deviennent des sujets de débats centraux pour les deux plus grandes organisations de salariés. Les difficultés économiques ont peut-être rendu rapidement désuètes ces problématiques mais elles ont surtout accéléré le rapprochement entre syndicalisme et entreprise : la crise a obligé les syndicats à prendre en compte concrètement la gestion locale de l'emploi, à envisager des contre-propositions en matière de plan social ou de restructurations industrielles, etc.

Les lois Auroux couronnent ce mouvement d'une façon assez paradoxale. Ces lois obligent notamment employeurs et organisations syndicales à négocier au niveau de la branche et de l'entreprise sur des thèmes comme les salaires, les modalités d'exercice du droit d'expression des salariés... *(cf. supra)*. Au sein de l'entreprise, ces lois privilégient formellement la négociation entre employeur et acteur syndical. Dans la pratique, les comités d'entreprise et d'établissement jouent aujourd'hui un rôle aussi déterminant dans la construction des compromis. Plus encore, dans la mesure où les syndicats sont souvent absents des petites entreprises, on conçoit les difficultés d'application de la loi : à l'heure actuelle, plus de la moitié des entreprises de moins de cent salariés ne respectent pas l'obligation annuelle de négocier. Si l'on ajoute à cela une carence en matière de formation à la négociation, l'absence chronique des directions techniques aux négociations et un calendrier des réunions peu fourni, l'on comprend que l'un des objectifs majeurs des lois Auroux – renforcer l'organisation syndicale dans l'entreprise – soit loin d'avoir été atteint. Il ne faudrait pas, malgré tout, jeter le bébé avec l'eau du bain. Les lois Auroux ont impulsé un nombre non négligeable de changements dans l'entreprise : les comités d'entreprise ont indéniablement gagné en pouvoir économique, les CHSCT (comités d'hygiène, de sécurité et des conditions de travail) et comités de groupe se sont développés, le droit d'expression est désormais reconnu, etc.

Même si elles n'en sont pas la cause unique, les lois Auroux ont également favorisé le mouvement de décentralisation des relations professionnelles que l'on observe en France, mais aussi dans de nombreux autres pays développés, depuis les années quatre-vingt (Lallement, 1996). En témoigne immédiatement le nombre croissant d'accords d'entreprises et d'établissements : pour 1995, l'estimation officielle du ministère du Travail était de 8 550 accords ; onze ans auparavant, le chiffre était de 1 500. Ce constat global mérite cependant d'être immédiatement nuancé car la vivacité de la négociation d'entreprise ne signifie pas pour autant un déclin des conventions de branche. Tout à l'inverse, le nombre de conventions collectives est resté stable et, plus encore, avec la généralisation de la procédure d'extension, le nombre de salariés bénéficiaires des couvertures de branche a même tendance à augmenter. La dynamique des accords d'entreprise est ensuite variable selon les secteurs et la taille des organisations : ainsi les accords restent-ils principalement le fait des grandes entreprises de l'industrie. Il ne faut donc pas surestimer la surface de la couverture conventionnelle : en 1993, les 2,5 millions de travailleurs concernés par la négociation obligatoire représentaient moins d'un salarié sur cinq, et moins d'un sur dix pour la seule négociation salariale.

Le développement de la négociation d'entreprise se nourrit par ailleurs d'une « désarticulation » des formes de régulation.

> Ce qui apparaît, en effet, ce sont plutôt des procédures de décision différentes selon les domaines (salaire, organisation du travail, emploi) et selon les décisions à prendre. Ici, une négociation en forme et centralisée au niveau de la branche (avec une intervention des pouvoirs publics) ; là, une consultation d'élus sans termes bien définis ; ailleurs encore des procédures où sont associés syndicalistes, élus, membres du personnel. (...) Il reste certes des régularités, des organisations et des règles de droit. Mais leur définition ou leur intervention sont de plus en plus locales (ou soumises à déformation locale).
>
> (J.-D. REYNAUD, « Travail, syndicats, relations professionnelles », *in* H. Mendras, M. Verret (éds.), *Les champs de la sociologie française*, A. Colin, 1988, p. 159).

D'un thème à l'autre, les articulations sont également variables. En matière de négociation salariale, par exemple, les tendances à l'individualisation des salaires et à l'élaboration, grâce à un nombre croissant d'accords d'entreprise et d'établissement, de formules de différenciation des augmentations par catégories de personnel n'ont pas nui à l'efficacité de la négociation de branche ni véritablement compromis le rôle pilote de l'État, premier employeur du pays, en matière salariale. Il n'en va pas de même, par contre, pour le temps de travail. En ce domaine, l'ensemble du processus de régulation s'adosse sur un système de dérogations en pyramide qui contrevient au principe de hiérarchie traditionnel entre niveaux de réglementation : les branches peuvent se défaire de certaines obligations édictées par la loi (sur la durée hebdomadaire du travail, sur le travail de nuit des femmes, etc.) et les entreprises peuvent déroger doublement, grâce à des accords de type donnant-donnant, à la loi et aux conventions de branches. Illustration du paradoxe qui caractérise l'évolution des relations professionnelles françaises de ces deux dernières décennies : la légitimité dont ont bénéficié les organisations de salariés s'est accrue alors qu'elles ne possèdent pas les moyens pour contribuer à l'institution d'une véritable démocratie économique dans l'entreprise (Hoang-Ngoc, Lallement, 1994). La décentralisation des négociations et la flexibilité du travail n'ont fait finalement qu'aiguiser la contradiction au point de serrer plus qu'avant les marges de l'action syndicale.

CONCLUSION

Depuis le milieu des années soixante-dix, l'évolution du rapport salarial français est révélatrice de tendances lourdes qui transcendent largement, en fait, les métamorphoses des systèmes d'éducation, d'emploi, de production et de relations professionnelles. Les nouvelles formes de régulation qui sourdent aujourd'hui sont symptomatiques, comme l'a noté un des premiers Jean-Daniel Reynaud (1973, 1989), d'une société plus fluide, plus décentralisée, basée davantage sur l'autonomie, le face-à-face, la stratégie et la négociation que sur les grandes oppositions caractéristiques de la société française d'après-guerre (Mendras, 1988). Dans cette marche où se joue la recomposition des rapports sociaux, l'État occupe une place aussi centrale qu'ambivalente. À l'école comme dans l'entreprise, dans les pôles urbains comme dans les services administratifs, etc., l'État cherche, au nom d'une complexité et d'une hétérogénéité croissante de la société, à déléguer à des réseaux d'acteurs de proximité la charge de conduire le changement, de produire des normes et d'impulser des pratiques différenciées, plus ouvertes et plus adaptées aux réalités locales. Dans le même temps, l'insertion dans un environnement culturel, politique et économique d'envergure mondiale n'a jamais été aussi déterminante de nos comportements. Il suffit, pour s'en convaincre, de porter attention aux nouvelles contraintes pesant sur les entreprises, à la constitution de réseaux sociaux, politiques, urbains... qui débordent les espaces territoriaux anciens ou encore la circulation accélérée des informations. Expression de ce qu'Anthony Giddens (1994) nomme processus de distanciation spatio-temporelle caractéristique des institutions modernes, ce mouvement d'ensemble conjugue à la fois re-localisation et dé-localisation et explique pourquoi les sociologues contemporains (re)découvrent les vertus de la confiance – confiance envers ses proches comme confiance envers les systèmes abstraits – comme mode constitutif du lien social.

De cette nouvelle donne, il faut tirer deux conséquences au moins. La première est que les valeurs individualistes, qui fondent pour partie le système axiologique de la société française, se déclinent en pratiques aussi épanouissantes qu'aliénantes. Les transformations du rapport salarial sont de ce point de vue plus qu'illustratives. Les nouveaux modèles productifs peuvent produire des mélanges complexes qui allient assez heureusement aspiration individuelle à la promotion professionnelle et solidarité instrumentale dans l'atelier (Thuderoz, 1995). Mais lorsque l'État recompose son action pour renvoyer la prise en charge individualisée des personnes en difficulté à des réseaux de niveau inférieur ou à un droit fragmentaire, rien n'assure l'efficacité d'une telle pratique car le fait, ici comme ailleurs, d'exister comme individu n'est pas une donnée immédiate de la conscience. Paradoxe dont il faut sonder la profondeur : on vit d'autant plus à l'aise sa propre individualité qu'elle s'étaie sur des ressources objectives et des protections collectives (Castel, 1995, p. 473). La seconde conséquence notable s'illustre avec le principe de vitesses et de capacités d'adaptation au changement variables d'un groupe social à l'autre, d'un système d'activité à l'autre, d'une logique d'action à l'autre (Dubet, 1994)... voire même de désajustements chroniques auquel aucun volontarisme ne saurait simplement remédier. Ceci signifie notamment que si, jusque dans les années soixante-dix, l'espace national était la bonne entrée pour appréhender les synergies institutionnelles et les formes de constitution du lien social, il se crée aujourd'hui des mécanismes de régulation, d'envergure tant locale que mondiale, qui ont déjà fait plus qu'entamer les cohérences dont la nation était hier encore le principal centre de gravité.

BIBLIOGRAPHIE

Références générales

DUBET F. (1994), *Sociologie de l'expérience*, Le Seuil.

GIDDENS A. (1994), *Les conséquences de la modernité*, L'Harmattan. Édition originale : *The Consequences of Modernity*, Polity Press in association with Basic Blackwell and Standford University Press, 1990.

MAURICE M., SELLIER F. ET SILVESTRE J.-J. (1982), *Politiques d'éducation et organisation industrielle en France et en Allemagne*, PUF.

MENDRAS H. (1988), *La seconde Révolution française 1965-1984*, Gallimard.

REYNAUD J.-D. (1989), *Les règles du jeu. L'action collective et la régulation sociale*, A. Colin.

REYNAUD J.-D. (1973), «Tout le pouvoir au peuple ou De la polyarchie à la pléistocratie», in *Une nouvelle civilisation ? Hommage à Georges Friedmann*, Paris, Gallimard, 76-82. Repris *in* J.-D. REYNAUD (1995), *Le conflit, la négociation et la règle*, Octarès éditions, p. 31-47.

Autres références

BALLION R. (1982), *Les consommateurs d'école*, Stock.

BAROUCH G. et CHAVAS H. (1993), *Où va la modernisation ? Dix années de modernisation de l'administration d'Etat en France*, L'Harmattan.

BAUDELOT C. et ESTABLET R. (1992), *Allez les filles*, Le Seuil.

BAUDELOT C. et ESTABLET R. (1971), *L'école capitaliste en France*, Maspero.

BAUDELOT C. et ESTABLET R. (1989), *Le niveau monte*, Le Seuil.

BOISSONNAT J. (éd.) (1995), *Le travail dans vingt ans*, Rapport de la commission du commissariat général du Plan, La Documentation française-Odile Jacob.

BOUQUILLARD O. (1993), Le traitement du chômage face à l'entreprise : les missions impossibles de la politique de l'emploi, in *Sociologie du travail*, 2, p. 135-145, juin.

BOURDIEU P. et CHAMPAGNE P.(1992), « Les exclus de l'intérieur », in *Actes de la recherche en sciences sociales*, 91-92, 71-75, mars.

BOURDIEU P. et PASSERON J.-C. (1964), *Les héritiers. Les étudiants et la culture*, Minuit.

BOURDIEU P.(1989), *La noblesse d'Etat. Grandes écoles et esprit de corps*, Minuit.

BOYER R. (1993), « Comment émerge un nouveau système productif ?» *in* J.-P. DURAND (éd.), *Vers un nouveau modèle productif ?*, Syros, p. 31-92.

BUÉ J. (1996), « Pratiques participatives, organisation du travail et climat social », *Travail et emploi*, 66, p. 59-70.

CACOUAULT M. et OEUVRARD F. (1995), *Sociologie de l'éducation*, La Découverte.

CASTEL R. (1995), *Les métamorphoses de la question sociale*, Fayard.

CÉZARD M. et DUSSERT F. (1993), « Le travail ouvrier sous contraintes », *Données sociales*, INSEE, p. 202-211.

CÉZARD M. et VINCK L. (1996). « Contraintes et marges d'initiatives des salariés dans leur travail », *Données sociales*, INSEE, p. 217-224.

CHOQUET O. et HÉRAN F. (1996), « Quand les élèves jugent les collèges et les lycées », *Économie et statistique*, 293, 3, p. 107-124.

COFFINEAU M. (1993), *Les lois Auroux : dix ans après*, Rapport présenté à P. BÉRÉGOVOY, Premier ministre, février.

CORIAT B. (1991), *Penser à l'envers*, Bourgois.

COURAULT B. (1990), « Les districts industriels dans la chaussure », *in* MICHON F., SEGRESTIN D. (eds.), *L'emploi, l'entreprise et la société*, Économica, p. 115-126.

DEGENNE A., FOURNIER I., MARRY C. et MOUNIER L. (1991), « Les relations sociales au cœur du marché du travail », *Sociétés contemporaines*, 5, p. 75-97.

DELOYE Y. (1994), *École et citoyenneté. L'individualisme républicain de Jules Ferry à Vichy : controverses*, Presses de la fondation nationales des sciences politiques.

DEMAZIÈRE D. (1992a), « Les identités des chômeurs de longue durée », *Revue Française de Sociologie*, XXXIII-3, p. 335-363.

DEMAZIÈRE D. (1992b), *Le chômage en crise*, Presses Universitaires de Lille.

DEROUET J.-L. (1992), *École et justice, de l'égalité des chances aux compromis locaux ?*, Métailié.

DU TERTRE C. (1989), *Technologie, flexibilité, emploi : une approche sectorielle du post-taylorisme*, L'Harmattan.

DUBET F. et MARTUCELLI D. (1996), *À l'école. Sociologie de l'expérience scolaire*, Le Seuil.

DUBET F (1991), *Les lycéens*, Le Seuil.

DUBET F. (1992), « Massification et justices scolaires : à propos d'un paradoxe », *in* AFFICHARD J., FOUCAULT J.-B. (eds.), *Justice sociale et inégalités*, Éd. Esprit, p. 107-121.

DURU-BELLAT M. (1992), *L'école des filles. Quelle formation, pour quels rôles sociaux ?*, L'Harmattan.

EURIAT M. et THÉLOT C. (1985). « Le recrutement social de l'élite scolaire depuis quarante ans », *Éducation & formations*, 41, p. 3-20, juin.

FORSÉ M. (1997), « Capital social et emploi », *L'Année sociologique*, 47, 1, p. 143-181.

FREYSSENET M. (1995), « La "production réflexive", une alternative à la "production de masse" et à la "production au plus juste" ? », *Sociologie du travail*, XXXVII, 3, p. 365-388.

FREYSSINET J. (1989), « Crises, diversification des formes d'emploi et transformation du rapport salarial », in *L'évolution des formes d'emploi*, ministère du Travail, La Documentation française, 142-149.

FURJOT D. (1994), « Les conflits du travail en 1993 : la défense de l'emploi au cœur des préoccupations », *Premières synthèses*, 67, août.

GALLAND O. (éd.) (1995), *Le monde des étudiants*, PUF.

GALLAND O. et OBERTI M. (1996), *Les étudiants*, La Découverte.

GALLAND O. (1995), « Une entrée de plus en plus tardive dans la vie adulte », *Économie et Statistique*, 283-284, 3/4, 33-52.

GAUTIÉ J., GAZIER B. et SILVERA R. (1994), *Les subventions à l'emploi. Analyses et expériences européennes*, La Documentation française.

GEHIN J.-P. et MÉHAUT P. (1993), *Apprentissage ou formation continue ? Stratégies éducatives des entreprises en Allemagne et en France*, L'Harmattan.

GRANOVETTER M. (1994), *Getting a Job*, Harvard University Press, 1re édition 1974.

HÉRAN F. (1996), « École publique, école privée : qui peut choisir ? », *Économie et statistique*, 293, 3, p. 17-39.

HOANG-NGOC L. et LALLEMENT M. (1994), « Décentralisation des relations professionnelles et gestion de l'emploi en France », in *Relations industrielles - Industrial Relations*, 49, 3, p. 441-464.

LABBÉ D. (1996), *Syndicats et syndiqués en France depuis 1945*, L'Harmattan.

LABBÉ D. (1992), « Élections aux comités d'entreprise : le déclin des syndicats », *Travail et emploi*, 53, p. 40-55.

LALLEMENT M. (1997), « Du gouvernement à la gouvernance de l'emploi », in *Cahiers internationaux de sociologie*, CIII, p. 295-311.

LALLEMENT M. (1996), *Sociologie des relations professionnelles*, La Découverte.

LAVILLE J.-L. (1992), *La participation dans les entreprises en Europe*, Vuibert.

LINHART D. (1994), *La modernisation des entreprises,* La Découverte.

LORINO P. (1992), « Entreprise et travail : des valeurs qui changent », *in* BÉCHET M., HUIBAN J.-P. (eds.), *Emploi, croissance et compétitivité,* Syros, p. 87-99.

MARTIN D. (1994), *Démocratie industrielle. La participation directe dans les entreprises,* PUF.

MARTINELLI D. (1994), « Diplômés de l'université, insertion au début des années 1990 », *Document du Cereq,* 100, octobre.

MARUANI M. (1990), La sociologie du travail en quête d'emploi, *in* MICHON F., SEGRESTIN D. (eds.), *L'emploi, l'entreprise et la société,* Économica, p. 41-48.

MARUANI M. et REYNAUD E. (1993), *Sociologie de l'emploi,* La Découverte.

MERON M. et MINNI C. (1995), « Des études à l'emploi : plus tard et plus difficilement qu'il y a vingt ans », *Économie et Statistique,* 283-284, 3/4, 9-31.

OUTIN J.-L. (1994), « La permanence du chômage », *in* LALLEMENT M. (éd.), *Travail et emploi : le temps des métamorphoses,* L'Harmattan, p. 15-35.

PAUGAM S. (1993), « Précarité et risque d'exclusion en France », in *Document du CERC,* 109, La Documentation française.

PROST A. (1986), *L'enseignement s'est-il démocratisé ?,* PUF.

REYNAUD J.-D. (1988), « Travail, syndicats, relations professionnelles », *in* MENDRAS H., VERRET M. (éds.), *Les champs de la sociologie française,* A. Colin, p. 153-162.

RIBOUD A. (1987), *Modernisation, mode d'emploi,* 10-18.

ROSANVALLON P. (1988), *La question syndicale,* Calmann-Lévy.

SALAIS R., BAVEREZ N., et REYNAUD B. (1986), *L'invention du chômage,* PUF.

SCHNAPPER D. (1994), « Travail et chômage », *in* DE COSTER M. et PICHAULT F. (eds.), *Traité de sociologie du travail,* De Boeck, p. 115-125.

SEGRESTIN D. (1992), *Sociologie de l'entreprise,* A. Colin.

SILVESTRE J.-J. (1990), « Systèmes hiérarchiques et analyse sociétale », in *Revue française de gestion,* 77, p. 107-115, janvier-février.

SOCIOLOGIE DU TRAVAIL (1997), Grèves. Automne 1995, DUBET F. (ed.), XXXIX, 4, 1997.

TANGUY L. (1991), *Quelle formation pour les ouvriers et les employés en France ?,* La Documentation française.

TERRAIL J.-P. (1992), « Réussite scolaire : la mobilisation des filles », *Sociétés contemporaines,* 11-12, 53-89.

THUDEROZ C. (1995), « Du lien social dans l'entreprise. Travail et individualisme coopératif », in *Revue Française de Sociologie,* XXXVI-2, p. 325-354.

TIXIER P.-E. (1992), « Organisation de l'entreprise et action syndicale », *in* BÉCHET M., HUIBAN J.-P. (eds.), *Emploi, croissance et compétitivité,* Syros, p. 141-163.

TOURAINE A., WIEVORKA M. et DUBET F. (1984), *Le mouvement ouvrier,* Fayard.

VALLET L.-A. et CAILLE J.-P. (1995), « Les carrières scolaires au collège des élèves étrangers ou issus de l'immigration », *Éducation et Formations,* 40, p. 5-14.

VELTZ P. et ZARIFIAN P. (1993), « Vers de nouveaux modèles d'organisation ? », in *Sociologie du travail,* 1, p. 3-25.

ZEROULOU Z. (1988), « La réussite scolaire des enfants d'immigrés. L'apport d'une approche en terme de mobilisation », in *Revue Française de Sociologie,* XXXIX-3, p. 447-470.

Chapitre 6

Transformations et inerties de l'État-providence

Serge Paugam et François-Xavier Schweyer

INTRODUCTION

Il est devenu courant de rechercher l'explication des convergences ou des divergences des sociétés que Raymond Aron appelait « démocratico-libérales » – c'est-à-dire les sociétés qui ont intégré progressivement à leur constitution libérale une partie substantielle des droits sociaux ou libertés réelles impliqués par la revendication socialiste (Aron, 1965) –, en prenant en compte, non seulement les facteurs économiques, mais aussi les facteurs liés à la tradition et aux modes d'intervention de l'État dans le domaine des politiques sociales. Ces derniers ne sont pas définis une fois pour toutes. Ils peuvent évoluer et contribuer ainsi au changement social en général.

Depuis la fin des années soixante-dix, par exemple, il est convenu de parler de la crise de l'État-providence en raison de plusieurs facteurs au premier rang desquels la dégradation du marché de l'emploi qui s'est traduite, entre autres, par une baisse des ressources de la protection sociale – moins de cotisations et donc moins d'argent à redistribuer –, alors que les dépenses ont continué à augmenter. Cette crise s'est accrue avec l'apparition de nouveaux problèmes sociaux comme l'exclusion sous ses formes diverses, la grande dépendance ou le sida, qui ont amplifié et modifié le champ et les modalités de l'intervention. Ces éléments ont transformé progressivement, du moins en France, la représentation de l'État-providence et sont à l'origine de nouvelles politiques sociales qui ne relèvent pas exclusivement de la redistribution au titre de la protection sociale. Les programmes d'insertion par exemple mis en œuvre aussi bien dans le cadre du revenu minimum d'insertion que de la politique de la ville relèvent d'une nouvelle mission que l'État s'est donnée. En réalité, si la contrainte externe forte sur les déficits publics limite considérablement l'autonomie de l'État-providence et l'oblige à plus d'efficacité au nom de la maîtrise des dépenses, l'État garde entière une capacité d'initiatives pour promouvoir des politiques sociales à caractère national, que ce soit dans le domaine de l'emploi, de l'éducation, du logement, de la culture, de la ville, etc. Ces dernières, pour la plupart, existaient déjà, mais ont été menées ces dernières années de façon plus transversale, plus concertée et dans certains cas aussi plus décentralisée. La frontière entre le principe de l'assurance et les logiques d'intervention au nom de la solidarité nationale est devenue plus floue. Ces politiques traduisent de ce fait de plus en plus une conception nationale de la cohésion sociale. Elles seraient dans le contexte d'harmonisation européenne ce qui reste visible de la nation et de ses valeurs.

Nous retiendrons ici une approche de l'État-providence qui ne s'inscrit pas dans une perspective strictement « internaliste » au sens d'une analyse des corps de fonctionnaires et de l'organisation administrative, mais qui relève plutôt de l'intervention publique analysée comme mode de régulation sociale. L'État-providence qui s'est développé en France après la Seconde Guerre mondiale et a contribué à l'amélioration de la sécurité et du bien-être de la population dans une phase de forte croissance économique, se transforme peu à peu depuis une vingtaine d'années. Ses fonctions sociales se sont élargies. On peut même dire que l'État-providence ne se manifeste plus exclusivement par son intervention au titre de la protection sociale.

Son organisation et son fonctionnement traduisent une spécificité nationale de l'action des pouvoirs publics. Dans cette perspective, l'État-providence se caractérise aujourd'hui à la fois par : 1) des missions de protection sociale dans le prolongement de ses interventions traditionnelles (Sécurité sociale, droit du travail et systèmes assuranciels), mais aussi de cohésion sociale (action sur la stratification sociale, lutte contre les inégalités, recherche d'intégration par le biais de la socialisation au sens de préservation du lien social) ; 2) des domaines d'intervention tant économique, domestique (au sens de privé, familial), que politique (Théret, 1996) ; 3) la détermination de moyens (droit, financements, définition de politiques publiques au sens de régulation et de médiation) dont la mise en œuvre est assurée par des organisations de nature diverse : l'appareil d'État (gouvernement et administrations), les collectivités territoriales et locales (régions, départements, municipalités), les associations et les organismes paritaires, syndicaux et patronaux.

L'État-providence désigne donc aujourd'hui l'ensemble des organisations dont la vocation est d'assurer, en fonction des débats qui nourrissent la question sociale et la renouvellent, la protection des individus et la cohésion sociale – lesquelles ne sont jamais acquises définitivement – en intervenant par le droit et la redistribution des ressources dans les domaines économique, domestique et politique.

En ce sens, il joue un rôle essentiel dans l'évolution des rapports sociaux des pays occidentaux, à tel point que certains sociologues vont même jusqu'à en faire le facteur déterminant des évolutions de la structure sociale (Schnapper, 1989, Esping Andersen, 1990). L'État-providence reflète en réalité l'état des relations d'interdépendance entre les différents groupes d'une société donnée à un moment de son histoire. Il est donc en cela, tout à la fois l'expression de la société qui l'a façonné et le régulateur du lien social. Les modalités de ses interventions varient selon les traditions nationales, mais aussi selon les problèmes qu'il doit affronter et qui ne sont pas toujours les mêmes d'une société à l'autre.

Après avoir rappelé les spécificités françaises, nous nous attacherons à distinguer ce qui nous paraît être stable et dans le prolongement des modes d'intervention antérieurs et ce qui nous semble, au contraire, avoir changé au cours des vingt dernières années (1975-1995). Nous nous fonderons sur trois exemples de politiques nationales au cœur de l'État-providence : la lutte contre la pauvreté et l'exclusion, la politique de la vieillesse et la réforme hospitalière.

1 LE POIDS DU CENTRALISME ET DE LA BUREAUCRATIE

Le paradoxe de l'État-providence est d'avoir tout à la fois une administration centralisée spécifique peu influente et des services extérieurs faibles pour un domaine d'intervention sans cesse croissant. Par ailleurs, contrairement à d'autres pays européens, de tradition social-démocrate, dans lesquels les organisations syndicales et patronales participent à la conception des politiques sociales, on note en France une difficulté à négocier et à organiser des débats publics sur les grandes orientations de ce type de politiques, auxquelles les Français restent néanmoins très attachés. C'est la raison pour laquelle, ce défaut de concertation n'affaiblit pas les politiques sociales, au contraire des pays d'idéologie plus libérale, comme les États-Unis.

En France, on ne pense une politique que comme politique nationale, l'uniformité attendue étant justifiée par l'idée d'égalité de traitement des citoyens en fonction du projet de la nation française (Schnapper, 1994). De même, selon une tendance historique multi-séculaire, l'État se pense comme source et centre de toute intervention publique.

Pour comprendre la spécificité de l'État français, on peut reprendre la définition qu'en donnait Durkheim à la fin du XIXe siècle. Pour lui, la préservation du lien social menacé par l'évolution de l'individualisme et l'anomie passe par la morale aussi bien domestique que professionnelle et civique. L'État relève de la morale civique et se définit comme le lieu supérieur de réflexion, de conception des politiques et d'énonciation des objectifs collectifs. Il ordonne que l'on agisse comme il l'entend, mais il n'exécute pas directement. Cette pensée sur l'État est normative et participe ainsi à la constitution de l'État lui-même.

Durkheim, lui-même fonctionnaire, pense l'État dans des catégories qui appartiennent à la vision française de l'universalisme de ses missions. Il définit son rôle par rapport à la société et non par rapport à son organisation interne :

> L'État est un organe spécial chargé d'élaborer certaines représentations qui valent pour la collectivité. Ces représentations se distinguent des autres représentations collectives par leur plus haut degré de conscience et de réflexion. On sera peut-être étonné de voir ainsi exclure de notre définition toute idée d'action, d'exécution, de réalisation au-dehors. Ne dit-on pas couramment de cette partie de l'État, tout au moins de ce qu'on appelle plus spécialement le gouvernement, qu'il contient le pouvoir exécutif. Mais l'expression est tout à fait impropre : l'État n'exécute rien. Le Conseil des ministres, le prince, pas plus que le Parlement n'agissent pas par eux-mêmes ; ils donnent des ordres pour qu'on agisse. Ils combinent des idées, des sentiments, en dégageant des résolutions, transmettent ces résolutions à d'autres organes qui les exécutent ; mais là se borne leur rôle.

Cette définition le conduit à souligner que « l'État est, rigoureusement parlant, l'organe même de la pensée sociale. Dans les conditions présentes, cette pensée est tournée vers un but pratique et non spéculatif. L'État au moins en général ne pense pas pour penser, pour construire des systèmes de doctrines, mais pour diriger la conduite collective » (Durkheim, 1950, p. 87).

Cette représentation de l'État laisse par définition peu de place à la négociation et aux acteurs locaux. Elle s'inscrit dans une configuration historique particulière où, pour reprendre l'expression de Rosanvallon (1990), l'État s'affirme comme « l'instituteur du social » à la fois au sens de la production de normes que ce soit dans le domaine de la langue, de l'éducation, de la prison, de l'asile, de l'hygiène publique et au sens de l'accroissement de son emprise sur les comportements individuels. Sa fonction de socialisation a été complétée ensuite par la mise en œuvre de la protection sociale sous la forme d'un système généralisé d'assurances (Ewald, 1986).

Les recherches comparatives permettent de situer la France par rapport aux autres pays occidentaux. Gøsta Esping-Andersen (1989) propose par exemple une typologie fondée sur trois modèles : le modèle libéral (ou résiduel), le modèle social démocrate (universaliste), le modèle conservateur et corporatiste (bismarkien). Le critère décisif qu'il retient est celui du niveau d'indépendance du régime de protection sociale par rapport au marché. Le premier modèle de protection sociale (libéral) se limite aux plus démunis, qui bénéficient d'une protection qui est aussi un stigmate pour eux. Un haut niveau de protection sociale, tant par les risques couverts que par les services offerts, caractérise le deuxième modèle. On l'assimile au modèle scandinave de société, soulignant par là l'ambition d'équité sociale et de transformation de la société qui le sous-tend. Le troisième modèle, dit conservateur et corporatiste, vise le maintien des statuts professionnels qui déterminent les droits sociaux. Ce modèle de protection sociale est fondé sur le travail salarié, les cotisations sociales pesant plus que la fiscalité. On rapproche la France et l'Allemagne de ce modèle. Le concept de néo-corporatisme renvoie aux formes de la régulation économique par l'intermédiaire du trinôme patronat/syndicats/État qui dans les deux pays joue un rôle essentiel. On peut toutefois opposer une forme de *régulation négociée* en Allemagne et une *régulation autocentrée* en France, c'est-à-dire plus fortement déterminée et même décidée par l'État, en particulier dans le domaine de politiques de lutte contre la pauvreté (Paugam, 1998).

Ces traits caractéristiques de l'État à la française se manifestent encore aujourd'hui : nombre de décisions sont planifiées, arrêtées à l'échelon central, la mise en œuvre est contrôlée à la périphérie. L'exemple le plus frappant de cette tradition a été, jusqu'aux années quatre-vingt, la planification.

1.1. L'État comme autorité légitime dans le social

L'État français a donc toujours été central (Alfandari, Monéger, 1996). Par le biais notamment des prélèvements obligatoires, qui agrègent cotisations et impôts, celui-ci est devenu omniprésent dans cette fonction de protection des droits sociaux et des personnes. L'emprise de l'État sur la Sécurité sociale, motivée en particulier par le souci de maîtriser des dépenses publiques, n'a cessé de croître. Le brouillage plus ou moins volontaire entre les logiques de l'assurance et de l'assistance, c'est-à-dire entre la couverture volontaire des risques et l'octroi de droits sociaux à caractère universel, a conduit à transférer à la Sécurité sociale des missions de solidarité nationale et à lui fixer des grands objectifs limitant le rôle des partenaires sociaux à la gestion des Caisses. Le changement constitutionnel voté le 19 février 1996 qui accroît encore le pouvoir de l'État s'inscrit dans ce processus.

1.1.1. L'État réparateur des problèmes sociaux

L'État-providence est une autre figure de l'État, complémentaire de celle de l' « instituteur du social ». Les « trente glorieuses » ont été un moment de développement et de redistribution marqué par les luttes sociales. L'État, dans le social, est devenu négociateur et partenaire, tout en conservant la fonction première de modernisateur de la société. Cette intervention a contribué à renforcer en même temps la mystique de la croissance et du progrès à laquelle ont adhéré des fractions de plus en plus nombreuses de la société (Jobert, 1990). On retrouve des traits qui rapprochent l'État français de cette période de la définition idéal-typique de Durkheim. L'État se caractérise par une intense activité intellectuelle au sein de ses élites modernistes, particulièrement influentes au Commissariat général au Plan et dans les diverses commissions sociales de la haute administration. Le IVe Plan (1962-1965) développe notamment une conception d'un développement social harmonieux en mettant « l'abondance progressive qui s'amorce au service d'une idée moins partielle de l'homme ».

L'État a été redistributeur parce que la croissance lui en donnait les moyens, ce qui lui a permis de conserver une figure d'autorité. L'État modernisateur a conduit la société vers le progrès. Il portait un projet collectif optimiste. L'État-providence s'est affirmé comme le principal réparateur des problèmes sociaux : à chaque problème repéré correspondait une structure institutionnelle, une population cible et un corps professionnel (Castel, 1981). C'est la raison pour laquelle sont apparues des similitudes dans l'évolution des modes d'intervention de l'État auprès de diverses catégories de la population, par exemple les jeunes (Dubet *et al.*, 1985) et les vieux (Guillemard, 1986). Cette fonction conduit à la création et la classification hiérarchique de nouveaux statuts sociaux (Schnapper, 1989). La logique de ces classements n'est d'ailleurs pas toujours explicitée et justifiée, ce processus étant en partie arbitraire (Reynaud, 1989). L'État-providence joue donc de ce fait un rôle déterminant dans l'organisation les rapports sociaux.

1.1.2. Une volonté de contrôle centralisé

Tous les États modernes cherchent aujourd'hui à contenir les dépenses publiques. Cette politique n'est pas spécifique à la France, mais elle s'y traduit par une action centralisée et bureaucratique. Le partage des pouvoirs entre les gestionnaires de la Sécurité sociale et l'État en est une illustration. Dans le modèle de 1945, aucune responsabilité en matière de gestion financière des risques couverts n'est reconnue aux « partenaires sociaux ». Seul l'État intervient sur les cotisations et sur les prestations, c'est l'exécutif sans le contrôle du Parlement qui prend la responsabilité d'assurer l'équilibre des comptes. Ce non-partage du pouvoir comme manifestation de la tradition française de centralité de l'État a eu des conséquences considérables sur les pratiques ultérieures de gestion de la Sécurité sociale. Le partage des compétences entre acteurs institutionnels a été distordu : les gestionnaires ont été exemptés de toute sanction sur les résultats, ils ont pu n'être que des payeurs sans répondre de la pertinence des dépenses. L'absence originelle de responsabilité économique a été un frein puissant à la mise en place d'une responsabilisation financière des gestionnaires tentée par l'État depuis 1967.

Dans le souci de maintenir les équilibres financiers, l'administration des Finances s'est constituée comme centre de référence et d'expertise imprimant sa marque bureaucratique. Les travaux du Comité central d'enquête sur le coût et le rendement des services publics sont à l'origine de la réorganisation de l'administration territoriale de l'État de 1964. L'État se veut modernisateur et « l'ardente obligation de Plan » se conjugue avec un processus de rationalisation et d'extension des services extérieurs de l'État (Grémion, 1979).

1.1.3. La création de l'administration sanitaire et sociale

Un regroupement des divisions de l'aide sociale des préfectures, de l'inspection de la population, de la médecine scolaire et de l'inspection de la santé donnera naissance aux directions départementales de l'action sanitaire et sociale (DDASS) en 1964 (puis aux directions régionales en 1977). La logique gestionnaire domine et se traduit par une volonté de rationalisation et de contrôle. Les premiers directeurs départementaux seront de façon majoritaire issus des divisions des préfectures, c'est-à-dire porteurs d'une culture réglementaire et sans doute d'une habitude à obéir aux préfets. Les directeurs de la population et les médecins inspecteurs seront dès le début minoritaires. Ces nominations provoquèrent d'ailleurs la démission du Dr Aujaleux, directeur général de la santé, qui y voyait la défaite de la santé publique face à la rationalisation budgétaire. On peut dire que cette réforme signe l'entrée du « social » dans une logique technocratique (Marrot, 1995). L'approche sectorielle des ministères devra s'articuler avec l'action territorialisée des préfectures. C'est également dans un souci d'efficience en réponse au problème de l'augmentation continue des dépenses de santé, que l'État infléchit le modèle institutionnel de la Sécurité sociale en 1967. La volonté d'intégrer des enjeux économiques et de responsabiliser les gestionnaires de l'Assurance maladie conduit l'État à imposer le paritarisme, présenté depuis longtemps par le patronat comme modèle pertinent, mais contesté par les syndicats. Depuis les années soixante-dix, la mission de maîtrise des dépenses de santé est affichée (elle a inspiré le VIIe plan) – et s'impose de plus en plus – comme un élément essentiel de l'activité de l'Assurance maladie, au-delà des tâches traditionnelles de distribution des prestations légales. Toutefois, la non-responsabilisation dans la gestion du risque et le manque de motivation se sont traduits par un faible niveau d'implication des acteurs paritaires.

1.1.4. Des outils d'intervention mais pas de partenaires

Dans le domaine hospitalier, la logique financière, dont l'efficacité n'a pas été très probante, a souvent prévalu sur l'innovation et la définition de nouvelles politiques. Les instruments de régulation ont été d'abord normatifs et budgétaires. Le budget global hospitalier instauré en 1983 n'a pu que ralentir l'augmentation des dépenses en créant par contrecoup de fortes inégalités entre les hôpitaux. Les établissements dont l'activité stagnait ou régressait conservaient des budgets devenus confortables, alors que les établissements dynamiques en développement subissaient la contrainte de budgets à peu près stables. La maîtrise des dépenses est vertueuse quand elle permet de mieux répondre aux besoins de la population à moyens constants. Mais tel n'était pas le cas, faute d'informations fiables sur les activités de soins, et de structures de contrôle cohérentes sur l'ensemble du système de santé. L'État n'a jamais eu de prise directe sur le secteur privé d'hospitalisation, contrôlé par la Sécurité sociale. Or ses services ont de tout temps eu des rapports plutôt conflictuels avec les services de la Sécurité sociale. En sorte que les mesures centralisées et de nature bureaucratique, rationnelles d'un point de vue comptable, se sont avérées peu efficaces quant à leurs résultats.

Par ailleurs, la configuration du syndicalisme de médecins libéraux où prévaut une concurrence intersyndicale vive a amené les syndicats à défendre d'abord la situation économique des médecins. D'où une quasi-impossibilité pour eux de concessions à court terme et une opposition à toute mesure limitant leur activité (Hassenteufel, 1997). Plus généralement, ce que Bruno Jobert appelle « l'anémie des partenaires sociaux en France » renforce le poids des acteurs étatiques dans la définition des orientations de la protection sociale (Jobert, 1996).

1.2. L'approche catégorielle des problèmes sociaux

Dans le domaine social, l'État se veut garant de la cohésion sociale nationale. L'ambition d'universalité conduit à penser l'intervention non pas en fonction de situations réelles et particulières mais en fonction de grandes catégories d'« ayants droit ». C'est donc à l'État-providence que revient traditionnellement la tâche de les définir et éventuellement de les modifier en fonction de la conjoncture économique et des problèmes sociaux. Pour atteindre cet objectif et renforcer sa légitimité dans l'appareil d'État, la Direction de l'Action sociale a cherché dès les années soixante à se rapprocher des institutions de production statistique pour mieux connaître les populations concernées par des problèmes spécifiques. Ce processus centralisé de constitution des « populations cibles » de la politique sociale pose encore aujourd'hui de nombreux problèmes car les sources statistiques ne sont pas toujours suffisantes, en particulier lorsqu'il s'agit d'isoler des sous-groupes très défavorisés le plus souvent ignorés des grandes enquêtes. C'est la raison pour laquelle les catégories définies sont approximatives, voire abstraites (Jobert, 1981).

Le cas des aides sociales

Ce mode d'intervention de l'État social est particulièrement visible quand on se réfère à la définition des minima sociaux (Bouget, Noguès, 1996). En France, il existe pas moins de huit minima sociaux, définis étape par étape depuis la fin de la guerre, pour venir en aide aux personnes écartées, de façon durable ou temporaire, du marché de l'emploi : Revenu minimum d'insertion (RMI), Minimum vieillesse, Allocation adulte handicapé, Allocation de parent isolé, Allocation de solidarité spécifique, Allocation d'insertion, Assurance veuvage. Le système est donc de nature catégorielle, c'est-à-dire que son principe est de couvrir différents types de population présentant des handicaps spécifiques ou des risques particuliers. Le dernier mis en place, le RMI, est en quelque sorte, le dernier filet de sécurité. L'accès à ces prestations minimales se fait de façon automatique sur la base d'un dossier administratif rempli par les personnes susceptibles d'y prétendre en fonction des critères définis au niveau national. Mises à part les aides facultatives ou « extralégales » versées de façon ponctuelle par le service départemental ou communal d'action sociale, le système français ne prévoit donc pas une individualisation des aides. La gestion de l'ensemble de ce système reste majoritairement de nature administrative sans appréciation individuelle de la légitimité des demandes.

La différence avec le système allemand est frappante. Ce dernier, beaucoup plus décentralisé, repose en effet sur le principe de l'individualisation des aides (Schultheis, 1996). La gestion des demandes d'aides se fait au cas par cas, de façon circonstanciée et à la discrétion de ceux qui ont un contact personnel avec les ayants droit. Il existe une allocation de montant forfaitaire qui permet de couvrir de manière uniforme des besoins identiques, mais la vérification concrète de chaque cas particulier par l'organisme d'aide sociale peut entraîner le versement de prestations uniques, de compléments pour besoins supplémentaires ou de paiement des frais de logement. Les organismes publics d'aide sociale doivent également fournir un soutien et une assistance-conseil aux allocataires afin de les aider à surmonter les situations de dépendance envers ces prestations.

Dans la logique centralisatrice et à ambition universelle de l'État-providence français, il est impensable de prendre le risque d'une inégalité territoriale de traitement des citoyens en laissant les collectivités locales définir elles-mêmes les catégories d'ayants droit et les modalités de l'intervention et des aides qui leur sont destinées. La volonté d'associer les acteurs locaux, en particulier les départements, à la mise en œuvre du RMI n'a pas modifié en profondeur ce principe, tant l'État a tenu à conserver la gestion globale de la prestation à travers la Caisse nationale des allocations familiales.

1.3. Le corporatisme incontournable

Pour qualifier les rapports de l'État modernisateur à l'économie, Pierre Rosanvallon parle de gestion étato-corporative. Il entend souligner par là un type d'intervention fondé sur des compromis entre l'État et des professions organisées (Rosanvallon, 1990). Les corporatismes sectoriels existent aussi dans le domaine social. On peut même dire que les politiques sont caractérisées par une approche professionnelle et sectorielle des problèmes sociaux. D'une part, les particularismes professionnels marquent de leur empreinte les services comme les prestations. La Sécurité sociale s'est peu à peu généralisée par sédimentation, par ajouts successifs de caisses spécifiques.

D'autre part, les corporatismes sectoriels ont été renforcés par l'action bureaucratisante de l'administration qui, soucieuse de garantir les équilibres financiers, s'est impliquée partout en centralisant ainsi le fonctionnement du secteur social et en limitant volontairement la représentation sociale (Jobert, 1990). Mais si le modèle néocorporatiste semble bien traduire la situation française et s'imposer comme cadre d'action, la notion même de corporatisme appelle un inventaire. Une acception large et consensuelle risque de masquer les spécificités du système français.

1.3.1. Un corporatisme particulier dans le secteur social

Le corporatisme est parfois présenté comme une dérive, un défaut d'un État-providence en fin de course. L'expression, péjorative, veut dénoncer le détournement d'un segment de l'État au profit d'un groupe et de ses intérêts. Or, si l'on parle de la gestion d'une activité sociale par des professionnels, on évoque un élément constitutif du service public à la française. Durkheim voyait dans les corporations « la division élémentaire de l'État », une sorte de ciment maintenant la nation dans un équilibre entre l'État « hypertrophié » et l'anomie individuelle. L'affirmation de l'autonomie des professionnels participait de la volonté républicaine de les soustraire à l'emprise des notables (conservateurs) et de l'Église. Elle traduisait aussi un scientisme qui reconnaissait au savoir scientifiquement fondé d'une profession la capacité d'élaborer des solutions aux problèmes d'intérêts généraux. Mais, dans le système français actuel, la légitimité des professions ne résulte pas de la gestion bureaucratique d'un secteur dont elles assureraient la direction et la conduite. Au contraire, les grandes professions sociales ont en face d'elles des administrations peu prestigieuses et peu influentes (Jobert, Muller, 1987).

La faiblesse de l'administration sectorielle provient en partie d'un héritage. Le premier ministère en charge de l'assistance et de l'hygiène a été créé en 1920 et a mis plus de quarante ans pour s'affranchir de la tutelle du ministère de l'Intérieur. À partir des années cinquante, la montée des dépenses sociales a vu le rôle du ministère des Finances, tout spécialement de la direction du Budget, s'affirmer de plus en plus. On peut parler aussi d'un secteur sous-administré quand on constate le décalage entre l'importance sociale du système de protection sociale et du système de santé, et la faiblesse relative tant quantitative que qualitative du dispositif de gestion du système. La faiblesse du statut professionnel de cette administration est renforcée par sa faiblesse numérique. Qu'il s'agisse de l'Administration centrale, des services déconcentrés ou des établissements, longtemps, cette Administration n'a pas attiré les meilleurs éléments de la fonction publique. Peut-être est-ce la raison pour laquelle l'administration des Affaires sociales ne s'est jamais donné les moyens d'analyse et d'expertise, ni même un système d'information, en rapport avec ce qu'exige la complexité du champ.

Les Affaires sociales n'ont par ailleurs jamais eu de grands corps spécifiques par rapport à l'administration des Finances, au Conseil d'État et à la Cour des Comptes. Une partie des élites inspirée par une commune origine chrétienne s'est toutefois mobilisée sur les questions sociales. Ce mouvement a été marqué par des personnalités, parmi lesquelles on peut citer Bloch-Lainé, Laroque, Lenoir, Delors, mais n'a jamais donné lieu à une revalorisation symbolique et institutionnelle de ce champ d'intervention publique. Les corps administratifs du secteur sanitaire et social sont prisonniers de modèles de carrière qui leur sont propres. Rivaux, ils compensent leur faiblesse dans l'appareil d'État par des alliances avec leur environnement proche et souvent avec le segment de la profession médicale correspondant. Car il serait abusif de parler de la profession médicale comme d'un ensemble homogène. C'est au contraire l'éclatement qui y prévaut. Et, cependant, l'influence du corps médical dans la conduite des politiques sanitaires est indéniable, que l'on pense au développement des spécialités médicales et des équipements aux dépens des actions de prévention ou même de la médecine générale.

1.3.2. Les spécificités de la profession médicale en France

En France, la santé est d'abord médicale (les soins passent avant la prévention ou l'éducation pour la santé). L'idéologie médicale s'appuie sur le consensus scientiste caractéristique de l'État-providence à la française. Le principe selon lequel les problèmes sociaux trouveraient leur solution dans l'application d'un savoir scientifique n'est nul part plus légitime que dans le domaine de la santé. La faible polarisation partisane du débat sur les questions de santé traduit cette tendance, de même que sa focalisation sur le seul accès aux soins. Il semble admis que nul mieux que les médecins ne peut définir les « besoins de santé », les normes et les priorités. Ainsi s'explique, au moins en partie, la réduction des politiques de santé à la question de l'accès aux soins. Le monopole du modèle curatif individuel est aujourd'hui remis en cause (le drame du sang contaminé y est pour beaucoup). L'incapacité des médecins à s'inscrire dans des actions coordonnées et transversales pour le traitement de l'exclusion sociale, de la prise en charge de la dépendance des personnes âgées ou de la prévention sociale est l'objet de critiques. Pour autant, l'État ne peut conduire une politique publique contre une profession, fût-elle résistante aux innovations sociales.

L'influence des médecins relève aussi d'un registre idéologique. L'identité libérale, qui prédomine dans la profession, a été, après 1945, source de conflits entre les médecins et l'État. Les Ordonnances de 1945 prévoyaient des « contrats collectifs » et un encadrement des tarifs, mais ceux-ci ont été rejetés comme une remise en cause de l'entente directe. Peu de conventions départementales furent signées. Le système conventionnel fut imposé par le décret Bacou en 1960 (Hassenteufel, 1997). On peut dire que la profession médicale s'est imposée contre l'État. Les organisations professionnelles des médecins ne participent à la gestion du système de santé, contrairement à ce qui se fait en Allemagne où les médecins se sont affirmés au sein même de l'État-providence en participant à la gestion des Caisses d'assurance maladie. L'identité libérale des médecins se conjugue avec la liberté de choix laissée au patient, notion fondamentale en France. Ce qui explique que les politiques de maîtrise des dépenses ont souvent choisi l'augmentation de la contribution financière des malades plûtot que des réformes qui limiteraient leur liberté de choix.

Mais, l'hypothèse d'un corporatisme puissant ne résiste pas à l'examen. Si la profession médicale reste le partenaire sanitaire privilégié de l'État, l'existence de plusieurs systèmes d'action rend la gestion du système de santé très complexe, affaiblit l'administration sectorielle et justifie le rôle considérable de la direction du Budget. Les médecins libéraux sont divisés. La concurrence syndicale pousse à la surenchère et interdit aux représentants professionnels toute concertation suivie avec les pouvoirs publics (Hassenteufel, 1997). La situation avive les divisions et les oppositions. Quant à l'élite hospitalo-universitaire, elle s'apparente plus à un groupe de pression défendant ses intérêts propres qu'à une élite professionnelle capable de mobiliser l'ensemble des confrères autour d'objectifs communs.

1.3.3. L'absence d'une tradition de concertation

Pour mener à bien l'action publique, l'État reconnaît la légitimité du dialogue avec des partenaires sociaux. À cette fin, l'État institutionnalise des acteurs et par là même des rapports sociaux. Le secteur associatif, souvent représenté comme l'expression de la société civile, n'est pas indépendant de l'État. Les associations en dépendent largement pour leur structuration et leur survie ; au moins celles jugées « responsables » par les pouvoirs publics et instituées par là même comme partenaire social. Il existe un parcours quasi initiatique de la simple reconnaissance qui ouvre aux subventions ou aux contacts dans le cadre de consultations jusqu'à la cogestion d'un secteur comme c'est le cas dans le secteur social (Jobert, Muller, 1987). L'État définit le cadre et les partenaires de la négociation. Le constat peut être élargi si l'on pense aux relations instaurées entre départements et associations pour la mise en place du RMI. L'État-providence ne conduit pas les négociations avec les partenaires sociaux de façon démocratique et équilibrée, et cet état de fait peut entraîner un déficit prononcé de régulation (Schweyer, 1996).

On retrouve, enfin, dans le fonctionnement de l'État-providence un trait qui nous semble caractéristique de la société française tout entière, à savoir l'absence d'une tradition de concertation. Le compromis n'est acceptable qu'en référence à l'intérêt général seulement porté par l'État. La protection sociale, organisée de façon paritaire, reste sous son contrôle permanent. Moins de son administration sectorielle que de l'administration des Finances en vertu de la priorité donnée à la maîtrise des dépenses. Le mode de participation en vogue dans l'administration a longtemps été une participation par assimilation. La méfiance à l'égard du secteur privé et du politique est un trait de la culture administrative. On attache plus d'importance à la conception d'une politique qu'à sa mise en œuvre, parce que le travail de conception est socialement valorisé et monopolisé par les administrations centrales, alors que la mise en œuvre n'est perçue qu'à travers les problèmes d'intendance.

1.4. Le défi de la décentralisation

Les lois de décentralisation du 2 mars 1982 et du 7 janvier 1983 ont initié un large mouvement de transfert de compétences de l'État aux collectivités territoriales, tout particulièrement dans le domaine social. La réforme française de décentralisation a surpris par son ampleur et son ambition. Elle fut décidée au plus haut niveau de l'État par le président de la République qui travailla avec ses proches dans le but d'accomplir un acte fondateur irréversible. La décentralisation a particulièrement renforcé les pouvoirs du département, dans un souci pragmatique. A-t-elle pour autant modifié le centralisme et la bureaucratie ? Les analyses de sa mise en œuvre apportent des réponses nuancées.

La décentralisation semble avoir pris acte du fonctionnement réel de l'État-providence. Le modèle unitaire et élitiste, où l'État imposait son mode d'organisation aux différents acteurs sociaux, s'articulait avec un système politico-administratif local dominé par la « régulation croisée » entre élus locaux et fonctionnaires (Dupuy, Thœnig, 1983). P. Birnbaum a parlé de la société clientélisée par l'État qui envoyait ses hauts fonctionnaires en mission dans tous les secteurs politiquement ou économiquement sensibles (Birnbaum, 1977) pour pousser ses interlocuteurs à adopter une structure sociale compatible avec son mode propre de fonctionnement. La mise en œuvre des politiques publiques, et donc une part de la définition des programmes d'intervention, a toujours été « périphérique » par rapport à un « centre » sans territoire qui définissait le cadre et les orientations de l'action. Ce constat, largement partagé, a suscité de nombreux travaux et des projets de réforme dès la fin des années soixante-dix. Le rapport Guichard, en 1976, trace des pistes de réforme du développement des responsabilités des collectivités locales. En 1977, l'ensemble des maires sont consultés sur ce sujet et un projet de loi, dit loi Bonnet, est présenté au Sénat en 1978. Il sera voté en 1980 mais pas définitivement adopté. Même si les textes de la décentralisation n'ont pas repris à la lettre ces premiers éléments, ils s'en inspirèrent beaucoup.

En 1982, l'aide sociale était déjà largement décentralisée. L'aide sociale aux personnes âgées et handicapées, et l'aide médicale, pour prendre ces deux exemples, qui représentent les deux tiers de la dépense totale de l'aide sociale, étaient prises en charge par les départements à hauteur de 15 à 25 % et par les communes à hauteur de 25 à 40 % (Marrot, 1995). Par ailleurs, la loi de 1983 n'était pas encore appliquée dans le secteur sanitaire et social que, déjà, les cabinets des préfets travaillaient à évaluer l'engagement de l'État dans les programmes de lutte contre la pauvreté ou de développement social urbain, car les départements n'étaient pas prêts à les conduire. En fait, la décentralisation sanitaire et sociale ne procède pas uniquement du processus général de décentralisation. D'une part, l'État a voulu recentrer son action sur des fonctions de régulation globale. C'est ainsi que la décentralisation n'a pour ainsi dire pas concerné la Sécurité sociale alors qu'elle s'est développée pour l'aide et l'action sociales. D'autre part, la décentralisation a été dominée par une logique financière : la maîtrise des dépenses devait être mieux assurée, et la gestion plus rigoureuse, grâce à une meilleure répartition des rôles entre l'État et les départements (Attali, 1983).

La décentralisation a engendré une crise des services extérieurs de l'État. Les effets bénéfiques de la réforme ont été, eux, et dans le secteur qui nous intéresse, assez modestes. Les services de l'État n'arrivaient pas à maîtriser les dépenses : ils ne pouvaient que « constater » les décisions des commissions d'aide sociale. Les départements n'ont pas pu faire autre chose, en sorte que la « maîtrise des dépenses » attendue ne fut pas au rendez-vous. On visait une meilleure gestion des services, c'est-à-dire la réalisation d'économies. Or, les dépenses étaient très liées à la progression des effectifs, générée par les normes d'encadrement de la politique de « sectorisation » (l'idée étant de rapprocher les services des usagers). Mais dès 1979, toutes les créations d'emploi départemental furent soumises à autorisation du ministère des Affaires sociales via les préfets (Marrot, 1995). Enfin, et pour prendre la mesure de la réforme, le montant du budget d'aide sociale transféré aux département en 1984 fut de 20 milliards de francs, soit moins de 2 % du budget de la Sécurité sociale de cette même année. Cette somme est équivalente à celle que l'État consacrera cinq ans plus tard au Revenu minimum d'insertion... L'apport de la décentralisation semble devoir être cherché d'abord dans le renouvellement des modes d'action publics, comme nous le verrons. Le Parlement a conservé à l'État tous les pouvoirs qui lui permettent d'exercer la responsabilité de la politique économique et sociale, de maintenir les grands équilibres, notamment en matière de finances publiques ou de sécurité (Tymen (éd.), 1988). Dans le domaine des politiques sanitaires et sociales, l'engagement de l'État social s'est manisfesté par plusieurs modes d'intervention : le souci de maîtrise des dépenses publiques, la catégorisation des populations cibles et la tentative de concertation avec les partenaires sociaux.

Les effets de la décentralisation

Quinze ans auront été nécessaires, de 1964 à 1977, pour construire une administration sanitaire et sociale, sinon prestigieuse, du moins relativement cohérente. Au moment où l'édifice s'achève, la décentralisation vient rompre un équilibre patiemment élaboré. D'une part, le décret de 1986, qui adapte le Code de l'aide sociale aux lois de décentralisation, ne définit pas ce que doit être une politique de solidarité locale. Il apparaît nettement que le processus engagé traduit davantage un objectif de partage des responsabilités à l'égard des politiques publiques qu'une volonté de transformation des modes d'intervention sociale, même si parallèlement de nouvelles pratiques sont apparues dans ce domaine. Les professionnels et les sociologues soulignent aussi en général que la décentralisation relève surtout d'une logique administrative et ne signifie pas forcément un rapprochement du pouvoir et des citoyens (Rondin, 1985, Crozier, Trosa, 1992).

La décentralisation correspond à un transfert important des compétences et des moyens d'action : deux tiers des services extérieurs de l'État sont passés au département dans le domaine sanitaire et social. Les conventions passées avec les Conseils généraux se sont traduites par le transfert de 50 000 agents entre 1983 et 1987, dont 70 % pour les services départementaux. Les DDASS ont alors connu une position de subordination administrative. En effet, les services extérieurs de l'État ont été coupés des réseaux locaux à la suite des transferts de compétences. Et dans le même temps, ces services gardaient la charge de « l'action sanitaire », c'est-à-dire essentiellement du contrôle des établissements hospitaliers publics, mais en ayant perdu plus de la moitié de leurs cadres. Les DDASS étaient au cœur de réseaux complexes d'accords conventionnels et travaillaient en permanence avec les élus locaux, les hôpitaux, les professions de santé. Les fonctionnaires avaient des marges de manœuvre considérables, d'autant qu'ils étaient assez éloignés de la tradition hiérarchique.

Par la décentralisation, l'État a voulu centrer son action sur les fonctions de régulation globales. Ces fonctions appelaient des qualités d'expertise, des compétences en prospective, nouvelles, que les services ne purent acquérir facilement, privés qu'ils étaient d'une partie de leur personnel et, par là même, submergés de tâches administratives. Une grave crise morale a affecté les services déconcentrés, à laquelle la politique de « renouveau du service public » a tenté d'apporter des remèdes.

2 LES FORMES NOUVELLES DE L'INTERVENTION SOCIALE

Trois nouveaux principes ont marqué l'évolution de l'intervention sociale au cours des quinze dernières années : la décentralisation des compétences, la territorialisation, au sens de l'élaboration et l'application de la politique sociale à l'échelon local, et la contractualisation entre les institutions sociales et les bénéficiaires. Ces évolutions se traduisent par la recherche de compromis locaux fondés sur des partenariats multiples entre acteurs institutionnels, y compris les associations qui interviennent de plus en plus dans le domaine sanitaire et social en acceptant des missions d'intérêt public (Laville, 1995, Hanet-Kania, 1996). Jean-Daniel Reynaud (1989) voit surtout dans ces évolutions l'apparition de nouveaux modes de régulation : la recherche de compromis locaux sur une base consensuelle a pour fonction essentielle de pallier le non-dit ou le non-formulé des actions à mettre en œuvre. Très souvent, la loi ne prescrit rien de façon très précise, mais oblige à en discuter pour se mettre d'accord. Ceci est particulièrement visible dans la conception des actions d'insertion à élaborer dans le cadre de la politique du RMI (Paugam, 1993).

Ces évolutions se traduisent inévitablement par des inégalités territoriales. Contrairement à l'Allemagne où ces dernières sont acceptées, elles sont perçues en France comme contraires aux principes de l'égalité républicaine et considérées comme l'expression d'un affaiblissement inquiétant du pouvoir de l'État et de sa capacité de contrôle. Certains y voient l'origine de la crise d'identité des corps de fonctionnaires (Bodiguel et Rouban 1991). Pour y remédier, on continue à faire appel aux solutions traditionnelles de régulation du social, ce qui conduit à cette situation paradoxale : d'une part, la volonté de conjurer l'impuissance de l'État par la décentralisation, le partenariat et la contractualisation est souvent affirmée et jugée tout à fait conforme aux pratiques désormais institutionnalisées, mais, d'autre part, l'attente à l'égard de l'État reste vive, en particulier lorsque les dysfonctionnements administratifs liés à la décentralisation deviennent manifestes. L'État est parfois même réinvesti d'une légitimité d'intervention au nom de sa neutralité attendue.

Toutes ces questions ont été posées au moment du vote de la loi sur le RMI le 1er décembre 1989 et ont fait l'objet de multiples débats depuis cette date, à tel point que cette politique porte en elle-même la trace d'une ambition de changement et les signes d'une continuité dans les représentations collectives et les pratiques de lutte contre la pauvreté. Il convient donc de la prendre comme un exemple des tensions qui se manifestent au cœur de l'État-providence.

2.1. Solidarité nationale et solidarité locale

La lutte contre la pauvreté et l'exclusion doit-elle relever de la solidarité nationale ou locale ? Dans les pays fortement attachés au rôle de l'État comme en France, la réponse spontanée est de rappeler la dette de la nation tout entière face aux plus démunis. En France, en effet, la thèse selon laquelle l'assistance aux pauvres doit être un service national, assuré dans l'intérêt commun, est ancienne (elle s'est formée au XVIIIe siècle).

On peut toutefois se demander, aujourd'hui, à partir de l'exemple de la loi sur le revenu minimum d'insertion votée le 1er décembre 1988, si cette tradition de l'intervention étatique n'est pas au moins partiellement remise en question. Cette loi s'applique sur l'ensemble du territoire français et relève par conséquent de la solidarité nationale, mais, en même temps, elle exige des acteurs locaux qu'ils prennent en charge son volet essentiel, à savoir l'insertion. Il ne s'agit pas seulement d'inciter les départements à prendre leurs responsabilités, mais bien de les obliger à développer leurs propres programmes en inscrivant annuellement dans un chapitre individualisé de leur budget un crédit pour le financement des actions destinées aux allocataires du RMI[1].

L'ambition d'un nouveau contrat social

Il ressort des débats parlementaires que le traitement de la pauvreté ne doit pas être exclusivement l'œuvre de l'État. Inspirateur de cette loi, Michel Rocard disait lui-même que « c'est de l'engagement de tous, associations, communes, départements, administrations, autour du programme départemental d'insertion que viendra le succès ». Soucieux de renforcer l'efficacité des pouvoirs publics dans l'esprit de la décentralisation, il prônait « une éthique de la solidarité renouvelée et approfondie[2] ». Cette philosophie de l'action politique trouve probablement sa source dans les luttes pour les droits de l'homme menées depuis les années soixante-dix et dans la critique radicale du « tout est politique ». L'ambition, peut-être aussi l'utopie, était d'aboutir à une nouvelle forme de contrat social non fondé exclusivement sur les politiques étatiques, mais surtout sur la redécouverte de l'éthique dans les rapports sociaux. Pierre Rosanvallon, proche de ce courant de pensée, avait souligné, au début des années, face à la crise de l'État-providence, qu'il n'y avait pas d'autre voie possible que de « rapprocher la société d'elle-même », c'est-à-dire « de la rendre plus épaisse, de multiplier les lieux intermédiaires de composition sociale, de réinsérer les individus dans des réseaux de solidarité directs » (Rosanvallon,

1 Ce crédit, rappelons-le, doit être égal à 20 % des sommes versées par l'État dans le département au cours de l'exercice précédent au titre du RMI.

2 Michel Rocard, « Pour une solidarité renouvelée, pour un partenariat actif », *in* B. Kouchner, 1989, p. 367-372.

1981). La redécouverte de la pauvreté dans cette décennie a contribué à conforter cette analyse des dysfonctionnements sociaux et de l'impuissance de l'État-providence.

C'est la raison pour laquelle, le revenu minimum d'insertion n'a pas été conçu seulement comme une allocation complémentaire dans le système de protection sociale. Il a été élaboré comme un moyen de renforcer la cohésion sociale par la participation de tous. Les déclarations des parlementaires relevaient d'un appel au sens civique. La problématique du lien social y était souvent formulée, aussi bien d'ailleurs par la gauche que par la droite même si derrière le principe unanimement accepté de la nécessité de renforcer la cohésion sociale, il y avait des options différentes sur le « plus » ou sur le « moins » d'État. Toutefois, le texte qui a été adopté confirme la recherche d'un équilibre entre la solidarité nationale à la charge de l'État et la solidarité locale dans la mise en œuvre des actions sur des territoires plus restreints. Il prévoit des instances locales de concertation pour concevoir des solutions adaptées aux besoins des allocataires (la commission locale d'insertion et le programme départemental d'insertion).

2.2. La logique du contrat

L'intérêt pour le RMI et la mobilisation des pouvoirs publics qu'il a provoqué résultaient aussi de l'ambition d'articuler un système de garantie de ressources à un ensemble d'aides complémentaires visant l'insertion sociale ou professionnelle.

Le principe d'insertion a nourri au Parlement un débat de qualité sur les engagements de l'allocataire dans le cadre d'un contrat avec une commission locale dite d'insertion. La réflexion a porté aussi sur les devoirs de la collectivité, en particulier sous la forme d'actions susceptibles de redonner confiance et espoir aux plus démunis en renforçant leur participation à la vie économique et sociale. Dans cet esprit, la loi a prévu que chaque département élabore et applique un programme départemental d'insertion.

Pour le délégué interministériel au RMI, l'objectif est « de prendre appui sur une prestation pour aider ses bénéficiaires à conquérir, autant qu'il est possible, leur autonomie sociale et économique. L'allocation n'est que la base d'un droit plus global : le droit à l'insertion, qui a d'ailleurs pour corollaire un devoir d'insertion pour la collectivité nationale » (Fragonard, 1989).

Les juristes se sont posé de nombreuses questions au sujet de la valeur juridique du contrat instauré dans le cadre du RMI. S'agit-il d'un droit octroyé ou d'un contrat (Mathieu-Cabouat, 1989) ? Puisque les obligations des parties restent floues, ne s'agit-il pas d'un double engagement de « bonne conduite » (Alfandari, 1989, Lafore, 1989) ? On peut voir, dans cette indétermination juridique, un affaiblissement des normes traditionnelles qui sont imposées aux individus par la contrainte ou la manipulation et la recherche de compromis à travers les processus de production ou de négociation de règles non formulées à l'avance. Au moment de la Révolution française, on a proclamé l'obligation au travail pour les pauvres valides. Même si les moyens mis en œuvre pour atteindre l'objectif fixé étaient relativement limités – en tout cas insuffisants –, le système normatif de référence était clair et imposé fermement. Aujourd'hui, dans le cadre du RMI, on ne dit pas exactement ce que doit être l'insertion, mais paradoxalement on affirme qu'il s'agit bien d'un impératif national. Autrement dit, on définit un cadre général, on affirme une volonté collective, mais on laisse le soin à tous les acteurs de terrain de s'accorder, de s'adapter aux situations de pauvreté qui sont par définition complexes. Il s'agit, en fait, d'une politique de régulation du lien social qui consacre la tendance actuelle des sociétés modernes à développer des mécanismes de contrôle et des normes dans les rapports que les acteurs entretiennent les uns avec les autres (Crozier, 1991).

La pédagogie du contrat

On pourrait à la limite définir le contrat d'insertion comme un instrument au service de la négociation autour de différentes formes de participation aux échanges de la société. Il s'agit en effet d'un moyen de renouer des liens sociaux. La forme juridique du contrat n'est donc pas exclusivement au service de la détermination précise des obligations et des devoirs des différentes parties, en l'occurrence l'allocataire et la Commission locale d'insertion, elle correspond plutôt à un cadre général qui encourage la recherche de solutions.

Les travailleurs sociaux ont une influence limitée sur l'offre d'insertion, mais ils jouent en revanche un rôle central dans l'élaboration des contrats. D'une façon générale, le contrat d'insertion en lien avec le versement de l'allocation est considéré par eux comme l'intérêt majeur du RMI par rapport aux autres systèmes d'aide. Avant le RMI, la seule prise en charge administrative des difficultés budgétaires des familles démunies leur posait de nombreux problèmes. La distribution d'aides financières en fonction de leur propre perception des situations rencontrées sur le terrain les faisait entrer dans une relation assistancielle complexe dans laquelle ils éprouvaient souvent le sentiment de ne pas pouvoir exercer entièrement leur mission éducative et d'accompagnement social. Pris dans l'engrenage d'un processus qui contribuait à construire des carrières d'assistés, et parce qu'ils étaient bien obligés de répondre à l'urgence, ils ne parvenaient pas toujours à élaborer avec les personnes qui s'adressaient à eux un véritable « projet ». Celui-ci d'ailleurs était d'autant plus difficile à étayer par des actions précises que les moyens institutionnels existants dans les départements étaient souvent très limités.

Il est clair, au moins sur le principe, que le contrat appuyé sur l'allocation introduit aux yeux de la plupart des travailleurs sociaux un nouveau dynamisme. L'objectif est de rendre le bénéficiaire plus responsable. Cette procédure renforce une pratique qui était déjà au cœur du travail social mais de façon plus informelle. La relation inter-individuelle qui se noue à cette occasion entre le travailleur social et l'allocataire du RMI donne au premier des moyens plus importants, sans doute aussi plus légitimes, pour apporter au second confiance et réconfort et susciter ainsi chez lui l'ambition d'élaborer un projet pour son avenir. Le contrat est pris généralement dans une logique pédagogique, celle qui correspond à la culture professionnelle du travailleur social : respect des personnes, souci de l'adhésion, réponse à la demande. Dans ce cadre général qui privilégie la relation interindividuelle, il ne saurait être question de rendement, même si autour des statistiques sur le nombre de contrats signés dans le département se mesure en permanence la performance des institutions chargées du RMI.

On observe toutefois des variations importantes dans les pratiques. Certains se réfèrent au principe du droit, d'autres au principe de la contrepartie. Pour les premiers, le contrat doit correspondre à une demande des allocataires, il ne saurait être imposé. Pour les seconds, le contrat est utilisé comme un moyen de persuasion efficace. La possibilité d'une suspension de l'allocation devient alors une arme pour faire adhérer plus rapidement l'allocataire à un projet « réaliste ». Dans cette perspective, il ne saurait être question de laisser des allocataires sans contrat. Il faut les inciter, au contraire, à faire rapidement toutes les démarches pour aboutir à une signature.

Il ressort de toutes les observations départementales (MIRE, 1991) que la première conception semble avoir été la plus répandue. La notion de contrepartie, étant donné la crise de l'emploi, est difficile à préciser et les travailleurs sociaux admettent de plus en plus qu'un individu doit pouvoir être inséré même s'il n'a pas d'emploi. En conséquence, il faut, d'après eux, encourager la recherche d'autres modes d'intégration sociale, en laissant aux allocataires le choix de définir eux-mêmes les modalités d'un projet de participation à la vie collective au sens large.

En définitive, on pourrait dire que le contrat d'insertion est à la fois un contrat pédagogique parce qu'il est fondé dans la pratique sur une relation interindividuelle et le principe du consentement mutuel, mais il est aussi un contrat de partenariat public, puisque sont mobilisés à cette occasion, entre autres par l'action des travailleurs sociaux, les moyens mis en œuvre par la collectivité dans son ensemble.

Cette pratique du contrat n'est pas spécifique au RMI. On la retrouve désormais dans la conception de la plupart des politiques d'intervention sociale, en particulier dans les actions engagées dans le cadre de la politique de la ville (Donzelot, Estèbe, 1994).

2.3. Les limites de la régulation

Après environ dix ans d'expérience, le RMI peut être considéré comme un mode de régulation du lien social pour deux raisons. La première est liée aux mutations de l'action sociale : le RMI a renforcé les modes de prises en charge de la pauvreté à l'échelon local et encouragé le partenariat entre les institutions. Il a apporté une réponse aux limites que rencontrait l'État-providence en élargissant le champ de la solidarité à d'autres acteurs, en particulier les collectivités locales et les associations. La deuxième raison est liée aux solutions qui ont été proposées aux allocataires pour essayer de sortir des contradictions de l'assistance et favoriser leur participation aux échanges de la vie économique et sociale.

Dans son rapport final, la Commission nationale d'évaluation du RMI (1992) n'hésitait pas à parler d'une « avancée sociale incontestable ». Cette nouvelle allocation a offert aux plus démunis une plus grande sécurité matérielle face aux risques de l'extrême pauvreté et l'accès à des droits sociaux essentiels. La garantie d'un revenu a permis aux allocataires de satisfaire des besoins élémentaires et d'atténuer leurs difficultés financières.

Cependant, si le RMI correspond à un nouveau mode de régulation du lien social, il comporte aussi des limites et ne peut être considéré à lui seul comme « la » solution au traitement de la pauvreté. On évoque aussi, le plus souvent, la faiblesse des résultats en matière d'insertion professionnelle. Dans l'enquête menée en 1990 et 1991 par le CERC, seuls 8 % environ des allocataires avaient accédé à un « vrai » emploi et ne touchaient plus le RMI à la dernière interrogation. Si l'on juge le RMI en fonction de ses effets sur le retour à l'emploi – ce qui était à en croire les déclarations des parlementaires l'objectif principal de la loi –, il faut admettre la modestie du bilan, voire l'échec, d'autant plus que le nombre global d'allocataires n'a cessé de croître[3]. Cette évolution s'explique tout d'abord par la détérioration de la situation économique. Dans les départements où le taux de chômage est élevé, les allocataires du RMI sont fortement représentés dans la population. Lorsque le marché de l'emploi se dégrade, le nombre de personnes ayant recours au RMI augmente et le nombre de ceux qui peuvent en sortir est faible. Conçue comme une aide provisoire dans un « itinéraire d'insertion », cette allocation risque donc d'être une solution durable pour une grande partie des allocataires éloignés du marché de l'emploi.

De fortes disparités départementales

L'inégalité des moyens engagés par les départements (pouvant aller de un à quatre) est à la fois la conséquence de structures économiques et sociales contrastées et d'une intensité variable du tissu associatif. Elle se traduit par une inégalité des chances des allocataires de s'insérer ou, tout au moins, d'améliorer leur situation, ce qui est contraire à l'esprit de la loi. Certes, tout comme les faibles résultats dans le domaine de l'accès à l'emploi, on pouvait s'y attendre. En confiant la responsabilité de l'insertion aux collectivités locales, l'État a pris le risque de voir certains départements rechercher activement des solutions nouvelles et adaptées et d'autres, au contraire, se contenter d'une simple gestion administrative ou parfois même refuser tout simplement d'appliquer les textes. La décentralisation est un processus encore inachevé. Les équilibres entre les formes de solidarité ne sont pas encore trouvés. Les blocages actuels relèvent d'un véritable cercle vicieux : tant que les collectivités locales feront preuve d'un manque de dynamisme, l'État se verra obligé d'intervenir en imposant des sanctions diverses, ce qui ne peut que l'éloigner de son rôle d'animateur de la politique sociale, mais, d'un autre côté, tant qu'il exercera une pression menaçante sur les pouvoirs locaux décentralisés, il risquera de retarder d'autant leur prise de responsabilités et d'engendrer des dysfonctionnements administratifs.

3 À la fin de l'année 1996, le RMI était perçu par 903 800 allocataires en métropole et 106 700 dans les départements d'outre-mer, soit au total par plus d'un million d'allocataires. À la fin de l'année 1990, c'est-à-dire après deux ans d'application de la loi, le RMI concernait au total 451 100 allocataires. En six ans, le nombre a donc doublé. Le taux de croissance de cette population a été de 15 à 20 % en métropole jusqu'à 1995. Il a fortement diminué ensuite.

2.4. Vers de nouveaux projets de réforme ?

Les limites du RMI ne remettent pas entièrement en cause les actions qui ont été menées, mais elles incitent à en élaborer de nouvelles. La diffusion rapide, à partir du début des années quatre-vingt-dix, de la notion d'exclusion accompagne cette nouvelle réflexion. Si, désormais, la plupart des problèmes sociaux sont appréhendés à travers cette notion, il faut y voir à la fois le résultat de la dégradation du marché de l'emploi particulièrement forte au début de cette décennie, et des difficultés que rencontre le RMI, mais aussi l'évolution des représentations et des catégories d'analyse (Paugam, 1996).

La question de l'exclusion se traduit par une recherche active de solutions et mobilise des acteurs dans des sphères très diverses de la société. Cette réflexion générale est susceptible de transformer peu à peu les modes d'intervention auprès des populations jugées défavorisées. C'est du moins dans cet esprit que tous les principaux candidats à l'élection présidentielle de 1995 conçurent un programme d'action contre l'exclusion. Après une assez longue période de préparation et conformément aux engagements de Jacques Chirac durant sa campagne, un « avant-projet de loi d'orientation relatif au renforcement de la cohésion sociale » fut présenté de façon officielle en septembre 1996. Le débat à l'Assemblée nationale commença au printemps 1997. Celui-ci fut abandonné après l'annonce par Jacques Chirac de la dissolution de l'Assemblée nationale.

Le texte soumis au débat parlementaire affirmait tout d'abord le devoir national de permettre l'accès aux droits de tous afin de garantir une réelle égalité des chances. Il s'opposait dans son principe à un droit spécifique des exclus et constituait un cadre de référence pour l'action publique se traduisant notamment par une série de réformes dans le domaine du logement, de l'accès aux soins, de l'insertion professionnelle, de la lutte contre l'illettrisme (Lafore, 1996). Mais, dans l'ensemble, ce projet semblait s'inscrire davantage dans une logique de redéploiement des moyens et d'adaptation des structures institutionnelles existantes que d'une réelle innovation dans les modes d'intervention. Alors que le texte précisait qu'il fallait envisager des réformes globales fondées sur une approche universelle des droits, il ne se détachait pas vraiment de la conception traditionnelle de l'intervention sociale catégorielle et curative fondée sur la désignation des populations les plus défavorisées. Le projet risquait de créer de nouvelles « populations cibles » sans s'attaquer en profondeur aux logiques du processus d'exclusion. Pour toutes ces raisons, il apparaissait en décalage par rapport aux attentes de tous ceux qui espéraient une politique volontariste et innovante.

Après la victoire de la gauche aux élections législatives, le nouveau gouvernement prépara un nouveau programme d'action et un projet de loi fut à nouveau présenté à l'Assemblée nationale en mai 1998. Le programme d'action se distingue notamment du précédent par l'importance des moyens financiers engagés (50 milliards de francs). Celui-ci ainsi que le texte de loi préconisent des actions préventives contre les formes diverses de l'exclusion en soulignant la nécessité de l'accès de tous aux droits fondamentaux comme le droit au logement et à la santé. Incontestablement, une plus grande concertation gouvernementale a permis de répondre aux critiques qu'avait soulevées le projet précédent. Cependant, aussi bien le texte de loi que le programme d'action apparaissent encore bien maigres dans le domaine de l'éducation et de la lutte contre l'échec scolaire. Les solutions proposées pour faciliter l'insertion professionnelle restent également très proches de celles qui ont été expérimentées dans les années passées et dont on connaît pourtant l'effet limité.

Au-delà des limites de ces projets successifs, il convient surtout de souligner la difficulté de l'État-providence à se réformer et à apporter des solutions vraiment nouvelles. L'État-providence n'est plus seul à dire le bien public. Sa légitimité n'est pas entièrement remise en question, mais elle se trouve en compétition avec des associations, des groupes d'intérêt divers qui suscitent de nouvelles demandes politiques et attendent des réponses immédiates. Son champ d'intervention ne cesse de s'élargir en raison de l'apparition de nouveaux problèmes (drogue, logement des démunis, banlieues, violences scolaires, sida, mouvement des chômeurs, etc.) mais il ne maîtrise pas entièrement les moyens de leur résolution, si bien que la réponse à l'urgence devient bien souvent la seule politique envisageable, même si, on le sait, elle n'apporte rien en profondeur.

L'État-providence ne s'engage plus dans des politiques de long terme. Il se contente souvent de subventionner des associations, lesquelles se définissent en fonction des champs traditionnels ou nouveaux de son intervention. Les cloisonnements institutionnels se reproduisent ainsi dans le champ associatif. Les associations ne sont pas capables d'interpeller l'État de façon globale, ni de penser le social dans sa globalité. La politisation des problèmes dépend alors de plus en plus des médias et des évolutions de l'opinion publique.

3 LA LOGIQUE DE L'EXPÉRIMENTATION : LA POLITIQUE DE LA VIEILLESSE

Un nouveau modèle d'intervention publique semble se dessiner où la négociation (recherchée) avec les groupes d'intérêt intègre le processus de construction des politiques. L'État se révèle incapable d'élaborer et d'énoncer une doctrine collective dans le domaine de la santé et dans le domaine social. La crise de l'État est trop souvent appréhendée comme une crise du management public et des modes de gestion et d'organisation, alors qu'elle est surtout une crise qui se traduit par l'incapacité de construire une représentation collective des problèmes et de concevoir une doctrine d'intervention. Cette incapacité est sans doute liée, au moins partiellement, à un déficit de légitimité. La critique néolibérale, en soumettant l'administration à une lecture économique serrée, a miné la légitimité dont pouvaient se prévaloir les fonctionnaires. On peut parler d'une crise idéologique. Non seulement l'arrangement, hier ignoré, est devenu central, mais l'autorité de l'État se fonde de moins en moins sur le fait du prince et de plus en plus sur la capacité de mobiliser les ressources nécessaires pour faire avancer les négociations.

L'arrangement institutionnel est devenu une notion clé. La décision politique qui précédait toute application, est de plus en plus définie et légitimée à partir de mises en œuvre expérimentales. La logique de l'expérimentation traduit un élargissement de la sphère de définition des politiques publiques, qui dépasse largement l'État pour inclure beaucoup d'autres acteurs.

Le système français de protection sociale met en lumière un autre aspect de la crise de l'État-providence. Il s'agit de la nécessaire redéfinition des domaines d'intervention. Plus précisément, les frontières entre les « risques » tels qu'ils ont été historiquement construits sont à repenser. Comment distinguer clairement, dans le cas de la dépendance des personnes âgées par exemple, ce qui relève de la maladie, de la vieillesse, de la famille ? Les problèmes auxquels veulent répondre les politiques publiques mêlent les différents risques et posent donc la question du fondement même de ces politiques, des liens entre l'assurance et la solidarité tout particulièrement. La logique de l'expérimentation vise alors à prendre la mesure des problèmes pour définir la nature des politiques à définir et à en apprécier la faisabilité. L'expérimentation récente en matière de prise en charge des personnes âgées dépendantes en est un exemple.

3.1. Les contraintes de la démographie et l'émergence d'un nouveau problème public

L'allongement de la durée de la vie est une évolution marquante des sociétés démocratiques et productivistes. Depuis les années soixante, plusieurs facteurs concourent à accentuer ce phénomène : l'amélioration générale des conditions de vie, la meilleure maîtrise des maladies cardiovasculaires, la diversification des antibiotiques, la baisse de la fécondité. Une des conséquences en est le viellissement de la population qui fait craindre un accroissement important de la population âgée dépendante.

L'appréciation de la réalité de la dépendance chez les personnes âgées est difficile et leur nombre varie sensiblement selon les études et les paramètres utilisés, allant du simple au triple, de 500 000 à 50 000. Une enquête de l'INSERM en 1990 recensait parmi les 7,52 millions de personnes de plus de 65 ans : 18 000 confinées au lit ou au fauteuil, c'est-à-dire complètement dépendantes, 23 000 ayant besoin d'un tiers pour la toilette (personnes semi-dépendantes), et 91 000 ayant besoin de l'aide d'un tiers pour sortir de leur domicile (personnes peu dépendantes), soit un total de 1 330 000 personnes. Le rapport Schopflin, conscient des difficultés d'évaluation, présentait une fourchette, estimant le nombre de personnes âgées dépendantes entre 1 113 000 et 1 460 000.

La genèse d'une politique publique

Entre 1960 et 1980, la dépendance des personnes âgées va peu à peu émerger comme problème public. Jusqu'aux années soixante, il n'y a pas à proprement parler de prise en compte du problème de la dépendance des personnes âgées. La politique en leur faveur s'est limitée à la politique des retraites. Celle-ci a permis une nette amélioration du niveau de vie au cours des vingt dernières années, portant le revenu moyen des retraités au-dessus du revenu moyen des actifs. Il est convenu de voir dans le rapport Laroque de 1962 l'amorce d'une politique française de la vieillesse. La commission chargée de ce rapport constate l'exclusion croissante des personnes âgées et met en avant le concept de solidarité pour promouvoir leur intégration dans leur environnement. On sort de l'objectif d'assistance aux vieillards auquel on s'était jusqu'alors limité. Ce texte est certes très généraliste, mais il n'en marque pas moins une étape importante dans la progressive mise en œuvre d'une politique novatrice.

Durant les années soixante-dix, une prise en charge de la vieillesse dépendante s'ébauche. Le VIe plan (1971-1975) tend à promouvoir l'action en faveur des personnes âgées dépendantes, notamment par la médicalisation des structures d'hébergement et la création des sections de cure médicale. En 1975, une loi relative aux personnes handicapées institue l'allocation compensatrice pour tierce personne. En 1978 sont également institués les services de long séjour et la double tarification créant ainsi un forfait soin à la charge de l'Assurance maladie et un forfait hébergement pris en charge par la personne et /ou ses descendants ou l'aide sociale.

Un bilan plutôt négatif de ces différentes mesures est dressé par le rapport « Vieillir demain », élaboré dans le cadre de la préparation du VIIIe plan. La priorité du maintien à domicile ne s'est pas traduite dans les faits : les logements des personnes âgées sont encore souvent inadaptés, les initiatives locales insuffisantes et les services d'aide ménagère de médiocre qualité. En matière d'hébergement collectif, le rapport dénonce les hospitalisations injustifiées en court séjour, l'insuffisante médicalisation des établissements sociaux, la prise en charge inadéquate en long séjour qui s'apparentent parfois à des mouroirs.

C'est en 1986 que la commission nationale d'étude sur les personnes âgées dépendantes publie un rapport (rapport Théo Braun) dont l'objectif est d'analyser les causes précises de la dépendance et l'inadéquation des réponses apportées. Ce rapport propose alors « l'assurance autonomie » pour les retraités ou l'ouverture d'une prestation en nature dans le cadre de l'allocation compensatrice pour tierce personne. Les réflexions vont dès lors s'intensifier, plusieurs études sont mises en chantier. En effet, de 1989 à 1993, pas moins de six rapports vont se succéder à un rythme accéléré : la question de la dépendance est devenue un problème politique. Toutes les propositions d'intervention publique recensées depuis 1986 s'ordonnent autour d'une critique de ce qui existe.

Mais le consensus ne lève pas tous les obstacles. Les ambiguïtés demeurent après vingt ans de débats et d'avis d'experts. Le nombre de projets, leur succession, ont laissé le sentiment que cette politique était bel et bien indécidable. Cinq projets de lois sur la prise en charge de la dépendance et en vue d'instituer une allocation de dépendance au profit des personnes âgées verront le jour de 1991 à 1993. Aucun de ces projets n'aboutira.

3.2. Le choix de l'expérimentation

La difficulté à trancher ces différentes questions, l'obstacle que représente le financement d'une politique dont on mesure mal l'ampleur et le coût (la dépendance elle-même étant difficile à évaluer) ont conduit le gouvernement à choisir d'expérimenter à compter du 1er janvier 1995 sur quelques sites un dispositif nouveau dont le cahier des charges a été défini par l'État. 41 départements se sont porté volontaires pour conduire cette expérimentation, 12 ont été retenus.

Le dispositif d'expérimentation au niveau départemental d'une prestation dépendance versée à des personnes âgées dépendantes résidant dans un domicile individuel, a été instauré par la loi du 25 juillet 1994. Il fut appliqué à partir du 1er janvier 1995 dans le cadre de conventions départementales conclues entre les différents intervenants : conseils généraux, organismes de Sécurité sociale, collectivités territoriales, représentants de l'État. Les objectifs poursuivis, consignés dans un cahier des charges, sont nombreux : la validation d'une grille nationale d'évaluation de la dépendance reconnue par toutes les institutions, la mise en place d'une coordination autour de la personne âgée dépendante, la coordination de l'offre de services et enfin la mise en place d'une prestation dépendance.

La prestation expérimentale dépendance a connu des mises en place contrastées selon les départements. Les configurations d'action ont été plus ou moins diversifiées avec un engagement variable des conseils généraux. La place réservée aux prestataires de service a été aussi variable : certains départements les ont associés à la conception même du dispositif d'intervention en leur donnant un rôle majeur, alors que d'autres départements les ont intégrés au moment de l'application d'un dispositif élaboré sans eux dans un souci affiché de « neutralité du service public ». De même, le nombre de dossiers traités et de situations bénéficiant du versement de l'allocation a été très variable, allant de quelques centaines à deux mille en Ille-et-Vilaine.

Ces expérimentations ont donné lieu à des évaluations locales et nationales. Malgré la diversité des sites expérimentaux, les résultats des évaluations sont concordants : on parle d'un « succès mitigé ». Côté bénéficiaires, la satisfaction est grande, bien que la prestation ait permis le plus souvent aux personnes âgées de conserver les mêmes aides. On observe encore une forte mobilisation des acteurs locaux qui se voient reconnus dans ce qu'ils considèrent comme leur « vrai » métier, l'action sociale auprès des personnes bénéficiaires. Le dispositif expérimental a favorisé aussi un réel partenariat, une « synergie » entre les divers partenaires bien conscients de la balkanisation des administrations publiques et des prestataires et de ses effets pervers. Enfin, le principe même de l'évaluation a été bien accueilli et parfois utilisé par les différents partenaires, dans un souci d'apprentissage collectif. Les aspects positifs sont essentiellement locaux. Ils concernent la mise en œuvre qui, en l'espèce, ne relève pas de l'exécution mais de la définition de ce qui doit être fait localement et de la mise au point d'outils d'intervention.

En revanche, il est clair que la nouvelle prestation ne répond pas aux attentes en matière de prise en charge de la grande dépendance. Elle n'a pas répondu davantage aux espoirs de création d'emplois qui motivaient particulièrement les élus locaux. La prestation expérimentale a créé de l'activité rémunérée, souvent à temps très partiel et sous des statuts hétérogènes pour des activités semblables. Il est donc impossible de parler de création d'emplois au sens commun du terme qui sous-entend qualification et statut. En fait, le calendrier prévu pour l'expérimentation n'a pas été suivi et les dérives dans le temps comme le flou qui a entouré la poursuite du programme d'évaluation ont déteint sur son contenu final. La décision politique ne s'est pas appuyée sur l'évaluation. L'expérimentation n'est pas un processus de définition d'une politique publique mais un moyen d'apprécier l'ampleur de ses effets et la faisabilité d'un dispositif. La décision politique, qui à l'initiative du Sénat, a donné lieu à la loi de décembre 1996, a été prise bien avant la fin de l'évaluation de la nouvelle prestation. Il semble cependant que les enseignements qui pourraient en être tirés devraient être utiles pour la rédaction des décrets d'application de la loi. La nouvelle loi ne règle pas la question de la dépendance, elle ajoute un nouvel élément au puzzle existant.

3.2. Les limites de la logique de l'expérimentation

L'expérimentation pouvait-elle réellement aider à la définition d'une politique publique en matière de dépendance là où vingt ans de rapports d'experts ont échoué ? C'est douteux. Car les dispositifs expérimentaux, s'ils associent de nombreux acteurs de terrain, ne génèrent pas pour autant le débat public nécessaire aux choix politiques cruciaux. B. Jobert, à propos du lent processus de définition d'une politique concernant la dépendance des personnes âgée, a parlé de « non-décision exemplaire » (Jobert, 1993). Le problème est peu visible et donne lieu à une faible mobilisation sociale. La définition de cette politique se trouve en décalage avec le dispositif existant, conçu à partir du modèle du troisième âge actif et participatif. Aucun groupe professionnel ne s'avère être porteur et la conjoncture globale est défavorable.

B. Jobert attire aussi l'attention sur les « réticences fortes à l'intérieur du gouvernement à ouvrir les vannes à une politique dispendieuse alors que l'on a fait du contrôle des dépenses publiques un élément clé de la stratégie économique... Il apparaît politiquement beaucoup plus aisé de refuser une politique nouvelle que de faire le ménage dans les politiques déjà instituées ». Il s'agit là d'une caractéristique essentielle de l'État-providence dans lequel on ne revient jamais en arrière sur les mesures adoptées. Et le principe de l'expérimentation est fondé sur la définition ou l'adaptation de mesures nouvelles, dans une logique de sédimentation. La refonte d'un ensemble de dispositifs lui échappe.

À la lumière d'une analyse serrée des dispositifs existants, F. Kessler critiquait par avance, en 1994, le choix qui venait d'être fait d'expérimenter, à défaut d'un débat de fond sur un nouveau système : « La démarche récemment esquissée de légaliser le principe d'expérimentations locales d'aides aux personnes âgées dépendantes ne peut être que vouée à l'échec... On peut d'ores et déjà affirmer que la discussion sur la prise en charge des personnes âgées dépendantes est un révélateur des ambiguïtés de la conception française de l'intervention publique dans le domaine social : l'absence de discussion sur les concepts et sur les principes généraux de la protection sociale, la primauté de solutions au moindre coût au détriment de la cohérence du système, le glissement vers une protection publique minimale et sous conditions de ressources, la subsidiarité de l'intervention étatique par rapport à la prise en charge par la famille, montrent que l'idée de l'assurance sociale comme technique de protection contre les risques sociaux est loin d'être acceptée dans notre pays » (Kessler, 1994).

Le choix *in fine* d'une prestation d'autonomie dans une version minimaliste donne à ce texte une dimension prémonitoire. Le souci affiché de tirer des leçons de ce qui peut être considéré comme un apprentissage n'a pas eu d'effet sur le législateur. En effet, la prestation spécifique dépendance gérée par les départements et versée aux personnes âgées dépendantes de plus de 60 ans constitue un net recul par rapport au projet initial de prestation d'autonomie. Variable selon les niveaux de revenu et d'incapacité, cette prestation est plafonnée à 4 400 francs par mois, elle est réservée aux personnes dont les ressources n'excèdent pas 7 600 francs nets mensuels et est récupérable sur succession. Si le principe de l'élaboration d'un plan d'aide par une équipe médico-sociale est retenu, rien n'est dit sur l'articulation avec les autres aides et services à la personne, notamment l'aide ménagère, sauf mécanismes de conventionnements locaux.

L'expérimentation de la prestation dépendance n'a pas contribué à éclairer les choix politiques. Il s'est agi de tester un dispositif d'intervention pour en apprécier globalement le coût et la faisabilité. Les démarches locales ont été encadrées par un cahier des charges national qui arrêtait les grandes lignes du dispositif.

L'expérimentation a donc été centrée sur l'application et l'efficience d'un dispositif d'intervention. Le primat a été donné aux instruments (outils, projets, expérimentations), non à la formulation des objectifs. La démarche a été conçue au niveau central et expérimentée localement. Si l'approche « *top-down* » est abandonnée, on ne peut pas dire pour autant que ce soit une approche « *bottom-up* » qui soit expérimentée. En effet, la démarche est localisée à partir d'un canevas élaboré au niveau central.

Certes, l'expérimentation a permis l'instauration de partenariats fructueux qui ont contribué à une certaine cohérence dans la prise en charge des personnes âgées, mais elle n'a pas été l'occasion de repenser un ensemble cohérent de mesures. Le dispositif s'est greffé sur une sédimentation de dispositifs existants sans pouvoir les mettre en question. Une partie de l'ingéniosité et de l'énergie des partenaires de l'expérimentation s'est déployée à surmonter les incohérences et la lourdeur d'un dispositif fort complexe. Les ajustements trouvés, les outils définis et testés, l'ont été au niveau local et à partir de configurations de coopération spécifiques. Il n'est pas sûr que les apports concrets de l'expérimentation puissent avoir un retentissement élargi au plan national. Comment articuler l'intégration territoriale des politiques sociales et l'intégration verticale d'une politique publique d'État ?

Il faut également souligner le hiatus permanent entre une conception du « social » qui se fonde sur les besoins (illimités) et les idées solidaristes républicaines et une conception qualifiée en opposition d'« économique », et qui se veut nécessaire et réaliste en posant les moyens de financement comme un principe de réalité premier. Il semble que le social se soit construit contre la rationalité économique. L'expérimentation a souvent été menée avec enthousiasme, les professionnels de terrain ayant le sentiment de retrouver leur « vrai » travail en répondant aux besoins par un plan d'aide aux personnes. Mais la prestation expérimentée n'était pas conçue à la hauteur de ces perspectives, en sorte qu'un sentiment d'inachèvement a prévalu faute d'avoir arrêté des principes généraux clairs au départ. Un grand nombre d'associations soulignent le caractère insuffisant de la loi. Le débat porte sur l'allocation de moyens spécifiques et non sur le réaménagement des financements à l'intérieur des budgets sociaux existants, déjà déséquilibrés. Le principe de l'expérimentation trouve là ses limites : il révèle les ambiguïtés de la sédimentation des mesures et des dispositifs et s'arrête au seuil des choix politiques qui restent à faire.

4 À LA RECHERCHE D'UNE COHÉRENCE D'ACTION : NÉGOCIATION ET CONTRAT

La « crise de l'État-providence » est-elle une période transitoire au cours de laquelle le rôle de l'État est appelé à se redéfinir ? Les solutions que préconise l'État-providence actuel sont mises en question, la rationalité politique qui les sous-tend également. La « crise de l'État-providence » relèverait alors d'une sorte de management socio-politique, d'une recherche « d'une nouvelle méthode de progrès social » (Rosanvallon, 1981). Toutefois, le dysfonctionnement passager des économies et le travail d'adaptation qu'il implique n'épuisent pas la réalité de cette crise. Ewald (1986) souligne combien l'incertitude et l'instabilité sont constitutives de l'État-providence, « rebelle à toute détermination stable, à tout engagement qui pourrait le lier pour trop longtemps ». C'est que la société n'admet plus de principes définitifs et indiscutables. « Les sociétés de solidarité ne pensent pas leurs valeurs comme extérieures à elles-mêmes, mais comme objet et enjeu d'un débat, d'un conflit, d'une négociation permanente » (Ewald, 1986). Ainsi la crise serait une réalité *sui generis* de l'État-providence, le type même de régulation du social. Cette hypothèse se révèle féconde pour comprendre l'impossible régulation du système de santé français.

4.1. L'impossible régulation du système hospitalier

Contrairement à la Grande-Bretagne, la France n'a pas connu, au lendemain de la Seconde Guerre mondiale, une réorganisation radicale de son système de santé. Si la Sécurité sociale permettait une socialisation des dépenses de santé, la plupart des producteurs de santé ont continué à appartenir soit aux secteurs privés, soit à dépendre d'organismes publics décentralisés que sont, en fait, les hôpitaux publics (Jobert, 1981). Le consensus ancien et tacite où l'État et l'administration intervenaient au minimum a prévalu jusqu'en 1958. Les ordonnances de 1958 font entrer l'hôpital public dans la modernité. La réforme, audacieuce et volontariste, provoque un développement hospitalier sans précédent bien en phase avec la « mystique de la croissance » promue par les élites modernisatrices de l'État. Le système hospitalier change de nature, littéralement dopé par un système de prix de journées très favorable à l'investissement. Cet essor s'appuie sur une conviction : celle de participer au progrès social et à l'expansion économique générale.

Alors que le système hospitalier connaît un développement très rapide, deux tendances s'affirment. L'inflation des dépenses médicales est de plus en plus financée par la collectivité, la part de la Sécurité sociale devient prépondérante dans le financement public. La seconde tendance est due au progrès scientifique et technique qui, en favorisant le développement d'équipements lourds, a donné à l'hospitalisation une part de plus en plus grande dans les dépenses de santé et a confirmé l'hospitalo-centrisme aux dépens de la médecine ambulatoire.

La réorganisation générale de l'administration territoriale de l'État, en 1964, provoque le regroupement progressif de services éclatés, dans le but de rendre le travail de contrôle et de régulation des hôpitaux plus efficace. Le Comité central d'enquête sur le coût et le rendement des services publics (dépendant du ministère des Finances) avait noté « une mauvaise structure des services ».

La loi du 31 décembre 1970 marque une étape importante dans la définition d'une régulation hospitalière conduite par l'État. La rationalisation du système hospitalier domine les débats. Un service public hospitalier est créé, ouvert au secteur privé (sans grand succès). La Direction des Hôpitaux, au sein de l'administration centrale, est créée la même année ; l'une de ses missions est le contrôle des équipements par l'État, condition nécessaire à la maîtrise des coûts. La politique publique sectorielle adopte la logique de maîtrise des dépenses, priorité du VIIe plan (1976-1980), ce qui signifie qu'en matière hospitalière, l'État aura un rôle central, dans une logique financière. Mais si la maîtrise des dépenses s'impose comme nécessité, elle n'est pas accompagnée d'une définition claire d'objectifs de santé qui permettraient d'associer la profession médicale et les élus à sa réalisation. Au contraire, le ministère des Finances va prendre directement en charge ces questions et l'État va s'appuyer sur l'étendue de son pouvoir réglementaire, donnant ainsi une place déterminante aux arbitrages interministériels et limitant du coup la « publicisation » et la « politisation » des questions de santé, notamment hospitalières (Hassenteufel, 1997).

Si on comprend la régulation comme un ensemble de mécanismes qui rendent compatibles des jeux de variables ou des stratégies d'acteurs qui n'ont aucune raison de l'être *a priori*, on mesure la difficulté pour construire un ensemble de règles d'action acceptable par tous les acteurs hospitaliers. Les rationalités sont trop diverses. La rationalité médicale est pour partie scientifique et technique, pour partie économique, les élus sont sensibles à l'emploi, les préfets manifestent aussi un souci d'aménagement de territoire, les établissements privés recherchent la rentabilité des actes, les tutelles d'État ne coopèrent guère avec l'Assurance maladie, elle-même divisée entre les administratifs et le conseil médical. Par ailleurs, les outils de régulation s'avèrent inadaptés. Il s'agit d'instruments budgétaires normatifs susceptibles de contenir l'évolution trop rapide des dépenses de santé mais dont l'effet a été limité. Les dépenses dérapent et dans le même temps la méconnaissance des coûts persiste. Les médecins restent non contrôlés, les tutelles faibles et peu armées ne disposent ni d'outils pertinents ni d'informations fiables, enfin les inégalités régionales subsistent. La planification ne peut se fonder sur la seule rationalité dans les choix budgétaires, elle suppose d'articuler des domaines d'activités hétérogènes et même incomparables. Contrairement à l'illusion technocratique selon laquelle on peut en dernière analyse décider de la valeur du pour et du contre, les choix s'avèrent pratiquement indécidables, car ils font appel à des valeurs également légitimes et qui sont souvent en conflit.

4.2. La planification repensée : l'apprentissage de la négociation

À la fin des années quatre-vingt, plusieurs événements ont provoqué une évolution des rapports de force et des principes d'action dans le domaine sanitaire. L'apparition du sida et le scandale du sang contaminé ont mis en lumière les carences du système d'action de l'État et la faiblesse des préoccupations de santé publique du corps médical. La lutte contre le sida et la prise en charge des malades ont été construits comme problèmes publics par une controverse alimentée par des associations, des experts, des spécialistes de santé publique mettant en cause le modèle curatif individuel comme fondement de la pratique médicale (Setbon, 1994). Le modèle de santé publique, qui relève du politique plus que de la profession médicale, s'est vu reconnaître alors une certaine légitimité. C'est dans ce contexte qu'a été élaborée et votée la loi de 1991 portant réforme hospitalière. Elle introduit des changements majeurs, en matière de planification notamment, sous forme d'outils et d'échéances à respecter. Les mécanismes de régulation sont régionalisés dans un souci de construction de consensus, de coordination des offres, de meilleure réponse aux besoins de la population.

Les schémas régionaux d'organisation sanitaire (SROS), essentiellement hospitaliers, complètent la carte sanitaire pour prévoir et susciter les évolutions nécessaires de l'offre de soins en vue de satisfaire la demande de santé. La région est donc définie comme espace de concertation, territoire fédérateur où chaque institution (hospitalière, privée ou publique, financeur ou contrôleur) va devoir coordonner son action. L'objectif affiché est de déceler et de réduire les sur-capacités hospitalières mais aussi de développer les complémentarités. Pour la première fois, les différents acteurs du système se rencontrent : les tutelles d'État, les Caisses d'assurance maladie, les gestionnaires et médecins du secteur privé et ceux du secteur public. Pour la première fois, un travail de construction d'un accord fondant l'action commune est entrepris, une unification du « champ cognitif » des hospitaliers (Muller, 1994). Mais les contenus des schémas sont relativement variables, notamment du fait de l'absence de références méthodologiques précises. Les schémas régionaux sont nés d'une réflexion critique sur les mécanismes antérieurs de régulation. Ils procèdent à la fois d'un rejet du modèle du marché et d'un rejet de la planification impérative descendante. On s'appuie sur le marché pour réhabiliter la préoccupation d'efficacité et d'incitation et, par ailleurs, la planification reste confusément et implicitement un modèle de référence pour de nombreux professionnels de santé publique qui voient en lui un modèle efficace reposant sur une logique opérationnelle forte pouvant s'appuyer sur des données scientifiques.

Le ministère chargé de la Santé a donné des recommandations pour l'élaboration des schémas : une équipe projet organise les travaux, un comité régional valide la démarche et en assure le suivi, des comités techniques régionaux d'experts aident à définir les normes, les seuils, les aspects techniques d'aide à la décision. Le schéma régional est donc un outil qualitatif qui permet d'élaborer de façon consensuelle ou plus exactement d'organiser une concertation pour définir des modalités régionales d'action jusqu'alors implicites. Le rôle de l'administration déconcentrée change de nature et s'accroît à la fois. La logique classique de la tutelle s'estompe au profit d'une approche plus stratégique de l'organisation sanitaire et de l'attribution de moyens. Ce qui correspond à un renforcement et à une présence accrue de l'administration d'État. En effet, comme tutelle, l'administration ne pouvait faire référence qu'à la loi qui donne lieu, on le sait, à des interprétations et à des interventions ponctuelles, alors que dans une perspective de priorités stratégiques régionales, l'administration veut devenir l'institution de référence définissant une logique d'action globale et structurante. Mais les SROS ont eu des effets limités, du fait de l'absence d'une conception claire des modes de régulation économique par les différents acteurs du système de santé qu'ils soient élus, techniciens de la santé publique, administrations d'État ou de la Sécurité sociale, producteurs de services ou usagers-consommateurs. Ils n'ont pas permis de créer une véritable articulation entre deux politiques disjointes sinon contradictoires : la maîtrise des dépenses et l'aménagement du territoire. C'est sans doute pourquoi ils n'ont abouti ni à la définition d'une politique de santé, ni à une rationalisation de l'appareil sanitaire.

La création par ordonnance des agences régionales de l'hospitalisation en avril 1996 traduit un engagement fort de l'État dans une logique classique de planification régionalisée. Les agences ont pour mission de définir et de mettre en œuvre la politique régionale d'offre de soins hospitaliers, d'analyser et de coordonner l'activité des établissements de santé publics et privés et de déterminer leurs ressources. Ces dernières sont fixées par l'échelon central sous forme d'enveloppes, en fonction des besoins de la population, des priorités nationales et locales et des coûts des établissements. Les agences régionales de l'hospitalisation sont des groupements d'intérêt public (GIP), administrée par une commission exécutive composée à parité de représentants de l'État et de représentants de la Sécurité sociale, et dont le directeur, nommé en conseil des ministres, a l'autorité d'un PDG. De plus et pour la première fois, un GIP est utilisé comme autorité publique. Le directeur de l'agence a les pouvoirs jusqu'alors dévolus aux préfets en ce qui concerne les allocations budgétaires de l'hospitalisation publique et la planification régionale. Les préfets sont quasiment dépouillés de toute responsabilité en matière hospitalière. Le but est vraisemblablement de soustraire la régulation hospitalière à la logique d'aménagement du territoire représentée par le ministère de l'Intérieur via les préfets. Il est aussi de renforcer et d'articuler une politique de maîtrise des dépenses à une politique de santé publique. La séparation néfaste dans ses effets du payeur et du contrôleur est supprimée pour donner plus de cohérence et de force à la tutelle.

La régulation du système hospitalier est conçue et décidée au niveau central. Ce dernier s'est donné les moyens d'une mise en œuvre régionale via les agences. Entre étatisation et régionalisation, aucun choix n'a véritablement été fait (Imbault-Huard, 1996). Il s'agit plus d'une déconcentration de l'État que d'une décentralisation avec transfert de pouvoir à l'échelon régional. La région en tant que territoire spécifique représente un cadre d'action pour appliquer une politique nationale. On ne peut pas dire qu'une politique de santé régionale puisse être définie, dans la mesure où la réforme entérine la coupure entre le sanitaire et le social. Dans le même temps, on a organisé une concertation locale pour arrêter des modalités d'action et on a centralisé de plus en plus les arbitrages pour préserver l'idée d'égalité de traitement des citoyens et pour essayer d'intégrer les contradictions inhérentes aux choix à faire.

Jusqu'alors le système de santé a pu fonctionner sur un principe d'égalité abstraite : « qui que l'on soit, quelque âge que l'on ait, on avait droit à tous les soins que pouvait nécessiter l'état dont on souffrait » (Ewald, 1986). Le droit à la santé pouvait être non discriminatoire car il permettait la satisfaction indéfinie des besoins. Les choix pouvaient être laissés aux médecins car seule la rationalité thérapeutique était reconnue. Mais les contraintes budgétaires, c'est-à-dire la découverte de la limite des ressources, oblige à intégrer une dimension économique dans les choix médicaux : redoutable question éthique qui dépasse la conscience du professionnel et se manifeste dans de nombreux problèmes juridiques et politiques. Ainsi de l'offre de soins : on croyait organiser une concertation sur des stratégies et des programmes en préservant l'accord sur l'essentiel, le droit à l'accès aux soins, et l'on découvre que la limitation des ressources oblige à faire des choix, c'est-à-dire non seulement à limiter la satisfaction de certains besoins sociaux, mais à renoncer à certaines prises en charge techniquement possibles.

4.3. La découverte des limites appelle des choix politiques

La fin de la période de forte croissance a révélé les déséquilibres budgétaires, connus depuis longtemps mais jusqu'alors supportables. La régulation du système de santé dépasse le problème du financement de la Sécurité sociale. Elle dépasse la seule rationalisation des choix budgétaires, l'encadrement des équipements médicaux, un meilleur management des structures de soins. Il ne s'agit plus de gérer le consensus social sur la mise en œuvre d'une politique de santé mais de décider des valeurs qui fonderont les choix politiques pour satisfaire les besoins de santé jugés prioritaires. Plusieurs questions devront être tranchées.

La première est celle du territoire. Par souci de cohérence, la dernière réforme hospitalière de 1996 a choisi la région comme cadre de mise en œuvre des politiques sanitaires. De nouvelles institutions sont créées pour gérer le système hospitalier, les agences régionales de l'hospitalisation inspirées du modèle anglo-saxon des « agences exécutives ». Une logique contractuelle est promue mais la prépondérance du contrat n'a pas supprimé le mécanisme fondamental de contrôle des équipements hospitaliers qu'est l'autorisation administrative délivrée par l'agence régionale de l'hospitalisation ou le ministre (de Forges, 1996). De fait, le niveau national ne s'efface pas, il s'affirme. La véritable régionalisation n'est pas compatible avec le modèle républicain. D'une part, elle peut générer des disparités qui remettraient en cause le principe de solidarité nationale et d'unité nationale. D'autre part, l'officialisation d'une possible inégalité d'accès aux soins due à la disparité de l'offre et du niveau de dépense par habitant ne paraît pas acceptable. Car le principe constitutionnel de l'égalité serait renié. Tout se passe comme s'il était impossible de débattre publiquement de ces questions et donc de forger une conception politique de la santé qui puisse être énoncée. L'action tutellaire de l'État se conjugue avec l'idée de nation à la française pour former un « ciment symbolique » flou et fédérateur grâce auquel les citoyens sont réputés être égaux en droit, droits civiques et droits créances (donc droit à la santé).

La deuxième question à trancher est celle d'une représentation politique adaptée et légitime. Qui va faire les choix sociaux et décider des valeurs retenues ? L'individu est au premier chef concerné mais peut-il être sujet de ses propres décisions ? La représentation parlementaire paraît insuffisante : quand pour la première fois les députés ont eu à voter le budget de la Sécurité sociale (en 1996), une moitié seulement d'entre eux s'est rendue à l'hémicycle. Beaucoup d'élus locaux sont à la fois régulateurs et producteurs de soins à travers les conseils d'administration des hôpitaux. Les élus locaux sont-ils les mieux placés pour représenter les malades ? Lors de l'élaboration des premiers schémas régionaux d'organisation sanitaire, la technicité des débats a sélectionné les partenaires. Ainsi la concertation a été principalement celle des professionnels de santé. Elle a permis de développer des critères de santé publique, sur une base professionnelle de forte technicité ; la notion de besoin de la population reste cependant floue, l'approche de la santé demeure très hospitalière. Il n'en reste pas moins que l'absence des élus affaiblit la légitimité de la politique conduite qui pourrait être qualifiée de technocratique. Quant aux associations, elles se sont constituées autour de certaines pathologies, le plus souvent chroniques. Elles peuvent jouer un rôle important au niveau de la gestion des établissements mais ne sont pas à même de représenter l'ensemble de la population. Il semble que la démarche de régulation parte plus de l'offre pour la rationaliser que de la demande pour repenser les réponses à apporter pour satisfaire les besoins. Les conférences régionales de santé par exemple, ont été utilisées comme simples outils de communication, les échanges y ont été limités. Auraient-elles pu être des lieux de débat public à l'instar des conférences publiques de consensus danoises ou britanniques ? C'est douteux. Les tentatives de constitution de panel d'usagers n'ont guère été concluantes.

La dernière question, celle de la visibilité du système, n'est pas la plus facile à résoudre. Quel est le montant des dépenses de santé régionales ? Il y a peu, il était impossible de répondre (Binst, Schweyer, 1995). Comment se font les transferts ? Il ne peut y avoir de débat démocratique dans l'opacité. L'usage extensif de la notion de secret médical constitue de fait un moyen de régulation médicale interne. Le retard des outils d'analyse, la résistance considérable à leur usage comme le retard de la volonté de les utiliser traduisent une tradition de l'obscurité, le confort trouvé dans le secret. Le programme de médicalisation des systèmes d'information (PMSI) a mis quinze ans pour s'imposer et pour la première fois en 1996 des résultats ont été publiés suscitant un grand intérêt au sein des établissements hospitaliers. Faut-il compter sur la « dynamique des connaissances » pour transformer le système de santé et ses règles du jeu ? On peut en faire l'hypothèse pour les professionnels. Mais pour le citoyen ? Sera-t-il aussi solidaire quand il saura que 3 % des malades font 50 % de la dépense des soins de santé ? Et saura-t-il donner un sens aux chiffres qui seront mis à sa disposition ? La question de la transparence pose celle de la justice qui n'existe pas en elle-même mais fait l'objet de débat voire de conflit.

Le système de santé allie les principes d'un système libéral qui généralement, en contrepartie du principe de libre choix, induit des conséquences financières, et ceux d'un système socialisé qui le plus souvent, en contrepartie d'une couverture intégrale des dépenses, refuse totalement ou partiellement le libre choix du malade. On comprend que la régulation d'un tel système soit complexe tant par le nombre d'acteurs hétérogènes et diversement impliqués que par l'éclatement des pouvoirs et des systèmes d'action. Elle ne s'achèvera jamais, le consensus sera sans cesse à reconstruire.

CONCLUSION

Que ce soit dans le domaine de la lutte contre la pauvreté et l'exclusion, de la politique de la vieillesse ou de la réforme hospitalière, les signes de transformation de l'État-providence français sont nombreux. Ils reflètent tous, d'une façon ou d'une autre, la crise des modes traditionnels de régulation sociale et la recherche active de palliatifs sous la forme de techniques nouvelles d'intervention sociale fondées tout à la fois sur la décentralisation, le partenariat, la contractualisation et l'expérimentation. Ces transformations pourraient être à l'origine d'un nouvel État-providence, plus démocratique, plus proche des usagers, plus adapté à la recherche de consensus locaux. L'analyse empirique des évolutions en cours conduit toutefois à souligner aussi les dysfonctionnements, les obstacles, les inerties des institutions chargées d'élaborer et d'engager les réformes, à tel point que l'on retrouve assez rapidement l'empreinte des origines de l'État-providence français telles que nous les avons décrites dans la première partie de ce chapitre, à savoir le poids du centralisme, de la bureaucratie, la définition catégorielle des problèmes et les lacunes de la concertation. Ainsi, si les évolutions sont réelles, leurs effets restent assez limités car l'État-providence français s'avère difficilement réformable, d'autant plus d'ailleurs qu'il constitue, en dépit de ses lacunes et de ses pesanteurs, la référence de la société française en termes de cohésion sociale et de sécurité d'existence.

BIBLIOGRAPHIE

ALFANDARI E. (1989), *Action et aide sociale*, Paris, Dalloz, 4e éd.

ALFANDARI E., MONÉGER F., (éds.) (1996), « La protection sociale en cause : de la méforme à la réforme », *Revue de Droit sanitaire et social*, n° 4.

ARON R. (1965), *Essai sur les libertés*, Paris, Calmann-Lévy.

ATTALI J. (1983), « Décentralisation et autogestion », *Interventions*, n° 3.

BINST M. (1995) et SCHWEYER F.-X., *La santé, otage de son système*, Paris, Inter-Éditions.

BIRNBAUM P. (1977), *Les sommets de l'État. Essai sur l'élite du pouvoir en France*, Paris, Le Seuil.

BODIGUEL J.-L. et ROUBAN L. (1991), *Le fonctionnaire détrôné. L'État au risque de la modernisation*, Paris, Presses de la Fondation Nationale des Sciences Politiques.

BOUGET D., NOGUÈS H. (1996), « Le revenu d'existence », *in* S. PAUGAM (éd.), *L'exclusion, l'état des savoirs*, Paris, La Découverte, p. 540-553.

CASTEL R. (1981), *La gestion des risques*, Paris, Minuit, coll. « Le sens commun ».

Commission Nationale d'évaluation du revenu minimum d'insertion (1992), *RMI, Le pari de l'insertion*, Rapport de la Commission présidée par P. VANLERENBERGHE, Paris, La Documentation française, (2 tomes).

CROZIER M. (1991), « Le problème de la régulation dans les sociétés complexes modernes », *in* F. CHAZEL et J. COMMAILLE (éds.), *Normes juridiques et régulation sociale*, Paris, Librairie Générale de Droit et de Jurisprudence, p. 131-135.

CROZIER M. et TROSA S. (éd.) (1992), *La décentralisation. Réforme de l'État*, Boulogne, Éditions Pouvoirs locaux.

DONZELOT J. et ESTÈBE Ph. (1994), *L'État animateur. Essai sur la politique de la ville*, Paris, Éd. Esprit.

DUBET F., JAZOULI A. et LAPEYRONNIE D. (1985), *L'État et les jeunes*, Paris Éd. Ouvrières.

DUPUY F. et THŒNIG J.-C. (1983), *Sociologie de l'administration française*, Paris, A. Colin, coll. « U ».

DURKHEIM É. (1969), « La morale civique », in *Leçons de sociologie*, Paris, PUF, (de la 4e leçon à la 9e leçon, p. 79-141), 1re édition 1950.

ESPING-ANDERSEN G. (1990), *The Three Worlds of Welfare Capitalism*, Cambridge, Polity Press.

EWALD F. (1986), *L'État-providence*, Paris, Grasset.

FORGES (DE) J.-M. (1996), « Le volet hospitalier de la réforme de 1996», *in* La protection sociale en cause : de la méforme à la réforme, *Revue de Droit sanitaire et social*, n° 4, p. 713-742.

FRAGONARD B. (1989), « Le revenu minimum d'insertion : une grande ambition », *Droit social*, 7/8, 1989, p. 573-588.

GRÉMION C. (1979), *Profession : décideurs. Portrait des hauts fonctionnaires et réforme de l'État*, Paris, Bordas.

GUILLEMARD A.-M. (1986), *Le déclin du social. Formation et crise des politiques de la vieillesse*, PUF, coll. « Sociologies ».

HASSENTEUFEL P. (1997), *Les médecins face à l'État. Une comparaison européenne*, Paris, Presses de la FNSP.

JOBERT B. (1981), *Le Social en Plan*, Paris, Éd. Ouvrières.

JOBERT B. (1990), « Mode de médiation sociale et politiques publiques : le cas des politiques sociales », *L'Année sociologique*, 40, p. 154-178.

JOBERT B. (1993), « Une non-décision exemplaire : les pouvoirs publics et la politique de dépendance des personne âgées » *in* O. KUTY, S. M. LEGRAND, *Politiques de santé et de vieillissement*, AILSF-Universités de Liège et de Nancy.

JOBERT B. (1996), « Centralisme étatique et centralisme sociétal », in *Mire, Comparer les systèmes de protection sociale en Europe* (Rencontres de Berlin), Paris, Mire, coll. « Rencontres et Recherches », p. 237-239.

JOBERT B. et MULLER Pierre (1987), *L'État en action*, Paris, PUF.

KESSLER F. (1994), « La prise en charge des personnes âgées dépendantes : état des lieux », *in* F. KESSLER (éd.), *La dépendance des personnes âgées, un défi pour le droit de la protection sociale*, Strasbourg, Presses Universitaires de Strasbourg.

LAFORE R. (1989), « Les trois défis du RMI. À propos de la loi du 1er décembre 1988 », *L'Actualité juridique*, 20, p. 563-565.

LAFORE R. (1996), « Exclusion, insertion, intégration, fracture sociale, cohésion sociale : le poids des maux », *Revue de droit sanitaire et social*, 32(4), p. 803-822.

MARROT B. (1995), *L'administration de la santé en France*, Paris, L'Harmattan, coll. « Logiques juridiques ».

MATHIEU-CABOUAT S. (1989), « Le revenu minimum d'insertion : allocation ou contrat ? Un choix nécessaire », *Droit social*, 7/8, p. 611-619.

LAVILLE J.-L. (1995), « De la genèse à la crise de l'État-providence », *Lien social et politiques*, 33, p. 37-46.

MERRIEN F.-X. (1997), *L'État-providence*, Paris, PUF, coll. « Que sais-je ? ».

MIRE (1991), *Le RMI à l'épreuve des faits. Territoires, insertion et société*, Paris, Syros-Alternatives.

MULLER P. (1994), *Les politiques publiques*, Paris, PUF, coll. « Que sais-je ? ».

PAUGAM S., (éd.) (1996), *L'exclusion, l'état des savoirs*, Paris, La Découverte, coll. « Textes à l'appui ».

PAUGAM S. (éd.) (1998), *L'Europe face à la pauvreté. Les expériences nationales de revenu minimum*, Paris, La Documentation française.

PAUGAM S. (1993), *La société française et ses pauvres. L'expérience du revenu minimum d'insertion*, PUF, coll. « Recherches politiques », 2e édition mise à jour 1995.

REYNAUD J.-D. (1989), *Les règles du jeu. L'action collective et la régulation sociale*, Paris, A. Colin, coll. « U », série sociologie.

RONDIN J. (1985), *Le sacre des notables. La France en décentralisation*, Paris, Fayard, coll. « L'espace du politique ».

ROSANVALLON P. (1981), *La crise de l'État-providence*, Paris, Le Seuil.

ROSANVALLON P. (1990), *L'État en France de 1789 à nos jours*, Paris, Le Seuil, coll. « L'Univers Historique.

ROSANVALLON P. (1995), *La nouvelle question sociale. Repenser l'État-providence*, Paris, Le Seuil.

SCHNAPPER D. (1989), « Rapport à l'emploi, protection sociale et statuts sociaux », *Revue Française de Sociologie*, XXX, p. 3-29.

SCHNAPPER D. (1994), *La communauté des citoyens. Sur l'idée moderne de nation*, Paris, Gallimard, coll. « Essais ».

SCHULTHEIS F. (1996), « L'État et la société civile face à la pauvreté en Allemagne », *in* S. PAUGAM (éd.), *L'exclusion, l'état des savoirs*, Paris , La Découverte, p. 428-437.

SCHWEYER F.-X. (1996), « Vers un État partenaire ?», *in* S. PAUGAM (éd), *L'exclusion, l'état des savoirs*, Paris , La Découverte, p. 487-496.

SETBON M. (1993), *Pouvoirs contre sida. De la transfusion sanguine au dépistage : décisions et pratiques en France*, Grande-Bretagne et Suède, Paris, Le Seuil.

THÉRET B. (1996), « De la comparabilité des systèmes nationaux de protection sociale dans les sociétés salariales : essai d'analyse structurale, *in* Mire, *Comparer les systèmes de protection sociale en Europe (Rencontres de Berlin)*, Paris, Mire, coll. « Rencontres et recherches », p. 439-503.

TYMEN J. (éd.), 1988, *Action sociale et décentralisation*, Paris, L'Harmattan, coll. « Logiques sociales ».

Chapitre 7

Le statut et l'identité Les conflits sociaux et la protestation collective

Bruno Hérault et Didier Lapeyronnie[1]

QUEL REGARD PORTER sur les conflits sociaux et l'action collective dans la France contemporaine ? À l'évidence, la vie politique et sociale du pays continue d'être rythmée par les affrontements et les manifestations. La décennie écoulée a été ouverte par la grande grève des étudiants contre la réforme de leurs études et l'augmentation des droits d'inscription universitaires en 1986. Elle s'est achevée en décembre 1995 par de nouvelles manifestations étudiantes rapidement submergées par la plus importante vague de grèves et de manifestations depuis 1968, mobilisant essentiellement le secteur public pour la « défense de la sécurité sociale » et des systèmes de retraite. Mais si les étudiants, le secteur public et la fonction publique ont occupé l'essentiel de la scène, les autres secteurs de la vie sociale n'ont pas pour autant été absents : les conflits du travail n'ont pas disparu, les routiers ont paralysé le pays à plusieurs reprises, les paysans ont mené des actions parfois extrêmement brutales, les banlieues ont connu des émeutes et sont le théâtre d'affrontements plus ou moins importants mais quasi permanents entre jeunes et police. Les chômeurs, les « sans-logis » ou les « sans-papiers » se sont organisés et ont manifesté tout comme les régions ou les collectivités locales ont défilé contre les fermetures d'usines ou de services publics. À tous ces conflits s'en ajoutent d'autres qui ont touché des catégories ou des questions plus culturelles que sociales (les homosexuels, les femmes, les pères, les chasseurs, le droit à l'expression religieuse, la défense de la nature ou encore la liberté des artistes). Une autre catégorie de conflits a concerné les communautés locales qui ont réagi aux décisions de l'État ou des entreprises, luttant contre l'implantation d'une infrastructure, le percement d'un tunnel ou des procédures d'expulsion. On peut encore ajouter au bilan l'immense affaire du « sang contaminé » qui a vu un conflit particulièrement important et dur opposer les malades

1 Nous remercions Hélène Deval pour son aide dans la constitution de la documentation.

à un organisme public et aux médecins tout comme les actions des malades du Sida luttant pour leur reconnaissance. Bref, il n'existe pratiquement pas de domaine de la vie sociale et culturelle, privé ou public, de profession ou d'institution qui ne soit le lieu de conflits et d'affrontements et les manifestations en tout genre n'ont jamais été aussi nombreuses.

Qu'ils soient considérés négativement comme une forme de pathologie de l'intégration sociale ou positivement comme un facteur de progrès, les conflits sociaux sont inhérents à toute vie sociale. Il ne s'agit pas d'un phénomène marginal. Bien au contraire, les conflits sont liés aux problèmes fondamentaux des sociétés modernes qui ne peuvent être comprises indépendamment des formes de contestation et de luttes sociales qui s'y développent. La société française a toujours connu de nombreux conflits sociaux, avec une intensité variable selon les conjonctures politiques. De manière générale, « il y a conflit lorsqu'une décision ne peut être prise par les procédures habituelles » selon la définition de March et Simon qui reste la plus simple et la plus communément admise. Les conflits sociaux ont donné lieu à une intense réflexion théorique animée par le souci d'en faire le centre de l'analyse de la vie sociale. Si l'on accepte cette perspective, les conflits sont un excellent moyen de comprendre la société française. Que nous disent-ils aujourd'hui des évolutions de notre pays ?

L'évolution récente est marquée par l'effacement des conflits de classe. L'affrontement entre ouvriers et patrons autour des questions liées à l'industrialisation et au progrès n'a cessé de s'affaiblir. Bien entendu, de nombreux conflits du travail continuent d'éclater, comme celui des camionneurs de l'hiver 1997. Mais ces conflits sont moins centraux dans la vie sociale. Aujourd'hui, les conflits et les protestations apparaissent surtout liés aux questions du changement et de ses conséquences négatives pour certains groupes ou secteurs sociaux. Mais, plus positivement, il s'agit aussi des problèmes posés par les modes de gestion de la modernisation économique et de l'orientation des transformations culturelles. De nombreuses catégories sociales revendiquent leur participation au changement ou en contestent la direction au nom de leur identité, de leurs intérêts et de leur statut de citoyen dans un système politique démocratique. C'est pourquoi, les conflits sociaux et les protestations collectives ont acquis aujourd'hui une dimension plus souvent et plus directement politique. Beaucoup plus que des affrontements entre des acteurs strictement sociaux, ils mettent en cause, comme on l'a vu lors du mouvement de décembre 1995, des catégories sociales qui se positionnent par rapport au changement et au rôle de l'État dans la gestion de ce changement.

Cette évolution explique la multiplication des conflits dans la période récente selon deux dimensions fortes : le statut et l'identité. De nombreux affrontements ont pour enjeu central la revendication ou la défense d'un statut social face à une économie en changement rapide qui accélère la précarisation. Ils sont marqués par l'appel au renforcement de l'intégration sociale et nationale. Mais de nombreux autres conflits sont portés par des revendications de « reconnaissance » et de dignité et, finalement, d'identité. Ils sont structurés par l'affirmation de la diversité d'une société civile et la volonté de participer plus directement aux processus de décision et de changement. Ces deux dimensions se complètent parfois. Mais elles sont aussi très souvent contradictoires et déchirent les actions collectives. Elles conduisent à une évolution profonde des modes de traitement et de représentation des conflits.

1 L'EFFACEMENT DES CONFLITS DE CLASSES

En France, comme dans la plupart des pays européens, la fin des années soixante et les années soixante-dix ont connu d'intenses et nombreuses mobilisations, bien encadrées par les confédérations syndicales et débouchant sur des actions collectives puissantes. Arc-boutées sur une critique du pouvoir des classes dirigeantes, ces confrontations remettaient en cause l'organisation taylorisée du travail et l'autorité patronale. Elles se voulaient porteuses de nouveaux « modèles de société ». Aujourd'hui, il ne s'agit plus de dénoncer « l'État capitaliste », mais au contraire d'en appeler à la protection de l'État contre le capitalisme. L'entreprise n'est plus critiquée comme lieu d'exploitation mais d'abord considérée comme une organisation sociale fondamentale, pourvoyeuse d'emplois et productrice d'insertion. Le conflit apparaît de plus en plus comme un antagonisme portant sur la modernisation : à une logique privilégiant l'efficacité économique s'oppose une logique « sociale » qui en appelle à un autre mode de changement plus favorable à l'intégration sociale et n'entraînant pas d'augmentation de la précarisation des statuts et du chômage. Dans les discours des acteurs, la « société » s'oppose à « l'économie », la « Nation » s'oppose au « capitalisme » comme en juin 1996 où des manifestations ont lieu à Lyon pour protester contre le sommet du G7 dénoncé comme un directoire mondial encourageant la dérégulation et accélérant la paupérisation. De façon très paradoxale, les conflits et les mouvements de protestation ont aujourd'hui pris une tournure nettement anticapitaliste. C'est pourquoi, les catégories sociales liées aux fonctions d'intégration sociale de l'État-Nation occupent une place centrale dans les mouvements sociaux actuels.

1.1. La question des revenus

Cette mutation du contexte social et idéologique s'est accompagnée d'une diminution progressive de la conflictualité. En 1992, un plancher historique est atteint avec 490 000 journées de grève dans les secteurs privé et nationalisé : jamais depuis 1946 ce nombre n'avait été aussi bas. Les remontées de 1993 (593 000), de 1994 et surtout de 1995 avec ses deux millions de journées de grève ne doivent pas faire illusion : imputables à l'allongement de la durée des conflits, elles ne marquent pas une inversion de la tendance. 1996 nous ramène au niveau de 1992 et 1997 marque une nouvelle chute avec 352 840 journées perdues, soit encore 21 % de moins que l'année précédente. Cette faible combativité (109 299 salariés se sont mis en grève en 1997) peut s'expliquer par des changements internes à la vie des entreprises tels que l'évolution des formes d'organisation du travail, les pratiques d'individualisation des salaires ou le management participatif. Elle découle surtout du chômage de masse et de la désyndicalisation.

Les conflits portant sur l'organisation et le rythme du travail stagnent à un niveau bas dans le secteur privé. Quelques grèves exemplaires, comme en janvier 1997, celle de cinq semaines des ouvrières de Maryflo, en butte au sadisme borné de la direction technique de cette usine de confection de Kervignac, ne doivent pas masquer la faiblesse générale de la combativité des salariés : la menace du chômage dans le secteur privé laisse le champ libre aux choix patronaux. D'ailleurs, les ouvrières de Maryflo ont été rapidement licenciées après leur « victoire », leur direction préférant liquider l'entreprise. N'étant plus exprimés dans les conflits sociaux, les problèmes d'organisation et d'intensification du travail se traduisent de plus en plus sur le mode personnel des affections physiques ou, surtout, psychologiques. En revanche, les années récentes ont vu d'importants mouvements relatifs à l'amélioration des conditions de travail dans le secteur public et la fonction publique : actions des infirmières (1988-1992), des personnels de justice et des assistantes sociales (1991). De mai à novembre 1989, les agents des finances réclament des moyens supplémentaires, une modernisation de leurs tâches et ils nourrissent une mobilisation d'une ampleur et d'une intensité jamais atteinte dans ce secteur. Tout aussi révélatrices sont les grèves à répétition des surveillants de prisons, dans un contexte de sous-effectif chronique et de surpopulation carcérale. En octobre 1988 leurs revendications portent sur des créations de postes, comme en février et en septembre-octobre 1989, puis de nouveau lors du conflit très dur d'août-septembre 1992.

Les conflits ayant trait à la question des revenus diminuent et se concentrent dans des secteurs particuliers. Les exploitants agricoles, dont le niveau d'endettement est élevé, voient leurs revenus dépendre des aléas climatiques ou de variables externes comme la Politique Agricole Commune. Ni la gauche, ni la droite ne parviennent à désamorcer leurs nombreuses mobilisations : démonstration de force en mars 1982 contre la politique agricole socialiste, agitation en décembre 1986 liée à la réforme communautaire des marchés, nouvelle mobilisation en août 1990 contre les importations de viande puis à l'automne 1991 par crainte de l'effondrement des cours, manifestations en décembre 1992 à Strasbourg et en septembre 1993 contre les accords du GATT, actions violentes et manifestations des producteurs bretons de choux-fleurs en avril 1998. À chaque fois la même dynamique est à l'œuvre : des variations de production conjuguées à des importations déséquilibrent les prix qui commandent les revenus et engendrent des protestations. Des phénomènes identiques produisent des éruptions violentes et incontrôlées dans le secteur de la pêche : vives tensions entre marins français et espagnols en juin 1986 et en juin 1987, mobilisations en février puis en juillet 1993, grève en février 1994 consécutive à la chute des cours qui lamine les revenus. Comme les agriculteurs, les pêcheurs se révoltent contre des régulations internationales qui leur échappent et ils demandent à l'État de les protéger en instaurant des mesures compensatoires, la fixation de prix garantis et la limitation des importations.

Ces revendications de revenus concernent également des secteurs traditionnels comme les transports, la construction mécanique ou l'industrie automobile. Elles expliquent par exemple les mobilisations aux usines Renault de Cléon et du Mans en octobre-novembre 1991 puis en août-septembre 1994. Elles sont au centre de la grande grève ouvrière des usines Peugeot de Mulhouse et de Sochaux, en septembre-octobre 1989, motivée par un sentiment d'injustice exacerbé par l'intransigeance de Jacques Calvet, PDG de PSA, qui refuse obstinément de négocier. En 1994, la reprise momentanée de l'activité économique a entraîné une multiplication des conflits liés au salaire. Contestant l'austérité et la politique de « rigueur », ouvriers et employés engagent des luttes pour réclamer ce qui leur semble dû dans un contexte d'inégalités sociales trop criantes. Le gonflement des carnets de commande (Digital-France, Poclain), l'embauche massive d'intérimaires (Peugeot) ou les succès commerciaux de leurs entreprises (Péchiney-Dunkerque) les amènent à rejeter le pragmatisme imposé par la « crise ». Le conflit GEC-Alsthom d'octobre-novembre 1994 est de ce point de vue exemplaire. Ayant pris connaissance des bons résultats du groupe, les jeunes salariés non syndiqués parmi les moins payés de l'usine de Belfort se mettent en grève, soutenus par l'intersyndicale CGT-CFDT-FO. Dans les autres secteurs, la période récente est marquée par des luttes dures et exemplaires, mais peu fréquentes, comme celle des employés du magasin *Carrefour* à Lormont en mars-avril 1998. Les revendications de revenus y sont indissociables d'exigences de respect et de considération pour des salariés souvent sous-payés affrontés à des directions fermées et brutales.

Mais sur le long terme, la tendance est au recul des conflits salariaux. Pendant les « trente glorieuses », la majorité des revendications portait sur le partage des « fruits de la croissance » et sur l'augmentation du pouvoir d'achat. Aujourd'hui l'inflation est faible, la « politique des revenus » a disparu et les demandes monétaires font de moins en moins partie du champ du négociable. Quand elles existent, ces demandes sont toujours associées à d'autres revendications, latentes au commencement des mobilisations mais qui ne tardent pas à s'imposer par la suite. Ce double registre se perçoit bien dans les conflits qui touchent la SNECMA en mars 1988, Chausson en 1987-1988 ou la RATP en janvier 1987. De même, en décembre 1986 et en janvier 1987, les agents de conduite de la SNCF s'élèvent contre la nouvelle grille salariale qui instaure des règles d'avancement au mérite. Mais au-delà de cet enjeu, c'est l'inquiétude quant au devenir de leur entreprise et la peur de l'avenir qui expliquent leurs trois semaines de grèves massives.

1.2. Du travail à l'emploi

L'emploi est aujourd'hui au centre des luttes économiques. Représentant 56 % de la conflictualité totale en 1993, cet enjeu concerne toutes les régions et il n'épargne aucune catégorie de personnel. Il touche tous les champs d'activité, à commencer par les secteurs en déclin. Dix ans après le textile, les charbonnages et la sidérurgie, la construction navale est secouée par de nombreux et forts conflits. Un des plus révélateurs est celui de la Normed (chantiers du Nord et de la Méditerranée) en juin 1986, consécutif à l'annonce par le gouvernement de la suppression des aides exceptionnelles de restructuration versées par l'État. L'entreprise est alors déclarée en cessation de paiement, 6 800 postes sont en jeu et des grèves se déclenchent contre la menace de fermeture. En décembre 1986, la marine marchande connaît un fort mouvement soutenu par toutes les confédérations qui paralyse les ports français et isole la Corse du continent. Au début des années quatre-vingt-dix, l'informatique entre, avec Bull, dans un cycle de suppression d'emplois et de confrontations sociales.

D'importants conflits touchent aussi les entreprises soumises à des plans de modernisation, de relocalisations ou de délocalisations. Depuis 1991, de fortes mobilisations gagnent le secteur bancaire. La menace d'une modernisation se traduisant par de multiples suppressions d'emploi provoque des tensions quasi permanentes depuis. Toujours en 1991, de grandes grèves touchent Michelin à l'annonce de la suppression de 4 900 emplois. En janvier 1993, les employés de chez Hoover combattent le plan de réorganisation qui prévoit la fermeture de son usine de Dijon (600 emplois). L'automne de la même année voit de grandes mobilisations dans les entreprises publiques (Air France, Air-Inter, Snecma, GIAT-Industries, Thomson-CSF) qui, d'abord accompagnées de revendications sectorielles et de manifestations limitées, culmineront le 18 novembre dans une journée nationale d'action.

Le conflit Air France de 1993 doit retenir l'attention. Les grévistes, issus du personnel au sol, protestent contre le « plan de redressement » entraînant la suppression de 4 000 emplois. Plus profondément, la mobilisation résulte d'une combinaison de mécontentements liés au salaire, aux conditions de travail, à la réduction des coûts d'exploitation et à la crainte d'une future privatisation. Partie de l'aéroport Charles-de-Gaulle, l'agitation gagne Orly et les forces de l'ordre doivent intervenir pour dégager les pistes occupées. Les premières négociations entre les syndicats et le ministre des Transports ne font pas cesser un mouvement largement entretenu par la base et dont le succès final (retrait du plan, démission du président du groupe) conforte la combativité naissante dans d'autres domaines (France-Telecom, EDF-GDF).

Le déplacement de la conflictualité du problème du travail et des salaires vers celui de l'emploi a des conséquences directes sur les acteurs sociaux soumis à la crainte d'un avenir de licenciements. Les syndicats sont de loin les plus concernés. La question de l'emploi bouscule leurs anciennes manières de penser. Le chômage de masse rend les routines revendicatrices inefficaces et les stratégies d'appareils sont prises à revers. Le plus souvent, cette faible marge de manœuvre inscrit les confédérations dans une logique défensive. L'emploi est difficile à constituer comme enjeu universel et les syndicats peuvent se délégitimer en privilégiant le maintien des avantages des actifs employés : est-il possible d'affirmer que l'on suit l'évolution du monde du travail sans se préoccuper des inégalités sociales produites par les différents statuts d'emploi ? Cette question suscite de nombreux débats qui clivent les positions des grandes confédérations. Pendant que la CGT et FO restent plutôt fidèles à la stratégie de « défense des acquis », la CFDT explore les voies d'un nouveau « partage du travail ». Elle apporte son soutien à la loi Robien sur les 35 heures qui fournit un cadre de négociations et se montre plus réservée face aux décisions du gouvernement Jospin d'imposer légalement la réduction du temps de travail. Cette question oblige aussi à des arbitrages nouveaux entre syndicats ou entre fédérations, de même qu'entre les sections locales et les fédérations.

Plus globalement, les enjeux d'emploi ont des répercussions sur tout le système des relations professionnelles. Le rapport des forces est défavorable aux syndicats, qui ne peuvent intervenir que sur des décisions déjà prises, avec toutes les difficultés qui en découlent pour susciter des mobilisations et développer des actions. Leur implantation dans le secteur privé est très faible et l'essentiel de leurs forces se trouve concentré dans le secteur public, regroupant des salariés protégés. La situation favorise le patronat et les technostructures qui ont repris l'initiative en multipliant les innovations dans la gestion des ressources humaines. L'espace de la négociation entre partenaires sociaux est de plus en plus réduit. Ayant peu de « grain à moudre », ces derniers reportent leurs griefs ou leurs attentes sur l'État, en tant que législateur et promoteur des politiques économiques et des programmes de lutte contre le chômage. Dans un contexte de divisions patronales et de mue incertaine des syndicats, cette convergence des demandes adressées à l'État l'oblige à rester, malgré ses efforts répétés de désengagement, l'arbitre principal des conflits du travail.

1.3. Du national au local

De la guerre aux années soixante-dix, les conflits français étaient fortement intégrés par l'échelon parisien. Cette intégration se manifestait clairement, de façon descendante, par des mots d'ordre que les directions des partis et des syndicats imposaient à la province. En sens inverse, les acteurs locaux avaient pris l'habitude de régler leurs différends par l'appel à des arbitrages centraux. Dans l'ensemble, l'expression et la résorption des mécontentements étaient donc calquées sur les modes de fonctionnement de notre système politique. À partir des années quatre-vingt, au contraire, les régulations centrales diminuent en même temps que progressent les confrontations et les négociations périphériques. Les mobilisations restent plus souvent cantonnées sur le terrain et la remontée des revendications s'opère plus rarement. L'articulation du niveau parisien et du contexte local est elle-même de plus en plus difficile à réaliser, tant dans l'esprit des militants que dans les stratégies des organisations représentatives. Après avoir été fortement imbriqués, ces deux échelons sont maintenant plus autonomes et dissociés.

Les antagonismes d'aujourd'hui reposent sur des solidarités limitées, sur des enjeux contextualisés. Les confrontations sont circonscrites aux espaces vécus et les mécontentements s'expriment et se traitent au niveau même où ils sont produits. Cette parcellisation est très perceptible dans l'industrie. Depuis le début des années quatre-vingt, les salariés répondent moins aux mots d'ordre de grande ampleur, à l'échelon national comme aux niveaux des branches ou des secteurs. Parallèlement, la conflictualité se décale des entreprises vers les établissements : en 1993, 96 % des arrêts de travail concernent ce niveau contre 80 % en moyenne sur les dix années précédentes. La plupart des grèves se rapportent aujourd'hui à des mouvements ne concernant qu'un seul établissement. Les situations professionnelles les plus quotidiennes motivent les revendications. La conduite des luttes est elle-même plus localisée, les syndicats donnent la priorité aux actions sur le terrain et le déclenchement des hostilités revient de plus en plus souvent à la base, laquelle s'approprie la grève – assemblées générales, circulation d'information, commissions – au détriment des stratégies d'appareil.

L'ancrage local des conflits s'explique par de nombreux facteurs tels que la flexibilité du travail ou la multiplication des stratégies spécifiques d'adaptation à la « crise ». Il résulte aussi de l'assouplissement des règles administratives au profit des dispositions contractuelles. C'est au niveau de l'établissement que se prennent les décisions concernant l'introduction de technologies nouvelles, la durée du travail ou les conditions de travail. Mais c'est bien sûr la prépondérance des enjeux d'emploi qui explique le mieux la décentralisation des conflits : les licenciements renvoient toujours à des situations économiques très concrètes et ils constituent pour les employés des épreuves personnelles qui induisent surtout des actions défensives de proximité.

Par comparaison avec les décennies soixante et soixante-dix, les grandes épreuves de force embrasant en même temps plusieurs points de l'hexagone sont devenues assez exceptionnelles. Aussi peu fréquents sont les mécontentements capables de se diffuser, à partir d'une ville ou d'une entreprise, à l'ensemble du pays. Ces grandes confrontations générales n'ont certes pas disparu. Elles concernent encore les entreprises et les services publics, à l'instar de la grève de décembre 1995. On les retrouve également dans le champ de l'éducation. Néanmoins, aussi importantes soient-elles, ces exceptions ne doivent pas masquer la tendance à l'affaiblissement des mouvements d'ampleur nationale. Tous domaines confondus, l'évolution de la conflictualité va dans le sens d'une diminution des antagonismes généraux.

Seules les « journées nationales d'action » arrivent encore à mobiliser sur l'ensemble du territoire. « Authentiques rites coutumiers » de l'action collective, leur but est de faire pression sur les instances gouvernementales tout en « amplifiant l'écho de revendications prioritaires auprès des salariés ». C'est ainsi qu'il faut comprendre les grèves du 21 octobre 1986, du 14 mai 1987, des 18 et 20 octobre 1988, du 24 octobre 1991 ou encore du 18 novembre 1993, déclenchées à l'appel des principales confédérations syndicales pour la défense de l'emploi et du pouvoir d'achat. Mais même si les perturbations sont importantes, la participation à ces journées n'est jamais aussi large que l'espèrent leurs organisateurs. Surtout, les mots d'ordre sont inégalement suivis selon les villes et les régions, et l'apparente union nationale cache mal l'existence de forts particularismes locaux.

Au-delà du seul monde industriel, la localisation de l'action collective concerne l'ensemble du champ des relations professionnelles. Elle se manifeste par exemple clairement dans le long conflit des dockers : commencée en septembre 1990 à Dunkerque et terminée en janvier 1993 à Marseille, la mobilisation prend dans chaque port une forme spécifique débouchant sur des négociations au cas par cas. Les particularismes territoriaux dominent aussi les nombreuses grèves des éboueurs ou des surveillants de prisons. Ces particularismes sont encore à l'œuvre dans les multiples conflits des transports urbains (entre autres Lyon en 1988, Marseille en 1988 et 1995).

Les processus de mobilisation et de négociation sont très contrastés selon les lieux. Ici un conflit peut émerger rapidement, se radicaliser, devenir violent puis se résorber à la suite de marchandages entre les parties. Là, au contraire, une lente mobilisation peut déboucher sur des manifestations pacifiques et des procédures de consultation associant tous les partenaires locaux. Les acteurs et les enjeux diffèrent, les procédures et les stratégies divergent, les capacités de lutte sont inégales. Les exceptions se multiplient et les disparités géographiques s'accroissent. Il est de plus en plus difficile d'avoir une vue d'ensemble de la confrontation sociale. Il reste certes des organisations représentatives et des règles de droit mais « leur définition ou leur intervention sont de plus en plus locales ou soumises à déformation locale ». Plus qu'une simple crise passagère, le système français de relations professionnelles connaît actuellement une complète mutation. On peut même se demander si le concept de « système » est toujours approprié pour saisir la réalité présente.

2 LA DÉFENSE DE L'INTÉGRATION SOCIALE

L'effacement des conflits de classe ne signifie pas la disparition de la conflictualité. Dans une société dominée par les problèmes du changement, celle-ci est centrée sur les questions de l'intégration sociale : l'unité nationale, la solidarité, les institutions et le partage de valeurs communes semblent remis en cause par la modernisation économique, les transformations culturelles et la croissance des inégalités, du chômage et de l'exclusion. De nombreux conflits sont marqués par la volonté des acteurs de défendre l'intégration sociale contre des logiques de changement qu'ils accusent de détruire la cohésion sociale. Les catégories moyennes liées à l'État-Nation, qui jouent une fonction essentielle dans les processus d'intégration, y occupent la place centrale, écartant les classes ouvrières et populaires. Cette évolution se manifeste en priorité par une différenciation croissante entre le secteur public et le secteur privé. Les entreprises et services publics étaient déjà plus conflictuels que la moyenne dans les années quatre-vingt, et cette tendance se renforce encore dans les années quatre-vingt-dix. Ce secteur est aujourd'hui le principal porteur de l'action collective. La contestation est l'apanage des salariés de l'État-patron. Ces derniers cultivent même l'image d'une avant-garde combative, à la pointe des revendications, chargée de la responsabilité de promouvoir les intérêts de tous.

Diverses raisons expliquent cette combativité : protection contre les licenciements, appauvrissement de certaines tâches, lourdeur des grilles et des statuts, mauvaises conditions de travail, gestion archaïque du personnel, frustration liée au sentiment d'un contraste grandissant entre l'immobilisme des administrations et la flexibilité des entreprises, un taux de syndicalisation plus élevé que la moyenne. Aussi importantes soient-elles, ces explications sont trop limitées. Dans notre tradition nationale multiséculaire de puissance publique, l'État est le principe totalisant qui incarne l'unité sociale, il est l'institution suprême distribuant des prestations d'intérêt général aux individus composant la société. Cette conception a prévalu pendant les « trente glorieuses » et on lui doit de nombreux domaines organisés sur des bases monopolistes et selon une logique de services publics :

transports, communication, énergie, recherche, etc. Pour distribuer ces services, l'État a suscité, salarié et protégé une vaste couche moyenne d'agents publics. Or, depuis quinze ans, le contexte change, sous la triple pression de la concurrence mondiale, de la construction européenne et de l'évolution des besoins sociaux. L'État développementiste et centraliste cède la place à un État plus modeste. Soumis à de nouvelles contraintes, cet État se modernise sur plusieurs fronts : décentralisation à partir de 1982, privatisations quelques années plus tard, puis politique de « renouveau du service public », changements de statuts, programmes d'évaluation des coûts, management participatif, réductions d'effectifs, réforme de la sécurité sociale, etc. Toutes ces étapes ont été perçues par les couches moyennes publiques comme des « désengagements », des « casses », des abandons de souveraineté et surtout comme un sacrifice de l'intégration sociale et nationale aux impératifs de la compétition économique internationale, comme la soumission de la Nation au « capitalisme global » et au « libéralisme ». Il en résulte une multitude de confrontations centrées sur la défense des acquis et où l'idéologie républicaine s'est teintée de populisme. Plus actifs que jamais, ces conflits vont certainement accompagner l'évolution des institutions étatiques jusqu'à leur terme.

Ce déplacement relatif des confrontations vers le public fait que les catégories actuellement les plus revendicatrices sont situées au-dessus du niveau moyen de revenus, de sécurité d'emploi et de statut. Les patrons et les investisseurs ne sont plus les premières victimes des grèves, celles-ci touchant principalement les « usagers ». Dans les années quatre-vingt, ils se disaient pris en « otages ». Certains avaient créé des « comités de défense ». Les gouvernements pouvaient ainsi jouer l'opinion publique contre les « corporatismes » et les « blocages ». Dans les années quatre-vingt-dix, l'opinion publique s'est sensiblement retournée, affirmant sa solidarité avec les salariés du secteur public et avec les fonctionnaires. Certains observateurs ont pu parler de « grève par procuration » notamment au moment du grand mouvement de décembre 1995. Les gouvernements ne peuvent plus s'appuyer sur l'opinion publique et les « usagers » contre les grévistes, comme le montre, par exemple, le conflit opposant les enseignants de Seine-Saint-Denis à leur ministère au printemps 1998. L'explication est probablement à rechercher dans le renversement de la conflictualité : les conflits de classes, conflits d'intérêts qui opposent des groupes sociaux entre eux, ont largement été supplantés par une opposition plus politique entre la défense de l'intégration sociale et la promotion d'une modernisation jugée « destructrice » de l'unité nationale. Les catégories moyennes apparaissent alors (à tort ou à raison), non plus comme des « nantis », mais beaucoup plus comme les défenseurs d'un mode d'intégration plus égalitaire et moins destructeur. C'est pourquoi, les questions scolaires et les questions liées à la protection sociale, questions centrales pour l'intégration sociale et nationale, occupent aujourd'hui le centre de la conflictualité.

2.1. La persistance des « guerres scolaires »

La grande place occupée par l'institution scolaire dans notre société se manifeste de plusieurs façons : importance accordée aux diplômes, puissance du ministère de l'Éducation, projet d'intégration nationale par le système d'enseignement.

À partir de la fin des années soixante-dix, ces héritages séculaires sont confrontés à de nouveaux défis. Les clientèles scolaires évoluent, la demande d'éducation ne cesse de croître, le chômage augmente et les attentes des familles changent. Il faut tout à la fois élever le niveau général de formation, répondre aux besoins de qualification des entreprises, maintenir les pôles d'excellence nécessaires à la sélection des élites tout en assumant la démocratisation et la massification de l'enseignement. Pour s'adapter à la diversité croissante de ses missions, l'appareil éducatif ouvre alors de nombreux chantiers : refonte des programmes, rénovation de la pédagogie, soutien scolaire, instauration de projets d'établissement, nouvelle formation des enseignants, révision des filières d'apprentissage, réforme des collèges et des lycées, ouverture de l'université sur son environnement, etc. Menées plus ou moins à leur terme, ces transformations ont provoqué des conflits parmi les plus importants de ces quinze dernières années.

Une première série de mobilisations concerne le corps enseignant, dont les sources de mécontentement sont multiples. Certaines renvoient à la détérioration des conditions de travail. Pendant les années quatre-vingt, la vie dans les classes change. Par endroits, les problèmes sociaux et l'échec scolaire prennent le pas sur l'activité pédagogique. D'autres tensions sont liées à l'organisation même du système éducatif : manque de postes, centralisation excessive du ministère. Enfin et surtout, les enseignants connaissent des incertitudes identitaires. Leur statut se dégrade et ils doutent de leur légitimité sociale. La reconnaissance liée au savoir académique se perd et beaucoup de parents n'ont plus pour eux le respect d'autrefois. Dans ce contexte de rancœur et de désenchantement, les innovations gouvernementales suscitent plutôt des réactions de méfiance. En février 1987, les instituteurs se mobilisent contre les décrets portant création du nouveau statut de « maître-directeur d'école ». Regroupés en coordinations, les enseignants hostiles à la réforme déclenchent une grève nationale prolongée par une série de manifestations à Paris et en province. En janvier 1989, ce sont les professeurs des collèges et des lycées, plus directement exposés à la massification du système éducatif, qui entrent en conflit après l'annonce d'une loi d'orientation sur l'enseignement dont l'objectif est d'amener 80 % d'une classe d'âge au niveau du bac. Pour ce faire, une réduction des programmes scolaires est prévue, ainsi qu'un assouplissement des procédures d'orientation et une limitation des heures de cours au profit du travail individuel. Ces changements s'accompagnent d'une réorganisation des tâches et des carrières des enseignants. Très vite, ces derniers refusent ce qu'ils vivent comme une remise en cause de leurs savoirs et de leurs méthodes. Ils rejettent l'instauration d'un avancement au mérite et les corporatismes disciplinaires s'opposent à l'allégement des programmes et des horaires. En même temps, instituteurs, certifiés et agrégés se divisent à propos de la création d'un « corps de professeurs de collège ». Les grèves et les manifestations se succèdent, finissant par faire reculer le gouvernement. Dans les années quatre-vingt-dix, d'autres projets de modernisation se heurtent aux réflexes catégoriels. Au début de l'année 1998, les instituteurs manifestent contre la division de leur profession en deux statuts inégalitaires. Au mois de mars, les enseignants des collèges de Seine-Saint-Denis s'engagent dans une longue grève pour protester contre la dégradation de leurs conditions de travail, l'insuffisance des moyens et l'« indifférence » des pouvoirs publics à l'égard d'un département qui accumule les handicaps sociaux et scolaires. Les atermoiements du ministère et les propos jugés « insultants » du ministre contribuent à durcir une grève qui reçoit l'appui des élèves et des parents du département mais aussi de l'opinion publique. Aujourd'hui, la profession additionne les crispations et la méfiance vis-à-vis d'autorités politiques qui continuent de multiplier les effets d'annonce et les projets de réforme sans que les effets s'en fassent toujours sentir positivement. Les syndicats y puisent leur vigueur pour défendre leurs positions et, souvent, se muent ainsi en force de blocage.

Pendant toute cette période, le chômage structurel et la dévalorisation des diplômes contribuent à augmenter la demande de formation chez les « consommateurs » d'éducation. La crainte de l'avenir et du déclassement social alimentent ainsi les mobilisations étudiantes. En 1983, des protestations se développent contre une réforme des études médicales. En 1986, c'est le projet de loi Devaquet qui suscite une vaste protestation. Partie de Villetaneuse à la mi-novembre, la grève s'étend rapidement à l'ensemble du pays et les manifestations prennent une ampleur imprévue : 200 000 étudiants à Paris et 400 000 en province le 27 novembre, puis 500 000 à Paris le 4 décembre. Malgré quelques concessions gouvernementales, la coordination étudiante maintient sa revendication de retrait pur et simple du projet de loi. Mais dans la nuit du 5 au 6 décembre, des brutalités policières causent la mort d'un étudiant, Malik Oussekine, et le mouvement change alors de sens. La défense des études se transforme en protestation morale, civique et antiraciste de la « jeunesse » contre la violence de l'État. Pour l'arrêter, il va falloir un retrait total de la réforme. En 1991, puis en 1992, de nouveaux conflits plus limités accompagnent des projets de refonte des cursus universitaires. À l'automne 1995, c'est le thème des conditions de travail qui est central.

La question des moyens est également au cœur des revendications des lycéens en 1990. Le 15 octobre, un millier d'entre eux venus d'établissements de la banlieue parisienne manifestent devant le ministère de l'Éducation afin de dénoncer les actes de violence qui tendent à se banaliser en milieu scolaire. Plus généralement, ils réclament des locaux corrects, plus d'équipements, davantage de surveillants et de professeurs. Les jours suivants, le mécontentement s'étend et gagne toute la province. Loin d'éteindre les mobilisations, les premières concessions gouvernementales ne font que les raviver. Début novembre, des manifestations se renouvellent quotidiennement dans les villes grandes et moyennes. Le 12 du même mois, une « marche nationale pour l'éducation » est organisée (100 000 lycéens à Paris et 200 000 en province), à laquelle acceptent de se joindre la FEN et la plupart des organisations d'enseignants et de parents d'élèves. À Paris, des heurts se produisent avec les forces de l'ordre et des magasins sont pillés. Gardant en mémoire les événements de 1986, le pouvoir cède et annonce un « plan d'urgence » de 4,5 milliards en même temps que des négociations s'engagent pour élargir les droits des élèves dans leurs établissements. Au-delà des apparences, la révolte n'accouche d'aucune réforme de fond des lycées.

La crainte du chômage et la course au diplôme amènent de plus en plus étudiants et lycéens à se mobiliser ensemble. La rencontre entre les deux groupes se fait en

1986, puis de nouveau en mars 1994 à propos du « contrat d'insertion professionnelle » (CIP). D'une durée de 6 à 12 mois, le CIP s'adresse aux titulaires du bac ou aux possesseurs d'un BTS, d'un DUT ou d'un DEUG qui sont au chômage depuis plus de 6 mois. Il permet leur embauche pour un salaire correspondant à 80 % du SMIC ou moins si l'emploi est accompagné d'une formation. Dès qu'il est connu, ce dispositif est fortement critiqué par les étudiants, les lycéens puis les syndicats. La mobilisation est entretenue par les hésitations gouvernementales et les manifestations sont quasi quotidiennes en province. Le 17 mars, 200 000 personnes défilent dans le pays. Le retrait du projet intervient à la fin du mois, donnant aux jeunes une nouvelle occasion de manifester pour fêter leur victoire. Tout au long de ce conflit, ce sont surtout les acteurs faibles du système éducatif qui agissent, ceux des IUT, ceux de la province ou de la banlieue parisienne, qui accèdent aux études au moment où elles se dévalorisent.

Les mouvements étudiants et lycéens de 1968 et des années soixante-dix remettaient en cause l'école capitaliste et l'éducation bourgeoise à travers une critique culturelle et politique d'inspiration gauchiste. Aujourd'hui, la nouvelle population scolaire ne condamne pas le système éducatif mais elle veut le défendre et le rendre plus efficace. Cette volonté s'exprime par des demandes portant sur les locaux, la sécurité ou les équipements : en se mobilisant, chacun souhaite que soient maintenues ses possibilités de faire des études. Surtout, lycéens et étudiants descendent dans la rue pour manifester leur sentiment d'injustice, pour défendre « l'égalité » contre « la sélection ». Mais entre les revendications matérielles et l'indignation morale, il n'y a pas vraiment de place pour des contestations qui remettraient en cause la nature de l'institution scolaire et sa place dans la société. Cette faible construction politique des actions se traduit de plusieurs façons : exigences sans concession, difficulté à négocier, logique protestataire, défiance par rapport aux militants et aux organisations représentatives, engagements partiels et fugaces. Les objectifs affichés, radicaux, sont toujours les mêmes : retrait des projets, refus des réformes, blocage du changement. Le manque d'élaboration idéologique et politique est souvent compensé par un bonheur festif, par l'illusion lyrique et romantique d'une communion dans la confrontation. De fait, le destin de ces conflits se forge dans les manifestations de rue, dans ces rassemblements émotionnels où la mobilisation semble être sa propre fin.

Ces dernières années, la question de la place et du fonctionnement des enseignements public et privé a encore engendré les plus grands antagonismes. De puissantes protestations sont venues à bout des projets gouvernementaux. En 1984, enseignants et parents se mobilisent au-delà des frontières traditionnelles du monde catholique pour la défense des établissements privés. Ils estiment leur liberté de choix menacée par le projet de loi Savary qui entend modifier le cadre législatif régissant les rapports entre ces établissements et l'État. La contestation, qui se charge de valeurs morales et qui prend un tour anti-socialiste, culmine dans la gigantesque manifestation le 25 juin réunissant plus de 1,3 million de personnes à Versailles. En décembre 1993, la guerre scolaire est rallumée par l'adoption précipitée de la révision des lois Falloux et Goblet, qui limitaient le financement des équipements et des investissements des établissements privés par les collectivités territoriales. Les partisans du public craignent l'instauration d'une « école à deux vitesses ». Le 17 décembre, une première journée nationale d'action réunit des dizaines de milliers de personnes. Le mécontentement ne cesse de croître jusqu'au 13 janvier 1994, date à laquelle le Conseil constitutionnel invalide la réforme. Le revers du gouvernement renforce la détermination des 600 000 manifestants qui défilent le 16 janvier 1994, à l'appel d'une centaine d'organisations de gauche, pour « la défense de l'école publique ».

Par-delà leurs spécificités, toutes ces mobilisations de la sphère éducative partagent la même difficulté à produire du neuf, renforcée par la versatilité et la maladresse des gouvernements successifs. Quels que soient les acteurs considérés, leurs protestations défensives révèlent une commune absence de formulations positives. Plus généralement, leurs revendications s'inscrivent dans un cadre corporatif classique : la revendication d'une garantie du statut apportée par l'État. Mais, en même temps, elles acquièrent une signification générale par l'appel au refus de la dualisation sociale, à la solidarité et au maintien d'une intégration nationale qui serait aujourd'hui en voie de disparition.

2.2. Les conflits autour de la protection sociale

Avec l'école, la protection sociale est aussi un des symboles majeurs de l'intégration nationale. Après trente années d'une progression ininterrompue soutenue par la croissance économique, des déséquilibres sont apparus à la fin des années soixante-dix. Aujourd'hui, le système de protection sociale est confronté à une transformation de ses modes de financement et à une évolution de ses valeurs fondatrices. En quelques années, ces zones de tensions ont suscité de nombreux et puissants conflits.

Un premier ensemble de conflits, relativement nouveau pour la France, oppose certains groupes professionnels à l'État. La lutte des assistantes sociales, en 1991, surprend les observateurs. Les facteurs de crise de cette profession sont nombreux. Les salaires sont faibles, l'évolution de carrière est limitée et la multiplication des problèmes sociaux à traiter, qui contraste avec les moyens alloués, fait que les conditions de travail sont éprouvantes. Assaillies par les urgences, envahies par les tâches administratives, les assistantes sociales ont le sentiment de ne plus pouvoir accomplir leur mission. La désillusion est grande par rapport à la décentralisation qui les soumet à des élus locaux recherchant l'efficacité immédiate, mais aussi envers les gouvernements de gauche qui n'ont pas fait reculer les inégalités et dont les politiques sont présentées comme des palliatifs douteux occasionnant surtout du travail supplémentaire. Sur ce fond d'amertume et d'exaspération, le déclencheur de la mobilisation est un décret de juillet 1989 qui limite les équivalences universitaires de leur diplôme et qui introduit une nouvelle définition fort restrictive de la profession. Le conflit débute le 16 septembre 1991 par une grève reconductible largement suivie. Pendant neuf semaines, les organisations représentatives forment un front uni où le pilotage de l'action dépend de collectifs départementaux réunis en coordination nationale. Derrière les revendications, (augmentation des salaires, nouvelle homologation du diplôme d'État, amélioration des conditions de travail), transparaît nettement un souhait de reconnaissance et de considération.

C'est encore dans le secteur de la santé que les tensions liées à la modernisation de la protection sociale engendrent le plus de conflits. Les médecins, les premiers, descendent dans la rue en 1983 pour s'opposer à certaines orientations du gouvernement socialiste. Le 9 janvier 1990, les internes et les chefs de clinique entament une « grève illimitée » pour protester contre la limitation de leurs possibilités d'installation au sortir de l'hôpital public. Très classiquement, leurs mots d'ordre en appellent au libre choix de son praticien par le patient. Plus profondément, cette mobilisation exprime le malaise d'une profession aux effectifs pléthoriques et au prestige social bien entamé. Parti de Paris, le mécontentement gagne rapidement la province et la grève des soins se durcit en grève des urgences. Mais le gouvernement ne cède pas, pariant sur le pourrissement du mouvement et jouant la désunion syndicale. Le 9 mars, deux mois après le début de la contestation, les caisses d'assurance maladie et la Fédération des médecins de France, minoritaire, signent la convention qui entérine le gel du secteur 2 à honoraires libres. Le conflit rebondit en juin puis en novembre 1991, avec des grèves et des manifestations contre l'instauration d'enveloppes globales annuelles, destinées à limiter la progression des dépenses et qui sont accusées de remettre en cause l'exercice libéral. Les médecins se mobilisent de nouveau en décembre 1995 et au printemps 1996 mais de façon inégale et en ordre dispersé. Au total, en dix ans, les résultats de ces conflits successifs traduisent une tendance à l'affaiblissement de la corporation médicale et au renforcement corrélatif du pouvoir régulateur de l'État.

Les luttes des infirmières sont un autre bon révélateur des contradictions du système de soins français. Les infirmières dénoncent la dégradation de leurs conditions de travail et les restrictions budgétaires. Comme les assistantes sociales, leur mouvement est orienté vers une demande de reconnaissance à la fois professionnelle, salariale et statutaire : « On vous soigne, soignez-nous ». La profondeur de leurs attentes explique la récurrence de leurs actions : grande grève solidaire en septembre-octobre 1988, résurgences en mars puis en octobre 1989, nouveau conflit en 1991 où des incidents avec les forces de l'ordre exacerbent les tensions, puis nouvelles manifestations en 1992. Les quatre automnes infirmiers ont largement contribué à favoriser la visibilité publique de la profession. Ils lui ont aussi apporté des gains sensibles : augmentations de salaires, créations de postes, affirmation du « rôle propre », réduction des horaires de nuit.

Les assistantes sociales ont perdu, les infirmières ont gagné. Les premières ont été oubliées alors que les secondes sont devenues une figure emblématique des nouvelles formes d'action collective. Par-delà ces différences, ces conflits traduisent la même difficile modernisation de professions qui doivent s'adapter à l'évolution des institutions de protection sociale. Plus généralement, ils marquent la rupture avec une définition traditionnelle de métiers soi-disant faits de conviction et réservés à des femmes qui y prolongeraient leur rôle domestique. En occupant la rue, ces dernières ont affirmé leur place nouvelle dans la division sexuelle du travail.

Les années récentes ont aussi été marquées par des mobilisations catégorielles d'assurés mécontents. Mécontents tout d'abord, en tant que financeurs de leur protection, de l'augmentation ininterrompue des cotisations. Mécontents aussi, en tant que consommateurs de prestations, de toute possible atteinte aux

« acquis sociaux ». Exploitant ces deux types de mécontentements, la CGT organise le 22 mars 1987 une manifestation parisienne pour la « défense de la sécurité sociale » à laquelle s'associent la FEN et le PCF ainsi qu'une quarantaine d'organisations syndicales, mutualistes et associatives. Il s'agit de s'opposer aux mesures les plus impopulaires du plan Seguin. Réunissant 150 000 personnes venues de France entière, cette journée est un succès qui marque le début d'une longue série. En octobre 1990, l'instauration de la contribution sociale généralisée (CSG) suscite une large mobilisation chez les sympathisants de l'UDF et du RPR comme chez ceux du PCF, et dans tous les appareils syndicaux à l'exception de la CFDT. Ils n'y voient que l'annonce d'un nouvel impôt auquel tout le monde serait soumis, retraités et chômeurs inclus. Le conflit est dans la rue mais aussi au centre du système politique : le 19 novembre, après de multiples tractations, les députés communistes se joignent à la droite pour voter une motion de censure qui n'échoue que de cinq voix.

Néanmoins, c'est le thème des retraites qui est le plus sensible et qui donne aux actions collectives leur tonalité corporatiste. D'avril à juillet 1987, les contrôleurs aériens font grève pour l'intégration de leurs primes dans le calcul des pensions. En février 1989, les surveillants de prisons réclament l'abaissement d'une année de l'âge de la retraite pour cinq années d'exercice. Des enjeux similaires sont au cœur du grand conflit de la fin 1995. Le 15 novembre, le Premier ministre Juppé présente son plan de modernisation de la protection sociale qui prévoit, entre autres, l'allongement de 37,5 à 40 ans de la durée de cotisation des fonctionnaires afin de les aligner sur le régime général. Ce projet engendre rapidement une vive réaction des employés du secteur public, en particulier des cheminots. Le 10 décembre, devant l'ampleur de la contestation, la réforme des régimes spéciaux est abandonnée. La conjonction des projets de réforme des régimes de retraites des cheminots et de l'élaboration d'un nouveau contrat de plan entre la SNCF et l'État qui faisait craindre des licenciements, ajouté au plan de réforme de la Sécurité sociale, va provoquer une gigantesque mobilisation autour des employés de la SNCF. Les défilés des mois de novembre et décembre montrent par leur ampleur une mobilisation quasi générale dans certaines villes et régions, notamment dans le Sud-Ouest et le Midi dans lesquelles l'emploi est très dépendant des services publics et des aides de l'État et dans lesquelles existe aussi une tradition de mobilité sociale qui passe par l'investissement personnel dans les études et l'entrée dans la fonction publique. Le mouvement de décembre 1995 n'a pas entraîné de mobilisation générale dans le monde ouvrier ou dans les populations des catégories sociales les plus faibles qui sont restées largement à l'écart, même si les sondages ont révélé que l'opinion a fortement sympathisé avec les grévistes : le mouvement a pris la signification d'un vaste refus face à des changements se traduisant par l'affaiblissement du rôle de l'État et alimentant la crainte de la désintégration sociale.

2.3. La segmentation des conflits

L'appel à l'intégration sociale unifie politiquement le champ des actions et des luttes tout en légitimant la particularité de chaque groupe social. Cette évolution rend aussi toute négociation de plus en plus difficile car suspecte aux yeux des acteurs : il ne s'agit plus de transiger sur des revendications, mais plus fondamentalement d'affirmer la particularité ou l'existence d'une catégorie sociale ou professionnelle et de rappeler les principes généraux, voire moraux, de l'intégration nationale. Tout accord risque d'être perçu comme une trahison catégorielle et politique. C'est pourquoi, au-delà de la dissociation fondamentale du public et du privé, la période actuelle se caractérise par une particularisation de l'ensemble des conflits. Le déclin des grandes utopies de classe mobilisatrices laisse place à un pluralisme des représentations simplement rattachées entre elles par l'appel à l'intégration. À l'appel à la solidarité et à l'unité répond la fragmentation des collectivités en lutte. On ne compte plus les groupes mobilisés sur des bases de métier, de pouvoir d'achat, d'origine ethnique ou de solidarité géographique. Cette montée des particularismes débouche même parfois sur des défenses micro-statutaires ou micro-culturelles. La multiplication des minorités statutaires accentue la segmentation des organisations de défense. Les coordinations se sont imposées comme supports expressifs de nombreuses catégories : étudiants, cheminots, infirmières, assistantes sociales, agriculteurs, routiers, pêcheurs. Jusqu'au mouvement de décembre 1995, leur succès a reposé sur leur capacité de juxtaposer la défense de catégories très spécifiques et très particulières avec des discours radicaux d'appel à la solidarité et à l'intégration sociale contre le capitalisme et l'État modernisateurs. Le syndicat SUD est l'héritier des coordinations, associant comme elles la protection des catégories professionnelles avec l'appel radical à la défense de l'intégration sociale et nationale. Depuis 1995, les syndicats ont appris la leçon : pour éviter que la solidarité basiste et horizontale ne leur échappe, ils se comportent de plus en plus souvent comme des coordinations.

Cette évolution s'est traduite par une particularisation des stratégies. Les grands rassemblements de masse sont devenus rares et la logique du nombre n'est plus le mode d'expression privilégié de la puissance. Les syndicats préfèrent concentrer leurs actions sur des secteurs clés, limités mais permettant de bloquer tout un ensemble d'activités et pouvant servir de leviers pour diffuser la mobilisation : ateliers d'entretien (SNCF, RATP), services de distribution (NMPP), organes de contrôle (aiguilleurs du ciel), centres de tri du courrier. Beaucoup de conflits récents montrent que des petits groupes déterminés peuvent être plus efficaces que d'hypothétiques démonstrations de force (pêcheurs, maraîchers, éleveurs, médecins). Cultivant leur spécificité, toutes ces professions savent doubler leurs actions visibles par des négociations en sous-main qui les rapprochent du fonctionnement des lobbies : corporatisme des dockers ou des ouvriers du livre, néo-poujadisme émeutier des commerçants et artisans de la CDCA en 1995, logique statutaire des intermittents du spectacle à la recherche d'une vraie protection sociale (décembre 1991), réactions sectorielles du milieu bancaire en 1989 et 1991, grèves des fonctionnaires de l'Équipement (1994). Les mouvements des routiers d'avant 1997 résument à eux seuls plusieurs de ces tendances. Fin juin 1992, les chauffeurs s'opposent vivement à la nouvelle législation instaurant le permis à points. Craignant une réglementation trop stricte qui risque de leur faire perdre leur emploi, ils barrent et filtrent les routes. Rapidement, les revendications liées au permis s'effacent derrière des enjeux plus fondamentaux – les conditions de travail, le fonctionnement des entreprises de transport –, mais aussi plus catégoriels – la nouvelle concurrence des voisins européens consécutive au marché unique. Mais en 1997, la lutte des routiers a pris une tournure nettement plus institutionnalisée, se moulant dans le modèle classique des conflits de classes : l'opposition entre travailleurs et patrons, le fort encadrement syndical, la sortie par les négociations.

Chaque groupe protestataire croit en sa capacité à faire sa place seul, sans s'associer à d'autres groupes et sans susciter l'adhésion de groupements plus étendus. Chaque acteur a la volonté de faire triompher ses propres revendications et de voir le bout de sa propre grève. Il en découle une agrégation d'actions déliées les unes des autres, exclusives et faiblement solidaires. En 1991, les assistantes sociales se battent pour de bonnes conditions de travail qui permettent de « promouvoir la citoyenneté des individus ». De façon plus latente, elles se mobilisent aussi par crainte d'être déclassées par rapport à d'autres catégories (infirmières, puéricultrices) et par peur de se voir concurrencées par de nouvelles professions nées au plan local (chefs de projets, ingénieurs sociaux, animateurs en développement local). De fait, elles ne se joindront pas à d'autres travailleurs sociaux et ceux-ci ne viendront pas vers elles pour les aider dans leur lutte. Leur grève est restée isolée face au gouvernement. De façon similaire, à chacun de leurs conflits, les infirmières se replient sur leur « rôle propre » et elles refusent que leur situation soit discutée en même temps que celle des aides soignantes. Dans un tout autre secteur, si le conflit Peugeot-Sochaux de 1989 suscite des soutiens de la part de la population locale, il n'y a pas d'extension des revendications dans l'ensemble du secteur de la construction automobile.

Le plus souvent, la segmentation des luttes est interprétée en termes négatifs par les acteurs sociaux et par les mass média. Les explications proposées insistent sur la « crise de la représentation politique », sur l'incompétence des élites ou sur la « montée des égoïsmes ». Elles évoquent les « régressions corporatistes » dans un pays qui serait rongé par les archaïsmes. Ces jugements nous renseignent sur la représentation pessimiste que les acteurs se font des capacités d'intégration de notre système social. Ils nous informent sur ce que la société dit d'elle-même en matière de conflits. Mais l'histoire des deux derniers siècles montre que des corporations singulièrement stables et solides ont toujours existé derrière la réelle mais précaire unification des classes et des groupes en lutte. Ainsi, par-delà l'image habituelle d'un mouvement ouvrier unitaire, les historiens n'ont pas de mal à révéler la présence de communautés de culture, de localité, de branche, de métier ou d'entreprise. Après s'être effacés, il y a trente ans, derrière de grands antagonismes de classes, ces particularismes resurgissent aujourd'hui à la faveur du basculement du thème central de la conflictualité vers l'intégration : l'intégration est un ferment d'unité politique globale mais non revendicative. Elle permet des déclinaisons catégorielles d'une même thématique. Elle affaiblit les syndicats qui sont des organisations revendicatives. Ainsi, la segmentation des conflits révèle une mutation de la forme et du contenu du processus conflictuel plutôt qu'une crise.

3 L'AFFIRMATION DE LA SOCIÉTÉ CIVILE

L'emprise des luttes de classes avait défini un modèle cohérent et intégré d'acteur collectif et générait des conflits ayant une logique relativement linéaire, se traduisant dans un cadre institutionnel à la fois représentatif et stable. Un groupe social se met en grève, dans une entreprise ou une administration. Son pouvoir repose sur sa capacité de mobilisation propre et donc sur son unité. Il possède des représentants qui négocient des revendications en fonction du rapport de force créé au cours du conflit. L'appel à l'opinion peut, éventuellement, fournir un renfort non négligeable. Au bout d'un certain temps, le conflit se résout par la défaite de l'un des deux adversaires, le plus souvent par un compromis portant sur les revendications obtenu à la suite de négociations. Aujourd'hui de nombreux conflits et de nombreuses protestations échappent à ce schéma général. Il est d'abord parfois très difficile d'identifier l'acteur social proprement dit dans des luttes qui sont des campagnes morales visant l'opinion publique et cherchant à faire pression sur les autorités sans que de véritables revendications négociables soient avancées. L'acteur de la lutte se fragmente entre la population de référence, les associations militantes qui organisent l'action, et le champ médiatique dans lequel le conflit va se jouer. Il devient très difficile, si ce n'est quasi impossible, de négocier en l'absence d'interlocuteur, de revendication et de cadre institutionnel.

Ces changements sont portés par des acteurs qui ne se positionnent plus par rapport au mouvement ouvrier et qui restent très étrangers, si ce n'est parfois très hostiles, à l'esprit syndical. Ils se définissent d'abord par leur position face au changement social et imposent leurs logiques dans la défense de l'intégration sociale et la contestation des modes de gestion du changement par l'État ou les classes dirigeantes. Ces acteurs sont « flottants » et « potentiels ». Leur « identité » n'existe pas de façon préalable au conflit. Elle se cristallise à l'occasion d'une décision ou d'une action publiques dont ils s'estiment victimes. Le thème de la citoyenneté est ici central dans la mesure où il permet d'unifier deux significations différentes. Il est à la fois revendication de droits sociaux, d'intégration ou de statuts et revendication de « dignité », de respect et, surtout, l'appel à la reconnaissance d'expériences et d'identités particulières. Tous ces mouvements et ces conflits posent en permanence le problème des systèmes institutionnels et la question de leur incorporation dans les instances de négociation et de décision et surtout de représentation.

3.1. Les protestations des « exclus » et des « précaires »

Les quinze dernières années sont marquées par une mobilisation croissante des catégories précaires. Certes, leurs actions sont fréquemment pilotées de l'extérieur par des associations qui, pour influencer l'opinion et compenser leur manque de base militante, revendiquent le soutien d'autorités morales et d'intellectuels prestigieux. Parallèlement, elles ponctuent leurs combats de coups d'éclat largement amplifiés par les moyens de communication de masse : lutte des squatters de Vincennes, occupations du Quai de la Gare, mouvement de l'hiver 1994-1995 en faveur des réquisitions. Organisées et « encadrées », les minorités à faibles ressources arrivent de plus en plus souvent à obtenir gain de cause quand elles trouvent un relais dans l'opinion publique à la faveur de campagnes morales. La lutte des « sans-papiers » de l'été 1996 et celle des chômeurs de l'hiver 1997-1998 sont deux des exemples les plus manifestes de ce nouveau type de mouvement.

Du 18 au 22 mars 1996, 300 Africains, pour la plupart Maliens, occupent l'église Saint-Ambroise. Ils sont expulsés à la demande des autorités religieuses qui s'engagent par voie d'affiches à faire « désinfecter » l'église avant sa réouverture. Les immigrés se réfugient à la Cartoucherie de Vincennes, avec le soutien des gens de théâtre et dans un entrepôt SNCF puis à l'église Saint-Bernard. Une dizaine d'entre eux entame une grève de la faim pour obtenir une régularisation de leur situation. Ils reçoivent l'appui direct ou indirect de nombreuses personnalités. Le 23 août, les forces de l'ordre évacuent brutalement les 220 occupants de l'église. Les images des CRS défonçant la porte de l'Église avec une hache suscitent une vive émotion dans l'opinion. Le soir même, une « marche spontanée » rassemble 10 000 personnes. Des manifestations de soutien ont alors lieu, les organisations politiques, syndicales et associatives de gauche réclament l'abrogation des lois Pasqua sur l'immigration dont les incohérences ont conduit à multiplier les situations de non-droit et à créer une catégorie de clandestins non expulsables. Déjà, l'adoption de ces lois avait donné lieu à des manifestations lors de leur discussion au Parlement. Le 19 juin 1993, 15 000 personnes défilaient à Paris contre le projet. Le 6 février 1993, 20 000 personnes manifestaient à l'appel des associations antiracistes contre le racisme et l'exclusion et en faveur de la solidarité avec les immigrés ainsi que contre la réforme du code de la nationalité. Le 25 janvier 1992, 50 000 personnes avaient manifesté à Paris, à l'appel des organisations de gauche, à l'exception du PS contre le racisme et les politiques anti-immigrées. La lutte des sans-papiers est venue doper ce mouvement, lui permettant de dépasser les dénonciations de principes et lui fournissant les dimensions de détresse humaine qui lui faisaient défaut. La lutte des « sans-papiers » se prolonge en une sorte de croisade morale. Le 22 février, une gigantesque manifestation de protestation a lieu dans un désordre inédit : peu de banderoles, pratiquement aucun slogan. Le 24 février une nouvelle démonstration de moindre ampleur échoue devant l'Assemblée nationale. Pendant la même période, d'autres manifestations ont lieu contre le Front national qui vient de remporter les élections locales à Vitrolles. On peut citer celles du 11 mars à Marseille et celle, nationale, du 29 mars à Strasbourg qui réunit près de 50 000 personnes. Elles aboutiront à des modifications substantielles des lois Debré et auront certainement un poids dans la victoire de la gauche aux élections législatives qui ont suivi.

Les protestations de chômeurs sont un autre exemple de ces luttes des « exclus ». Elles apparaissent dès 1982 avec la création du « syndicat des chômeurs » par Maurice Pagat, mais ne rencontrent pas de véritable écho. En avril-mai 1994, des grèves de la faim et des marches se terminent par un défilé de 30 000 personnes à Paris. Mais c'est surtout pendant l'hiver 1997-1998 que ce mouvement va prendre une ampleur et une dimension politique imprévues. Le détonateur est une réforme des fonds sociaux de l'Unedic. Le mouvement débute le 4 décembre 1997, quand des chômeurs se rassemblent devant les antennes ASSEDIC à Marseille avant de les occuper le 11 décembre. Ils réclament, comme chaque année, une « prime de Noël » de 3 000 francs. Très rapidement, d'autres antennes ASSEDIC sont occupées, pratiquement dans toutes les régions du pays. Le mouvement des occupations s'étend à des sites symboliques susceptibles d'attirer l'attention des médias et de l'opinion publique et de compenser la faiblesse de la mobilisation réelle des chômeurs. Cependant, la popularité du mouvement ne débouche pas sur des manifestations d'une taille comparable à celles des « sans-papiers ». Les 7 et 13 janvier 1998, entre 3 000 et 8 000 personnes défilent dans des villes comme Paris et Marseille. À la fin du mois, la mobilisation s'essouffle et le conflit semble s'éteindre malgré la rancœur des chômeurs qui estiment que le gouvernement n'a pas satisfait réellement leurs revendications. L'impact politique du mouvement est pourtant important. Il a réussi à déstabiliser le gouvernement et les syndicats sont apparus extrêmement circonspects à son égard, la CFDT multipliant les maladresses par crainte d'être débordée et de voir les chômeurs devenir une catégorie sociale susceptible d'être représentée de façon autonome.

Les chômeurs, les « sans-papiers », ou encore les « sans-logements » marquent l'entrée dans le champ des conflits et des manifestations de nouveaux acteurs. Ces catégories sociales sont définies par leur marginalité et leurs faibles ressources sociales mais surtout par leur relation aux politiques économiques et sociales et à l'action de l'État-providence. La construction positive d'une identité revendicative reste pour elles extrêmement fragile et aléatoire. Ainsi, les « chômeurs » se définissent-ils pour certains comme des « pauvres », pour d'autres comme des « précaires », pour d'autres encore comme des « privés d'emploi », chaque orientation impliquant des constructions revendicatives différentes. Tous ces mouvements sont marqués par un balancement entre la dénonciation de l'injustice subie et des appels aux valeurs de la solidarité nationale car la faiblesse des acteurs interdit la construction de véritables revendications unifiées. Les luttes prennent alors une signification indirecte : elles valent plus par leur impact politique et moral que par leur contenu réel. Les difficultés à construire des revendications susceptibles d'unifier la lutte et de trouver un débouché politique et institutionnel sont une caractéristique générale des luttes d'« exclus ». Elles expliquent l'alternance de phases d'irruptions rapides et intenses et de phases d'apathie et de retrait. Elles expliquent aussi la difficulté d'institutionnaliser une représentation effective pour des acteurs sociaux qui ne parviennent pas véritablement à se constituer de manière stable en dehors des périodes d'action. On retrouve ces éléments dans le cas des « banlieues difficiles » qui ont été le théâtre de violentes émeutes au début des années quatre-vingt-dix.

Les banlieues ont fait irruption dans l'actualité des conflits lors de « l'été chaud » de 1981, à Vénissieux, dans la périphérie de Lyon. Des rodéos provoquent l'intervention des forces de police et dégénèrent en véritables émeutes. Le gouvernement réagit par toute une série de mesures et de rapports qui vont donner lieu à la mise en œuvre de la « politique de la ville ». La fin de la décennie quatre-vingt est relativement calme malgré de multiples tensions et conflits et notamment la multiplication des incidents entre les jeunes et la police.

Cependant, pendant toute cette période, le chômage des jeunes s'accroît ainsi que le sentiment d'être piégé dans une véritable nasse : les politiques sociales perdent leur légitimité dans la mesure où elles ne peuvent déboucher sur une insertion effective. Elles apparaissent alors aux habitants des cités comme un exercice de charité destiné à maintenir le calme. Les formes d'intervention policière accentuent encore cette impression générale dans la mesure où elles sont souvent massives et organisées de l'extérieur des cités. Ainsi se développe une véritable « culture anti-institutionnelle », les institutions de la République et de l'État-providence étant essentiellement perçues comme des instruments de marginalisation sociale. Le 10 octobre 1990, à Vaulx-en-Velin éclate une série d'émeutes consécutives à la mort d'un jeune motard lors d'une course poursuite avec la police. Très vite, d'autres émeutes plus ou moins importantes et violentes vont avoir lieu pendant les mois qui suivent comme sous l'effet d'une véritable contagion. À Argenteuil, des magasins sont pillés. On note des incidents sérieux à Montfermeil, à Grenoble, à Sartrouville surtout, à la suite de l'assassinat d'un jeune par un vigile à l'entrée d'une cafétéria. Les 27 et 28 mars, dans cette dernière ville, les émeutes atteignent le centre ville. Les jeunes affrontent longuement les policiers et les pompiers venus éteindre les incendies. Les 25 et 26 mai 1991, à Mantes-la-Jolie, des incidents éclatent à la suite de la mort d'un jeune pendant une garde à vue. Le 9 juin, dans la même ville, un rodéo se solde par la mort d'un policier et d'un jeune de 23 ans abattu par les forces de l'ordre. En mai, d'autres émeutes ont lieu aux Mureaux dans les Yvelines. Des magasins sont détruits et des voitures sont incendiées. Un palier a été franchi dans la violence quasi quotidienne et les affrontements avec la police se multiplient à partir de cette date. Une nouvelle vague d'incidents et d'affrontements sérieux a lieu à la fin de l'année 1997. À Strasbourg notamment, dans les quartiers de Hautepierre et du Neuhof, de nombreuses voitures sont incendiées régulièrement, avec un point culminant le soir du réveillon qui voit 53 voitures brûlées. Des incidents de ce type éclatent dans d'autres villes comme Saint-Étienne ou Chambéry. Pendant toute cette période, de nombreuses agressions ont lieu dans les bus, notamment dans la banlieue parisienne, mais aussi dans nombre de villes de province. Ils mettent aux prises les chauffeurs avec de très jeunes adolescents et provoquent des vagues de grève pour la sécurité dans les transports collectifs.

Les émeutes et les affrontements dans les banlieues sont marqués par la superposition de comportements délinquants ou déviants et de la contestation sociale. Les émeutiers en appellent aux valeurs de la justice et demandent à être reconnus comme des citoyens égaux aux autres. Leur action a toujours une forte dimension morale. Les émeutiers dénoncent prioritairement les bavures policières, les contrôles incessants, le racisme qu'ils subissent. Les émeutes ont pratiquement toujours lieu à la suite d'incidents avec la police ou avec des représentants institutionnels dont l'attitude ou les propos sont jugés méprisants. Mais en même temps, comme dans toute population à faibles ressources, les émeutes sont l'occasion d'actes délinquants, de pillages, de vols et de brutalités. Pendant l'émeute, la frontière entre ces deux orientations s'efface, la transgression des normes sociales prend une signification positive : celle du rejet d'un ordre qui apparaît imposé de l'extérieur et qui n'a pas de légitimité.

3.2. La formation des minorités et des « communautés de luttes »

À côté de ces manifestations d'« exclus sociaux », se sont aussi développées des manifestations d'« exclus culturels » et de « communautés de luttes » selon l'expression de Guy Groux. Ces groupes se constituent dans l'action en s'appuyant sur des formes d'identités les plus diverses, mais toutes caractérisées par leur dimension non sociale : biologiques, ethniques, sexuelles, territoriales ou locales, religieuses, personnelles... Ces luttes ont une forte dimension culturelle et politique. Elles déplacent la frontière entre privé et public en faisant entrer des thèmes privés dans l'espace des conflits. Elles n'ont pas d'adversaire social précis pour la plupart d'entre elles et remettent en cause de façon générale des formes d'organisations sociales et des modes de gestion étatique et politique. Les luttes des femmes dans les années soixante et soixante-dix ont été les premières luttes de ce type, s'attaquant aux rapports de pouvoir entre les genres, revendiquant des droits, une égalité pleine et entière et la reconnaissance de la dimension sexuée de l'universel humain. Dans les années quatre-vingt et quatre vingt-dix, les luttes des femmes ont semblé marquer le pas, malgré un certain renouveau du militantisme, n'occupant plus une place centrale dans la conflictualité générale. À l'automne 1995, la discussion du bilan de la loi Veil au Parlement a suscité l'organisation d'une grande manifestation pour son maintien qui est restée sans suite et la campagne pour la parité, lancée au début des années quatre-vingt-dix, a connu un véritable succès auprès de l'opinion « éclairée » sans pour autant susciter de larges mobilisations.

Dans les années quatre-vingt-dix, ce sont surtout des identités sexuelles et personnelles qui ont été mobilisées dans des manifestations pour l'obtention d'une reconnaissance publique. C'est notamment le cas des luttes menées par les homosexuels. Le 22 juin 1996, la Gay-Pride réunit près de 100 000 personnes dans la capitale. Des manifestations ont aussi lieu dans les villes de province notamment à Marseille. Outre le combat traditionnel en faveur de l'égalité des droits, les défilés revendiquent une reconnaissance légale pour les couples homosexuels. Importé des USA dès 1977, la Gay-Pride connaît un vif succès depuis 1995. L'ambiance de fête et de carnaval l'emporte sur les revendications précises proprement dites. La Gay-Pride traduit la recherche de reconnaissance et de visibilité du ou des mondes homosexuels, pour certains l'affirmation d'une véritable communauté. Elle marque ainsi la volonté d'une minorité d'apparaître au grand jour. En 1997, elle atteint une taille imposante en prenant une dimension européenne. À la même période, dans le quartier du Marais à Paris, un conflit oppose la communauté homosexuelle à la Justice qui a décidé de fermer des bars et des boîtes de nuit car elles serviraient de lieu de trafics de drogues. Régulièrement, des manifestations ont lieu, en appelant au respect d'un mode de vie et dénonçant l'homophobie qui serait la véritable motivation de la décision.

Mais c'est surtout l'épidémie du Sida qui va entraîner des multiples manifestations et des luttes qui iront bien au-delà des campagnes d'opinion au début des années 1990. En avril 1990, l'hebdomadaire *l'Evénement du Jeudi* publie des informations selon lesquelles, en 1985, le CNTS aurait distribué sciemment des lots de sang contaminé notamment destinés aux hémophiles. Éclate alors le

« scandale du sang contaminé » à la suite de plaintes déposées par des malades qui ont contracté le virus lors de transfusions sanguines au milieu des années 80. Les hémophiles, qui sont les principales victimes, protestent contre les autorités sanitaires et dénoncent les responsabilités de l'État et du gouvernement dans la propagation de la maladie. Ils demandent des indemnités financières et que l'État, ainsi que le corps médical, reconnaissent leur faute : le sang contaminé aurait été distribué volontairement et l'utilisation de tests de dépistage aurait été retardée pour protéger les intérêts économiques et nationaux des institutions sanitaires. Leur lutte aboutit à la condamnation des responsables du CNTS qui sont emprisonnés et elle ruine la carrière politique du ministre de la Santé de l'époque. Avec ce « scandale », le Sida apparaît comme une maladie « politique » : les autorités politiques et sanitaires sont accusées d'avoir favorisé plus ou moins directement sa propagation soit pour des raisons d'intérêts politiques ou économiques, soit pour des raisons idéologiques, comme l'homophobie. Parallèlement aux hémophiles, mais sans que jamais un lien puisse s'établir entre les deux catégories, les homosexuels et les associations Act-Up et Aides, créées dans les années quatre-vingt, organisent de nombreuses manifestations et journées de protestation contre les conditions faites aux malades et les politiques sanitaires. En mars 1993, par exemple, 15 000 personnes défilent à Paris. Les associations de lutte contre le Sida soumettent leurs revendications aux candidats qui se présentent aux législatives proches. En mai 1995, 20 000 personnes défilent lors d'une « Marche pour la vie ». En mai 1996, 10 000 personnes défilent de nouveau pour mobiliser l'opinion publique et faire pression sur les pouvoirs publics. Annuellement, des défilés ont lieu lors de la journée mondiale contre le Sida. Mais à partir de la fin de l'année 1996, les mobilisations s'essoufflent. De nouveaux traitements apparaissent qui semblent présenter une certaine efficacité. Un temps contesté pour ses choix politiques et sanitaires, le pouvoir médical s'en trouve de nouveau conforté. La légitimité et l'urgence de l'action sont affaiblies. Mais surtout, les victimes de l'épidémie ne sont plus issues des mêmes milieux sociaux. Jusque-là, il s'agissait de catégories « centrales » dont la capacité de mobilisation et de contestation du pouvoir médical et l'influence auprès de l'opinion sont fortes et qui ont bénéficié de la solidarité de leur milieu, notamment en ce qui concerne les artistes. Mais, à partir du début des années quatre-vingt-dix, l'épidémie progresse d'abord dans des milieux populaires. Le nombre de nouveaux cas de Sida diminue globalement depuis 1994 mais il augmente dans les quartiers périphériques, notamment parmi les femmes et les jeunes. À la dimension culturelle et politique de la maladie vient se surajouter une dimension sociale qui affaiblit considérablement la capacité des malades de construire des formes d'identités conflictuelles et solidaires.

Tous ces mouvements marquent le développement d'une contestation d'« exclus » d'une normalité imposée ou gérée par l'État ou le pouvoir médical. C'est le progrès scientifique qui est ici directement mis en cause, soit parce qu'il génère de nouvelles catégories d'« exclus » en imposant de nouvelles normes, soit parce que sa gestion se fait au nom d'impératifs et de valeurs confisquées par certaines catégories sociales et par un État ignorant la diversité des identités sociales. Les mouvements de sourds constituent un exemple de ce type de contestation. Le 20 novembre 1993, les *« sourds en colère »* manifestent devant le ministère de la Santé puis envahissent des services hospitaliers qui pratiquent des interventions chirurgicales visant à poser des implants auditifs. Dans une incompréhension totale des médecins, ils critiquent les *« effets traumatisants »* de telles interventions, l'*« utilisation de cobayes »*, mais surtout dénoncent la *« normalisation »* et la *« purification ethnique de la population des sourds »* sous couvert de progrès : pour eux, c'est la langue de signes qui risque d'être purement et simplement niée et donc, c'est une expérience particulière qui se trouve normalisée et dissoute. Définis par un manque ou par une forme d'état pathologique que seuls les médecins auraient pouvoir de « guérir », ils revendiquent la reconnaissance positive de leur « culture » et de leur « langue » et donc un statut leur permettant d'en finir avec les discriminations.

Ces formes de contestations et de protestations menées par des « communautés de luttes » contre des pouvoirs technocratiques ou étatiques ont aussi touché les médias. Avec la libération progressive des radios et télévisions depuis le début des années quatre-vingt, les médias ont largement basculé du champ du pouvoir dans le champ de la société. Les interventions de l'État ont perdu leur légitimité. Elles se heurtent à des « publics » qui s'identifient à leur média et à travers leur média et qui vivent comme des « agressions » personnelles et collectives toute décision politique d'interdiction ou de réduction de la liberté du média. En 1984, une première grande manifestation de jeunes avait protesté contre la décision des autorités publiques de réduire la puissance d'émission d'une radio pour jeunes. En mars 1994, un nouveau conflit éclate, opposant *Fun Radio* aux autorités de tutelles qui ont décidé de censurer une émission quotidienne qui sert de forum à un public adolescent. Comme en 1984, les autorités doivent céder à la pression de l'opinion et devant la capacité de mobilisation du public des radios. En 1996, la décision d'interdire une petite radio locale de la région parisienne, *Ici et Maintenant,* provoque le même type de réaction, le petit public de la radio, manifestant quotidiennement pendant plusieurs mois devant le siège du CSA, pour obtenir le rétablissement de « sa » radio. Dans tous les cas, la contestation s'appuie sur la forte projection du public sur le média qui est largement vécu comme le vecteur d'une forme d'identité collective et individuelle passant par la musique et par la constitution de soi comme un élément d'un groupe particulier. Les décisions de censure ou d'interdiction sont alors directement vécues comme des atteintes à cette identité de public, comme des formes de mépris et de non-reconnaissance qui touchent personnellement.

On trouve des ressorts identiques dans les mobilisations territoriales contre les décisions d'implantation d'une infrastructure ou d'une entreprise. C'est par exemple le cas avec les manifestations hostiles à l'installation de l'entreprise DHL en Alsace à l'automne 1996 qui réuniront jusqu'à 20 000 personnes dans les rues de Strasbourg. Les identités de « territoires » s'opposent à l'État et aux processus de modernisation qui détruit ou interdit des genres de vie ou nient des identités fortement enracinées. Dans ce registre, les mobilisations des chasseurs ont pris une ampleur imprévue. La défense des chasses traditionnelles, notamment dans le Médoc, a dégénéré en affrontements avec les opposants écologistes. En mars 1998, 150 000 personnes défilent à Paris pour la défense du droit de chasse contre les « menaces » que feraient peser les directives européennes sur leur « mode de vie ». Mais de plus en plus souvent ce sont les décisions d'un État qui s'identifie à l'intérêt général qui se heurtent à l'hostilité de populations de « riverains » qui n'acceptent pas d'être simplement indemnisés et renvoyés à la particularité de leur situation. Des conflits de plus en plus nombreux éclatent, à propos de l'extension ou de l'implantation d'un aéroport, de la construction d'une autoroute, du percement d'un tunnel. Le conflit du TGV Méditerranée a révélé l'importance de ce type de conflit, qui, par certains aspects, rappelle les « luttes urbaines » du début des années soixante-dix.

Le conflit démarre à la suite de la publication par un journal du midi du tracé du futur TGV de la ligne Paris-Marseille pendant l'été 1989. Une première réunion publique des opposants en décembre de la même année réunit près de 500 personnes qui dénoncent les comportements technocratiques de la SNCF et « l'autoritarisme » de l'État français. Manifestations, occupations de voies, sit-in se succèdent. Une première pétition de 17 000 signatures est déposée à la préfecture des Bouches-du-Rhône dès le 21 février 1990. Pendant l'été, devant la force de la contestation, le ministère de l'Équipement recule et reprend l'élaboration du projet en concertation avec les élus et les « riverains ». Pourtant, la contestation s'étend pour culminer en 1991. Elle reçoit le soutien des élus locaux, des agriculteurs, notamment des viticulteurs, et se cristallise autour de l'affirmation de « *l'identité provençale* » : ce sont non seulement des intérêts particuliers qui sont défendus, mais, au-delà, les opposants en appellent à des héritages culturels, comme le paysage qui prend une dimension de patrimoine culturel et, donc, acquiert une signification politique. L'identité de territoire fédère une lutte qui s'oppose à une technocratie jugée bien peu démocratique et au choix d'une logique de modernisation jugée destructrice. L'ampleur du conflit amènera l'État et le gouvernement à élaborer de nouvelles procédures de concertation préalable à la décision et à la mise en œuvre des projets d'infrastructure. Par la suite, d'autres conflits vont éclater autour des mêmes thèmes, notamment des projets autoroutiers, mais sans atteindre l'ampleur du conflit du TGV-Méditerranée. L'importance du conflit tient essentiellement à la mise en cause par les « riverains » de l'identification de la SNCF à l'intérêt général et, en retour, de leur enfermement dans une logique de l'intérêt particulier qu'il suffirait d'indemniser. Dans le langage du mouvement, la référence à la citoyenneté et au civisme est omniprésente comme une revendication de reconnaissance et de respect face au « mépris » des décideurs.

Comme toutes les protestations d'exclus ou de minorités, le conflit signe l'émergence d'une contestation de la « société civile » contre l'État républicain. Les politiques, les décisions et les actions de l'État cristallisent des identités « potentielles » dans des secteurs où les groupes sociaux ne sont pas constitués au préalable. Dans un premier temps, les individus se rassemblent à partir d'une expérience commune de victime. Le statut de victime est le ferment d'une exigence de reconnaissance qui accompagne la dénonciation de l'incompréhension des autorités et de l'absence de démocratie. Cette double logique explique la dualité des mouvements de la société civile : la recherche de reconnaissance sociale passe par la mise en avant de l'expérience commune dans des actions très expressives ; la revendication démocratique passe par la pression politique visant à institutionnaliser la représentation de l'acteur et à garantir ses « bénéfices ». La manifestation « expressive » se juxtapose à la stratégie instrumentale de petits groupes, la campagne morale à l'activisme de minorités militantes.

3.3. Le renversement de la représentation

L'apparition de ces nouveaux acteurs dans le champ de la conflictualité s'accompagne non seulement de l'émergence de nouveaux thèmes mais aussi du développement de stratégies destinées à les promouvoir. Selon le modèle classique, les conflits apparaissent lors de la mobilisation d'un acteur social. Le déroulement du conflit et son succès éventuel dépendent de la force de cet acteur et de sa capacité de mobilisation. Cet acteur social est relayé par des acteurs institutionnels et politiques (notamment les syndicats et les partis) qui font entrer les revendications dans le système politique et institutionnel dans lequel elles vont être traitées. Ce sont ces acteurs institutionnels qui ont la capacité de généraliser le conflit, de mobiliser l'opinion publique pour accroître la force de mobilisation. Dans ce type de modèle, l'homogénéité des acteurs sociaux et institutionnels est primordiale. Les seconds sont et doivent rester les représentants des premiers.

Les conflits de la société civile apparaissent quand des militants associatifs s'emparent d'un problème. Ils agissent comme de véritables « entrepreneurs de mouvements sociaux » cherchant à produire de l'action. Ils s'appuient sur des acteurs faibles peu mobilisables qui n'ont pas de reconnaissance institutionnelle. Les « entrepreneurs » font entrer le problème dans l'espace médiatique qui sert de caisse de résonance et permet la mobilisation de l'opinion publique. Le conflit est alors traité par le système politique sous la pression directe moins de l'acteur social que de l'opinion publique. La capacité symbolique de créer de l'émotion est la principale arme des acteurs du conflit. Le paradoxe est qu'ici, le « représentant » précède bien souvent l'acteur ou même crée l'identité de l'acteur social dans l'action. C'est à un véritable renversement de la logique représentative auquel nous assistons : « l'image » de l'acteur existe largement avant l'acteur.

Comme à toutes les époques, les groupes en lutte savent qu'une part de leur succès repose sur leur capacité à diffuser et à populariser leurs revendications. La manifestation, la grève de la faim, la séquestration, la destruction de produits ou l'appel à des comités de soutien sont autant de registres de cette nécessaire publicisation des conflits. Ces vingt dernières années, le recours aux mass média s'est progressivement affirmé comme une des plus sûres façons de séduire l'opinion et de se faire connaître du plus grand nombre. Aujourd'hui, les parties mobilisées sont conscientes de la nécessité à se faire entendre des journalistes et de véhiculer grâce à eux une image positive de leurs protestations. Pour ce faire, elles disposent souvent de professionnels chargés des liens avec la presse, personnes dont la mission est de rassembler les commentateurs porteurs de discours attestant de la réalité et de la légitimité du combat engagé.

La presse quotidienne ou hebdomadaire est un support d'expression facile à utiliser. En août 1989, c'est ce que font plusieurs dizaines de gendarmes qui, ne jouissant pas de la liberté syndicale, envoient des lettres anonymes aux journaux pour manifester leur lassitude devant le manque de moyens, la hiérarchie trop lourde, les horaires excessifs et la faiblesse des salaires. Tombant dans un mois à l'actualité creuse, cette campagne de mécontentement est largement relayée par les médias. Plus traditionnellement, la presse écrite cultive les registres de l'investigation et de la divulgation. En septembre 1989, le conflit Peugeot se durcit après la publication par le *Canard enchaîné* des feuilles d'imposition du patron de PSA, qui révèlent que son salaire est trente fois plus élevé que celui d'un ouvrier, et qu'il s'est accru de 46 % entre 1986 et 1989, période pendant laquelle il prônait la rigueur salariale.

Mais c'est la télévision qui est au cœur des dynamiques protestataires. Regardée par le plus grand nombre, elle peut transformer la carrière d'une mobilisation en contribuant à la discréditer ou en la légitimant. Disposant de l'image, elle montre précisément les conditions de travail d'une profession en lutte ou les enchaînements de violences d'une manifestation qui dégénère. Vitrine pluraliste, elle permet l'accès aux ondes de diverses formes d'engagement et certaines émissions organisent même « à chaud » la confrontation des différentes parties en conflit. Une telle puissance de mise en scène est aujourd'hui déterminante, et tous les militants savent que pour l'avancement d'une cause, quelques minutes au journal de vingt heures pèsent autant que des milliers de manifestants : c'en est fini du nombre et de la masse comme facteurs de représentativité et de légitimité.

Plus les conflits sont importants et singuliers, et plus il y a de chances qu'ils soient relayés ou saisis par les médias. Les mobilisations des étudiants, des lycéens, des assistantes sociales, des infirmières, des gardiens de prisons, des contrôleurs aériens ou des routiers sont ainsi largement couvertes. Les grandes grèves industrielles sont également bien commentées. Les enseignants savent utiliser les moyens de communication pour transformer le regard porté sur leur métier et faire comprendre le malaise qui les touche. En revanche, en 1989, les fonctionnaires des impôts font preuve de timidité dans la gestion médiatique de leur grève et, le conflit s'enlisant, ils finissent par délégitimer leur cause en apparaissant jusqu'au-boutistes. Les agriculteurs gèrent leur capital médiatique en alternant les actions violentes et les manifestations calmes. À l'automne 1983, les médecins hospitaliers remportent une victoire sans syndicat structuré mais avec un sens évident de l'action publicitaire. Quelques années plus tard, les intermittents du spectacle feront de même. Même les chefs d'entreprise et les syndicats patronaux se mettent à mieux gérer les moyens d'information. La direction d'Air France ne manque jamais d'invoquer l'opinion en révélant les salaires élevés des catégories de personnels en grève.

Les mobilisations de minorités précaires construisent activement leur médiatisation et font apparaître une forme nouvelle de construction des conflits et de leur traitement dans laquelle la représentation de la lutte précède la lutte. Il ne s'agit pas simplement de prolonger l'action par un appel à l'opinion publique relayé par les médias. La lutte est construite en fonction du média. Le média n'est pas un relais. Il est le champ dans lequel s'inscrit un mouvement. Les militants créent l'événement. Parfois, ils le vendent « clef en main » aux journalistes, jouant sur la complicité d'une recherche commune de l'impact maximal des images : les réquisitions du DAL, les occupations d'ASSEDIC ou de l'École Normale, la grève de la faim des sans-papiers dans une église. Pour les associations à la pointe de ces actions – AC !, APEIS, Comité des sans logis, Droits devant !, Droit au logement, CADAC, CIMADE, etc. – la sensibilisation des médias par des stratégies de victimisation et de scandalisation est la seule chance de reconnaissance et de succès. Quand le pouvoir réagit, il manifeste sa logique froide et amorale contre la chaleur de la révolte et la détresse des victimes. Pendant l'été 1996, le coup de hache des CRS brisant une porte de l'église Saint-Bernard pour en évacuer les occupants a eu un effet direct sur la popularisation de la lutte des « sans-papiers » et enfermait le gouvernement dans une position impossible vis-à-vis de l'opinion publique. À la limite, l'action n'est plus qu'une succession de « coups » préparés à l'avance. Ce glissement peut être destructeur des organisations et des groupes en lutte puisque la victoire finale dépend moins des réseaux de militants que des talents d'un petit noyau de leaders aguerris aux choses journalistiques.

Ces stratégies « médiatiques » de conduites de la lutte reposent aussi sur une transformation profonde des idéologies exprimées. Le militant n'est plus un idéologue. Il est un individu solidaire en colère : il affiche sa solidarité avec les catégories les plus faibles et revendique ainsi une sorte de supériorité morale ; en même temps, il agit pour montrer la détresse humaine. Sur un écran de télévision, le visage d'un chômeur ou les pleurs d'une mère de famille expulsée de son logement sont bien plus efficaces que toutes les explications politiques. Sur le plateau de télévision l'homme de pouvoir est sommé de s'incliner et surtout de se « taire ». Ses mots abstraits trahissent leur vide face à l'incarnation de la « détresse sociale ». Cette stratégie est d'une efficacité dévastatrice. Elle repose sur des réseaux d'associations d'une extrême souplesse qui savent parfaitement s'adapter aux contextes locaux. Les militants passent facilement de l'une à l'autre ou appartiennent à plusieurs. Beaucoup d'entre eux sont membres de sectes trotskistes. Mais de fait, ils sont plus proches de l'apolitisme virulent des activistes américains, valorisant l'action pour l'action et recherchant son efficacité maximale. Comme eux, ils se fédèrent autour d'un radicalisme populiste, très loin du langage de la lutte des classes, associant la défense de l'égalité à la dénonciation des « intérêts financiers » et du « libéralisme » et, surtout, s'inscrivant parfaitement dans la logique de l'appel à l'intégration et la solidarité sociales contre le capitalisme et l'État modernisateurs.

CONCLUSION

En une vingtaine d'années, nous avons assisté à une évolution considérable de la nature des conflits sociaux. La « crise », avec son lot de restructurations, a imposé de profondes transformations de la conjoncture politique et économique dans laquelle s'inscrivent les conflits sociaux.

Les conflits se sont éloignés des problèmes du travail, de son organisation et de sa rémunération qui étaient au centre du monde industriel. Ils naissent des problèmes du changement, du refus de ses effets négatifs ou de la contestation de l'orientation que lui donnent les classes dirigeantes. Ils traduisent la « nouvelle question sociale », c'est-à-dire l'addition de la précarité croissante des statuts sociaux et le basculement dans la pauvreté et l'« exclusion » d'une partie des catégories populaires. C'est pourquoi la plus grande partie des conflits relève des questions d'emploi et plus largement de la défense ou de la revendication des statuts dans une société en changement rapide. Ces conflits se situent plus aux frontières de la société qu'en son cœur. Ils se jouent autour des niveaux de participation sociale et sur la zone intermédiaire séparant les catégories sociales qui ont su s'accrocher aux franges inférieures des classes moyennes de celles qui ont plongé dans la pauvreté. Ils ne remettent pas fondamentalement en cause l'organisation de la société et n'en appellent pas au progrès mais à l'intégration sociale. Ainsi, à l'opposition entre les classes se sont substitués des affrontements entre des logiques et des mouvements de modernisation d'un côté, la défense de l'intégration sociale et nationale d'un autre côté. C'est une première dimension, la plus forte, des conflits et des protestations actuelles.

Dans cette logique, les acteurs défendent des statuts ou des positions plus que des intérêts. Ils dénoncent la priorité exclusive donnée aux critères de rentabilité et d'efficacité. Deux grandes catégories émergent : les plus nombreux, protégés des effets les plus négatifs du changement ; les victimes ou les exclus du changement. Les premiers défendent leurs positions sociales. C'est le moteur essentiel des guerres scolaires, des conflits dans les services publics ou, surtout, des affrontements autour de la protection sociale. Les seconds revendiquent d'abord l'accès à un niveau de participation sociale suffisant. Il s'agit d'un statut social et d'un niveau de ressources plus que d'un travail comme dans les mouvements de chômeurs ou de « sans-logements », ou un niveau de consommation jugé « normal » comme dans les explosions des banlieues. Les tendances centripètes corporatives, c'est-à-dire la revendication d'une garantie statutaire apportée par l'État, sont fortes même si elles se sont affaiblies depuis décembre 1995. À l'opposé, les tendances centrifuges portées par les « exclus » s'affirment dans le recouvrement des conduites déviantes et de la protestation sociale et morale. Aux manifestations des employés des secteurs publics répondent les émeutes de banlieues. Entre des catégories moyennes relativement protégées et des catégories prolétarisées et précarisées, les distances sociales ne cessent de croître comme le montre, par exemple, l'augmentation de la violence entre les « jeunes de banlieues » et les employés des services publics, comme dans les transports ou encore dans les services sociaux.

Cette première dimension des conflits portant sur l'orientation du changement se croise avec une deuxième dimension qui concerne les modes de gestion de ce changement. Les dimensions statutaires sont redoublées, dans ces conflits ou dans d'autres, par des questions identitaires, la recherche d'une reconnaissance sociale ou la mise en cause des normes dominantes de l'organisation et de l'intégration sociales et nationales. La contestation et les protestations acquièrent ici une dimension plus culturelle et politique que strictement sociale. Ici aussi c'est l'État qui est directement mis en cause, mais l'État en tant qu'agent d'intégration morale et vecteur de l'unification nationale. Une large revendication de « démocratie » traverse l'ensemble des conflits. La dénonciation du « mépris » des autorités ou des prises de décision sans concertation visent non seulement les grandes entreprises publiques mais aussi, de plus en plus souvent, les modes de gestion gouvernementale. C'est une des dimensions centrales du grand conflit de décembre 1995 ou encore l'origine des grèves d'enseignants de janvier 1998. La contestation des tendances technocratiques, autoritaires et unificatrices de l'État républicain traverse pratiquement tous les conflits. Ces questions socio-culturelles d'identités, de normes et de démocratie ont suivi la trajectoire inverse des questions socio-économiques, passant de la périphérie de la société en son cœur. En une vingtaine d'années, l'inversion a été complète. Les demandes socio-économiques ont perdu la puissance de contestation générale qu'apportaient le mouvement ouvrier ou l'espoir d'une nouvelle société. Inversement, les revendications socio-culturelles paraissent plus fondamentales et semblent plus directement porter une contestation globale de l'ordre social et politique.

Ici, les acteurs se définissent par rapport au changement culturel. Ils affirment des identités, revendiquent « ce qu'ils sont », à partir d'héritages culturels, de territoires, de religion, de préférences sexuelles ou d'une biologie. Ces identités se cristallisent dans l'action sous la forme de « communautés de luttes » ou de minorités soit pour agir contre des politiques dont elles s'estiment victimes, soit, à l'inverse pour exiger une participation plus directe aux processus de changement. Ce sont les moteurs essentiels de nombreuses manifestations visant à la préservation d'une région ou d'une pratique culturelle tout autant que celles qui visent à faire accéder à l'espace public des minorités jusque-là hors normes. C'est à l'émergence d'une société civile que nous assistons parallèlement à l'affaiblissement de la légitimité de l'État républicain.

Le statut et l'identité structurent l'essentiel des conflits d'aujourd'hui. Ces deux dimensions sont largement indépendantes l'une de l'autre et contradictoires. La première oppose le capitalisme et l'État modernisateur à des acteurs qui en appellent à l'intégration sociale et à la protection de l'État-Nation alors que la seconde oppose l'État intégrateur et mobilisateur à des acteurs qui en appellent à la société civile contre les tendances autoritaires de l'État national républicain. Les acteurs sociaux oscillent ainsi entre des revendications de protection et de garanties statutaires et des revendications de reconnaissance et d'identité. Ils demandent des interventions publiques plus fortes tout en exigeant un État plus modeste, souhaitent plus d'intégration nationale tout en luttant contre les dimensions unificatrices de cette intégration. Au fond, les conflits de ces dix dernières années semblent commandés par la question de l'avenir du « modèle républicain » de développement et d'unité nationale, de ses transformations et de sa pérennité dans les changements sociaux et culturels qui traversent notre pays.

BIBLIOGRAPHIE

Courty G. (1993), « Barrer, filtrer, encombrer : les routiers et l'art de retenir ses semblables », *Cultures et conflits*, n° 12, p. 143-168.

Denis J.-M. (1996), *Les coordinations. Recherche désespérée d'une citoyenneté*, Paris, Syllepse.

DENIS J.-M. *et al.* (1994), *Les coordinations de travailleurs dans la confrontation sociale,* Paris, L'Harmattan.

FAVRE P. (dir.) (1990), *La manifestation,* Paris, Presses de la FNSP.

FILLIEULE O. (dir.) (1993), *Sociologie de la protestation. Les formes de l'action collective dans la France contemporaine,* Paris, L'Harmattan.

FILLIEULE O. et PÉCHU C. (1993), *Lutter ensemble. Les théories de l'action collective,* Paris, L'Hamattan.

GROUX G. (1996), *Le conflit en mouvement,* Paris, Hachette.

GROUX G. et MOURIAUX R. (1994), « Syndicalisme sans syndiqués. Dimensions et dilemmes », *in* P. PERRINEAU (dir), *L'engagement politique, déclin ou mutation ?,* Paris, Presses de la FNSP.

HASSENTEUFEL P. (1991), « Pratiques représentatives et construction identitaire. Une approche des coordinations », *Revue Française de Science politique,* XLI-1, p. 5-26.

LAFARGUE J. (1998), *La protestation collective,* Paris, Nathan.

MANN P. (1991), *L'action collective. Mobilisation et organisation des minorités actives,* Paris, A. Colin.

REYNAUD J.-D. (1993), *Les règles du jeu. L'action collective et la régulation sociale,* Paris, A. Colin.

TOURAINE A. (dir.) (1996), *Le grand refus,* Paris, Fayard.

CHAPITRE 8

Idéologies, valeurs, cultures

JEAN-MARIE DONEGANI

IL EST PEU CONTESTABLE que le paysage idéologique français de la fin des années quatre-vingt-dix est sensiblement différent de celui du début des années soixante-dix. Même s'il est évidemment possible de déceler de multiples continuités dans les systèmes de valeurs, les croyances religieuses ou les attitudes politiques des Français sur ce dernier quart de siècle, c'est tout de même le changement qui apparaît à l'observateur comme le trait principal de cette évolution. La chronologie et le rythme des changements ne sont pas forcément identiques ou superposables dans tous les domaines mais les contenus des systèmes de représentations se sont modifiés sur des points essentiels et la distribution des comportements politiques et religieux n'est pas en 1995 identique à ce qu'elle était vingt ans auparavant.

Il faut pourtant tempérer un diagnostic brutal qui tendrait à assimiler ces changements à une « révolution ». Bien sûr, on peut insister sur la montée de l'individualisme, du subjectivisme ou de l'hédonisme ou sur le développement des opinions favorables au libéralisme économique, à la libre entreprise et à la concurrence, tendances qui semblent contraires aux traditions rigoristes de la vieille France paysanne et bourgeoise comme à la culture de l'État-gérant, mais on doit aussi noter le maintien d'une demande de protection sociale et d'intervention de l'État en matière de sécurité et d'assistance et prendre en compte la résistance de valeurs traditionnelles autour de la famille, de la morale et du droit. Bien sûr, on peut insister sur la nouveauté de comportements politiques détachés des allégeances sociales et apparemment motivés par des considérations stratégiques liées aux configurations de l'offre électorale mais on doit aussi noter la permanence des grandes structures de la demande et le maintien, au-delà des déceptions de l'alternance, d'une politisation et d'une participation du corps électoral à peu près constantes.

Bref, le tableau n'est pas univoque et il faut, pour prendre une juste mesure des changements et des continuités dans le paysage idéologique français, distinguer selon les indicateurs les signes de son intégration dans la matrice culturelle commune à la plupart des démocraties libérales contemporaines et les manifestations persistantes de ce qui fit longtemps son exceptionnalité.

1 LE RAPPORT À LA POLITIQUE

La politique constitue traditionnellement en France une des dimensions importantes, avec la religion, des univers idéologiques et des systèmes de valeurs. Plus que dans d'autres pays, les représentations politiques sont un élément essentiel des visions du monde des groupes sociaux et des individus. La culture politique française est une culture conflictuelle marquée par l'histoire des désaccords profonds qui ont divisé l'esprit public sur les principales questions de la démocratie moderne : la question du régime, la question sociale et la question religieuse.

Dans une étude synthétique écrite au début des années soixante, Alfred Grosser et François Goguel considéraient que la culture politique française était caractérisée par quatre traits : un individualisme foncier qui se révélait dans l'inaptitude des électeurs comme des élus à accepter la discipline d'organisations politiques perfectionnées propres à promouvoir une action collective efficace ; une participation politique conçue comme un moyen d'affaiblir l'État plutôt que de le soutenir ; une importance extrême accordée aux désaccords métaphysiques qui viennent colorer tout débat public, l'attitude notamment à l'égard de l'Église catholique constituant depuis la Révolution française la pomme de discorde sur laquelle se sont faites les alliances et les concurrences entre partis ; une valorisation de la gauche enfin, liée sans doute à une certaine conception du progrès et de l'histoire qui s'imposait à toutes les forces politiques de droite comme de gauche (Goguel, Grosser, 1984). Même si, nous le verrons plus loin, l'importance des désaccords métaphysiques est moins grande qu'auparavant, du moins si l'on considère ceux-ci essentiellement autour du clivage cléricaux-anti-cléricaux, il n'est pas sûr que certains de ces traits hérités de l'histoire et qui ont en particulier si fortement marqué la vie politique de la IIIe et de la IVe Républiques aient changé fondamentalement.

Pour appréhender le rapport que les Français entretiennent à la politique nous étudierons successivement les indices et les facteurs de politisation et de participation, les positionnements idéologiques et l'expression de la demande et de la décision électorale.

1.1. La politisation et la participation

Aujourd'hui comme il y a trente ans les observateurs parlent souvent de « dépolitisation » des Français. Pourtant, la politisation, conçue comme valorisation de la politique, intérêt pour la chose publique et familiarité avec ses règles et ses enjeux n'a pas diminué durant ces trente dernières années.

1.1.1. L'intérêt pour la politique

Considérons tout d'abord l'indicateur le plus simple, celui de l'intérêt pour la politique, mesuré traditionnellement par la question suivante : « Vous intéressez-vous à la politique ? » En 1958, 9 % des personnes interrogées répondent « beaucoup », 47 % « un peu », et 42 % « pas du tout » (sondage IFOP).

Tableau 1 Intérêt pour la politique de 1978 à 1997

	Beaucoup	Assez	Peu	Pas du tout
1978	12	34	36	18
1988	10	31	38	21
1995	12	37	36	15
1997	11	37	37	15

Source : Enquêtes CEVIPOF-SOFRES.

La différence de formulation entre la question de 1958 et les suivantes interdit une comparaison terme à terme mais l'on peut noter au tableau 1 que la proportion de personnes « très intéressées » par la politique n'a que très peu varié en une quarantaine d'années tandis que la proportion de celles « pas intéressées du tout » a diminué de moitié. Entre 1978 et 1997 domine l'image de la stabilité, la répartition des enquêtés se fait de manière sensiblement égale sur les quatre degrés proposés d'une évaluation subjective de l'intérêt pour la politique.

Cet intérêt pour la politique est très étroitement relié à un faisceau d'attitudes qui en font un bon indicateur synthétique de l'attachement au système démocratique. Ainsi, plus croît le degré d'intérêt pour la politique, plus croît également l'attachement à des droits et des libertés tels que la sécurité sociale, le libre choix de l'école, la liberté d'entreprendre, le droit de vote, les partis politiques, l'Assemblée nationale, les syndicats, le droit de grève. On peut aussi mettre en évidence la relation de l'indicateur d'intérêt pour la politique avec des attitudes autoritaires ne touchant pas explicitement aux objets politiques. Ainsi, plus le degré d'intérêt pour la politique décroît, plus l'on a tendance à approuver des propositions telles que : « l'école doit donner avant tout le sens de la discipline et de l'effort », il faudrait rétablir la peine de mort », « l'homosexualité est tout à fait condamnable » ou « il y a trop d'immigrés en France ». Comme l'écrit Jean Ranger (1990), « la politique est globalement appréciée suivant une échelle de jugement moral dont les deux pôles la décrivent soit comme un territoire malsain et dangereux, soit comme une activité utile et honorable ». Or ce sont les plus politisés qui valorisent la politique et les moins politisés qui la jugent négativement et l'on peut constater une relation tout à fait nette entre le sentiment d'aliénation envers la politique – apprécié par l'acceptation ou le rejet de la proposition : « Certains disent, en parlant de la politique que ce sont des choses trop compliquées et qu'il faut être un spécialiste pour les comprendre » – et le niveau déclaré d'intérêt pour la politique. 80 % des personnes disant s'intéresser beaucoup à la politique ne sont pas d'accord avec la proposition précédente, 67 % de celles disant ne pas s'intéresser du tout à la politique sont au contraire d'accord avec cette proposition.

L'examen de cet indicateur d'aliénation confirme ce que l'on disait plus haut de l'évolution de l'intérêt pour la politique en France durant ces trente dernières années.

Tableau 2 Sentiment de compétence politique

Certains disent, en parlant de la politique, que ce sont des choses trop compliquées et qu'il faut être un spécialiste pour les comprendre. Êtes-vous d'accord avec cette façon de voir ?

	Tout à fait d'accord	Plutôt d'accord	Plutôt pas d'accord	Pas d'accord du tout	Sans réponse
1966	28	31	20	19	2
1978	15	32	26	25	2
1988	18	29	25	26	2
1995	25	31	21	22	1

Le niveau d'intérêt pour la politique est enfin relié avec le niveau d'études et la profession : la proportion des répondants qui s'intéressent « beaucoup » à la politique varie en 1995 dans un rapport de 1 à 4 entre ceux qui n'ont fait que des études primaires (7 %) et les détenteurs d'un diplôme d'enseignement supérieur (27 %) ou entre les ouvriers (6 %) et les cadres et professions intellectuelles (25 %).

1.1.2. L'abstentionnisme électoral

Un second indicateur classique de la politisation est le taux d'abstention aux consultations électorales. Ce taux s'est situé depuis le début de la Ve République entre 13 % au deuxième tour de l'élection présidentielle de 1974 et 63 % lors du référendum de novembre 1988 sur le statut de la Nouvelle-Calédonie. L'amplitude de la variation est donc très importante et dépend de deux facteurs essentiels : le type de consultation et la conjoncture. La prévision d'un scrutin serré, la forte dichotomisation du choix, l'acuité de l'enjeu sont des facteurs qui favorisent la participation et expliquent ainsi que les taux d'abstention soient en général plus faibles aux élections nationales et particulièrement présidentielles qu'aux élections locales. Le faible taux de participation peut aussi dépendre de la conjoncture politique qui conduit certaines forces politiques à préconiser l'abstention comme ce fut le cas lors du référendum de 1988 sur la Nouvelle-Calédonie ou du deuxième tour de l'élection présidentielle de 1969.

L'abstentionnisme dépend certainement de facteurs politiques tels que l'existence d'enjeux clairement identifiés et d'une offre électorale susceptible de contenter l'ensemble du spectre des opinions et des identifications. Mais il dépend aussi pour une large part de facteurs sociaux et révèle au-delà de la politisation proprement dite l'intégration sociale des individus (Lancelot, 1968, Bréchon, 1995, Subileau et Toinet, 1993). Un individu est d'autant plus participationniste qu'il est plus inséré dans des groupes sociaux et des réseaux de relations. Ainsi l'abstention est plus forte chez les plus jeunes et les plus âgés des électeurs, elle est au plus bas chez les individus dans la force de l'âge, inscrits dans la vie sociale et professionnelle. Le niveau de diplôme et le statut social font varier très fortement la participation électorale car ils influent sur la capacité de l'individu à comprendre et à maîtriser son environnement. Une forte intégration religieuse est aussi un facteur de participation électorale, la culture catholique ayant traditionnellement valorisé le vote et l'ayant coloré de connotations morales. Tout comme, de l'autre côté, la culture républicaine, ce qui explique une propension plus forte des salariés du secteur public à voter, conformément à une certaine culture civique favorisant le sens de l'État et la recherche de l'intérêt général.

Les dernières études sur la participation (Héran, Rouault, 1995) confirment d'abord les enseignements plus anciens de la sociologie électorale sur les facteurs sociaux de l'intégration politique et mettent ensuite en évidence le phénomène apparemment nouveau d'un comportement dicté par des considérations stratégiques et davantage lié à la dimension décisive de l'élection qu'à sa dimension expressive. On reviendra plus loin sur l'examen de cette hypothèse de l'émergence d'un « nouvel électeur stratège ».

Contrairement à ce que donnent à penser quelques commentaires hâtifs sur la dépolitisation des Français, le niveau de politisation du corps électoral n'a donc pas clairement diminué en trente ans. Cela ne signifie pas pour autant que le rapport des électeurs à la politique ne s'est pas modifié ces dernières années.

1.1.3. L'image de la politique

Pour considérer justement les signes récents d'évolution il faut prendre en compte les attitudes à l'égard de la classe politique et le contenu des attentes à l'égard de la politique.

La politique en effet peut être considérée selon deux aspects à l'égard desquels les attitudes ne se recouvrent pas forcément. Selon un premier aspect la politique concerne un ensemble de représentations et de valeurs sur l'intérêt général, l'ordre public et plus globalement les principaux traits du vivre ensemble d'une communauté organisée. Selon un second aspect, la politique désigne une activité spécialisée, réservée à des professionnels, gouvernants et représentants, et qui peut susciter la confiance ou la défiance, être perçue comme lointaine et étrangère aux préoccupations quotidiennes du plus grand nombre ou au contraire conforme à leurs attentes et leurs intérêts. C'est sur ce dernier point que l'évolution de l'opinion est la plus sensible et révèle une aliénation récente des citoyens à l'égard du système représentatif et de la classe politique.

Ainsi, par exemple, la réponse à la question : *« estimez-vous que la politique est une activité très honorable, honorable, peu honorable ou pas honorable du tout »*, montre une dégradation continue sur les quatorze dernières années de l'image de la politique (en 1991, 49 % des Français trouvent que la politique et une activité honorable, contre 68 % en 1977, SOFRES).

Cette dégradation incontestable de l'image de la politique est très étroitement liée à la défiance nouvelle dont sont l'objet les hommes politiques, à la suite du développement des « affaires » concernant le financement de la vie politique, l'enrichissement personnel de certains élus et l'action de la justice dans ce domaine. À la question : *« En règle générale, les élus et les dirigeants politiques français sont plutôt honnêtes ou plutôt corrompus ? »*, les réponses « plutôt corrompus » croissent régulièrement de 1977 à 1991 : de 38 % en 1977 à 58 % en 1991 (SOFRES, *L'état de l'opinion*, 1993).

Parallèlement, c'est le ressort de la représentation qui est touché et la coupure entre représentés et représentants s'accentue dangereusement. À la question : « *Les hommes politiques se préoccupent de ce que pensent les Français* », les réponses « très peu » ou « pratiquement pas » passent de 42 % en 1977 à 69 % en 1991 suivant une progression régulière (48 % en 1979, 51 % en 1983, 58 % en 1985, 62 % en 1990) *(ibid.)*.

C'est donc bien une crise de la représentation que connaît le système politique français depuis quelques années, crise de la représentation qui, on l'a vu, ne vient pas diminuer l'intérêt que les citoyens portent à la politique mais nuit à l'image de la démocratie représentative. Il faut ici se garder de toute conclusion hâtive : de même que l'intérêt pour la politique ne faiblit pratiquement pas sur toute la période considérée, de même, l'attachement aux acquis de la démocratie reste fort. La méfiance touche davantage le personnel politique que les principes du système. Il se trouve toujours une majorité de répondants pour estimer que la suppression du droit de vote, du droit de grève, des syndicats, de l'Assemblée nationale ou des partis politiques serait une chose très grave ou assez grave (SOFRES).

1.2. Les positionnements idéologiques

Périodiquement des observateurs ou des hommes politiques contestent la pertinence de la distinction droite-gauche ou annoncent sa disparition. La période actuelle est propice au déploiement de cette contestation récurrente. Les années soixante-dix ont vu se réaliser l'union de la gauche et la fédération des droites modérées forcées à l'alliance par les modes de scrutin bipolaires. Le second tour de l'élection présidentielle de 1974 a ainsi constitué l'acmé de cette bipolarisation de la vie politique française entre droite et gauche. Mais les alternances successives qui sont intervenues après la première victoire de la gauche ainsi que le recentrage de tous les projets ont certainement rendu moins aiguë la division entre droite et gauche dans l'opinion.

1.2.1. La perception du clivage droite-gauche

Concernant tout d'abord la perception du clivage on dispose d'un premier indicateur construit à partir des réponses à la question suivante : « *Avec laquelle de ces deux opinions êtes-vous le plus d'accord ? – Les notions de gauche et de droite sont dépassées : ce n'est plus comme cela qu'on peut juger les prises de position des partis et des hommes politiques. – Les notions de gauche et de droite sont toujours valables pour comprendre les prises de position des partis et des hommes politiques* ». La formulation de cette question invite, on le voit, à interroger la pertinence des notions de gauche et de droite pour comprendre la vie politique. Elle rend légitime le soupçon sur la validité actuelle du clivage entre droite et gauche.

L'observation de la courbe figurant la répartition des réponses à cette question est tout à fait éclairante (Le Gall, 1996). La validité des notions de gauche et de droite apparaît plus plausible que le jugement contraire au printemps 1981, à la veille de l'élection présidentielle. Trois ans plus tard, alors que l'alternance est intervenue et que les déceptions commencent à se faire jour sur la réalité du changement qui devait suivre, la courbe s'inverse et même si, en 1986-1988 et pendant la période de cohabitation, les deux positions se rapprochent quelque peu, l'évolution se poursuit en faveur d'une critique de la pertinence de la distinction droite-gauche. À partir de 1989, c'est une majorité absolue de Français qui considèrent que ces notions sont dépassées. En outre, cette opinion semble de plus en plus également partagée par les enquêtés, quelle que soit par ailleurs leur auto-positionnement personnel sur l'axe droite-gauche. La pertinence du clivage n'apparaît plus manifeste qu'à ceux qui affirment une proximitié avec les partis situés aux extrêmes de l'échiquier politique (Le Gall, 1996).

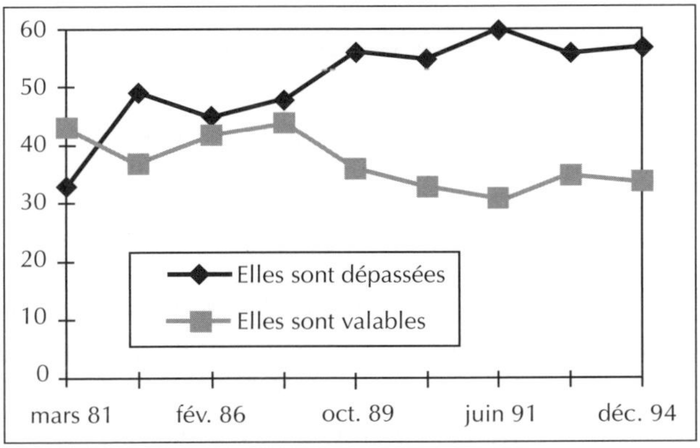

Source : SOFRES, L'état de l'opinion, 1996.

Figure 1 L'évolution de la perception du clivage droite-gauche de 1981 à 1994

1.2.2. L'auto-positionnement sur l'axe droite-gauche

Un autre indicateur utilisé par la SOFRES donne des résultats quelque peu différents. Il s'agit de la réponse à la question suivante : *« On range parfois les Français en deux catégories : ceux qui sont de gauche et ceux qui sont de droite. Dans laquelle de ces deux catégories vous rangeriez-vous : ceux qui sont de gauche ? ceux qui sont de droite ? »* Il s'agit donc ici d'un choix personnel d'appartenance à l'une des deux familles constitutives de l'espace idéologique français. On constate là encore des changements significatifs entre 1981 et 1994 mais d'une ampleur moins importante qu'avec le premier indicateur.

La proportion de Français qui refusent de se classer à gauche ou à droite a augmenté de treize points en treize ans tandis que la proportion de ceux qui se rangent sans problème dans l'une ou l'autre des deux familles a baissé de 10 points durant la même période, mais ce sont encore près des deux tiers d'entre eux qui parviennent à se situer personnellement à gauche ou à droite.

La différence entre les résultats obtenus avec ce deuxième indicateur et ceux obtenus avec le premier nous montre déjà que la perception de l'axe droite-gauche peut subir des changements différents selon qu'il s'applique à l'offre ou à la demande politiques. Même si le rapport des forces politiques à la gauche et à la droite a changé de telle manière que ces notions apparaissent à beaucoup comme infondées pour comprendre aujourd'hui la politique, il reste que les électeurs peuvent se situer personnellement par rapport à ces notions traditionnelles et exprimer encore leur identité politique dans ces termes.

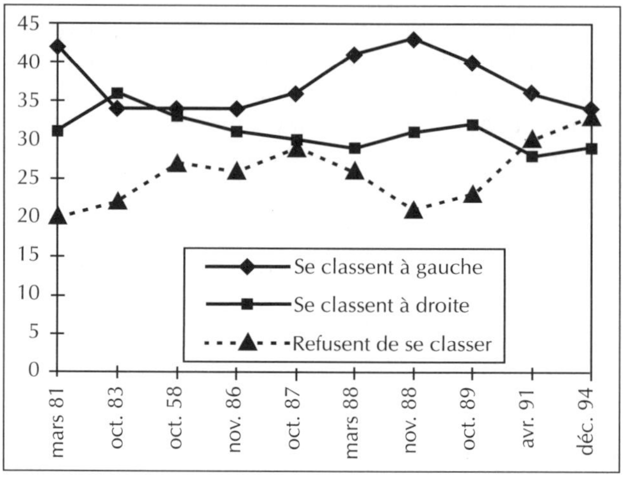

Source : SOFRES, 1996.

Figure 2 Évolution du sentiment d'appartenance à la gauche et à la droite de 1981 à 1994

Ceci étant, le propre de la dimension droite-gauche est de se présenter comme un continuum. Or les formulations précédentes ne permettent pas de conserver à cet indicateur ce qui fait précisément sa spécificité d'axe continu et infini. C'est pourquoi on peut se pencher sur un troisième et dernier indicateur, plus ancien puisqu'il est utilisé par la SOFRES depuis 1964, et qui donne des résultats encore un peu différents du précédent. Il s'agit de l'auto-positionnement des enquêtés sur un axe gauche-droite constitué d'une série de sept cases et accompagné de la question suivante : *« On classe habituellement les Français sur une échelle de ce genre où, comme vous le voyez, il y a deux grands groupes : la gauche et la droite. On peut classer les gens plus ou moins à gauche ou plus ou moins à droite. Vous, personnellement, où vous situez-vous sur cette échelle ? ».*

Tableau 3 Autopositionnement sur l'axe gauche-droite

Familles politiques	1964	1966	1985	1987	1988	1995
Gauche	13	16	11	12	14	16
Centre-gauche	16	19	19	21	28	20
Centre	36	31	27	22	28	25
Centre-droit	15	17	22	17	17	19
Droite	10	7	7	7	11	18
Sans réponse	10	10	14	21	3	2

Source : CEVIPOF.

La proportion de ceux qui refusent de se situer, loin d'augmenter, tend ainsi à diminuer. Le nombre de ceux qui acceptent de répondre mais se situent au centre diminue également. Les résultats varient donc notablement selon que l'on utilise un indicateur verbal ou spatial et selon le nombre de positions que l'on propose à l'enquêté.

Au total, il semble que le rapport personnel des Français à l'axe droite-gauche ne se caractérise pas par un moindre intérêt ou une distance critique, à condition de prendre cet indicateur dans sa première formulation de continuum infini servant à l'auto-positionnement personnel. Car si la formulation du questionnement met l'accent sur l'offre politique, sur les notions de gauche et de droite comme corpus constitué de valeurs et de représentations incarnées par un personnel politique et des organisations partisanes, c'est en revanche l'impression de changement qui prédomine.

Par ailleurs, le lien traditionnel entre variables sociologiques et orientations politiques s'est relâché de 1978 à 1988. Traditionnellement le clivage droite-gauche est lié aux caractéristiques sociales des individus. Les hommes, les jeunes, les actifs, les ouvriers et les employés, les sans-religion sont davantage portés à se situer à gauche alors que les femmes, les vieux, les inactifs, les cadres, les catholiques pratiquants inclinant à se situer à droite ou au centre. En prenant le critère simple de l'auto-positionnement à gauche, on constate une réduction considérable des écarts introduits par chaque variable sur une période de dix-sept ans. Ainsi, si l'on considère l'âge, l'écart entre les 18-27 ans et les 68-77 ans est passé de 30 % à 9 %. En ce qui concerne les catégories socioprofessionnelles, l'écart entre les ouvriers et les cadres supérieurs est passé de 33 % à 18 %. Pour ce qui est du patrimoine, l'écart entre les propriétaires et les locataires est passé de 19 % à 5 %. Enfin, s'agissant de la variable religieuse, l'écart entre les pratiquants et les sans-religion est passé de 68 % à 48 %. C'est donc à une érosion générale de l'effet des variables socio-démographiques que l'on assiste durant cette décennie. Cette érosion se confirme dans la période suivante qui va de 1988 à 1995.

Ce relâchement du lien unissant le clivage gauche-droite et les variables socio-démographiques s'est accompagné d'un affaiblissement de la relation entre ce même clivage et les variables idéologiques comme si un nombre croissant d'individus ne se sentaient plus tenus d'apprécier dans les termes traditionnels la cohérence entre leurs options idéologiques et leur identification politique.

1.2.3. La signification de la dimension droite-gauche

L'utilisation d'un axe continu pour la spatialisation des positions politiques repose sur deux principes (Schweisguth, 1988).

Le premier est que droite et gauche sont considérées comme les deux pôles d'un continuum sur lequel il existe une infinité de positions. Dans cette acception de l'indicateur, une position ne peut pas être dite « de droite » ou « de gauche » selon sa position absolue mais uniquement selon sa position relative par rapport à une autre position située sur sa droite ou sur sa gauche. Les identités de gauche et de droite se constituent ici en se distinguant l'une de l'autre, elles résident dans l'écart différentiel qui existe entre leurs positions. Mais évidemment, les positions des partis, et celles des électeurs, ont énormément évolué dans de nombreux domaines au cours de l'histoire et les questions sur lesquelles gauche et droite se distinguent ont changé. Il reste qu'une spatialisation des différences est toujours possible, qu'une figuration est décelable des différenciations politiques qui en elle-même ne dit rien du contenu de ces positions. C'est au contraire le changement de contenu de ces positions de droite et de gauche que révèle sans doute la progression dans l'électorat de l'opinion selon laquelle les notions de gauche et de droite sont dépassées et la difficulté croissante des enquêtés à se définir simplement « de droite » ou « de gauche ».

Le second principe de constitution de l'axe droite-gauche est que cette dimension est en elle-même vide de sens. C'est un axe sur lequel viennent se projeter différentes dimensions qui peuvent être très nombreuses. On peut estimer qu'il en existe deux principales, la dimension des valeurs d'une part, la dimension économique et sociale d'autre part. La première a trait aux représentations de l'homme et du monde et porte par exemple sur les conceptions de la liberté, de l'égalité et de l'éthique. La seconde reflète les diverses représentations possibles des clivages entre groupes sociaux (capitalistes-prolétaires, gros-petits, indépendants-salariés, etc.) et des intérêts subjectivement associés à ces clivages (régime de la propriété, fiscalité, protection sociale, etc.).

On constate, à partir d'entretiens non directifs portant sur les représentations que les enquêtés se font de la droite et de la gauche (Schweisguth, 1988), que la dimension des valeurs s'organise autour de trois couples d'oppositions : ordre naturel *vs* changement, hiérarchie *vs* égalité, communauté *vs* individu. Chaque couple d'oppositions définit ainsi trois sous-dimensions de l'axe principal. Sur chacune d'entre elles on peut distinguer une position de gauche, une position de droite et une position médiane.

Concernant la première opposition ordre naturel *vs* changement, la position de droite se caractérise par une vision du monde fondée sur l'idée d'un ordre naturel des choses présumé juste, bon et harmonieux. Le monde est bon et le mal présent dans le monde ne vient que de l'homme, de ses péchés et de ses erreurs. Vouloir, comme le prétend la gauche, changer l'ordre naturel ne peut conduire qu'au dérèglement. L'individu est subordonné à cet ordre préexistant, les autorités chargées de maintenir cet ordre doivent être respectées et les institutions préservées. Ainsi, pour ces enquêtés, les changements intervenus ces trente dernières années dans les mœurs sexuelles et dans la famille représentent un écroulement de l'ordre normal des choses puisque les rôles de l'homme, de la femme ou de l'enfant sont fixés une fois pour toutes. La position de gauche sur cette sous-dimension se caractérise au contraire par la conviction que le monde est subordonné à l'homme. Le mal est dans le monde et prend le visage de la souffrance, de l'inégalité et de l'injustice. L'action de l'homme doit tendre à transformer le monde et à en extirper le mal. La solution aux problèmes sociaux n'est pas dans le retour à un ordre ancien, naturel et immuable mais dans une transformation plus ou moins radicale de l'ordre existant. Pour les enquêtés situés en position intermédiaire sur cette sous-dimension, il existe une réalité que l'on peut réformer sur certains points mais que l'on ne peut pas changer dans sa nature. On ne peut, comme le pense la gauche, changer radicalement l'ordre existant mais on ne doit pas non plus penser avec la droite que l'ordre naturel prescrive le chemin à suivre. Face à une réalité qui doit être reconnue et respectée, plusieurs conduites réalistes sont envisageables. En matière de mœurs ces enquêtés sont des adeptes convaincus de la tolérance et en matière d'autorité ils sont plus attachés à la notion de responsabilité qu'à celle d'obéissance.

Concernant la deuxième opposition entre hiérarchie et égalité et la conception de la valeur de l'individu qui en découle, la différence entre droite et gauche apparaît très tranchée. Pour les enquêtés situés tout à fait à droite sur cette dimension, le mérite individuel est indissociable de la réussite sociale et celle-ci est le signe de celui-là. Ceux qui ont réussi sont méritants, ceux qui n'ont pas réussi sont des médiocres : ils n'ont pas fait les efforts nécessaires et n'ont qu'à s'en prendre à eux-mêmes. C'est donc une erreur que de vouloir réduire les inégalités sociales puisque celles-ci sont le signe de différences naturelles et réelles. Chacun doit faire son bonheur personnel par le travail et l'effort. Pour les enquêtés de gauche, il faut affirmer la valeur de tout homme quel que soit son rang social. Les métiers et les professions sont les manifestations de différences d'aptitudes mais ne doivent pas revêtir des connotations hiérarchiques. La place dans la structure sociale est sans rapport avec les qualités humaines d'un individu. Les enquêtés enfin qui se situent en position médiane sur cette sous-dimension se distinguent également des deux groupes précédents. La valeur d'un individu se mesure pour eux à son mérite et chaque homme a le devoir de faire de son mieux, mais on doit reconnaître que tous les individus n'ont pas les mêmes aptitudes et on ne doit pas mesurer la dignité de l'homme à son rang dans la hiérarchie sociale.

Enfin le dernier couple de polarités oppose la communauté à l'individu. Si l'on n'aborde pas les questions économiques et sociales où la gauche peut apparaître comme collectiviste et la droite individualiste mais si l'on s'en tient au seul domaine des valeurs, c'est bien la droite qui valorise la communauté et la gauche l'individu. Les enquêtés de droite considèrent que le maintien de l'ordre social passe avant les revendications individuelles et que la communauté passe avant l'individu. L'identification à la communauté d'appartenance se cristallise sur le thème de l'immigration. L'appartenance communautaire trace une ligne de partage entre les individus et si l'on doit affirmer le principe de l'égalité de valeur de tous les hommes on insiste tout aussitôt sur l'inégalité entre les peuples et les civilisations qui résulte de leur histoire différente et de leur inégal développement. À l'opposé, les enquêtés de gauche ne font pas de la nation une entité valorisée pour elle-même. La politique n'a pas pour but la grandeur de la nation mais le bonheur individuel. Tous les hommes ont droit au bonheur quelle que soit leur appartenance communautaire. De ce point de vue, pour les enquêtés de gauche, le racisme est injustifiable en ce qu'il consiste à juger les individus non sur leurs qualités personnelles mais sur leur appartenance objective à une collectivité. Les enquêtés occupant la position médiane enfin s'étendent moins que les enquêtés de gauche sur le thème du racisme mais ils partagent avec ceux-ci la condamnation des thèses d'extrême droite sur l'immigration.

La dimension économique et sociale de l'axe droite-gauche se situe dans le domaine des représentations au même titre que la dimension axiologique. Si le marxisme a pu être dominant chez les militants de gauche ainsi que le projet de transformer radicalement la société française par le moyen d'une lutte organisée des ouvriers contre les capitalistes, cette conception politique n'a jamais été celle des catégories populaires elles-mêmes. L'enquête non directive de 1983 révèle que les sujets qui par leur niveau de revenu ou de diplôme appartiennent aux couches inférieures des classes populaires, parlent d'eux-mêmes en termes de « petits » s'opposant aux « gros » ou aux « riches » mais non dans les termes de « classe ouvrière » ou de « prolétariat » consacrés par l'analyse marxiste. Ils attendent de la gauche au pouvoir non des réformes de structure mais plus simplement l'amélioration concrète de leurs conditions de vie en termes de pouvoir d'achat et d'emploi. Si pour eux l'opposition fondamentale n'est pas entre capitalistes et prolétaires mais entre petits et gros, ils ne semblent pas croire à la disparition des gros. Selon leur degré de revendication, ils oscillent entre deux propositions, « il faut faire payer les riches » ou bien « c'est toujours les petits qui payent les pots cassés ». Ces enquêtés ne revendiquent donc pas l'égalisation des conditions et ne remettent pas en cause la hiérarchie sociale ou la notion de mérite, ils ont simplement recours le plus souvent pour justifier leur protestation à des arguments humanistes relatifs à l'égale valeur de chaque homme.

Deux échelles d'attitudes résument assez bien les deux dimensions principales de l'axe droite-gauche. La première, relative au libéralisme culturel, oppose les sujets libéraux ou tolérants en matière de relations d'autorité, d'attitude à l'égard des étrangers, de conception de la famille et de morale sexuelle ou d'attitude à l'égard des déviants et des délinquants, à ceux qui valorisent au contraire l'ordre, l'autorité, la morale traditionnelle ou l'appartenance nationale. La seconde, relative au libéralisme économique, oppose les partisans du désengagement de l'État dans le domaine économique, qui justifient l'inégalité sociale au nom de la nécessaire liberté des agents économiques, à ceux qui au contraire sont partisans d'une intervention accrue en vue de réduire les inégalités.

Les deux échelles sont étroitement liées à la position sur l'axe droite-gauche (Grunberg, Schweisguth, 1990). En effet, ces deux dimensions sont fortement prédictrices de la position sur l'axe gauche-droite et leurs effets se cumulent. « Ainsi lorsqu'un individu se situe à gauche sur les deux dimensions, il a 69 chances sur 100 de se situer à gauche. Si, au contraire, il se situe à droite sur les deux dimensions, c'est-à-dire s'il est non libéral culturellement et libéral économiquement, il a 87 chances sur 100 de se situer au centre ou à droite » (Schweisguth, 1994).

Les effets des deux dimensions se cumulent mais nombreux sont toutefois les cas où les enquêtés donnent des réponses de gauche sur une dimension et de droite sur l'autre. Autrement dit, on ne peut pas considérer le libéralisme culturel et le libéralisme économique comme deux variantes différentes d'une même et unique dimension gauche-droite. C'est que les deux sous-dimensions économique et culturelle de la dimension gauche-droite n'entretiennent pas les mêmes relations avec l'appartenance sociale et le niveau d'instruction. Une position sociale élevée amène à justifier l'inégalité et favorise une adhésion au libéralisme économique et une identification politique de droite. Une position sociale inférieure pousse, dans l'autre sens, à considérer l'inégalité comme une injustice et favorise une identification politique de gauche. Le niveau d'instruction quant à lui exerce des effets qui viennent contredire ceux de la place dans la hiérarchie sociale. Le niveau de libéralisme culturel s'élève en même temps que le niveau d'instruction et dès lors, par ce biais, un niveau d'instruction élevé favorise une identification de gauche tandis qu'un niveau d'instruction faible conduit plutôt à une identification de droite. En outre le niveau d'instruction favorise l'intensité de l'association entre les deux composantes économique et culturelle de l'orientation idéologique.

Dès lors, on est en présence d'univers idéologiques aux structures assez différentes selon que l'on a affaire à des milieux sociaux fortement ou faiblement diplômés. Les personnes se situant à droite présentent en général une configuration idéologique congruente : la proportion de ceux qui affichent deux attributs idéologiques de droite, libéralisme économique et rigorisme socioculturel, est toujours majoritaire quel que soit le niveau d'instruction. Chez les personnes se situant à gauche, le niveau d'instruction introduit en revanche de très sensibles variations. « Parmi les plus diplômés, une large majorité de 69 % présente les deux attributs de gauche, libéralisme culturel et anti-libéralisme économique et satisfait ainsi au critère de cohérence défini par l'axe gauche-droite. À l'inverse, chez les sujets peu diplômés et se situant à gauche, seule une petite minorité de 22 % présente les deux attributs idéologiques de gauche. Une grosse majorité de 61 % adopte à la fois une position "de gauche", l'hostilité au libéralisme économique, et une position "de droite", le rejet du libéralisme culturel » (Schweisguth, 1994).

Ces différences permettent de comprendre la signification que revêt une orientation politique de gauche selon les milieux sociaux. Chez les plus diplômés, l'idée d'égalité est au cœur de leur système de représentations et unifie les attitudes dans le domaine économique et dans le domaine socioculturel. Cet humanisme égalitaire affirme la dignité foncière de tout être humain mais constitue un critère très lâche d'évaluation des politiques en matière économique et sociale. Chez les moins diplômés, on assiste à une dénonciation de leurs propres conditions de vie au nom du principe d'égalité mais sans que ce principe les conduise forcément à reconnaître la légitimité de toute différence et l'égale dignité entre hommes et femmes, homosexuels et hétérosexuels, immigrés et nationaux.

1.2.4. Extrémisme politique et ethnocentrisme

Pour finir avec cette question du positionnement politique il faut considérer la montée de l'extrémisme politique et des attitudes racistes durant ces dernières années.

Si l'on prend l'indicateur de l'auto-placement sur l'axe gauche-droite, la proportion des extrémistes apparaît faible, elle varie entre 2 % et 10 % de l'ensemble des Français entre 1978 et 1995. L'indicateur de proximité partisane donne des résultats assez proches : 5 à 10 % de la population française en âge de voter déclare une préférence pour les extrêmes. Si l'on envisage l'indicateur du vote pour des candidats extrémistes aux premiers tour des trois dernières élections présidentielles on constate en revanche qu'une fraction de plus en plus importante de l'électorat vote pour eux : de 3 % en 1981 à 19 % en 1988 et 22 % en 1995.

Surtout, le rapport de force s'est inversé entre l'extrême gauche et l'extrême droite. Jusqu'en 1984 les électeurs d'extrême gauche sont les plus nombreux. À partir de 1984, ce sont les électeurs d'extrême droite qui sont les plus nombreux et le rapport extrême droite/extrême gauche s'établit à dix contre un.

Certains traits rapprochent dans une certaine mesure les extrémistes de droite et de gauche : leur degré de politisation beaucoup plus élevé que la moyenne, leur refus de l'ordre établi, leur moindre confiance dans les institutions telles que l'école, l'armée, la police ou la justice, enfin leur degré très fort de pessimisme, notamment à l'égard de l'avenir de la France.

Mais dans l'autre sens, certains traits les distinguent très nettement. L'acceptation à gauche et le refus à droite du militantisme. L'attachement en second lieu à des droits et des libertés différents : droits collectifs d'expression politique à gauche (droits de grève, d'association, de manifestation), droits individuels à droite (liberté de choix de l'école, possibilité de se mettre à son compte). Une sensibilité en troisième lieu à des problèmes différents : les préoccupations majeures de l'extrême droite concernent le SIDA, la drogue, la sécurité ou l'immigration, celles de l'extrême gauche, le chômage ou la détérioration des conditions de vie. Enfin, l'opposition est grande entre les deux extrêmes pour tout ce qui concerne le domaine socioculturel : contestation des normes et des conventions sociales par l'extrême gauche, soumission à celle-ci pour l'extrême droite. Au total donc, les divergences l'emportent sur les convergences entre les extrémistes. Le seul point qui les rapproche sans conteste étant leur pessimisme à l'égard de l'avenir.

Sur le long terme, l'analyse des enquêtes d'opinion témoigne plutôt d'un recul des préjugés à l'égard des minorités ethniques, culturelles et religieuses (Mayer, 1991). L'antipathie déclarée à l'égard des Juifs a quasiment disparu et les grandes enquêtes menées par l'INED de 1947 à 1974 montrent une évolution positive des Français à l'égard des immigrés, l'acceptation croissante des mariages mixtes ou de l'égalité de traitement en matière de logement ou d'emploi.

Mais l'on semble assister à un renversement de cette tendance dans les années récentes. L'analyse révèle d'abord que les préjugés antisémites et antimaghrébins ressortent d'une même attitude raciste et xénophobe, l'antisémitisme apparaissant comme le degré supérieur de l'ethnocentrisme. L'ethnocentrisme ordinaire et notamment l'hostilité aux musulmans est en légère progression de 1988 à 1995. Comme pour la plupart des attitudes autoritaires, l'ethnocentrisme est lié de manière privilégiée au niveau d'études des personnes interrogées et à leur orientation politique. Il caractérise surtout les catégories socialement et culturellement défavorisées : celles qui ont arrêté leurs études avant le baccalauréat, celles qui exercent un travail manuel. Dans ces catégories, la proportion d'ethnocentristes dépasse 60 %. De même, les enquêtés de droite sont toujours plus ethnocentristes que les autres et le clivage principal oppose ici la droite extrême au reste de l'échiquier politique. Si 21 % des enquêtés ont une note élevée sur l'échelle d'ethnocentrisme, ce pourcentage s'élève à 64 % chez les électeurs proches du FN.

Ces attitudes racistes et xénophobes sont à mettre en relation plus généralement avec une demande croissante d'autorité et avec le sentiment que la capacité de diriger s'étiole à tous les niveaux de la vie sociale. Ceci nous engage dans l'examen de la demande électorale et des attitudes à l'égard du champ politique.

Au point où nous en sommes de cet examen du rapport des Français à la politique et de son évolution au cours des dix ou vingt ans derniers nous pouvons dire que les indices de mutation sont aussi nombreux que les indices de permanence et que les uns et les autres ne concernent pas les mêmes aspects de la politique. L'intérêt pour la politique en général n'a que légèrement décliné et se trouve toujours lié aux mêmes variables explicatives. La méfiance envers le personnel politique a connu une forte progression et les signes sont manifestes dans l'opinion d'une crise de la représentation. La perception des changements intervenus dans la vie politique, notamment en raison des alternances successives et du rapprochement des politiques proposées ou mises en œuvre par la droite comme par la gauche, a conduit un nombre toujours plus grand d'enquêtés à répudier les notions de gauche et de droite comme différences structurantes de la vie politique. En même temps on constate que les auto-positionnements sur l'axe gauche-droite sont presque toujours aussi nombreux et correspondent à des ensembles d'attitudes nettement différenciés, même si les différences sont davantage perceptibles à propos de la dimension axiologique des positions politiques qu'à propos de leur dimension économique et sociale.

1.3. La perception du champ politique et le rapport entre offre et demande électorales

Nous avons jusque-là considéré le niveau de politisation et le positionnement idéologique sans en interroger ni les contenus ni les déterminations. Or, le rapport des individus à la politique ne s'appréhende pas seulement par une position idéologique mais dans une décision électorale. Il est dépendant de facteurs sociaux qui structurent l'orientation de la demande et il est aussi structuré par l'offre politique, il entraîne une décision, la désignation d'une majorité législative et d'une direction exécutive, le choix d'un programme, la prise en compte d'enjeux, la préférence pour certaines solutions plutôt que d'autres aux problèmes qui se posent à la communauté politique.

1.3.1. Dimension expressive et dimension décisive du vote

Le modèle dominant d'explication des comportements et des attitudes politiques est un modèle déterministe. Il met en évidence le lien entre le niveau d'études, l'intérêt pour la politique, l'auto-positionnement gauche-droite, la proximité partisane et le comportement électoral. Concernant l'orientation du comportement, il indique que celle-ci dépend des caractéristiques sociales, économiques et culturelles des individus notamment l'appartenance de classe et la pratique religieuse (CEVIPOF, 1990).

Si l'on considère d'abord, chez les actifs, le clivage entre salariés et indépendants et entre ouvriers et non ouvriers, on constate une évolution des comportements politiques assez sensible sur le long terme (Boy, Mayer, 1996).

Tableau 4 Évolution des clivages politiques en fonction du statut d'emploi (Vote de gauche 1er tour en suffrages exprimés)

	1962	1967	1978	1988	1995
Indépendants	38	32	29	31	23
Salariés	52	50	67	64	52
Différence	**+ 14**	**+ 18**	**+ 38**	**+ 33**	**+ 29**
Ouvriers	56	75	76	68	53
Non ouvriers	38	49	51	54	44
Différence	**+ 18**	**+ 26**	**+ 25**	**+ 14**	**+ 9**

Source : CEVIPOF.

Aujourd'hui, si la gauche est encore majoritaire chez les ouvriers, elle y a reculé de 27 points entre 1978 et 1995, cette évolution traduisant la déstructuration d'une classe touchée par les changements industriels et qui ne fait plus confiance à la gauche pour la représenter et défendre ses intérêts. Ce recul de la gauche chez les ouvriers s'est fait en partie au profit du Front national puisque les scores de J.-M. Le Pen dans la catégorie ont été multipliés par deux, le plaçant, chez les ouvriers, en tête de tous les candidats au premier tour de la présidentielle de 1995. Dans l'autre sens, le vote de gauche a progressé dans les couches moyennes salariées dont la condition et l'origine sociales les rendent particulièrement perméables aux valeurs hédonistes, individualistes et permissives de la nouvelle gauche socialiste. Parallèlement un autre clivage prend de l'importance dans la période considérée : celui qui oppose les « indépendants », travaillant à leur compte et votant en majorité pour la droite, aux salariés qui votent en majorité pour la gauche.

Mais un clivage secondaire est ici à prendre en considération pour expliquer la diffraction des comportements politiques : celui qui oppose les salariés du secteur public à ceux du secteur privé. Ce clivage est déja ancien, on le note dès les législatives de 1973, mais à partir de 1978 et plus encore sous les deux septennats socialistes il prend une importance attestée par la nature même des enjeux qui séparent la droite de la gauche : nationalisations, privatisations, sécurité de l'emploi, expansion du libéralisme économique et de l'idéologie entrepreneuriale. Ainsi, en 1995, le vote de gauche passe-t-il, chez les actifs, de 23 % parmi les indépendants à 43 % parmi les salariés du privé et 63 % parmi les salariés du public (Boy, Mayer, 1996).

L'effet du satut social sur l'orientation du vote n'a pas fait disparaître celui de l'appartenance religieuse mais l'influence de ces deux variables se renforce dans la mesure même où les salariés, et en particulier ceux du secteur public, se caractérisent par un pourcentage de non pratiquants et de sans religion beaucoup plus important.

Ainsi, depuis que l'on dispose d'enquêtes sur le comportement politique des Français, et encore aujourd'hui, on constate que le clivage principal est celui qui oppose les catholiques pratiquants qui votent en majorité pour la droite aux non pratiquants et aux sans religion qui votent en majorité pour la gauche et celui qui oppose les indépendants, propriétaires de leur outil de travail, aux salariés et surtout à ceux du secteur public.

Toutefois, la portée explicative de ce modèle paraît moins importante aujourd'hui qu'il y a une vingtaine d'années. Les variables sociologiques lourdes déterminent des probabilités de voter pour la droite ou pour la gauche. Ce sont ensuite les variables politiques, liées notamment à la configuration des candidatures qui indiquent l'orientation précise du comportement électoral.

Ainsi, en 1988, les variables sociologiques lourdes, soit la classe et la religion, expliquent le mieux le vote communiste à gauche et le vote chiraquien à droite. Elles expliquent beaucoup moins bien le vote socialiste ou barriste. Elles semblent sans relation avec le vote écologiste où c'est plutôt l'âge et le niveau d'instruction qui sont influents. Et aucune variable sociologique n'est significativement liée au vote pour J.-M. Le Pen.

Ces constatations ont conduit certains observateurs à remettre en cause le modèle déterministe du comportement électoral et à proposer de lui substituer un modèle rationnel.

Dans ce modèle qui met l'accent sur la rationalité et la stratégie (Lavau, 1986), l'électeur s'affranchirait des solidarités sociales et confessionnelles. Plus instruit et plus politisé, il se comporterait en consommateur sur le marché électoral, faisant son choix en fonction des enjeux du moment et changeant l'orientation de son vote sans se sentir tenu par quelque allégeance partisane ou fidélité à l'égard d'un camp.

En suivant les itinéraires de vote des électeurs sur plusieurs scrutins (élections législatives de 1986, élection présidentielle de 1988, premier tour des législatives de 1988), Philippe Habert et Alain Lancelot (1988) constatent que 10 % des électeurs sont passés au moins une fois de la droite à la gauche et vice versa. Ces électeurs « volatiles » sont idéologiquement centristes et sont caractérisés par leur jeunesse et leur niveau culturel élevé. Ils ont une participation électorale particulièrement importante mais un faible intérêt pour la politique ainsi qu'un faible attachement partisan. Ils se déterminent davantage en fonction des qualités personnelles des candidats que de leurs étiquettes politiques. Les auteurs voient là l'apparition d'un nouveau type d'électeur : « Moins contraint par le jeu des pesanteurs partisanes et idéologiques, rendu à son libre arbitre par la disparition progressive des structures d'encadrement traditionnelles, accédant aux logiques de l'individualisme électoral par le recours au normes personnelles, le nouvel électeur affirme une autonomie croissante dans la prise de décision électorale et module ses choix à partir d'une adaptation stratégique aux variations de l'offre électorale et aux enjeux du scrutin[1] ». Ces résultats d'enquête et les hypothèses qu'ils ont suscitées n'ont pas été vérifiés par la suite puisque, dans l'enquête post-électorale conduite par le CEVIPOF en 1988, la mobilité électorale semble liée à une faible insertion économique, politique et sociale et donc caractéristique de l'électeur traditionnel du « marais » plutôt qu'au profil de ce « nouvel électeur » annoncé précédemment. Comme le font remarquer Nonna Mayer et Pascal Perrineau (1992), « cela ne signifie pas que l'électeur-stratège n'existe pas mais que son poids est trop faible pour qu'au niveau des sondages s'inverse la relation classique entre stabilité électorale, intérêt politique et niveau d'instruction élevé ».

1 Id., p. 23.

Quoiqu'il en soit du poids statistique de ces « électeurs-stratèges », il reste que la structuration du vote par l'offre apparaît plus grande aujourd'hui qu'autrefois et que le poids traditionnel des variables sociologiques lourdes dans l'explication du comportement semble diminuer.

1.3.2. Le rapport à l'offre électorale et aux enjeux politiques

Trois traits caractérisent l'évolution de l'opinion à cet égard. Tout d'abord, les références idéologiques ont été affectées par la manière dont les forces politiques de gauche et de droite les ont successivement prises en charge. Ensuite, l'inquiétude personnelle liée à la crise économique et sociale génère une demande nouvelle et croissante de protection sociale et d'intervention étatique. Enfin, les déceptions entraînées par les échecs successifs des gouvernements en matière de lutte contre le chômage s'accompagnent d'une montée d'attentes substitutives à l'égard du politique concernant l'environnement, l'éducation et la sécurité.

En premier lieu, on perçoit assez clairement le lien qui s'établit durant les dix dernières années entre les valeurs politiques et leur incarnation dans des forces et programmes. En comparant les réponses à la question : *« En pensant à l'économie, dites-moi si chacun des mots suivants évoque pour vous quelque chose de positif ou quelque chose de négatif »*, on constate que la période 1980-1985 voit s'effondrer le mot « socialisme » et monter le mot « profit ». Pendant la période correspondant au gouvernement Chirac, en 1986-1987, le mot « socialisme » reprend dix points tandis que « profit » en perd quatre. Après la réélection de F. Mitterrand en 1988, le socialisme recommence à baisser et le profit à monter. Il semble bien que la synthèse entre les valeurs socialistes et les valeurs libérales constitue le vœu le plus cher de l'opinion en matière économique durant la décennie quatre-vingt/quatre-vingt-dix.

Les signes de cette ambivalence de l'opinion se manifestent à l'égard de la politique de la droite libérale et sont perceptibles dès 1988. En effet, si l'on considère les mesures concrètes envisagées par la droite lors de son accès au pouvoir on constate que toutes sans exception ont été désapprouvées par une grande majorité de Français. Qu'il s'agisse de la privatisation de TF1, de la suppression du contrôle des prix, de la suppression de l'impôt sur les grandes fortunes, de la suppression de l'autorisation administrative de licenciement, de la limitation des remboursements par la sécurité sociale, de la suppression du SMIC, de la diminution de la durée des indemnités de chômage, de la suppression de la retraite à soixante ans, la désapprobation par les Français a été massive et a oscillé toujours entre 54 et 72 % (SOFRES). Les Français, même nouvellement séduits par certains aspects du libéralisme économique tels la concurrence et le profit, ne veulent pas renoncer pour autant aux acquis de la protection sociale et de la régulation étatique. Et cette tendance s'accentue fortement avec l'installation dans la crise et l'impuissance des politiques à la juguler.

Le dix dernières années sont marquées par une montée continue dans l'opinion de la peur du chômage. Dès 1981, le chômage figure déjà en tête des préoccupations des Français mais par la suite on assiste à la montée d'une implication personnelle à l'égard de ce problème. La crainte personnelle de perdre son emploi a gagné 21 points dans l'opinion entre 1988 et 1995 passant de 33 à

54 % (CEVIPOF). À partir de 1990 on constate une rupture radicale du pronostic dominant. Jusqu'en 1989 le sentiment majoritaire est celui d'une installation dans un état de crise, le nombre de personnes qui jugent que la situation va rester la même l'emporte toujours sur celles qui redoutent une détérioration pour l'avenir. À partir de 1990 c'est 54 % de la population qui est persuadée d'une détérioration de l'environnement économique (SOFRES).

Deux conséquences majeures doivent être relevées de cette montée dans l'opinion des inquiétudes liées au chômage et à la crise. Tout d'abord, malgré la faveur nouvelle apparue dans les années quatre-vingt et culminante en 1988 pour les notions de profit et de concurrence, la demande d'État ne cesse de progresser. Une proportion croissante de Français trouvent que l'État « n'intervient pas assez dans la vie économique du pays » (53 % en 1994).

Ensuite, lié à cette montée du chômage et à la conviction croissante d'une pérennité du sous-emploi, l'esprit public s'est forgé des attentes de substitution dans trois domaines essentiels : l'environnement, l'éducation et la sécurité (Cayrol, 1994).

La préoccupation écologiste est d'abord née chez les moins de trente ans les plus diplômés avant de se répandre chez les jeunes urbains de tous les milieux. Aujourd'hui, l'écologie est considérée comme une valeur de société par la plupart de nos concitoyens, 80 % des Français disent aimer le mot « écologie ». Quels que soient les avatars des courants écologistes une demande sociale semble s'être installée dans l'opinion au même titre que la sécurité ou l'emploi. De même, les préoccupations liées à l'éducation et à la formation prennent dans l'opinion une place qu'elles n'avaient plus occupée depuis les années soixante et soixante-dix. Dans le sondage CSA sortie des urnes de mars 1993, les Français interrogés sur les problèmes qu'ils avaient eus le plus à l'esprit en déposant leur bulletin dans l'urne mettaient l'éducation et la formation en deuxième position, après l'emploi et avant la sécurité. Hormis les électeurs du Front national principalement préoccupés par l'immigration et la sécurité, ce sont les électeurs de toute tendance qui plaçaient ainsi l'éducation au premier plan de leurs préoccupations et liaient cette demande à la crise de l'emploi et aux inquiétudes qu'elle suscite. Enfin, l'émergence du besoin de sécurité s'est produite avant que le chômage envahisse les esprits mais son importance s'est affirmée dans les années quatre-vingt à cause du chômage. À l'origine ce sont les électeurs les plus âgés qui exprimaient le plus fortement leur besoin de sécurité et réclamaient la protection accrue de l'État. Mais la préoccupation sécuritaire a gagné d'autres classes d'âge principalement dans les catégories populaires et les classes moyennes des grandes concentrations urbaines. La montée de cette valeur de substitution est directement liée à la crise économique puisque, dans l'analyse qu'elles donnent elles-mêmes de leur angoisse sécuritaire[2], les personnes qui la ressentent citent en premier lieu le chômage. C'est, selon elles, parce que il y a de plus en plus de jeunes au chômage que le désœuvrement conduit

2 Il faut noter ici que le plus souvent ce n'est pas une expérience personnelle de la délinquance et la violence ni un contact direct avec les immigrés qui suscitent ces réactions. Ces attitudes obéissent plutôt à une logique de halo. Ce ne sont pas les populations en contact direct avec les immigrés mais celles qui habitent des quartiers limitrophes de celles ou résident des immigrés qui développent les attitudes xénophobes et sécuritaires et sont tentées par le vote en faveur de l'extrême droite (Mayer, Perrineau, 1989).

à la délinquance et à la violence. La crainte sécuritaire est liée souvent à la perception d'un danger suscité par l'immigration et pour lutter contre la montée du racisme nos concitoyens préconisent trois types de mesures : des mesures répressives envers les immigrés clandestins ou délinquants, des mesures d'éducation générale qui reviennent à l'État et à l'école, enfin une mesure concrète qui consiste à rendre plus facile l'accès des immigrés à des logements. Mais il reste que la plupart des personnes interrogées rejettent l'idée de faire eux-mêmes quelque chose contre le racisme et s'opposent vivement à l'octroi du droit de vote aux immigrés pour les élections municipales.

La demande exprimée envers la politique est ainsi depuis quelques années marquée par le dépit et la méfiance. Ce dépit et cette méfiance s'expriment d'abord à l'égard de la classe politique dont on soupçonne l'honnêteté et la compétence. D'où l'aspiration à un changement des hommes et des équipes. Cette perte de confiance affecte donc davantage le personnel politique que la politique elle-même. C'est par là qu'il faut interpréter la montée depuis quelques années du vote en faveur des partis d'alternative par rapport aux partis à vocation gouvernementale. Pour la première fois aux élections législatives de 1993, ceux-ci ne disposent plus des suffrages de la majorité des inscrits. C'est par là que l'on peut aussi interpréter les chassés-croisés d'électeurs entre la droite et la gauche ou l'augmentation des votes blancs et nuls. Car les autres indicateurs tels l'intérêt pour la politique ou l'auto-positionnement sur l'axe droite-gauche, ne permettent pas de conclure à une moindre politisation des électeurs. Les Français éprouvent des difficultés croissantes à comprendre les décisions de leurs représentants, notamment au regard des catégories traditionnelles de droite et de gauche, mais comme on a tenté de le montrer ces difficultés concernent l'offre politique beaucoup plus que la demande. Car d'un autre côté, l'attente est toujours vive à l'égard de la politique et on a même vu grandir ces dernières années la demande de protection et d'intervention de l'État. C'est que le rapport des citoyens à la politique est aujourd'hui fortement structuré par la perception de la profondeur et de la durée de la crise économique et sociale et même les nouveaux domaines dans lesquels les attentes à l'égard de la politique se font jour sont liés étroitement à la conscience de la crise et aux inquiétudes qu'elle engendre. Autrement dit, on est entré aujourd'hui dans une période marquée plutôt par des attentes plus vives et plus rigoureuses à l'égard de la politique que par une dépolitisation du corps électoral. Peut-être cette évolution du rapport à la politique est-elle aussi à mettre en relation avec une subjectivation plus grande du rapport des individus aux réalités collectives. C'est une évolution que l'on constate encore plus nettement dans le domaine des croyances et des pratiques religieuses comme dans celui des valeurs.

2 LE RAPPORT À LA RELIGION

Si l'on a pu s'interroger sur les signes de changement ou de stabilité du rapport des Français à la politique, il ne semble pas en aller de même en ce qui concerne la religion. Dans ce domaine ce sont les manifestations de changement qui s'imposent d'emblée à l'observateur. Certes, pour faire le lien avec ce qui précède, on peut noter que la pratique religieuse est, aujourd'hui comme il y a trente ans, étroitement corrélée au vote conservateur, même si la force de cette corrélation a quelque peu baissé. Mais, entre-temps la portée de cette relation a beaucoup perdu de son intérêt car les pratiquants réguliers ne représentent plus le même poids dans la société française et le corps électoral.

2.1. La baisse de l'intégration religieuse institutionnelle

Si en une trentaine d'années le paysage religieux de la France a profondément changé, comme celui de la plupart des démocraties libérales contemporaines, c'est d'abord sur le plan de l'intégration à l'institution. Le sentiment religieux peut n'avoir pas disparu ou n'avoir que peu diminué, il reste que sa régulation échappe de plus en plus aux autorités institutionnelles, que son contenu se détache des définitions et des prescriptions de l'Église hiérarchique. Considérons tout d'abord les déclarations d'appartenance et de pratiques religieuses.

2.1.1. Appartenance et pratique objectives

Tableau 5 Évolution des déclarations d'appartenance et de pratique religieuses

	1974	1977	1983	1988	1993
Catholique	86,5	81	83	81	79
Pratique régulière	21	17	14	13	12
Prat. occasionnelle	18	14	17	16	16
Non pratiquant	47,5	50	52	52	51
Autres religions	3,5	4	3	3	5
Sans religion	10	15	14	16	16

Source : SOFRES, 1994. Référence : Portelli, 1994.

On a ici un premier indice du changement intervenu dans le rapport que les Français entretiennent avec la religion. Les catholiques pratiquants réguliers qui représentaient entre le tiers et le quart de la population adulte au début des années soixante, ne sont plus aujourd'hui que 9 à 10 % des Français[3]. Cette baisse globale de la pratique est perceptible dans toutes les classes d'âge mais en particulier chez les jeunes (Michelat, 1992). Elle affecte la plupart des indicateurs de pratique dont on dispose : baptêmes, mariages, catéchisation et, dans une moindre mesure, enterrements (Potel, 1991).

3 En 1952 lors des premiers sondages sur la religion, 28 % des hommes et 49 % des femmes affirmaient aller régulièrement à la messe le dimanche. *Sondages*, n°4, 1952. Les instituts de sondage ont modifié devant la baisse de la pratique les critères de définition des pratiquants réguliers. Jusqu'aux années soixante-dix, les pratiquants réguliers étaient définis par l'assistance au moins hebdomadaire à la messe. À partir des années soixante-dix le critère de la pratique régulière se contente de deux participations mensuelles au culte. Les chiffres de 9 et 10 % que nous indiquons concernent les personnes allant à la messe toutes les semaines.

Mais si la pratique baisse largement et régulièrement, les déclarations d'appartenance à la religion catholique varient assez peu. Entre 1966 et 1988, quelle que soit la formulation de la question, environ quatre Français sur cinq se déclarent catholiques. Ce n'est que très récemment que cette déclaration d'appartenance semble accuser une légère baisse dans les sondages, passant de 86,5 % en 1974, à 79 % en mars 1993. Dans le même temps le pourcentage de sans religion passe de 10 à 16 % et celui des « autres religions » de 3,5 à 5 %. Mais cette évolution est trop récente et les enquêtes manquent encore pour affirmer qu'il s'agit d'un fléchissement durable.

Le contraste entre des déclarations d'appartenance à peu près constantes et une chute régulière de la pratique pose donc un problème d'interprétation que la suite des indicateurs dont on dispose va permettre d'éclairer.

2.1.2. Qualifications subjectives de pratique et de croyance

Notons d'abord que si les déclarations d'appartenance sont relativement stables et que les taux de pratique diminuent considérablement c'est qu'un décalage s'installe entre l'identité religieuse subjectivement ressentie et les indices objectifs habituellement retenus pour la cerner. Ainsi, à partir de deux sondages récents où l'on a demandé aux enquêtés de se qualifier eux-mêmes vis-à-vis de la pratique et de la croyance, on peut relever un décalage entre les qualifications subjectives et les indicateurs objectifs[4].

L'intérêt de la comparaison est de nous révéler que les non-pratiquants sont moins nombreux d'après la définition subjective (« vous condidérez-vous comme pratiquant ? ») que d'après la définition objective (fréquence de l'assistance à la messe). On note que si une part négligeable de pratiquants réguliers se disent sceptiques ou incroyants, en revanche 16 % des sans religion, 74 % des non-pratiquants et 95 % des irréguliers se considèrent comme croyants.

Peut-être a-t-on là une première indication des changements qui interviennent depuis quelques années dans les associations entre appartenances, pratiques et croyances religieuses. Il semble en effet que la pratique religieuse soit de moins en moins tenue dans l'opinion comme le critère principal de l'identité catholique.

À la question «*Pour vous, qu'est-ce qu'être chrétien aujourd'hui ?* », les réponses sont dans l'ordre : « *Aider ceux qui en ont besoin autour de soi* » (47 %), « *Mener une vie familiale unie* » (39 %), « *Croire en Jésus-Christ, même si on ne pratique pas* » (31 %), « *Donner une éducation religieuse à ses enfants* » (27 %), « *Prier, penser à Dieu* » (24 %), « *Respecter les recommandations morales de l'Église* » (23 %), « *S'engager dans les mouvements humanitaires pour les droits de l'homme* » (16 %), « *Vivre l'idéal de l'Évangile* » (13 %), « *Faire connaître la foi* » (11 %), « *Aller régulièrement à la messe* » (8 %), « *S'engager dans des mouvements catholiques* » (7 %). Les signes traditionnels et collectifs privilégiés par l'institution arrivent en dixième et onzième positions alors que sont mis en avant la croyance personnelle et les comportements quotidiens inspirés par la référence religieuse.

4 Sondages SOFRES-*Le Figaro*, novembre 1994 et SOFRES-*La Croix*, mai 1994.

2.1.3. Attitudes à l'égard de l'Église

Un autre signe de la désinstitutionnalisation du religieux nous est fourni par les attitudes à l'égard de l'Église. De ce point de vue on constate tout d'abord que le rôle de l'Église diminue dans la vie publique. On assiste en outre depuis quelques années à un écart croissant entre la perception positive de son rôle social, l'approbation des interventions du magistère dans le domaine humanitaire et caritatif et la perception négative ou la réserve à l'égard de ses positions dans le domaine moral et familial. Ici, on voit apparaître le jeu de la partition majeure entre sphère publique et sphère privée.

La perte d'autorité de l'Église se fait sentir dans les domaines considérés aujourd'hui comme relevant du for interne de l'individu : les choix concernant la politique et ceux touchant à la vie sexuelle et familiale.

Dès 1977 on ne trouvait que 34 % de pratiquants réguliers, 25 % d'irréguliers et 20 % de non-pratiquants favorables à une prise de position de l'Église sur la contraception. Ces pourcentages n'étaient plus que de 27, 17 et 20 % en 1986.

Aujourd'hui, qu'il s'agisse de l'avortement, de la contraception, de l'homosexualité, de la masturbation, des relations sexuelles avant le mariage ou de l'usage du préservatif, c'est toujours une minorité d'enquêtés, même chez les pratiquants réguliers, qui souhaitent que l'Église intervienne pour faire des recommandations.

Quant à la politique, alors qu'en 1966, 44 % des catholiques estimaient que l'Église avait une influence importante sur la vie politique, 36 % étant de l'avis contraire, ces chiffres se sont inversés dès 1977 et la tendance s'affirme sans cesse depuis lors. 79 % aujourd'hui des catholiques estiment que l'Église n'exerce pas d'influence sur la vie politique, 16 % étant de l'avis contraire. Seuls les pratiquants réguliers souhaiteraient aujourd'hui, à 54 %, que cette influence soit plus importante mais à condition qu'elle ne s'exerce pas sous la forme de consignes de vote ou de mises en garde à l'égard d'une tendance politique. Qu'il s'agisse en 1977 de l'incompatibilité entre le christianisme et le marxisme ou, en 1988, d'avertissement concernant le vote pour J.-M. Le Pen, les trois quarts des catholiques, tous degrés de pratique confondus, estimaient que les évêques n'avaient pas à intervenir (Portelli, 1994).

Dans l'autre sens, l'Église se voit reconnaître un droit relatif de prise de parole dans les domaines concernant non l'individu et ses choix personnels, mais la société dans son ensemble. On accepte ainsi qu'elle intervienne sur des questions telles que l'aide au tiers monde, l'armement nucléaire, l'emploi et le chômage ou le racisme et les immigrés. Ces résultats sont cohérents avec la vision du monde aujourd'hui dominante dans les sociétés occidentales. L'Église catholique est une institution qui dispose d'un droit de parole comme toutes les autres institutions à condition qu'elle n'intervienne pas de manière autoritaire ou prescriptive. Son avis, s'il s'agit seulement d'un avis, s'inscrivant dans le cadre du pluralisme et de la publicité des opinions, l'un des traits identitaires des sociétés modernes fondées sur les principes de la démocratie libérale.

2.2. Confessions de foi, nébuleuses de croyances et pluralité des identités

Si l'on assiste à une perte d'emprise de la religion sur la société c'est d'abord par la désinstitutionnalisation des appartenances et des pratiques, par la disjonction progressive entre des déclarations d'identité et les comportements auxquels elles étaient autrefois associées. C'est là le trait principal de l'évolution du rapport à la religion dans la société française comme dans la plupart des autres sociétés à niveau de développement et formes d'organisation comparables. La religion n'apparaît plus aujourd'hui comme un système d'emprise et le rapport des individus aux réalités religieuses est marqué par la « liberté de choisir » caractéristique de l'individualisme moderne.

Ici, les interprétations des résultats des enquêtes peuvent diverger. On peut certes considérer, privilégiant par là les critères de l'intégration institutionnelle fondés sur les prescriptions officielles de l'Église, que l'on assiste à un « recul du religieux ». Mais on néglige alors d'autres signes d'une certaine permanence de ce que l'on pourrait appeler « le sentiment religieux ». Car si, comme nous l'avons rappelé, tous les indicateurs de pratiques rituelles sont en déclin, la prière, expression religieuse personnelle susceptible de s'inscrire dans le cadre exclusif de la conscience privée, ne connaît pas la même évolution. En 1977, 59 % des catholiques déclaraient prier « tous les jours, souvent ou rarement », ils étaient 62 % en 1983 et 55 % en 1994 (SOFRES).

Il est incontestable que l'on assiste depuis plusieurs années en France à une désinstitutionnalisation du sentiment religieux et à un recul de la régulation des appartenances et des croyances par les autorités ecclésiales. Ce trait de l'évolution religieuse de la France est d'ailleurs congruent avec les indications dont on dispose pour les autres démocraties libérales modernes (Lambert, 1995). Cette évolution confirme en les nuançant les thèses sociologiques classiques sur la sécularisation des sociétés modernes.

2.2.1. La sécularisation

Trois traits caractérisent aujourd'hui la situation religieuse de la France comme celle des principales sociétés occidentales.

La partition entre sphère privée et sphère publique tout d'abord. Pour la plupart des personnes interrogées dans les enquêtes d'opinion, il est légitime que l'Église intervienne dans la vie publique sur les questions touchant aux grands principes de la liberté, de la justice, des droits de l'homme, du développement mais elle n'a pas à s'immiscer dans la vie privée des individus, qu'il s'agisse des pratiques et des préférences sexuelles ou des activités et des choix politiques.

Le subjectivisme et le relativisme ensuite. La subjectivation du religieux suit de près sa privatisation. Les anciens contenus de foi autrefois objectivés, donnés pour révélés et transmis intégralement par la tradition sont maintenant triés, évalués, édulcorés, transformés par les consciences individuelles à l'aune de leur plausibilité pressentie et de leur compatibilité avec les sanctions du réel. La religion ne se présente plus pour nos contemporains comme une culture totalisante, régulée par une institution dispensatrice autoritaire du vrai et du juste, du permis et du défendu.

La désinstitutionnalisation et la pluralisation du religieux enfin. Les identifications religieuses apparaissent partielles et plurielles. La dissémination des croyances religieuses et la dissociation entre croyances et pratiques rendent difficilement repérables les groupes religieux en tant que tels. L'essentiel des références religieuses passent hors institution.

Ces traits de la modernité religieuse, maintenant avérés par les enquêtes d'opinion, peuvent être rapprochés des premières vues sur la sécularisation à condition de ne pas concevoir seulement cette dernière comme un simple rétrécissement de l'influence de la religion, conception qui n'a pas été mieux exprimée que par Durkheim (1991) quand il écrit : *« S'il est une vérité que l'histoire a mise hors de doute c'est que la religion embrasse une portion de plus en plus petite de la vie sociale. À l'origine elle s'étend à tout ; tout ce qui est social est religieux ; les deux mots sont synonymes. Puis peu à peu les fonctions politiques, économiques, scientifiques s'affranchissent de la fonction religieuse, se constituent à part et prennent un caractère temporel de plus en plus accusé (...) »*. Un tel jugement peut être fondé à la seule condition d'ajouter qu'il s'agit là de la religion institutionnalisée et que, dans le même temps où celle-ci déserte la vie sociale comme structuration des mœurs et repérage des groupes, elle acquiert une vitalité nouvelle en se déployant dans le libre jeu des utilisations et des références hors contrainte. En adoptant ce point de vue on cesse de considérer l'évolution de nos sociétés comme l'affrontement entre d'une part un mouvement de sécularisation extérieur à la religion et coextensif à la culture moderne et d'autre part une religion traditionnelle réduite à son noyau intransigeant pour l'envisager comme un réaménagement des identités et des productions religieuses à l'intérieur d'un nouveau cadre défini d'abord par la souveraineté individuelle et le desserrement des emprises institutionnelles.

2.2.2. La dissémination et l'édulcoration des croyances

Un premier indice de cette subjectivation du rapport au religieux nous est fourni par la croissance ces dix dernières années des croyances au paranormal. En 1993, 55 % des Français disaient croire à la guérison par magnétiseurs et à la transmission de pensée, 46 % à l'explication des caractères par l'astrologie, 35 % aux rêves qui prédisent l'avenir. Même la croyance pourtant la moins répandue, celle dans les fantômes et les revenants, recueillait 11 % d'adhésion en 1993 contre 5 % en 1982 (Boy, Michelat, 1994). Ces croyances ne sont pas vécues comme un refus de la rationalité scientifique. Mais surtout, on constate que les deux catégories d'enquêtés qui sont les moins perméables aux croyances dans le paranormal sont les catholiques pratiquants et les sans religion. En revanche elles fleurissent chez les catholiques plus ou moins détachés de l'Église. Comme l'écrivent Daniel Boy et Guy Michelat : « On peut faire l'hypothèse que ce sont ceux qui disposent de systèmes cohérents d'explication du monde qui ont moins besoin de ce type de croyances » (Boy, Michelat, 1994).

Concernant les croyances religieuses proprement dites et notamment les principaux éléments du dogme catholique, on assiste depuis quelques années à une sorte de choix librement effectué parmi le dépôt de la foi catholique. D'une part, la foi se recentre sur les éléments les plus essentiels tels la divinité du Christ et sa résurrection ou la présence réelle dans l'eucharistie, d'autre part, les croyances génératrices d'inquiétudes ou évocatrices de condamnations sont rejetées : le fait que les catholiques croient au paradis mais non à l'enfer est tout à fait révélateur de cette attitude.

Mais c'est ici qu'il faut introduire une nuance permettant de mieux saisir le rapport des catholiques déclarés à la croyance. Jan Kerkhofs (1988) a mis en évidence des différences dans la conception que se font de Dieu les catholiques selon leur degré d'intégration religieuse mesuré par la pratique. La conception d'un « Dieu personnel » était plutôt choisie par les plus pratiquants et croyants alors que la préférence pour « un esprit ou une force vitale » ou bien pour un « je ne sais pas trop... » était le fait des pratiquants purement cérémoniels. Appliquant ces distinctions aux résultats de l'enquête *valeurs* de 1990, Yves Lambert montre que ces trois types de réponses dessinent trois pôles : celui d'un christianisme « confessant », celui d'un christianisme « identitaire » ou « culturel » et celui d'un « humanisme séculier ». Et pour Yves Lambert (1994), l'évolution des vingt dernières années constitue un glissement progressif, du christianisme confessant vers le christianisme culturel et surtout vers l'humanisme séculier. Ce christianisme culturel revient en fait à concilier l'existence d'une transcendance assez indéfinie avec une grande autonomie de l'homme et une large indépendance par rapport au Églises.

2.2.3. La pluralisation des identités

À partir de ces changements récents dans la perception des réalités religieuses, il convient de revoir la manière dont la sociologie se représente le champ religieux selon un dégradé de cercles concentriques allant du noyau des pratiquants réguliers vers la périphérie des non-pratiquants et des sans religion (Champion, Lambert, 1992). On doit prendre en compte aujourd'hui l'existence de plusieurs foyers de production symbolique qui dessinent des identités religieuses différenciées à partir pourtant d'une même référence identitaire au catholicisme. C'est cette hypothèse d'une pluralité des modes de référence au christianisme qui a guidé une enquête qualitative dont les résultats permettent d'éclairer les identités religieuses contemporaines (Donegani, 1993). Dans cette démarche, au lieu de mesurer l'intégration par rapport à une norme d'appartenance définie par l'institution, on explore les contenus subjectifs que les individus associent à la référence à l'identité catholique.

Ainsi, parmi les modèles culturels que l'on peut construire à partir de l'enquête non directive où on laisse les interviewés définir eux-mêmes « ce que c'est que d'être catholique pour eux aujourd'hui », on constate d'abord qu'un seul modèle s'organise autour de l'adhésion et de la pratique. Les deux autres modèles d'identité religieuse intégrale, regroupant les interviewés qui disent construire leur vie et unifier l'ensemble de leurs comportements et de leurs rôles autour du pôle religieux de leur identité, se situent hors de cette logique traditionnelle. Pour l'un de ces modèles qui rappelle par bien des points la culture de l'Action catholique, c'est l'engagement social, l'avancée collective d'un peuple solidaire qui est d'abord le signe du catholicisme inscrit dans toute la vie. Pour un autre enfin, c'est au contraire autour de la reprise à son propre compte, en première personne, des héritages religieux, c'est autour de l'affirmation de la liberté individuelle, entièrement placée sous le signe de l'Évangile et pourtant volontairement située en dehors de la logique institutionnelle, que se définit l'identité religieuse. Ce dernier modèle est le plus étonnant car il est sans doute l'expression la plus précise de l'alliance dans une vision du monde, un système de valeurs, une organisation de vie, de deux données apparemment contradictoires, puisque l'une issue de la vieille culture catholique, l'autre de la nouvelle culture libérale : l'intégralisme et l'individualisme. Ainsi chez les catholiques les plus intégrés, ceux qui déclarent intégrer toute leur vie autour de leur identité religieuse, on peut déjà déceler trois cultures que tout oppose : les modes de vie, les choix de valeurs et les modes même de l'expression religieuse puisque la référence à la pratique cultuelle n'est affirmée que dans l'une d'entre elles.

Si l'on considère maintenant les autres groupes d'enquêtés : ceux pour lesquels le catholicisme est une référence qui entre, mais parmi d'autres, dans la constitution de leur identité, une même diversité se fait jour depuis les « consommateurs » très attachés à la tradition et à la permanence de l'Église qu'ils considèrent d'abord comme dispensatrice de marques sacramentelles, jusqu'aux « culturels » qui puisent dans le christianisme, conçu comme patrimoine de sagesse et source de sens, les valeurs qui leur semblent susceptibles d'orienter leur vie, dans une liberté totale à l'égard de l'institution et une méfiance très grande envers les jugements ou les prescriptions qu'elle peut énoncer. Sans oublier ces « exilés » dont toute la problématique s'exprime par la souffrance de n'être ni dedans ni dehors, simplement parce que l'institution leur apparaît d'un autre âge – autre âge du monde, autre âge de leur vie –, et pourtant conjuguée à leur origine même.

Le champ des représentations religieuses et des identités qui y puisent leur origine est ainsi marqué par l'opposition entre l'intégralisme et le marginalisme : la religion peut être placée au centre du système d'attitudes et unifier tous les rôles ou au contraire n'apparaître que comme un secteur parmi d'autres des références utilisables pour construire son identité sociale. Il est tendu aussi par l'opposition entre une attitude de transigeance (le religieux entre en transaction avec les données extérieures et peut être modifié par elles) et une attitude intransigeante (le noyau de la foi est défini une fois pour toute, la foi est un héritage qui n'a à transiger avec aucune autre réalité). Mais le point le plus neuf du rapport contemporain au religieux est cette disjonction nouvelle qui peut s'opérer entre l'intégralisme et l'intransigeantisme qui ont été longtemps les deux traits principaux et indissociables de la culture catholique.

Deux conclusions s'imposent à partir de ces résultats d'enquête. D'une part, on est sorti aujourd'hui de cette ancienne partition entre l'appartenance monolithique et l'extériorité ou la dissidence assumée. D'autre part, il n'y a plus à proprement parler de noyau univoque qui définirait la culture catholique puisque même chez les plus intégrés ou les plus intégralement catholiques on décèle des différences si fondamentales dans la vision du monde déployée et les valeurs sur lesquelles elle s'articule, que l'on doute d'être en présence du même univers. Le catholicisme n'apparaît plus aujourd'hui comme un bloc unifié et un système d'emprise mais davantage comme un archipel culturel. Si l'on demande aujourd'hui à l'Église de faire entendre sa voix, si on ne lui dénie pas le rappel du souci éthique, on énonce ensuite la légitimité du choix personnel. Même les pratiquants réguliers affirment tenir davantage compte de leur conscience que des positions de l'Église en ce qui concerne les choix de leur vie.

2.3. Subjectivisme, possibilisme et relativisme

C'est sur ces derniers traits qu'il faut terminer cet examen du rapport des Français à la religion. Ce sont ceux qui marquent le mieux l'identité libérale dans laquelle est lentement entrée la France durant ces vingt dernières années.

La religion ne se présente plus pour nos contemporains comme un système d'emprise, comme une culture totalisante régulée par une institution dispensatrice autoritaire du vrai, du juste, du permis et du défendu. La religion s'exprime par des croyances et des pratiques dans lesquelles les individus puisent librement et qu'ils apprécient d'abord pour eux-mêmes, par rapport à leur propre vie.

Même chez les catholiques pratiquants, parmi les individus les plus intégrés religieusement on assiste à une diminution de la cohérence d'ensemble des attitudes, par diversification interne et par autonomisation par rapport à l'institution. Dans l'enquête *valeurs* de 1990, on constate que se distendent les relations entre l'implication religieuse personnelle et le sentiment que l'Église apporte des réponses ou entre intégration catholique et attitudes politiques et éthiques (sauf en ce qui concerne l'avortement) (Lambert, 1994).

Au-delà de la diversité interne qui marque maintenant le groupe des catholiques, au-delà du jeu nouveau qui caractérise les systèmes d'attitudes, il faut insister sur cette subjectivation des identités et des expressions religieuses qui les rend de plus en plus autonomes à l'égard des dictées institutionnelles. On retrouve en France ce trait de la culture religieuse contemporaine qui conduit à parler de « catholicisme hors les murs » ou de « catholicisme à la carte » (Voyé *et al.*, 1992). L'individualisation du croire que l'on décèle dans toutes les enquêtes récentes est interprétée par la plupart des auteurs comme le signe essentiel de la culture « moderne ».

C'est par rapport à soi que s'expriment les croyances et les pratiques ou que se déploient les qualifications religieuses. Ce trait qui colore maintenant le rapport à la religion n'est nulle part plus évident que dans la population des plus jeunes. Un indice assez parlant en est donné dans le fait que 65 % des lecteurs du journal *Phosphore* (juillet 1987) se déclaraient d'accord avec cette proposition d'un lycéen : « *que Jésus soit le Fils de Dieu ou le fils d'un paysan, cela m'est égal, l'essentiel est ce qu'il m'apporte* ». Ce subjectivisme foncier va de pair évidemment avec une relation libre aux pratiques religieuses qui ne sont plus vécues comme une obligation mais comme l'expression d'un libre choix.

Si le subjectivisme est le trait principal du rapport contemporain au religieux, particulièrement sensible chez les jeunes, il s'accompagne d'une attitude plus souple à l'égard des croyances. Le mode d'adhésion le plus fréquent à l'égard notamment des croyances parallèles ou hétérodoxes par rapport à la foi catholique est possibiliste, la réponse la plus fréquente étant « ça existe peut-être ». La croyance se présente davantage comme un « pourquoi pas ? » que comme un « c'est vrai ». À la question concernant l'existence de Dieu, la réponse aujourd'hui la plus fréquente n'est ni « certaine » (29 %), ni « improbable » (17 %), ni « exclue » (18 %) mais « probable » (32 %).

Enfin, le relativisme est la dernière caractéristique des attitudes à l'égard de la religion. Si aujourd'hui on ne peut avoir de certitude religieuse, si la foi apparaît comme un ensemble de propositions possiblement vraies dont le seul critère d'évaluation est l'utilité personnelle qu'elles sont susceptibles de procurer à chacun, alors il devient aussi manifeste que la prétention d'une religion à détenir la vérité exclusive est vaine.

À la question : *« Y a-t-il une religion qui vous semble plus vraie qu'une autre ? »*, 68 % des 12-15 ans répondent *« non »*, 19 % *« oui »* (13 % de *« ne sait pas »*). Pour ceux qui ont répondu *« non »*, les justifications sont les suivantes : 3 % *«parce qu'elles sont toutes fausses »*, 21 % *« parce qu'au fond elles disent toutes les mêmes choses »*, 44 % *« parce que c'est au choix de chacun »*.

Ces réponses dessinent clairement le profil du croire contemporain chez les jeunes. Le rejet sous-tendu par l'opinion que les religions sont toutes fausses est extrêmement minoritaire. L'opinion selon laquelle toutes les religions se valent est une caractéristique centrale de l'idéologie moderne telle en tout cas que l'avait combattu le magistère romain à la fin du siècle dernier, qui voyait dans l'indifférentisme le nerf de l'hérésie libérale. Mais le plus important, qui n'est d'ailleurs pas contradictoire avec l'opinion précédente, tient dans cette souveraineté accordée au for interne pour décider du vrai et du faux et à chaque individu pour choisir les vérités religieuses qui lui conviennent. Là encore, on pourrait relier cette attitude à l'égard de la religion, maintenant répandue dans l'opinion, avec l'identité même de l'idéologie libérale telle qu'elle fut définie au siècle dernier par des auteurs comme Benjamin Constant ou John Stuart Mill : la vérité est relative, elle naît de la rencontre de propositions contraires, elle est décidée par chacun hors de toute autorité, elle est devenue sans empire.

CONCLUSION

L'axiologie contemporaine et l'effacement des frontières entre religion et politique

Il est assez facile de voir en quoi toutes ces mutations contemporaines des expressions et des identifications religieuses peuvent être interprétées politiquement. Elles vont toutes dans le même sens d'une sortie des systèmes d'emprise et d'une affirmation de l'autonomie des sujets, d'une assise de la croyance sur le primat de la volonté personnelle. Or on sait que tout le mouvement de la politique moderne s'analyse comme assomption de la volonté humaine, comme primat de la volonté sur l'ordre naturel et la tradition (Arendt, 1983). C'est bien le volontarisme qui constitue la matrice des théories modernes du pouvoir et du lien social.

C'est évidemment dans le for interne de l'individu que les implications de ce renversement se déploient le plus librement et avec le plus de force. Et c'est sous cet aspect que la pensée libérale a posé les rapports du religieux et du politique.

Séparées sur le plan institutionnel, ces deux réalités trouvent leur dimension sociale parce qu'elle sont réconciliées sur le plan de la conscience individuelle. L'idéologie séparatiste n'a de sens que par rapport à la liberté qu'a l'individu de choisir en tout domaine ce qui lui apparaît plausible, souhaitable et finalement vrai.

Si l'on veut relire à la lumière des intuitions d'auteurs libéraux comme Constant ou Tocqueville, les mutations contemporaines du croire, il faut réviser toute la problématique traditionnelle des relations entre religion et politique.

Les caractéristiques que l'on vient d'analyser du rapport de nos contemporains à la religion – subjectivisme, relativisme, possibilisme –, structurent la vision du monde aujourd'hui la plus répandue. Le cercle des convaincus, athées ou croyants religieux, est minoritaire. On décèle pourtant des croyances majoritaires mais elles touchent justement aux modalités du croire lui-même, le probabilisme apparaissant comme l'un des éléments du credo dominant. Le libéralisme n'a pas répudié l'axiologique, il l'a simplement confié à la conscience individuelle et l'a soustrait aux institutions et aux autorités.

La conséquence paradoxale de cet état de l'opinion est que la principale donnée du credo libéral qui tenait dans l'idée de séparation entre religion et politique est en train de s'effacer parce qu'il devient de plus en plus difficile de qualifier de politiques ou de religieuses les croyances contemporaines. La séparation entre religion et politique sur laquelle s'est cristallisé le combat entre le catholicisme intransigeant et le libéralisme moderne a été subsumée par la partition entre privé et public. Dès lors, puisque l'idée a gagné selon laquelle c'est à la conscience individuelle de décider du vrai, du bon et du juste, c'est aussi à chacun de dire ce qui est religieux et ce qui est politique et il est difficile de qualifier extérieurement les croyances contemporaines hors du dire des intéressés eux-mêmes.

Un signe de cette évolution se trouve par exemple dans le fait que chez les jeunes de 15-20 ans des notions telles que la paix et la tolérance sont considérées comme des valeurs religieuses, ou encore, dans le fait que des mots comme amour, pureté, justice, liberté, vérité ou amitié soient connotés religieusement[5].

À partir de ces constatations on peut faire l'hypothèse que la forme dominante des repères dans notre société est aujourd'hui de type axiologique. Beaucoup plus qu'à des croyances religieuses on adhère à des valeurs qui constituent en quelque sorte un nouveau dépôt « sacré », au sens de ce à quoi on tient le plus, de ce qui est tenu pour intangible. Yves Lambert (1990) a cherché à préciser le sens de cette axiologie contemporaine.

Elle peut s'analyser comme ramassant la démocratie pluraliste, les droits de l'homme, la solution non violente des conflits, l'indifférentisme religieux (plus que l'indifférence), la tolérance surtout, ces convictions communes étant modalisées par l'attitude de méfiance envers les grandes vérités et la primauté du vécu comme critère du vrai et du valable. La justice, la paix, la liberté de l'individu et l'autonomie de la conscience, la lutte contre la misère sont des valeurs ou des impératifs partagés par le plus grand nombre. Ce credo commun est-il de nature religieuse ou politique ? Rien ne nous permet pour l'instant de répondre à cette question. Les résultats que l'on vient de citer de l'enquête sur les 12-15 ans

5 Sondage « Faits et opinions », Bayard-Presse, juin 1990.

donnent même à penser que cette individualisation du croire contemporain a pour conséquence paradoxale d'élargir le champ des significations religieuses contrairement à ce que pensaient les théoriciens de la sécularisation.

Le centre de gravité du croire se déplace ainsi aujourd'hui vers une axiologie fondamentale qui regroupe des valeurs empruntées à l'humanisme qu'il soit séculier ou religieux. Cette axiologie apparaît comme plus universelle que des religions qui se présenteraient encore comme détentrices de vérité et correspond davantage aux formes de la plausibilité contemporaine en ce que l'expérience personnelle en est le critère essentiel d'appréciation. Même dans le domaine de la morale on voit grandir le relativisme qui a déjà touché les propositions religieuses. Dans l'enquête européenne de 1990 sur les valeurs, 64 % des interviewés acquiesçaient à la proposition suivante : *« Il ne peut jamais y avoir de lignes directrices parfaitement claires pour savoir ce qui est le bien et le mal. Cela dépend entièrement des circonstances »*. Seulement 23 % disaient adhérer à la proposition contraire : *« Il y a des lignes directrices parfaitement claires pour savoir ce qui est bien et ce qui est mal. Elles s'appliquent toujours, quelles que soient les circonstances »*. C'est bien le signe que le subjectivisme constitue le principe organisateur du choix des valeurs et des principes de vie. Le critère d'évaluation du vrai, du juste et du bon est toujours l'expérience personnelle.

Cette subjectivation et cette soumission du croire à l'épreuve de la réalité, sa relativisation dans un univers axiologique que chacun sait pluriel, marquent sans doute les forces et les fragilités de ce nouveau rapport symbolique au monde : d'abord une grande faculté d'adaptation, une souplesse qui rend possible l'adaptation des interprétations à des circonstances multiples et contraires mais aussi une indétermination foncière des choix existentiels qui rend problématique tout pronostic sur la survie de ces systèmes de représentations et de valeurs.

BIBLIOGRAPHIE

ARENDT H. (1983), *La vie de l'esprit*, vol. 2, *Le vouloir*, trad. fr., PUF.

BOY D. et MAYER N. (1996), « Secteur public contre secteur privé : un nouveau conflit de classe ? », Communication au Cinquième congrès de l'Association française de science politique, Aix-en-Provence, 23-26, avril.

BOY D. et MICHELAT G. (1994), « Les Français et les para-sciences », *in* SOFRES, *L'état de l'opinion 1994*, p. 201-217.

BRÉCHON P. (1995), *La France aux urnes*, Paris, La Documentaion française.

CAYROL R. (1992), « La droite, la gauche et les références idéologiques des Français », *in* SOFRES, *L'état de l'opinion*, Paris, Le Seuil.

CAYROL R. (1994), *Le grand malentendu. Les Français et la politique*, Paris, Le Seuil.

CEVIPOF (1990), *L'électeur français en questions*, Paris, Presses de la Fondation Nationale des Sciences politiques.

CHAMPION F. et LAMBERT Y. (1992), « Les "12-15 ans" et la religion », *in* Y. LAMBERT, G. MICHELAT, *Crépuscule des religions chez les jeunes ?*, p. 65-91.

CONSTANT B. (1957), « Principes de politique », chap. XVII, in *Œuvres*, La Pléiade, Paris, Gallimard, p. 1215-1231.

DONEGANI J.-M. (1993), *La liberté de choisir. Pluralisme religieux et pluralisme politique dans le catholicisme français contemporain*, Paris, Presses de la Fondation nationale des sciences politiques.

DURKHEIM É. (1991), *De la division du travail social*, Paris PUF, p. 143-144, 1re édition 1930.

GOGUEL F., GROSSER A. (1984), *La politique en France*, Paris, A. Colin, p. 15 à 22, 1re édition 1963.

GRUNBERG G. et SCHWEISGUTH E. (1990), « Libéralisme culturel et libéralisme économique » *in* CEVIPOF, *L'électeur français en questions*, *op. cit.*, p. 45-69.

HABERT P. et LANCELOT A. (1988), « L'émergence d'un nouvel électeur ?», *Les élections législatives de 1988, Le Figaro/Études politiques*, p. 16-23.

HÉRAN F. et ROUAULT D. (1995), « La présidentielle à contre-jour : abstentionnistes et non-inscrits », *INSEE Première*, n ° 397, et « La double élection de 1995 : exclusion sociale et stratégie d'abstention », *INSEE Première*, n ° 414.

KERKHOFS J. (1988), « Between "Christendom" and "Christianity" », *Journal of empirical theology*, n° 2, p. 88-101.

LAMBERT Y. (1990), « Vers un monothéisme des valeurs », *Le Débat*, 59, p. 90-105.

LAMBERT Y. (1994), « La religion : un paysage en profonde évolution », *in* H. RIFFAULT, *Les valeurs des Français*, Paris, PUF, p. 123-162.

LAMBERT Y. (1995), « Vers une ère post-chrétienne ? », *Futuribles*, n° 200, p. 85-111.

LANCELOT A (1968), *L'abstentionnisme électoral en France*, Paris, Presses de la Fondation nationale des sciences politiques.

LAVAU G. (1986), « L'électeur français devient-il individualiste ?», *in* P. BIRNBAUM, J. LECA (dir.), *Sur l'individualisme*, Paris, Presses de la Fondation nationale des sciences politiques, p. 301-329.

LE GALL G. (1996), « La tentation du populisme », *in* SOFRES, *L'état de l'opinion*, p. 187-211.

MAYER N. (1991), « Racisme et anti-sémitisme dans l'opinion publique française », *in* P.-A. TAGUIEFF, *Face au racisme*, t. 2. *Analyses, hypothèses, perspectives*, Paris, La Découverte, p. 65-72.

MAYER N. et PERRINEAU P. (1989), *Le Front national à découvert*, Paris, Presses de la Fondation nationale des sciences politiques.

MAYER N. (1992), *Les comportements politiques*, Paris, A. Colin.

MENDRAS H. (1988), *La seconde Révolution française. 1965-1984*, Paris, Gallimard.

MICHELAT G. (1992), « Pratiques et croyances religieuses : détachements et hétérodoxies », *in* Y. LAMBERT, G. MICHELAT (dir.), *Crépuscule des religions chez les jeunes ?*, Paris, L'Harmattan, p. 43-63.

PORTELLI H. (1994), « L'évolution politique des catholiques », *in* SOFRES, *L'état de l'opinion 1994*, p. 179-199.

POTEL J. (1991), « Identités catholiques et comportements religieux », *in* G. MICHELAT, J. POTEL, J. SUTTER, J. MAITRE, *Les Français sont-ils encore catholiques ?*, Paris, Le Cerf, p. 49-127.

RANGER J. (1990), « Les Français s'intéressent-ils à la politique ?», in *L'électeur en questions*, CEVIPOF, Paris, Presses de la Fondation Nationale des Sciences politiques, p. 127-152.

SCHWEISGUTH E. (1988), « La dimension droite-gauche en France », communication inédite au Quatorzième congrès mondial de l'Association internationale de science politique, Washington, DC, 18 août-1er sept. 1988.

SCHWEISGUTH E. (1994), « L'affaiblissement du clivage gauche-droite », *in* P. PERRINEAU (dir.), *L'engagement politique*, Paris, Presses de la Fondation nationale des sciences politiques, p. 215-237.

SUBILEAU F. et TOINET M.-F. (1993), *Les chemins de l'abstention*, Paris, La Découverte.

VOYÉ L., BAWIN-LEGROS B., KERKHOF J. et DOBBELAERE K. (1992), *Belges, heureux et satisfaits. Les valeurs des Belges dans les années 90*, Bruxelles, De Boeck Université.

Chapitre 9

Déviances et délits

SEBASTIAN ROCHÉ

LES APPELS À LA VIGILANCE, la solidarité ou la répression ne cessent de se multiplier. Notre pays serait, depuis plus de vingt ans, soumis à des transformations brutales du paysage de la déviance et de la délinquance. Ce constat est fait à la fois par les citoyens ou habitants (de nombreux travaux sociologiques en rendent compte), par la presse (et pas simplement la presse populaire ou les médias sensationnalistes), et également par les responsables syndicaux, politiques ou leurs experts dans les nombreux rapports (rendus publics ou non) qui se sont accumulés.

Ce chapitre tentera de présenter quelques aspects de la déviance, et particulièrement ceux qui sont liés à la délinquance qui frappent massivement les sociétés industrialisées et démocratiques depuis 1950. Il serait évidemment présomptueux de parler de la déviance en général : renvoyant à la normalité, elle supposerait d'embrasser toute l'organisation sociale et politique de notre collectivité (Ogien, 1995). Nous nous focalisons sur des comportements qui sont aujourd'hui qualifiés de déviants par la loi et/ou par la morale, et qui menacent la vie et la propriété, valeurs centrales dans nos sociétés occidentales. Mais il faut garder à l'esprit que la menace, y compris de la vie, n'est pas toujours assimilée à de la déviance.

1 COMMENT DÉFINIR ET MESURER LA DÉVIANCE ?

Le discours sociologique a la plus grande difficulté à s'abstraire du contexte socio-politique, traducteur de l'esprit du temps, de la sensibilité sociale de la collectivité. Et dans une certaine mesure, on doit se demander jusqu'à quel point il le doit : les classiques de la déviance ne doivent-ils pas leur importance aux présupposés socio-politiques, au contexte hygiéniste de la fin du XIXe siècle, au contexte historique de formation de la nation unitaire que la statistique incarnait ? Il est donc évidemment périlleux de tenter de définir « l'objet social déviance » en dehors des réactions sociales qu'il provoque et plus encore de tenter d'en prendre des mesures continues sur l'ensemble de la période de référence. Paradoxalement, on pourrait presque dire que nous disposons de plus d'hypothèses pour interpréter le phénomène que de manières de nous assurer de sa vérité ou de méthodes pour le faire.

Parler de la déviance, c'est introduire trois concepts à la fois liés et distincts : celui de « risque » qui renvoie à la comptabilité et à l'expertise (le nombre et le coût des comportements qui portent atteinte aux personnes et aux biens), à la gestion de populations ; celui de « morale » qui renvoie aux représentations sociales d'une population dans son ensemble qui ne se limite pas à l'apparente rationalité comptable des experts et fait intervenir des valeurs pour distinguer ce qui est tolérable de ce qui ne l'est pas ; enfin, celui de « peur » ou d'inquiétude qui se rapporte à l'expérience intersubjective du risque en fonction de traits moraux, un concept situé à mi-chemin des deux autres et toujours coloré politiquement.

S'il fallait résumer d'une phrase la déviance, on pourrait dire que ce qui est déviant, c'est le risque qui fait peur. On peut y voir une manière de ne pas aborder le problème de front. Mais, il faut aussi y lire le caractère nécessairement politique et moral du sujet. La peur est une forme d'expression du refus des comportements, une sorte de posture morale vécue subjectivement et exprimée aux autres sur ce mode. L'approche qui lie la peur à la déviance n'est pas éloignée des lectures classiques comme celle de Durkheim lorsqu'il indique que le crime froisse les états forts de la conscience collective. La peur a l'avantage d'être plus facilement mesurable que la conscience.

L'analyse de la déviance pose la question de l'acceptabilité des comportements, et au sein de ceux qui sont perçus comme risqués, celle de la hiérarchisation relative des risques aussi nommée « sélection des risques » par l'anthropologue Mary Douglas et le politologue Aaron Wildawsky (1982). La perception commune n'a aucune chance de se fonder seulement « en raison » si l'on entend par là une comptabilité des conséquences fussent-elles assez grave pour ôter la vie. La compréhension de ce qui est inacceptable ne peut se limiter au dénombrement démographique ou monétaire des pertes. Autrement dit, c'est autant les manières dont les choses se passent qui choquent que les choses elles-mêmes. Un adulte décédé dans un accident de la route ou un enfant mort de faim enfermé dans un placard ne sont, par exemple, pas perçus de la même manière par l'opinion publique. Autre exemple, nos sociétés tolèrent beaucoup moins bien la mortalité infantile que d'autres moins développées économiquement.

Deux questions assez différentes découlent de la prise en considération de l'acceptabilité variable des comportements. La première est 1/ quels sont les comportements déviants ? tandis que la seconde est 2/ quelles sont les causes des comportements déviants ? Ces questions ont faussement l'air de se compléter. Pour une part, les comportements déviants ont pour cause d'être catalogués comme tels. Dans la littérature spécialisée, le point de savoir si les déviances sont des « conduites normales » fait l'objet d'un débat. Les auteurs se demandent si des modèles spécifiques d'analyse doivent être élaborés pour les faits déviants ou si l'on peut utiliser le même cadre interprétatif que pour d'autres faits « normaux ». La sociologie de la déviance aurait le plus grand mal à s'abstraire de l'activité politique d'une société (et notamment de la configuration du débat qui s'installe dans l'espace public et se traduit par la politisation de certaines questions aux dépens d'autres), et donc de l'état de l'opinion.

Ces remarques ont une incidence sur les mesures empiriques qui se multiplient et qu'on a parfois du mal à ordonner. On doit bien distinguer les mesures des cohérences relatives qui unissent la perception d'un danger et la fréquence de son occurrence (par exemple la crainte d'être cambriolé et ses liens statistiques avec la fréquence du cambriolage), et la sélection d'un comportement comme déviant par rapport à d'autres (écraser quelqu'un en voiture ou cambrioler quelqu'un par exemple). Même si on venait à démontrer que la crainte d'être cambriolé est d'autant plus forte qu'on réside dans une zone donnée où les cambriolages sont nombreux (ce qui est le cas en France, voir Grémy, 1995), on n'analyserait qu'un aspect des choses. On n'aurait pas répondu à la question de savoir pourquoi, par exemple, les accidents de la route qui font beaucoup plus de victimes que les cambriolages dans la même zone ne sont pas l'objet d'une dénonciation plus intense. Si on dispose de nombreuses analyses sectorielles (risques domestiques, accidents de la route, infractions pénales), on ne trouvera pas dans la littérature française une description récente de la hiérarchisation des différents dangers dans l'opinion (Jean Stoetzel l'avait tentée en 1973).

Pour aborder les « déviances et délits », nous proposons de partir de l'opinion publique telle que les sondages en rendent compte, puis de cheminer par les comportements qui portent atteinte aux valeurs supérieures (la vie) et ont le coût économique le plus élevé pour la collectivité, avant de dresser les évolutions des « entrepreneurs moraux » pour reprendre le mot de Howard Becker, des organisations qui assurent et définissent les règles.

La distinction entre les faits et l'opinion est évidemment plus descriptive qu'analytique. D'un point de vue distancié (dans l'espace ou le temps), on est moins tenté de les disjoindre. Mais, d'un point de vue contemporain, et dans notre espace public, le débat sur la « réalité » des faits et la « fausse réalité » de l'opinion est récurrent.

2 L'OPINION

L'opinion publique constitue sans doute un moyen d'approcher ce que Durkheim nommait conscience collective. La chose est évidemment complexe puisque la révélation de la conscience par une technique probabiliste et des entrepreneurs privés (plutôt que par le vote, ou même la production de la loi) ouvre, sur le plan de l'analyse de la démocratie, de nombreuses questions que nous ne pouvons aborder ici. Les sondages nous obligent en tous les cas à ne pas faire fi des mesures directes de l'état de l'opinion que l'on se laisse souvent aller à supputer ou inférer de la presse populaire.

La période récente se caractérise par un double renforcement apparemment contradictoire dont on tend bien souvent à ne considérer qu'une seule des faces. D'une part, avec la montée de l'individualisme comme forme de sociation, divers auteurs, philosophes (Harendt) ou sociologues (Forsé, Langlois, 1995, Mendras, 1994), font le constat de la remise en cause de « la tradition », de « l'autorité », notamment des prescripteurs de normes institutionnelles et de l'adhésion aux normes elles-mêmes, qu'il s'agisse de l'Église ou de l'État pour citer les principaux. Des politologues ont aussi souligné à la fin des années soixante-dix le « libéralisme de mœurs » qui s'installait et son influence sur les comportements électoraux. La permissivité ou la tolérance, dont on verra l'importance qu'elles ont pu prendre, sont probablement deux aspects liés à cette « crise de l'autorité ». Mais, d'autre part, tandis que la société s'affichait de plus en plus permissive et tolérante vis-à-vis de nombre de comportements mais aussi de groupes (comme les homosexuels) autrefois étiquetés comme déviants, certaines formes de « punitivités » (c'est ainsi que la littérature spécialisée dans l'étude des jugements sur le fonctionnement du système pénal nomme les opinions qui concernent la peine de mort, l'usage de la détention, les moyens répressifs à donner à la police) se renforçaient très massivement tandis que se généralisaient des comportements qui continuaient visiblement à ne pas être jugés comme acceptables.

2.1. Des croyances communes incertaines

Jean Stoetzel avait bien senti l'évolution de notre sensibilité. Dès la première enquête européenne sur les valeurs, il s'était risqué à des commentaires « en tendances » que l'enquête ne pouvait en soi valider puisqu'il s'agissait d'une coupe au temps T, mais que la poursuite du dispositif permettra de confirmer. Il écrivait notamment que « les certitudes morales sont en train de fondre en Europe. À peine un quart des Européens disposent de principes sûrs pour distinguer le bien du mal » (Stoetzel, 1983). Et de s'interroger sur le fait que « malgré l'adhérence aux parties morales du Décalogue, une redistribution se produit. Ni l'avortement, ni le suicide, ni l'euthanasie ne relèvent plus de l'interdiction de tuer. La jeune génération n'accorde plus le même poids aux vertus traditionnelles, les vertus qui sont les attributs moraux de la personne » *(ibid.)*.

L'enquête européenne avait en effet repris un par un les dix commandements, et demandé aux personnes interrogées : 1/ avec quelle intensité (absolument, jusqu'à un certain point ou nullement) elles les considèrent comme encore d'actualité, c'est-à-dire des commandements à caractère impératif *pour elles-mêmes ;* 2/ dans quelle mesure elles estiment que ces prescriptions s'imposent encore *à la plupart des gens.*

En ce qui concerne l'observance personnelle déclarée, l'injonction la plus impérative est l'interdiction de tuer (87 % des sondés se déclarent absolument concernés). On trouve ensuite, par ordre décroissant l'interdiction de voler, l'obligation d'honorer ses parents, l'interdiction de faire des faux témoignages et celle de convoiter les biens du voisin. Ces règles sont bien plus acceptées que celles ayant directement trait à Dieu, c'est-à-dire les premiers commandements. Tournons-nous vers l'anticipation du respect de ces règles par les autres membres de la collectivité : « Lorsqu'ils doivent répondre sur le comportement des autres, leurs incertitudes sont en moyenne trois fois plus nombreuses que lorsqu'ils parlent pour eux-mêmes. Surtout, la valeur des indices d'observance, calculés à partir de leurs réponses est toujours plus forte en ce qui les concerne, en moyenne d'un quart » (Stoetzel, 1983).

On comprend que la force d'une règle se trouve en porte-à-faux à partir du moment où l'anticipation du respect des règles par les autres, qui est nécessairement un motif de respect par soi-même, ne se produit plus. La confiance sociale se fragilise et la règle n'est plus de nature à assurer la conformité des comportements. Il faut être convaincu que les autres vont respecter la règle pour s'y plier et plus encore dans une société où la foi en une « Loi transcendante » n'est plus, où il y a désacralisation des normes.

En 1981 on remarquait déjà que dans tous les pays, y compris aux États-Unis, le comportement le plus injustifiable aux yeux de la population était « l'emprunt de voiture » (tableau 1 pour la France et l'Europe), suivi de l'assassinat politique et de l'usage de « drogue douce ». Il faut s'attarder sur le fait que, dès 1981, la petite délinquance et des comportements comme le fait de fumer de l'herbe (illicites au regard de la loi, mais surtout perçus comme l'incarnation d'un « désordre en public ») sont très mal tolérés, nous y reviendrons.

Tableau 1 Les comportements discutables suivant un indice de permissivité

	France Rang	France Score[1]	Europe Rang	Europe Score[1]
Meurtre en état de légitime défense	1	579	1	535
Suicide	7	348	11	265
Frauder le fisc	10	322	12	264
Prostitution	12	302	6	293
Rébellion contre la police	14	251	15	203
Voyager sans billet	15	247	13	214
Recel	18		18	175
Assassinat politique	19	181	21	153
Usage de drogue (marijuana)	20	176	20	166
Vol de voiture	22	148	22	135

1. Score moyen de réprobation dans le pays. Plus l'indice est élevé, plus grande est la permissivité.

Source : Stoetzel, annexe au chapitre 1 (1983).

En 1994, Jean-François Tchernia présentait l'évolution de ces opinions pour la France. Si les classements *relatifs* se sont un peu déplacés, le portrait d'ensemble n'est pas modifié. En termes *absolus*, la tolérance s'est accrue pour la très grande majorité des comportements. Les comportements les moins justifiables restent les mêmes, mais il sont à peine plus permis à l'exception du meurtre en état de légitime défense (pour lequel la baisse est faible), de la prise de drogue (marijuana ou haschich) ou de l'emprunt de véhicule (pénétrer dans une voiture qui ne vous appartient pas et faire un tour avec).

On enregistre lors de différentes enquêtes un fort clivage suivant l'âge des personnes dès lors qu'il s'agit de l'énoncé de jugements moraux. Christophe Nadaud, commentant un sondage sur les Français de 18 ans et plus réalisé en juin 1994, notait « qu'une véritable fracture semble s'opérer entre les jugements portés par les plus jeunes et ceux de leur aînés sur le fait de voler un petit commerçant (fortement condamné par 80 % des plus de 65 ans, mais par seulement 36 % des 18-24 ans) ou dans un grand magasin (77 % contre 42 %), de ne pas payer dans les transports en commun (62 % contre 25 %) » (Nadaud, 1995, p. 230).

Tableau 2 Caractère justifiable de différents comportements en France en 1981 et 1990.

	France 1981	France 1990
Meurtre en état de légitime défense	5,79	5,40
Garder de l'argent trouvé	2,98	3,85
Le suicide	3,48	3,84
La prostitution	3,02	3,22
Se battre avec la police	2,51	2,73
S'arranger pour ne pas payer le billet dans le train ou l'autobus	2,47	2,62
Tricher dans sa déclaration d'impôt si on en a la possibilité	2,09	2,19
Acheter quelque chose alors que l'on sait que c'est de la marchandise volée	2,09	2,19
L'assassinat politique	1,81	1,96
Prendre de la drogue marijuana ou haschich	1,76	1,64
Pénétrer dans une voiture qui ne vous appartient pas et faire un tour avec	1,48	1,44

Note moyenne de 1 (« jamais justifié ») à 10 (« toujours justifié »).

Source : Tchernia, 1994.

2.2. Analyser les mutations de l'opinion

Comment comprendre ces transformations ? Étienne Schweisguth (1995) constate une tendance à l'augmentation de la permissivité de 1981 à 1990, mais note surtout que, « dès lors la question est évidemment de savoir si cette augmentation de la permissivité vaut pour la seule période 1981 à 1990 ou s'il existe des éléments permettant de penser que l'évolution observée entre ces deux dates s'inscrit dans un mouvement à plus long terme ». Sachant que la permissivité est d'autant plus forte que la personne interrogée est jeune, l'auteur va discuter deux explications classiques : celle de l'effet du cycle de vie et celle de l'effet de génération. La première met l'accent sur la vie comme un parcours avec des étapes et des points de bifurcations successifs : les jeunes sont plus permissifs avant de devenir adultes et d'abandonner certains comportements et valeurs ; la seconde se focalise sur les effets des périodes et contextes qui voient naître des hommes et femmes nouveaux : le renouvellement des générations serait en lui-même un facteur de progression de la permissivité. On voit que les deux explications (qui ne s'excluent pas mutuellement) sont de nature très différente. Dans un cas le volume de permissivité dans une société est circonstanciel et contingent : il dépend notamment de la place relative des plus jeunes, de leur poids démographique, et partant de la vitesse à laquelle la société en fait des adultes (par la socialisation, par le travail, la vie de famille, etc.). Dans l'autre cas, il dépend certes également du nombre et du taux de jeunes, mais on ne fait pas l'hypothèse que le vieillissement va renforcer le rigorisme. Les plus âgés sont moins permissifs parce que les plus jeunes le sont plus.

Revenons aux résultats, et à l'augmentation de la permissivité pour les infractions. Certes, nous ne disposons de comparaison que d'un nombre d'indicateurs limité : achat d'un objet volé, utilisation des transports sans ticket. Pour ces deux comportements, c'est chez les personnes qui avaient de 18 à 26 ans en 1981 que la diminution de la tolérance vis-à-vis des comportements est la plus nette en

1990. L'évolution des opinions va dans le sens d'une atténuation de la permissivité, une fois neutralisés les changements démographiques. Ces évolutions traduisent donc des effets de cycle de vie avec « abandon de ce type de comportement avec le passage de la jeunesse à l'âge adulte » (Schweisguth, 1995). Sur un autre indicateur, le respect de l'autorité, Olivier Galland (1994) présente un graphique où l'on voit que les jeunes qui avaient 24-34 ans en 1981 sont ceux qui modifient le plus leur jugement en 1990 : l'entrée dans l'âge adulte, la vie familiale, doit probablement les pousser à modifier leurs opinions.

3 LES MESURES DES COÛTS

On pourrait imaginer, comme le font d'ailleurs nombre de personnes, que la déviance s'évalue par le nombre de vies humaines perdues ou par le coût économique supporté par la collectivité. La logique « d'expertise » y pousse. Certains entrepreneurs moraux tentent, sans beaucoup de succès, « d'éduquer le peuple », c'est-à-dire de le sensibiliser au fait qu'il ne craint pas ce qui risque le plus de le faire passer de vie à trépas ou encore ce qui lui coûte « objectivement » plus cher (c'est-à-dire une fois admises les bases de calcul des experts, qui n'ont, bien évidemment, pas plus de transparence que celles, plus morales, de la collectivité).

3.1. La vie, la mort

Une manière de voir si le jugement sur l'acceptabilité d'un type de décès est mécaniquement liée à sa fréquence consiste simplement à regarder les évolutions et distributions de différentes causes de mort. On pourrait faire l'hypothèse naïve qu'on accepte de moins en moins les comportements qui sont nombreux et de plus en plus fréquents. Les deux choses peuvent avoir leur importance en soi : on peut être sensible à la quantité de morts à un moment donné, mais on peut être également sensible à l'augmentation de cette quantité même si elle reste faible rapportée à d'autres causes de mort. L'ensemble des décès ventilés par les principales causes de décès entre 1965 et 1987 montre qu'ils oscillent entre environ 525 et 560 000 unités par an.

Tableau 3 Principales causes de décès en France depuis 1968

	1968	1973	1978	1983	1987
ensemble	559 492	556 476	546 916	559 655	527 466
homicides	362	416	536	685	603
suicides	7 629	8 079	9 158	11 914	12 161

Source : INSEE, INSERM.

Les homicides ne représentent qu'une toute petite partie du total des décès. Certes, ils ont progressé en nombre absolu (+ 241 cas), étant multipliés par environ 1,7 en moins de vingt ans. Et leur part relative est bien passée de 6,6 pour

10 000 décès à 11,4 pour 10 000 décès. Notons qu'il faut se méfier d'une lecture trop linéaire de ces variations sur une série dont la stabilité est moins forte qu'une autre « mieux remplie ».

Les maladies sont naturellement les mieux représentées parmi l'ensemble des causes de décès. Les écarts importants avec la structure de l'année 1968 concernent la tuberculose respiratoire, la grippe et la sénilité, dont la part décline.

Tableau 4 Les 7 principales causes de décès en France

1987		1968	
Classement	**nombre**	**Classement**	**nombre**
cancer	135 266	cancer	105 779
cœur	109 630	cœur	99 976
vasculaires cérébrales	55 263	vasculaires cérébrales	71 878
accidents	31 917	accidents	36 681
suicides	12 161	cirrhose du foie	17 402
pneumonie	11 173	sénilité	14794
cirrhose du foie	10 791	pneumonie	11 232
Total 7 causes	366 201		
Total général[1]	500 792		504 367

1. Hors causes indéterminées.

Source : INSEE, INSERM.

Un simple examen des données sur les décès montre que les perceptions des comportements comme déviances ne peuvent être estimées uniquement sur la base de leur poids en termes de perte de la vie : la mort donnée volontairement à autrui y contribue fort peu. L'essentiel des décès est classé dans le registre de la maladie, c'est-à-dire, dans le vocabulaire ordinaire, de la santé dont chacun peut penser être individuellement responsable au quotidien. La vie a beau être la valeur par excellence des démocraties d'abondance, le risque de la perdre ne se traduit pas directement par un mouvement d'opinion. Mais, chaque homicide provoque de l'émotion. Il est banal de le constater. On comprend donc que ce n'est pas le fait de perdre la vie qui est mal toléré, mais *la manière* de la voir s'interrompre.

On trouve d'autres exemples qui ne sont pas de l'ordre de la maladie. D'une part avec le suicide qui constitue un acte dont la sociologie a fait de l'étude un de ses fondements, et d'autre part avec des actes qui engendrent la mort d'autrui ou des blessures graves mais qui semblent très peu perçus comme déviants : les accidents, et notamment les accidents de la route. En ce qui concerne le suicide, son poids absolu en fait une des sept causes de mortalité les plus fréquentes (sa progression est encore plus forte chez les adolescents et jeunes majeurs que dans le reste de la population). Pour les accidents de la route, que l'on peut isoler de l'ensemble des accidents, notamment domestiques qui pèsent un bon tiers du total, le fait est également assez criant. On enregistrait 9 083 morts en 1992 contre 16 167 vingt ans plus tôt. Malgré cette diminution la France reste le troisième pays (à égalité avec la Belgique) européen derrière l'Espagne et le Portugal où ces accidents sont les plus fréquents.

L'expert et notamment l'assureur (ou même le sociologue) peut présumer égal chaque acte touchant à l'existence : chacun a un coût économique et humain, et de ce point de vue un suicidé ou un mort sur la route coûtent autant à la collectivité. Mais, il reste à se demander si la morale en fait un acte perçu comme déviant, c'est-à-dire qu'il serait souhaitable de mieux contrôler. Si à un niveau individuel cela ne fait guère de doutes, il n'en va pas de même au plan collectif où l'émotion ne semble pas se transmuter en un mouvement quelconque ou encore en une cause nationale comme le Sida avait pu l'être. Le suicide reste probablement aujourd'hui encore perçu comme renvoyant d'abord à la responsabilité individuelle de la personne. L'individu a le droit de disposer de sa vie, et donc de sa mort. Il ne menace pas l'idée que nous nous faisons de la collectivité, quand bien même, il frappe quotidiennement plusieurs familles. Toute atteinte, même létale, n'est donc pas perçue comme dangereuse pour la société. Ainsi, des choses aussi différentes que l'accident de la route, l'avortement ou le suicide sont très bien acceptées par l'opinion, tandis que l'homicide ne l'est pas. Qu'ont-elles en commun sinon l'illusion que nous sommes notre propre maître (au volant, de l'enfant utérin, de notre destin) et pouvons nous soustraire par simple acte de volonté ou d'attention ? Peut-on ajouter qu'on ne voit pas dans ces morts l'actualisation d'intentions malveillantes envers autrui (y compris pour le fœtus), et donc point de menace pour le collectif ? Ce qui signifie, il faut y insister, que les menaces pour la société et pour l'individu peuvent être, jusqu'à un certain point, disjointes dans l'esprit de nos concitoyens.

3.2. Le coût économique

D'après des experts cette délinquance en col blanc qu'est la fraude fiscale aurait généré une perte de recettes de 138 milliards de francs en 1993 et la délinquance économique et financière se monterait à plus de 6 milliards de francs. La délinquance de masse comme le vol, par comparaison, coûterait 3,5 milliards de francs (*Le Monde*, dimanche 14-lundi 15 janvier 1996).

Le chiffrage des « coûts du crime » (tableau 5) a le mérite d'exister, mais on doit bien reconnaître que les sources de ces calculs sont assez hétérogènes : il repose sur des évaluations partielles menées de façon autonome par diverses organisations. Ces limites imposent de ne regarder que les grands traits. On y constate la permanence en première place de la fraude fiscale. Les délinquances économiques, que ce soit par l'infraction à la législation sur les changes ou les infractions économiques et financières, sont très présentes, ainsi que les atteintes à la vie humaine par le biais des accidents (automobiles et autres).

En ce qui concerne les tendances, deux points méritent d'être notés. D'une part l'apparition des vols à partir de 1985 (qu'ils se produisent ou non dans la grande distribution), mais aussi le poste « stupéfiants ». Les stupéfiants coûtent à la collectivité par le défaut de prélèvement obligatoire : contrairement aux produits pétroliers, aux alcools ou cigarettes, et même à tous les biens et services frappés par la TVA, ils ne font l'objet d'aucune taxe d'État. Les vols, par leur masse, car on sait que leur coût unitaire n'est pas très élevé, finissent par se traduire par un volume financier non négligeable pour les particuliers.

Tableau 5 Les 5 types d'infractions les plus coûteuses

1990		1985		1980	
infractions	*valeur*	*infractions*	*valeur*	*infractions*	*valeur*
Fraude fiscale	134,6	Fraude fiscale	125,6	Fraude fiscale	114,2
Atteintes à vie humaine[1]	45,1	Atteintes à vie humaine[1]	43,3	Atteintes à vie humaine[1]	56,9
Stupéfiants	25	Infractions changes	6,7	Infract. économiques et financières (divers)	7,2
Vols hyper	11,2	Infract. économiques et financières (divers)	6,7	Proxénétisme	6,6
Proxénétisme	10,5	Vols simples	6,6	Infractions changes	5,5

1. Pour cette estimation, on parle ici de la perte du coût de production de la vie d'un individu.

Source : CESDIP. Valeur en francs 1990.

L'approche de la déviance par son coût laissera également l'analyste circonspect s'il s'attend à trouver une concordance stricte entre ce qui coûte le plus et ce qui dérange le plus. Fraude fiscale et accidents sont assez bien acceptés par la population. Il faut se tourner vers les comportements plus fréquents que les homicides, moins coûteux que la fraude fiscale, plus liés à l'intention supposée de nuire que les accidents pour décrire la déviance caractéristique des sociétés contemporaines : la délinquance ordinaire et les incivilités.

4 LA DÉLINQUANCE

Un des facteurs qui peut agir sur la perception de la déviance est le changement rapide d'intensité des comportements. La perception reposerait non seulement sur « la substance » de la chose réprouvée, mais aussi sur sa fréquence, ce qui pose de manière plus instable encore la question de la déviance. Du point de vue de la population générale, une transformation radicale de la déviance a eu lieu sur les 30 à 40 dernières années en France, mais également en Europe du Sud et du Nord, tout comme en Amérique du Nord (pour une analyse historique aux États-Unis, Gurr 1989, en Europe : Chesnais, 1980 ; pour un portrait de l'Europe depuis la Deuxième Guerre mondiale, voir Van Djik *et alii*, 1990).

À la fois la délinquance proprement dite, mais également les désordres ou comportements qualifiés d'incivils (Roché, 1996) sont plus fréquents. Ce qui fait l'unité des perceptions, c'est le sentiment que l'ordre social ordinaire, et non la loi, est menacé. Cet ordre interactionnel quotidien, nous l'avons nommé « ordre en public » pour le distinguer de « l'ordre public » qui est essentiellement celui des institutions et dont une expression synthétique est l'échelle des violences mise au point par un service des renseignements généraux (Bui-Trong, 1993). L'ordre en public tient compte du danger auquel sont exposées les règles qui sont tenues pour permettre l'existence d'un « monde commun » indépendamment du fait qu'il y ait des victimes susceptibles de se retourner vers l'État pour porter plainte. Les « personnes victimes » et la « collectivité victime » sont deux ordres de choses qui ont chacun leur existence.

4.1. Les statistiques policières : les délits, les auteurs

En ce qui concerne l'hexagone on doit se contenter des statistiques officielles de police et de gendarmerie pour décrire les évolutions de la délinquance (IHESI, 1996). Ces sources sont affectées d'un certain nombre de biais qu'il faut avoir à l'esprit. Elles sont bâties autour de la notion d'infraction pénale qui ne peut être purement et simplement assimilée à la déviance. Pour les utiliser, il faut garder en mémoire des distinctions entre les faits constatés et les personnes mises en causes, notamment en ce qui concerne la délinquance des mineurs.

L'hétérogénéité de la statistique est considérable, et les remaniements successifs dans la présentation des 105 rubriques de classifications n'y peuvent pas grand-chose. Au sein de la délinquance, on distingue globalement les atteintes aux biens des atteintes aux personnes. Les statistiques officielles décrivent bien certains délits, sous conditions qu'ils soient perçus comme déviances par la population qui les rapporte aux autorités en allant déposer une plainte. C'est notamment le cas pour certains vols (cambriolages, vols de voitures, etc.). En revanche, les atteintes aux personnes sont beaucoup plus affectées par des biais déclaratifs notamment en ce qui concerne les viols (l'auteur est souvent proche de la victime, ce qui la dissuade de déposer plainte) mais aussi les agressions dans la rue. De plus, comme le succès des policiers à identifier les auteurs présumés est faible, la statistique ne décrit pas fidèlement le profil des auteurs. Il est crucial de bien faire la distinction entre ces deux ordres de choses qui sont presque systématiquement (hors de la littérature spécialisée) mises sur le même plan.

Les vols et recels (la distinction relève de la tactique d'incrimination retenue par la police plus que d'une variation qui correspondrait à la définition de l'un et l'autre termes : on qualifie les faits en fonction des indices que l'on peut présenter à la justice) constituent l'essentiel des 3,92 millions d'infractions comptabilisées en 1994. Au nombre de 187 496 en 1950, ils sont 2,573 millions sur un total de 3,919 millions d'infractions constatées en 1994. Les atteintes aux personnes sont beaucoup moins nombreuses et leur évolution plus lente puisqu'on en compte 58 356 en 1950 et 175 374 en 1994 (*cf.* graphique 1).

La croissance du nombre des infractions est bien plus que proportionnelle à celle du nombre des habitants. Mais la taille de la population totale n'est pas nécessairement la meilleure valeur de référence : à partir du moment où la grande masse des infractions est faite de vols, c'est à la quantité de biens en circulation qu'il faut s'intéresser plutôt qu'au nombre des possesseurs, même si ces deux choses sont liées. Padieu (1991) l'avait fait pour les automobiles et les logements pour conclure que les voleurs n'arrivaient pas à suivre la production des usines (le taux de « prélèvement » de véhicules par les voleurs décline bien que le nombre absolu progresse fortement), tandis que les cambrioleurs sont plus productifs que les promoteurs et maçons (le taux de visites indésirées grandit plus vite que le rythme de construction de nouveaux logements).

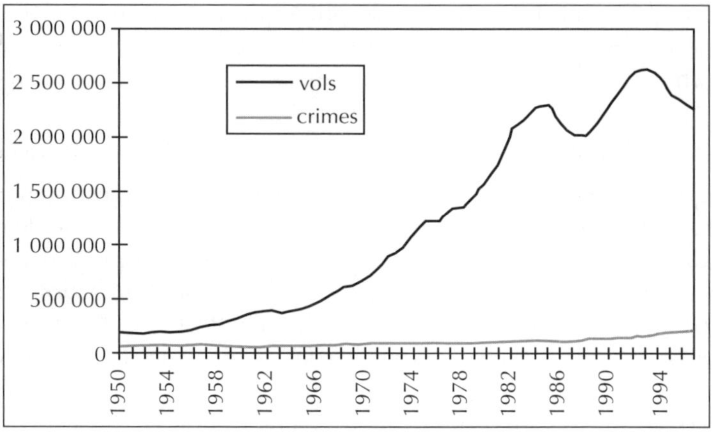

Source : statistiques de police et de gendarmerie, publication annuelle de la Documentation française.

Figure 1 Évolution des vols et recels et des crimes contre les personnes en France depuis 1950

On est en reste en ce qui concerne l'interprétation des variations et des rythmes de progression à court et moyen termes. Nous disposons de théories générales de la déviance, mais il nous manque des « théories de moyenne portée ». Nous avons déjà eu l'occasion de souligner que la vitesse de croissance des vols a suivi celle de la croissance économique : élevées pendant les trente glorieuses, moyennes entre le premier et le deuxième choc pétrolier, faibles depuis (Roché, 1998). Il est logique que la délinquance d'appropriation progresse avec la croissance de la richesse alors que la crise la ralentit. Mais les valeurs moyennes ne doivent pas faire illusion et cachent sans doute des différences qui restent, à notre connaissance, à analyser sociologiquement notamment entre les territoires qui accueillent des populations déshéritées et ceux qui se peuplent avec des couches moyennes et supérieures solvables. Nombre d'indices laissent penser que ces écarts vont croissant. C'est notamment le cas pour des violences en milieu scolaire, comme un rapport d'un syndicat de personnels de l'Éducation nationale de 1996 le laisse entrevoir malgré les insuffisances méthodologiques des collectes d'informations.

Les statistiques de police ont des limites, et la principale provient du fait qu'elles dépendent pour l'essentiel des propensions des individus à porter plainte. Les sondages sur les actes dont on est victime qui ont tardé à se développer en France nous apportent maintenant des éclairages, et notamment le volet français de l'International Crime Victimization Survey.

Les chiffres policiers sont d'une qualité très variable suivant qu'on considère telle ou telle atteinte. Les délits les mieux connus sont ceux qui touchent les biens dont la perte engendre un fort préjudice financier le vol de voiture (plus que le vol dans la voiture par exemple) ou le cambriolage (plus que la tentative). Pourquoi ? Les particuliers ont besoin d'un procès-verbal pour se retourner vers leur assurance : ce qui motive la démarche de plainte relève de considérations financières. Le mode d'action joue aussi. Les vols avec violence sont mieux connus que les vols simples (sans violence) pour lesquels la police ne connaît qu'un acte sur deux.

Ceci a une conséquence importante : lorsqu'on regarde les taux d'élucidation policiers (*cf.* section 6), ces chiffres sont très surestimés (de 50 % pour les vols) puisqu'ils sont calculés à partir des seuls faits connus et non commis.

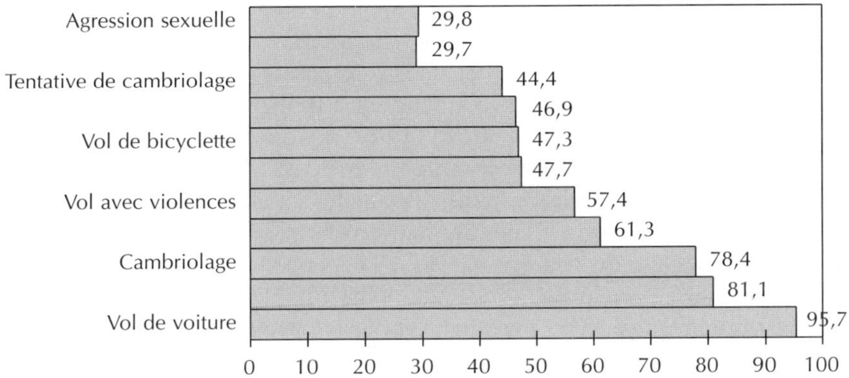

Source : graphique réalisé d'après l'ICVS, 1996 ; cité par Grémy J.-P. (1997), *Les Français et la sécurité*, Paris, IHESI, p. 143.

Figure 2 Le taux de déclaration des victimations aux autorités

Les raisons pour lesquelles les victimes ne déclarent pas les faits aux autorités, toujours suivant la même source, sont les suivants : 46 % estiment que le fait n'est pas assez grave ou n'a engendré aucune perte, 36 % que ce n'était pas du ressort de la police (elle n'aurait rien fait pour 16 %, parce qu'elle ne pouvait rien faire pour 12 %, cela ne la concernait pas 8 %), 10 % ont résolu le problème seuls. 3 % des gens disent avoir peur de la police, et moins de 4 % avoir peur de représailles (et ce pourcentage est plus élevé pour les vols violents qui s'accompagnent probablement de menaces au cours de l'acte). Notons que la peur des représailles représente un motif mineur de non-dépot de plainte alors qu'il polarise le débat médiatique.

Quelles conséquences ces enquêtes ont-elles sur la lecture des évolutions temporelles des délits ? Imaginons que les comportements de plainte aient évolué. Plaçons-nous dans l'hypothèse défavorable suivante : en moyenne, seul un vol sur deux est connu de la police et la gendarmerie à la fin des années 1990, il faut alors multiplier par 2 le chiffre connu pour obtenir le chiffre réel, soit 5 000 000 de vols ; mettons que, dans les années cinquante, seul un quart des délits étaient connus (les ménages étant moins bien assurés, etc.), il faut alors multiplier par 4 le chiffre connu pour obtenir le chiffre réel, soit 760 000 vols. Même dans ce cas, la hausse spectaculaire des vols serait confirmée. Les enquêtes de victimation nous confirment la réalité de l'augmentation de la délinquance et de la criminalité.

4.2. Les théories actuelles de la délinquance

Les théories mobilisables pour expliquer l'augmentation de la délinquance dans nos sociétés prospères depuis 40 ans sont résumées par un criminologue anglais, David Smith (1995). Nous les reprenons brièvement ici, sauf pour ce qui concerne la place du facteur « jeunes » sur lequel nous voulons nous arrêter.

La première explication disponible associe les privations économiques et l'augmentation de la délinquance : la pauvreté, un habitat de piètre qualité et le chômage seraient les facteurs essentiels. Mais ces facteurs expliquent mieux les propensions à passer à l'acte pour certains individus que le niveau de délits connus dans une société tout entière. La délinquance a explosé en période de prospérité économique dans tous les pays occidentaux, et depuis le milieu des années quatre-vingt alors que les inégalités se creusent, elle oscille autour de ce point maximum. La crise économique tendrait à freiner le taux de croissance de la délinquance d'une année sur l'autre. Si l'on introduit la notion de privation relative, on peut comprendre comment, pendant la période des trentes glorieuses, les attentes grandissant plus vite que les satisfactions matérielles il s'en est suivi une augmentation de la délinquance pour satisfaire ces envies générées par la nouvelle société de consommation. Mais, la privation relative ne devrait-elle pas continuer à pousser le nombre de délits à la hausse en période de crise ? On peut imaginer que la crise a tendu à éroder les attentes encore bien plus que les opportunités légales qu'ont les individus de satisfaire leurs envies. Cette explication n'est, on le voit, pas aussi commode à utiliser qu'on l'imagine souvent.

Une autre hypothèse porte sur le déclin des contrôles informels et de l'auto-discipline. Les sanctions ordinaires (école, employeur, voisin, etc.) sont moins légitimes et moins possibles. De plus les agents de socialisation (qui permettaient l'intériorisation des valeurs et des normes) se sont heurtés à une idéologie nouvelle de « l'auto-évaluation », une sorte d'hédonisme appuyé sur l'idée que chacun peut être l'auteur de ses règles.

Un autre ensemble interprétatif met l'accent sur la vie urbaine, appuyée sur le fait que les villes connaissent une délinquance plus intense que les campagnes. On sait que la concentration spatiale n'augmente plus dans les agglomérations modernes : elles s'étendent dans l'espace. C'est donc vers des facteurs comme les dysfonctionnements de la famille urbaine que les auteurs s'orientent, tout en notant combien les transformations récentes sont difficiles à évaluer pour ce qui est de leur impact sur la délinquance. Mais on peut mettre également l'accent sur les opportunités délinquantes : l'urbanisation a organisé les rues d'une certaine manière, favorisé la multiplication de centres commerciaux, augmenté la circulation des personnes. Ces transformations des modes de vie offrent autant d'opportunités délinquantes nouvelles, d'autant plus tentantes que les contrôles sociaux formels et informels se sont quelque peu affaiblis.

La délinquance des « jeunes »

Des analyses insistent également sur le poids de jeunes dans le nombre de délits commis. Il s'agit là d'un facteur de type démographique. Elles rencontrent le fait que la délinquance des jeunes est un souci des autorités publiques et des médias. À tel point que la figure du jeune délinquant fait partie du paysage de la ville des années quatre-vingt-dix.

Il est vrai que les différents travaux de sociologues qui ont tenté de quantifier la part des jeunes dans les délits ont pu montrer qu'elle est bien plus que proportionnelle (Ogien, 1995). Les jeunes seraient donc auteurs de très nombreux actes illégaux. En France, aujourd'hui, éducateurs sociaux, policiers, magistrats, enseignants, hommes politiques parlent d'un rajeunissement des délinquants et aussi du fait qu'ils commettraient des actes de plus en plus graves. En dépit de quelques affaires spectaculaires relayées par les grands moyens d'information et impliquant des mineurs, il faut reconnaître qu'on ne sait pas autant de choses sur la question que les déclarations le laissent supposer en annonçant 40 % d'augmentation d'une année sur l'autre (comme par exemple celles du Syndicat des Commissaires et Hauts fonctionnaires de la Police nationale en octobre 1995). Comme pour toute information statistique, il est clair que le choix des périodes de comparaison induit les commentaires. Le pourcentage de mineurs mis en cause pour l'ensemble des infractions est ainsi passé de 14 % à 11 % de 1974 à 1994, et de 27 % à 25 % pour les vols.

Il convient de rappeler que les auteurs des faits délinquants ne peuvent être condamnés que s'ils sont d'abord identifiés. Et, cette identification par la mise en cause et la condamnation, n'a lieu que très rarement relativement à la fréquence des infractions constatées. Les quelques enquêtes de victimation françaises le confirment (Zauberman et Robert, 1996). Une des caractéristiques de la délinquance contemporaine réside dans son anonymat : victimes et auteurs se méconnaissent très largement. La police et la justice ne peuvent combler ce vide : en réalité, elles dépendent des témoignages des victimes pour identifier les auteurs. Si la victime ne sait qui lui a dérobé son bien, les institutions pénales ignorent également qui sont les auteurs (*cf.* section 6). Aujourd'hui en France, il s'agit même du maillon de la chaîne pénale qui est le moins établi : les institutions font l'objet de travaux divers (histoire, sociologie des organisations, sociologie juridique, etc.), les victimes sont l'objet de soins de la part des États qui financent quelques enquêtes dites de victimations, mais on ne sait presque rien sur les auteurs qui ne tombent pas dans la nasse pénale (à l'étranger, des enquêtes d'auto-confession pourraient servir de modèle). Or ceux qui échappent à la police sont probablement la majorité sauf à faire l'hypothèse qu'ils trébuchent tous un jour ou l'autre, ce qui est impossible.

Ce que l'on connaît, ce sont donc les personnes jugées. Présentons ici les chiffres qui concernent les mineurs. Et, lorsqu'on parle des « jeunes », on fait référence aux jeunes mineurs (qui n'ont pas atteint la majorité) et aux jeunes majeurs (les 18-25 ans principalement). En termes judiciaires, les mineurs délinquants « appartiennent » à la PJJ (protection judiciaire de la jeunesse) et les jeunes majeurs aux tribunaux correctionnels. Le fait que les perceptions ordinaires s'appuient sur une définition large des jeunes (mettons les 12-25 ans, sans doute façonnée par l'allongement de l'adolescence par ailleurs décrite par les sociologues) et ne correspondent pas aux définitions des appareils institutionnels explique une partie du décalage qui existe entre les visions des spécialistes de la statistique pénale et celles des citoyens.

Il n'existe pas de statistiques qui rassemblent les jeunes mineurs et majeurs en une classe pour comparer leurs comportements aux adultes. La logique judiciaire pousse à distinguer les mineurs des majeurs (les peines données ne sont pas les mêmes). Seule une analyse secondaire des données de la police et de la gendarmerie permettrait un reclassement suivant de nouvelles tranches d'âges, mais supposerait pour cela de remonter aux documents de base (l'équivalent du questionnaire d'enquête) pour plusieurs centaines de milliers de délits élucidés sur la France entière ! Par ailleurs, les statistiques de la police et celles de la justice ne sont pas susceptibles d'être mises bout à bout : elles ont chacune des logiques administratives propres de constitution.

Les jeunes mineurs contribuent de manière contrastée à la statistique de la délinquance. Faibles sur certains postes, ils sont très présents sur d'autres (destructions, ce qu'on nomme aussi vandalisme, vols).

Tableau 6 Pourcentage de mineurs mis en causes en 1994 pour diverses infractions (en %)

	1994
Toutes infractions	**14**
Tous vols	**25**
dont vols avec arme à feu contre établissements financiers	11
dont vols contre les particuliers sur voie publique	22
dont vols deux roues à moteur	56
Tous crimes et délits contre les personnes	**9**
dont coups et blessures volontaires	11
dont menaces ou chantages	14
Infractions à la législation sur les stupéfiants (trafic)	**3**
Destructions et dégradations de biens publics (incendies, autres)*	43
Destructions et dégradations de biens privés (incendies, véhicules, autres)*	26

*hors attentats.

Source : statistiques de police et gendarmerie 1994.

Les séries longues qui s'arrêtent en 1987, montrent que les jeunes mineurs sont de plus en plus souvent impliqués dans des affaires pénales. En 20 ans, on passe de moins de 44 000 mineurs délinquants à plus de 73 000. Dans le même temps, le nombre de jeunes dans la même tranche d'âge croît d'à peine 15 %, il ne s'agit donc pas d'un simple effet démographique. Le nombre moyen de délits pour 1 000 jeunes passe de 1,1 en 1965 à 1,7 en 1985.

Pour les jeunes majeurs, la tendance est plus nette encore puisque l'augmentation du nombre des condamnés est supérieure à 330 %. Par rapport à l'ensemble des condamnations par les tribunaux correctionnels, les jeunes majeurs qui en représentaient 25 % en 1965 forment maintenant 40 % du total. Là encore le poids démographique des jeunes de 18 à 24 ans dans la société ne peut rendre compte de ces transformations. En ce qui concerne la place des mineurs en prison, leur part est inchangée depuis 1945 (Bailleau, 1985), mais cette stabilité est plus le résultat de la politique pénale que du nombre d'actes commis.

Depuis 1974, l'évolution tend à montrer que les jeunes sont plus souvent impliqués dans des affaires violentes et moins souvent pour des faits plus bénins. Mais cette pente se vérifie pour l'appareil pénal tout entier : submergé par le contentieux, il se concentre sur les affaires estimées les plus graves pour avoir une chance de les traiter. C'est exactement ce que Davidovitch et Boudon (1964) avaient montré pour les abandons de poursuite et qui s'avère donc toujours d'actualité. D'après les chiffres de la PJJ on peut recalculer les taux d'abandons de poursuite : ils sont de 20,6 % en 1955, 21,1 % en 1965, de 28,8 % en 1975, 38,5 % en 1979 (avant la brisure de la série), puis de 67,5 % en 1985 et 60,8 % en 1987 (chiffres communiqués au CESDIP, 1994).

Un autre élément doit être versé au dossier. Les recherches de Francis Bailleau (1996) montrent que les incriminations retenues à l'encontre des mineurs sont « euphémisées ». Une base de données sur le fonctionnement de la Justice des mineurs a été établie à partir d'un échantillon de 14 000 dossiers échantillonnés au centième sur la période 1960-1985 et collectés dans dix tribunaux (ruraux et urbains, grands et petits). Les cambriolages et les vols avec violence ont bénéficié d'une attention particulière. Les seconds, « quasi inconnus dans la première période se sont multipliés dans la deuxième » (Bailleau 1996) et passent de l'indice 100 dans la période 1959 1964 à l'indice 413 en 1980-1985. Les auteurs ont « rajeuni » pour les vols avec violence et plutôt « vieilli » pour les cambriolages.

Le processus d'euphémisation est le fait des policiers et gendarmes, comme de la justice. Il traduit, pour les magistrats, « une volonté de banaliser les faits reprochés afin d'éviter certaines incriminations induisant des conséquences juridiques qu'ils n'estiment pas nécessaires de mettre en œuvre malgré la matérialité des faits » (Bailleau 1996). Cette attitude est décrite par l'auteur comme stable sur la période considérée. Au total, environ 25 % des actes classés violents initialement sont qualifiés comme tels en bout de chaîne pénale. Les raisons avancées pour cette minoration sont l'absence de dangerosité (acte commis seul) et l'âge (possibilité de réinsertion, d'amendement).

Cette minoration est confirmée par les travaux de Simmat Durand (1994) au parquet de Versailles sur l'orientation et la sélection des affaires pénales, qui montre que pour les jeunes mineurs les trois cinquièmes des affaires sont classées contre 15 à 20 % si la qualification des faits retenus est agression ou vols avec violence. Le classement (sans suite ou non-lieu) se fait de plus en plus fréquent pour les mineurs comme pour le reste de la population majeure.

Personne ne peut affirmer à partir de ces chiffres que *la part des jeunes* mineurs dans la délinquance a augmenté. Plusieurs interprétations sont possibles. Il se peut que cette contribution se soit effectivement accrue. Mais on peut aussi imaginer que, si la société tolère moins bien certaines déviances, elle les rapporte plus à la police, les transformant du même coup en délits. On sait que les adolescents ont des comportements dérangeants ou irréguliers. Des études un peu anciennes sur la délinquance à l'adolescence, comme celle de M. Leblanc publiée en 1977, et dans une problématique aujourd'hui oubliée, discutant de la délinquance cachée et de la délinquance apparente, indiquaient que « 90 % [des adolescents de 12-18 ans] commettent des fait qui pourraient les conduire devant des tribunaux pour mineurs » dans l'année précédant le passage du questionnaire (il s'agit d'un entretien coopératif au cours duquel le sujet rapporte son comportement sans qu'aucune suite judiciaire ne puisse être donnée). Cela ne veut pas dire que la délinquance n'a pas réellement augmenté, mais simplement que les instruments de mesure disponibles ne peuvent pas nous renseigner complètement et hors de toute ambiguïté.

Pour voir dans quelle mesure les jeunes peuvent contribuer à la délinquance, on peut essayer d'appliquer au cas français l'analyse démographique de la délinquance que Wesley Skogan avance pour les États-Unis dans le fameux ouvrage dirigé par Ted Gurr *Violence in America* (1989). Sachant que les jeunes hommes sont très fréquemment impliqués dans des actes de délinquance, et sachant également qu'on échoue à mettre en lumière des carrières délinquantes pour le plus grand nombre, leur effectif dans un pays donné (bien plus que leur poids relatif) peut-il être un bon prédicteur de la fréquence de la délinquance d'appropriation ? Le graphique suivant montre que, contrairement aux États-Unis, la relation sur la période 1950-1985 est assez imparfaite. Même si on constate bien une augmentation parallèle du nombre de jeunes hommes de 15 à 24 ans et du nombre de vols entre 1961 et 1971, une stabilisation de la fréquence du vol se produit à partir de 1986 alors que la part des jeunes hommes s'est elle aussi stabilisée depuis déjà 15 ans. D'autres facteurs manquent indiscutablement, et il est vrai que l'âge moyen au premier délit comme au dernier délit peut se modifier au cours de la période (c'est le fameux rajeunissement du délinquant, comme sa persistance au-delà de 25 ans).

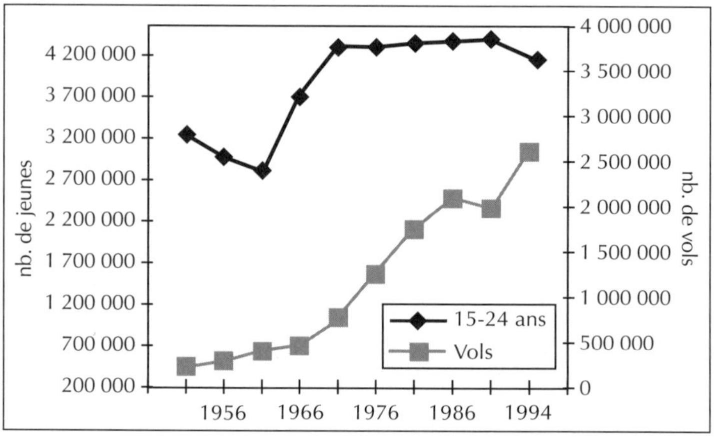

Figure 3 Évolution du nombre d'hommes de 15 à 24 ans et du nombre de vols (1951-1991).

Si les jeunes gens sont assez fréquemment auteurs d'actes déviants, on ne saurait oublier de souligner qu'ils sont simultanément victimes de violences. Pour les personnes de 15 à 24 ans, on est passé de 791 suicides en 1990 à 966 en 1993 (pour 40 000 tentatives), ce qui en fait leur deuxième cause de mortalité derrière les accidents de la circulation. La mortalité par accidents de la circulation a atteint son apogée en 1972 et baissé depuis, mais représente toujours la moitié des morts violentes de cette classe d'âge. On peut aussi regarder, avec les réserves présentées plus haut, l'évolution des condamnations pour viols de mineurs. On en dénombre 46 en 1984 et 373 en 1992 soit une progression de 800 %, plus rapide que l'ensemble des condamnations pour ce motif (*Annuaire statistique de justice 1989-1990*, ministère de la Justice, La Documentation française).

Au total, que penser ? Les jeunes sont une population fragile, encline à négliger les risques, à tourner la violence vers elle comme vers autrui. Il y a probablement une augmentation de la délinquance des jeunes (mineurs ou majeurs), mais comme, dans le même temps, celle des adultes se développe fortement, la part des mineurs dans l'édifice délinquant reste stable. *Les deux affirmations contradictoires que l'on oppose pourraient être vraies : la délinquance des jeunes s'accroît, la part de la délinquance des jeunes n'est pas plus importante qu'il y a vingt ans.* Ce qui motive l'inquiétude des pouvoirs publics tout comme celle de la population ressort vraisemblablement de la concentration spatiale de la délinquance d'appropriation ou des délinquants. La statistique nationale cache peut-être une dualisation de la société française, inscrite dans l'espace par la ségrégation des lieux de résidence : les taux moyens relatifs de délinquance sont stables, mais la contribution des sections les plus déshéritées de la population (et au sein d'elle des jeunes hommes) pourrait s'être accrue plus que proportionnellement pour des délits très visibles (par opposition à d'autres comme la fraude). Mais aujourd'hui en France les mesures systématiques manquent pour affiner une telle hypothèse.

5 LA PEUR ET LA DÉLINQUANCE : ÉVOLUTIONS

Pour analyser les relations de l'opinion à la poussée délinquante, il faut disposer d'outils permettant d'opérer des coupes à un moment donné à travers l'espace social, mais également de suivre le phénomène diachroniquement. Si l'on veut s'en tenir à une analyse des observations dont nous disposons pour décrire les évolutions de l'opinion publique, il faut s'abstenir de toute comparaison historique douteuse. Les premiers sondages français datent de l'immédiat après-guerre. Lorsqu'on parle du sentiment d'insécurité avant cette date on fait référence à autre chose que l'opinion directement mesurée.

La littérature spécialisée distingue deux types d'inquiétude. D'une part celles qui s'apparentent à la peur de la délinquance vécue pour soi et pour ses proches (hésiter à sortir le soir dans son quartier, appréhender pour ses enfants, craindre d'être victime d'une agression, etc.), et d'autre part celles qui sont de nature plus normatives et qu'on rassemble sous l'expression « préoccupation pour l'ordre ». Il s'agit d'un souci plus global vis-à-vis de l'évolution de la violence dans la société en général. Les indicateurs d'opinion sont formulés sur le mode du « il faut » (il faut que le gouvernement donne la priorité à la lutte contre la délinquance, il faut donner plus de moyens à la police et la justice), ou mettent en scène les valeurs et la capacité de la société à punir (comme avec le fait d'être favorable à la peine de mort) dont tout le monde sait qu'elle n'est pas prononcée pour les petits délits.

La peur et la punitivité

L'analyse synchronique incline à ne voir dans les attitudes à l'égard de la peine de mort qu'un effet de la scolarisation. Et on verra combien la prise en compte des tendances est indispensable pour corriger cette vue. En effet, l'instruction (tout comme l'âge) est très corrélée au libéralisme de mœurs, à des attitudes tolérantes et bienveillantes vis-à-vis des minorités. Les données disponibles sont claires. Schweisguth (1995) le faisait remarquer en commentant le tableau 7 : « c'est le niveau d'instruction qui apparaît déterminant au sein de chaque tranche d'âge, alors que l'influence de l'âge se révèle faible au sein d'une même catégorie de niveau scolaire » en prenant soin de noter une exception pour les personnes qui ont au moins le bac ; dans ce cas, l'effet de l'âge est net puisqu'il y a 20 points d'écart entre les plus jeunes et les plus âgés. « Les cas de la peine de mort et du racisme sont des exemples extrêmes où l'effet apparent de l'âge se révèle n'être finalement qu'un effet du niveau d'instruction. » L'élévation du niveau d'instruction favoriserait tout à la fois l'ouverture aux valeurs égalitaires et universalistes, la relativisation les différences inter-culturelles, l'endiguement du manichéisme et de la désignation de boucs émissaires.

Tableau 7 Pourcentage de Français favorables au rétablissement de la peine de mort en 1988

	Âge			
Études	18-34 ans	35-54 ans	55 ans et plus	**ensemble**
Primaires	71	74	79	76
Secondaires	63	66	72	66
Bac et plus	37	40	57	41
Ensemble	55	62	75	

Source : Schweisguth, 1995.

Il s'agit cependant d'une version optimiste des choses. D'une manière générale, la civilisation des mœurs que décrivait Norbert Élias, appuyée sur un auto-contrôle des pulsions, favorisée par la rationalisation que permet la scolarisation (contre laquelle il a pu avoir quelques mots durs), n'a pas empêché les atrocités et violences au XXe siècle. Mais, revenons à notre sujet. Si les opinions vis-à-vis de la peine de mort dépendaient essentiellement du niveau d'instruction, sachant que le degré a constamment progressé depuis les années soixante et qu'on atteint aujourd'hui des niveaux inégalés de scolarisation longue, (Données sociales, 1990), on serait en droit d'attendre une baisse constante des taux de personnes favorables à la punition suprême. Or, on enregistre le contraire, et pas seulement en France (pour les États-Unis, voir le General Social Survey, chiffres présentés dans Roché 1991).

Nous avons la chance de disposer d'une série presque continue depuis 1960. Le niveau des opinions favorables à la peine de mort interdit de penser que leur augmentation est virulente mais circonscrite à un secteur précis de la population (même si l'on sait que l'électorat du Front national y est massivement favorable par exemple). C'est bien, au moins partiellement, à travers les mêmes couches de la population que les opinions punitives et « libertaires » se sont développées. Bien évidemment, toute corrélation synchronique dans un sondage serait négative, comme le tableau ci-dessus le laisse penser. Mais, diachroniquement parlant, les résultats d'enquêtes sont là.

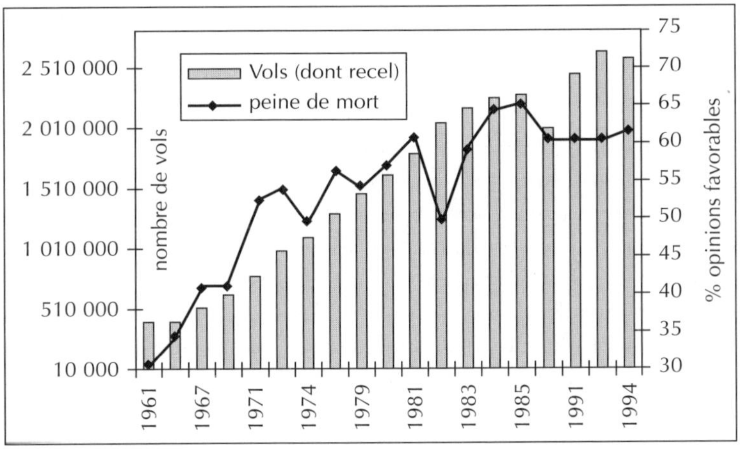

Source : Roché, 1991, réactualisé Roché 1993 (confronté à SOFRES-Le Gall, 1994, une divergence existe pour les années 1967 et 1969 : nous avons fait une moyenne des deux valeurs, puis nous l'avons attribuée aux deux années).

Figure 4 Évolution des opinions sur la peine de mort et du nombre de vols en France

Ces remarques incitent à penser que quelque chose de spécifique se joue autour de la déviance de masse, dont la délinquance est un des aspects mais non le seul. En effet, comment ne pas être tenté de lier la montée des opinions punitives et des peurs à la pression croissante de la délinquance et des désordres ? Le portrait qui se dessine serait donc celui d'une société plutôt réticente à afficher des normes intangibles et fermes, mais dans laquelle une inquiétude et un désir d'ordre se feraient pourtant de plus en plus présents. D'un point de vue logique, il y a là une véritable gageure : comment peut-on être plus tolérant et plus répressif en même temps ? Une particularité de la thématique du sentiment d'insécurité réside peut-être là, dans ce mouvement de ciseaux entre les tendances d'ensemble des valeurs (et des pratiques sociales) et certaines opinions et attitudes qui évoluent à contre-courant. Il faut probablement que les circonstances concrètes de la déviance au quotidien soient vécues comme particulièrement difficiles pour qu'une contre-tendance se manifeste ainsi.

Contrairement à ce qu'on entend souvent, l'inquiétude se construit en rapport étroit avec le risque d'être victime, et ne peut être considérée comme un sous-produit de la crise économique, ou le dérivatif des problèmes d'emploi. Il ne s'agit pas d'une angoisse sécuritaire, mais d'une crainte liée aux augmentations de danger dans la vie quotidienne. Que les questions de sécurité viennent croiser la question de l'emploi est certain, mais l'explication de la peur de la délinquance ne saurait se réduire aux difficultés économiques (d'ailleurs pas plus que la délinquance elle-même).

6 LES INCIVILITÉS

La déviance dénoncée dans le discours ordinaire (Anselme, 1993 ; Boucaud, Haudebourg et Léon, 1993) ne consiste pas d'abord en des crimes, mais en une menace de l'idée de collectivité alimentée par la délinquance et les incivilités, ces nuisances sociales extraordinairement variées qui ne blessent pas physiquement les personnes mais bousculent les règles élémentaires de la vie sociale qui permettent la confiance (Roché 1996). Elles rassemblent les comportements qui menacent « l'ordre en public » c'est-à-dire ce que tout un chacun considère comme une situation « normale » dans laquelle on peut paisiblement vaquer à ses occupations quotidiennes. On y range pêle-mêle l'irrespect des codes sociaux comme la politesse, les abandons d'objets (caddie, vêtements, véhicules calcinés), les dégradations (de boîtes aux lettres, murs, voitures), l'agressivité (les insultes, menaces), l'occupation de montées d'escalier, les bruits et autres troubles de voisinage. Notons au passage que l'ordre en public menacé n'est pas celui des « dominants », mais essentiellement celui des couches populaires.

Ces incivilités sont bien connues par ceux qui les pratiquent au quotidien, mais elles sont mal dénombrées. Différents organismes logeurs ou sociétés en tiennent une comptabilité (par exemple les tag dans le métro), mais en France il n'existe que de très rares enquêtes d'opinion qui leur soient consacrées ou de tentative systématique de comptage. Les mesures systématiques du phénomène en tendance étant par conséquent indisponibles ou embryonnaires (à la SNCF, RATP, dans certains offices HLM, etc.) pour des raisons à la fois politiques et pratiques (comment diversifier les indicateurs pour suivre les divers désordres, qui les compileraient, etc. ?), nous ne disposons au mieux que d'indicateurs issus de la statistique de police pour les dégradations et destructions dont on peut défendre qu'ils ne mesurent pas bien les volumes mais assez correctement les évolutions. Entre 1974 et 1994, tandis que le nombre de vols est multiplié par 2, les dégradations le sont presque par 6. Il n'est pas impossible que ces problèmes de cohabitation soient en rapport avec la croissance de l'indésirabilité des voisins qu'Olivier Galland a souligné entre 1981 et 1990 (Galland, 1994). Mais d'un point de vue statistique nous n'en savons guère plus.

On analyse régulièrement les questions de la déviance et de la délinquance en prétextant un défaut de citoyenneté sans avoir pris le temps de regarder le rôle de la civilité. Mettre l'accent sur ces nuisances diverses conduit à rappeler l'importance des règles quasi invisibles de la vie ordinaire. Elle n'est jamais aussi éclatante que lorsqu'elles se dissipent. Les civilités témoignent de la possibilité d'existence d'un monde commun : en permanence elles nous rappellent le processus de civilisation des mœurs (on pourrait aussi dire d'acculturation), le fait que nous partageons un code collectif minimum qui organise nos relations sociales. La littérature étrangère (Wilson et Kelling 1982, Skogan 1990) a suggéré que les incivilités, qui ne sont pas nécessairement « hors la loi », poussent au repli hors de la vie sociale, favorisent la méfiance pour nos institutions (la police, la justice, le maire, etc.). À terme, elles favorisent la délinquance proprement dite. Elles sont un maillon indispensable de la chaîne qui unit pauvreté et ségrégation à la délinquance, sans lequel on ne peut trouver de passage de l'une à l'autre.

7 LES CONTRÔLES

La Déclaration des droits de l'homme garantit en principe la sécurité. Dans une période comprise entre le milieu du XIXe siècle et la fin de la Deuxième Guerre mondiale, l'État se donnait comme objectif affiché de monopoliser la violence légitime et semblait en bonne voie de le faire. Depuis une trentaine d'années, les choses se sont notablement complexifiées. Si les administrations publiques ne peuvent se désaisir brutalement de leurs fonctions régaliennes, leur efficacité s'érode et cet affaiblissement s'accompagne d'un transfert de compétences vers de nouveaux acteurs. En dépit de la décentralisation, dans un pays qui accorde une place centrale à l'État comme la France (en matière de sécurité, les collectivités territoriales n'ont pas encore défini le rôle qu'elles voulaient jouer, et ce rôle dépend aussi des impulsions du gouvernement central), il s'agit d'une véritable révolution dont on est loin d'avoir pris toute la mesure.

7.1. La crise d'efficacité de la police et la justice d'État

Pour se rendre compte de la difficulté de l'État à satisfaire à la sécurité du citoyen, on doit regarder comment travaille sa police puisqu'elle constitue le premier maillon du système pénal. Il faut alors se pencher sur les taux d'élucidation qui représentent la part des faits pour lesquels on a réussi à identifier un auteur présumé (personne mise en cause) à qui un fait est finalement attribué. Il faut se garder de toute interprétation hâtive de ces taux, parce que les faits élucidés une année donnée peuvent avoir été commis l'année passée, ou plus tôt encore. L'arrestation d'une personne ne permet pas toujours de connaître tous les faits qui pourraient lui être reprochés et qui ne pourront donc pas tous être comptabilisés comme élucidés. Par ailleurs, suivant la nature des infractions constatées, la signification du taux peut varier. Une infraction à la législation sur les stupéfiants est nécessairement élucidée en même temps qu'elle est constatée (ADCF, 1994), et pour le vol à l'étalage les deux choses vont très souvent de pair (pas vu, pas pris). Il n'en va pas ainsi pour les cambriolages par exemple. Cependant si l'on se place en moyenne période, ces taux sont assez significatifs, pour peu que l'on prenne des précautions de lecture.

Le taux d'élucidation moyen (pour l'ensemble des infractions pénales) a sensiblement diminué depuis les années 60, puisqu'il a reculé de 30 % environ (Gassin, 1987). Les séries plus fines (par type d'acte) ne sont pas à notre connaissance présentées sur une période longue, et il faut se contenter d'une série à partir de 1972 (date d'une refonte de la classification) ou 1974. Prenons quatre exemples massifs dans leur quantité et qui touchent au quotidien la population : les vols concernant les automobiles ou ses accessoires (auto-radio, jantes, etc.), les cambriolages, les destructions et dégradations. On constate que l'efficacité policière continue à reculer, certes à un rythme inégal suivant les faits. Et, comme la police alimente le système pénal, si elle échoue à mettre la main sur un auteur, la justice ne pourra pas le juger. Il ne pourra être ni rappelé à la loi, ni puni.

Tableau 8 Taux d'élucidation de différents délits

Les cambriolages :

	1974	1979	1984	1989	1994
% élucidé	17	17	15	15	13
nombre faits	185 748	229 069	444 003	383 126	468 903

Les vols d'automobiles :

	1974	1979	1984	1989	1994
% élucidé	11	11	11	12	10
nombre faits	432 999	451 978	448 338	379 684	484 179

Les vols dans les automobiles :

	1974	1979	1984	1989	1994
% élucidé	11	12	8	8	8
nombre faits	165 594	352 444	720 360	700 745	821 437

Les destructions, dégradations (hors incendies, explosifs) :

	1974	1979	1984	1989	1994
% élucidé	23	21	16	18	13
nombre faits	61 767	126 631	225 366	229 820	418 902

On entend souvent dire que la réponse pénale laisse le délinquant jouir d'une certaine impunité, ce qui ne peut qu'encourager à commettre des infractions. Les théories qui privilégient la rationalité de l'acteur et insistent sur le déclin de la capacité des institutions à punir trouvent dans ces taux un argument de choix pour soutenir qu'il y a là un facteur crucial. L'impunité croissante serait l'explication centrale de la tendance à la montée de la délinquance. Le délinquant potentiel évaluant gains et pertes serait d'autant plus incité à passer à l'acte que les risques d'être pris sont faibles. C'est une argumentation à laquelle la police est d'ailleurs un peu plus sensible que par le passé. Il reste que si cet éclairage est assez plausible et défendu par les théories de la prévention situationnelle et les travaux empiriques qui la documentent, il résiste plus difficilement à un examen approfondi, en tout cas dans sa version la plus radicale. Ce raisonnement fait peu de cas de l'analyse diachronique. Retournons-le. En effet, si la police a vu sa capacité à élucider les affaires diminuer substantiellement depuis une trentaine d'années, on ne saurait voir dans la faiblesse des taux d'élucidation la cause essentielle de l'intensité de la délinquance que nous connaissons aujourd'hui. Dans les années soixante la police élucidait beaucoup mieux les affaires. Et ce fort taux de réussite policier n'a pas empêché la croissance continue de la délinquance. Paradoxalement encore, des incarcérations plus fréquentes pour cause d'efficacité policière pourraient accélérer la crise que traversent les prisons. Sans doute de nombreux citoyens aspirent à une amélioration de l'appareil pénal (qui peut souhaiter être mal reçu au commissariat et voir sa plainte contre X classée sans suite), mais il ne faudrait pas croire que c'est de lui principalement que dépend le niveau de sécurité atteint dans un pays.

Il serait assez long de montrer les difficultés de la justice, à côté de celles de la police. Il nous suffit ici de souligner comment les jugements prononcés pour les 10 % d'affaires traitées sur l'ensemble de celles qui sont signalées et transmises par la police suffisent à saturer le système. La construction de nouvelles places a permis d'augmenter les capacités d'accueil, mais les prisons sont plus pleines que jamais depuis la fin de la Deuxième Guerre mondiale. Sur les 25 dernières années, on passe de 29 000 détenus en 1970 à 38 600 en 1984 et à plus de 50 000 pour 1994. Et ce malgré l'essor du travail d'intérêt général effectué principalement au profit des communes, dont témoignent les statistiques de l'application des peines (2 200 peines en 1984, 14 000 en 1992). Le système donne l'impression de pouvoir punir toujours plus (en allongeant la durée de la détention), et plus largement sans qu'un effet dissuasif net soit enregistré. Il est vrai qu'on a beau renforcer les sanctions sur une petite proportion des auteurs (ceux qui sont identifiés), il ne faut peut-être pas en attendre un effet plus général.

7.2. Quelle place pour l'État en matière de sécurité intérieure ?

Le rôle de l'État évolue sous les pressions conjuguées de la crise de légitimité qu'a bien traduit la montée en puissance de l'idéologie néo-libérale, la crise financière avec les déficits et la dette publique, et la crise d'efficacité des rouages de l'État-providence et du service public dans des domaines aussi variés que la santé, l'emploi ou la sécurité. Si dans les deux premiers domaines une réflexion est largement d'actualité, une mobilisation sociale a pu avoir lieu, il n'en va pas de même pour le troisième. Les tenants du minimum d'État, du « mieux d'État », les défenseurs du *workfare*, les contempteurs du *slavefare* se sont largement affrontés dans la foulée des débats américains. Et c'est le signe d'un certain dynamisme politique. Mais, n'est-il pas étrange qu'en matière sécuritaire aucune doctrine consolidée ne s'affronte (la discussion opposant les défenseurs de la liberté d'aller et de venir, les droits de l'homme à ceux qui relèvent que la première des libertés est la sécurité n'en est pas une tant elle est courte) ? Peut-on essayer de savoir quelle va être la place de l'État dans la garantie de la sécurité ?

En tant que pourvoyeur direct de sécurité par la mise en branle de ses administrations pénales, l'État va indiscutablement voir son rôle relatif diminuer. Bien sûr, les responsables ne peuvent que le reconnaître à demi-mot et vont toujours nous rassurer en expliquant qu'il va garder sa capacité à piloter un dispositif sécuritaire de plus en plus partenarial (la loi sur la sécurité intérieure de 1994 dite « loi Pasqua » en est le témoignage législatif le plus fort, mais en continuité avec la législation du secteur marchand de la sécurité par le gouvernement socialiste en 1983).

Les polices municipales augmentent leurs effectifs mais elles pèsent relativement peu. En octobre 1984, on trouve 5 641 policiers municipaux répartis dans 1 748 communes et en octobre 1993 ils sont 10 977 dans 2 849 communes (*cf.* rapport Balkany). Les secteurs confiés au privé se multiplient, le nombre d'agents travaillant dans les entreprises de sécurité est presque aussi élevé que celui des policiers (plus de 10 000 contre 120 000 en France, autant dans chacun des secteurs en Angleterre, deux fois plus dans le privé aux États-Unis). Des responsabilités sont transférées aux assureurs (lutte contre la fraude), aux banques (traitement des chèques sans provision), etc. Mais il y a plus. D'une part, les entreprises de sécurité sont diverses sociétés qui louent les services et deviennent de véritables pourvoyeurs de la police et de la justice sur la base de critères qui sont les leurs ou ceux de leurs employeurs (Ocqueteau, 1992), et non plus directement ceux des administrations pénales. C'est le cas dans tous les « espaces privés collectifs » (hypermarchés, résidences, etc.). D'autre part, sous l'impulsion d'un recours croissant aux technologies de télésurveillance (dont la vidéo est la plus médiatisée), diverses collectivités locales deviennent les clients des sociétés de sécurité (comme le sont d'ailleurs les grandes entreprises publiques) qui disposent de la maîtrise technologique mais aussi d'une main-d'œuvre beaucoup moins dispendieuse et moins syndiquée que celles des fonctionnaires de police nationale ou même municipale : en conjuguant légitimité politique de l'élu et technologie de surveillance on voit naître un nouveau système hybride de sécurité dans lequel la maîtrise ne peut être uniquement publique.

La police nationale peut-elle espérer renverser la tendance en traitant plus efficacement la petite délinquance ? Pour le moment, on peut penser que la logique d'ordre public reste forte (c'est-à-dire celle qui se soucie des institutions plus que des particuliers), complétée par le souci pour certains actes délinquants. Les spécialistes de la police et les experts de la sécurité parlent des fonctions de « haute » et de « basse police », la haute police c'est le « flag », « faire des crânes », et plutôt ceux de bandits notoires, la basse, c'est tout ce qui concerne la police administrative (les différends entre voisins ou dans les familles, etc.), l'îlotage, la prévention qu'on ne sait trop comment mesurer (Montjardet, 1991). Pourtant différents documents récents traduisent une prise de conscience au plus haut niveau du peu d'attention accordée aux affaires des personnes privées. Par exemple, le rapport Genthial (1995), rédigé par l'ancien directeur de la police judiciaire, pour le compte de l'IPGN (Inspection générale de la police nationale) explique, chiffres à l'appui, que la police ne s'intéresse que de loin à la petite délinquance. Un des points saillants du rapport concerne la dégradation du service rendu par la police nationale. En insistant notamment sur les cambriolages qui font rarement l'objet d'une investigation technique, et dont on sait pourtant qu'ils engendrent un fort sentiment d'insécurité chez ceux qui en sont victimes, corollaire de la perte de confiance dans les institutions qui doivent garantir la sécurité publique. Ce rapport s'inquiète de la perte de « professionnalisme » par la police qui traite en priorité certaines affaires à ses yeux plus importantes. En réalité, c'est parce qu'elle s'est professionnalisée et nationalisée qu'elle s'est éloignée des préoccupations du citoyen. Elle a bâti son code de valeurs autour de la « haute police ». Elle s'est vue confier comme tâche essentielle la sécurité des institutions. Sa légitimité venant des sommets de l'État, pourquoi se tournerait-elle d'abord vers l'usager ?

La lutte contre la déviance va probablement prendre trois directions principales. D'abord, la technicisation, c'est-à-dire le recours à des technologies de plus en plus sophistiquées, des investissements dans des matériels coûteux plutôt que dans les hommes. Ce sont les « bracelets électroniques » comme moyens de contrôle à distance et substitut de l'incarcération qu'on trouve déjà outre-Atlantique (*cf.* le rapport de Guy Cabannel) et dont les déclarations de l'ancien garde des Sceaux Jacques Toubon augurent de l'apparition prochaine (pour ne pas réduire la question à une querelle idéologique, souvenons-nous qu'un homme comme Gilbert Bonnemaison, il y a plusieurs années déjà, en avait proposé l'utilisation). Mais pas seulement. Pour mettre un policier dans la rue, il faut en embaucher environ sept d'après les calculs de la cellule d'analyse et de méthode de l'Inspection générale de la police nationale. Avec les caméras, tout est différent. De plus, certaines expériences de « co-veillance » étudiées par le Centre scientifique et technique du bâtiment laissent penser que les locataires de l'habitat social en font un support de sociabilité voire de ré-appropriation des espaces collectifs (Dard, Laumaunier, Mallein et Toussaint, 1996). Enfin, le développement de la police scientifique et technique est annoncé par la loi Pasqua de 1994 et correspond bien à une stratégie possible de revalorisation de la lutte contre la petite délinquance au sein du monde policier. La sophistication technique anoblit son utilisateur par le savoir qu'elle lui suppose.

Deuxième direction, la lutte contre les incivilités ou désordres. On les trouve à l'état de concentré dans les banlieues médiatisées, mais leur horizon est beaucoup plus large. Les antennes HLM, les mairies et associations, les Maisons de Justice doivent faire face à des demandes nombreuses de régulation de désordres que le Palais de Justice ou l'Hôtel de Police semblent mal armés pour traiter tant leurs réactions sont lourdes à mettre en œuvre. Il reste à savoir quels acteurs vont se saisir de cette demande sociale : élus locaux, administrations, quitte à réformer leurs modes d'action, sociétés privées de gardiennage. Elles font désormais l'objet d'un affichage de politique publique : désignées comme objet d'action de la police par le Premier ministre dans son discours de politique générale en 1995, présentées comme cible du Pacte de relance pour la ville en février 1996, ou encore par le ministre de l'Intérieur, J.-P. Chevènement, lors du colloque de Villepinte à l'automne 1997. Ce début de prise en considération par le discours politique de ce qui est perçu comme déviant (bien que rarement incriminé par le système pénal) soulève de nombreuses interrogations. Et, la réaction de certains élus locaux au cours des étés derniers a peut-être préfiguré certains aspects de l'extension des contrôles sociaux, lorsque ce qu'on a appelé « la chasse aux mendiants » s'est généralisée. Les prises de position par rapport aux décisions des municipalités ne s'étaient pas fait attendre. On a parlé d'erreur grossière, de solution facile. Mais l'émergence du problème traduit la position du maire qui relaie des craintes de la population sans avoir de base légale solide pour le faire. La question soulevée par la présence de mendiants au centre des villes est, d'une part, que ces jeunes gens (sur la sociologie de ces populations en errance, voir le rapport de François Chobeau, 1995) apportent avec eux un ensemble de pratiques qui dérangent : des spectacles de rues sommaires, la revente d'objets, le « deal », mais aussi ce qu'on connaît déjà pour les banlieues, à savoir des groupes qui se logent dans les montées d'immeubles ou comme à Mende, sous le porche de l'église, obligeant les mariés à passer par-dessus leur duvet et différents détritus et salissures. D'autre part, leurs pratiques de mendicité variées, dont certaines vont jusqu'à la « manche forcée » : lorsque quatre hommes un peu ivres accompagnés d'un chien vous demandent une pièce, il n'est pas toujours facile de dire non. Et s'il n'est pas tellement surprenant que ces comportements ne soient pas proscrits par la loi, il ne l'est pas plus qu'ils soient si difficilement supportés par ceux qui les vivent au quotidien.

Enfin dernière direction, l'aménagement de l'espace pour lutter contre les opportunités délinquantes : c'est la prévention situationnelle dont le théoricien le plus fameux est Ronald Clarke (voire notamment Clarke, 1993 ; Clarke et Weisburd, 1994). Le débat sur son efficacité est ouvert, mais on peut penser façonner les conduites en intégrant le souci sécuritaire dès la conception de bâtiments (pré-équipements de surveillance, de filtrage d'entrées, etc.) ou de quartiers (par la conception urbanistique des lieux). En Grande-Bretagne, une circulaire de 1994 rend la prise en compte de la sécurité obligatoire en matière d'agencement de l'espace. Cette voie est favorisée par le fait que la répression comme la prévention sociale traditionnelle n'a pas pu empêcher la montée de la violence, et qu'on lui cherche des solutions alternatives : une autre prévention qui agirait sur l'individu en rendant le passage à l'acte plus délicat et non plus en réformant sa personnalité. Cette prévention convient au travail policier, au besoin des logeurs, aux logiques des élus locaux. Technologie, incivilités, prévention situationnelle : qui dans ces trois secteurs va organiser les dispositifs d'action ? Et quelle peut être la place de l'État dans l'encadrement des technologies (quand les bandes vidéo ne sont pas des fichiers assujettis aux lois qui protègent la vie privée, et quand l'État utilise ces technologies pour son propre compte : surveillance des manifestations, écoutes téléphoniques), dans la gestion de l'insécurité ordinaire (quand le partenariat peut servir à renvoyer les responsabilités sur, par exemple, les offices HLM qui ne sont pas forcément prêts à les assumer), dans l'incitation à la protection (sans favoriser par là même une ségrégation spatiale renforcée) ? Il est difficile de le dire. Il est même difficile de le penser tant nous avons du mal à accepter les transformations des données du problème.

CONCLUSION

La délinquance qu'on connaît aujourd'hui n'est pas conflictuelle puisqu'elle est largement anonyme (absence de relations auteurs-victimes avant la commission de l'acte) et, pour les petits délinquants n'est pas vécue dans les termes de la « lutte de classe » (Dubet, 1984). Et, de ce fait, la question de la force intégrative du conflit (présentée par des théoriciens comme Simmel, Coser, etc.) ne peut lui être appliquée. La déviance contemporaine semble devoir être lue à travers le prisme de la progression de la liberté des individus à disposer d'eux-mêmes. D'une part, et c'est une spécificité de la période, on enregistre un parallélisme entre la montée de la consommation de drogue, de la délinquance, du suicide, comme si certaines normes s'érodaient. D'autre part, les réactions sociales sont très différenciées suivant qu'on accorde ou non à l'individu le droit à disposer de lui sans menacer l'idée de collectivité. Il semble que les perceptions de la déviance ne peuvent s'analyser seulement par rapport à l'intensité de la violation de la règle mesurée par ses conséquences pour un individu, mais aussi en regard de la fréquence de profanations mineures *(cf.* les incivilités).

Notons que, contrairement à une entreprise qui doit mettre la clé sous la porte si ses clients sont mécontents et « fuient » vers d'autres produits commercialisés par d'autres firmes, la police et la justice ne sont pas directement menacées par leur perte d'efficacité puisque leurs usagers ne peuvent fuir (si on transpose la grille d'analyse en termes de prise de parole et de défection de A. Hirschman, 1972) : pour la majorité d'entre eux, en raison de leur pouvoir d'achat insuffisant, il n'y a pas de police alternative. Malgré la perte de crédit des administrations pénales dans l'opinion, il n'en reste pas moins vrai que plus les règles sont désacralisées (plus il y a de délits), plus on leur demande le contrôle de la déviance : des lois plus dures, des institutions plus présentes. C'est parce qu'on croit moins à la prégnance des normes qu'on exprime le besoin croissant d'un garant sur un secteur toujours plus vaste, et qui s'étend aujourd'hui à la question des incivilités.

L'imaginaire politique à la française reste marqué par l'idée d'une monorégulation d'État, et cet imaginaire perdure alors même que les conditions concrètes d'exercice des contrôles dans le pays se sont transformées. D'une manière plus générale, le débat public se focalise sur des questions de principe bien souvent obsolètes (comment « faut-il accepter les entreprises de sécurité ? » au moment où elles emploient presque autant de personnels que la police nationale, que cette dernière continue à laisser filer des tâches nouvelles vers le privé, et que par conséquent cette évolution n'est pas réversible à court terme), ou des questions de répartition institutionnelle des responsabilités et des rôles (comment « faut-il organiser les services au plan communal, intercommunal, départemental ? ») qui suppose que c'est de l'organisation des services qui ont *juridiquement* en charge la délinquance que dépend le niveau *réel* de la délinquance, aux dépens d'une analyse en profondeur du phénomène délinquant. En se focalisant sur les entrepreneurs moraux on se détourne des conditions sociales qui engendrent la délinquance (ou la limitent). La variation du niveau des vols, cambriolages et autres agressions dans une société dépend d'une part de la vulnérabilité des hommes et des choses, d'autre part de la force des normes morales dans le corps social lui-même (c'est-à-dire de sa capacité à les imposer et à les faire intérioriser à chacun), et enfin de la régulation à la marge de l'ensemble par les institutions pénales. Il reste à construire un espace public digne du concept pour penser collectivement et politiquement la sécurité sous peine de voir s'installer par petites touches des modes de gestion que personne ne désire, sans que la population s'en rende compte. Il va sans dire qu'il n'y aura pas de retour en arrière à court terme : une fois des fonctions, voire des secteurs attribués à des entreprises, on ne doit guère s'attendre à ce que l'État les « rachète », et ce d'autant plus que perdure la crise des finances publiques.

BIBLIOGRAPHIE

ANSELME M. (1993), « Le lien sécuritaire : mettre en ordre le désordre quotidien », *RIAC*, 30/70, p. 29-38.

BAILLEAU F. (1985), « Incidence de la notion d'enfance en danger sur les statistiques pénales concernant les mineurs », *L'Année sociologique*, 35, p. 311-325.

BAILLEAU F. (1996), *Les jeunes face à la justice pénale*, Paris, Syros.

BALKANY P. (1993), *Les polices municipales*, rapport au Premier ministre (non publié).

BECKER, H. (1985), *Outsiders*, Paris Métailié.

BOUCAUD D., HAUDEBOURG J.-F. et LÉON H. (1993), *Les clichés d'une insécurité ordinaire, analyse des pratiques et représentations sécuritaires dans la cité HLM des Dervallières à Nantes*, AURES Nantes, Rapport pour l'IHESI.

BUI TRONG L. (1993), « L'insécurité des quartiers sensibles : une échelle d'évaluation », Les *Cahiers de la sécurité intérieure*, 14 (août-octobre), p. 235-247.

CABANNEL G. (1995), *La détention provisoire*, Rapport pour le Sénat.

CARRÉ J.-R. et ZUCKER É. (1989), *Mortalité et morbidité violentes dans la population des jeunes de 15-24 ans*, Paris, La Documentation française.

CESDIP (collectif) (1994), *Les coûts du crime*, Paris, L'Harmattan.

CHESNAIS, J.-C. (1981), *Histoire de la violence*, Paris, Laffont.

CHOBEAU F. (1996), *Les jeunes en errance*, Rapport réalisé pour le compte du ministère de la Jeunesse et des Sports (non publié).

CLARKE R. (1980), « Situational crime prevention : theory and practice », British Journal of Criminology, 20 : 136-147.

CLARKE R. (1993) (ed.), *Crime prevention studies*, New York, Criminal Justice Press.

CUSSON M. (1990), *Croissance et décroissance du crime*, Paris, PUF.

DARD Ph., LAUMAUNIER Ch., MALLEIN Ph. et TOUSSAINT Y. (1996), *Télésurveillance et gestion de l'habitat public*, Paris, CSTB, Rapport pour le PIR-villes et l'IHESI.

DAVIDOVITCH A. et BOUDON R. (1964), « Les mécanismes sociaux des abandons de poursuite », *L'Année Sociologique*, p. 112-244.

Données Sociales (1993), *La société française*, Paris, INSEE.

DUBET F. (1987), *La galère*, Paris, Le Seuil.

ÉLIAS N. (1973), *La civilisation des mœurs*, Paris, Calmann-Lévy.

FORSÉ M. et LANGLOIS (1995), *Tendances comparées des sociétés post-industrielles*, Paris, PUF.

GALLAND O. (1997), *Sociologie de la jeunesse*, Paris, A. Colin.

GALLAND O. (1994), Âges et valeurs, *in* H. RIFFAUT (dir.), *Les valeurs des Français*, Paris, PUF, p. 251-296.

GASSIN R. (1987), Rapport de synthèse *in* F. BOULAN, *Les prisons dites « privées »*, Aix-en-Provence, Presses Universitaires d'Aix-Marseille et Économica.

GODEFROY T. et LAFARGUE B. (1993), *Les coûts du crime en France : l'estimation monétaire des délinquances*, coll. « Déviance et contrôle social », Paris, CESDIP.

GRÉMY J.-P. (1995), « La délinquance permet-elle d'expliquer le sentiment d'insécurité », *Les Cahiers de la sécurité intérieure*, 23-1 : 53-67.

GURR T. (1989), *Violence in America*, Londres, Sage.

HIRSHMAN A.O. (1972), *Face au délin des entreprises et des institutions*, Paris Éd. Ouvrières.

IHESI (1995), « Les jeunes délinquants persistants : entre mythe et réalité », *La Lettre de l'IHESI*, n° 12 (juin).

IHESI (1996), numéro spécial des *Cahiers de la sécurité intérieure*, « Délinquances quotidiennes », n° 23.

INSEE (1990), *Annuaire rétrospectif de la France, séries longues, 1948-1988*, Paris, édité par l'INSEE.

Le Gall G. (1994), *Les Français et la sécurité. L'État de l'opinion*, Paris, Le Seuil, p. 117-140.

Leblanc M. (1976-1977), « La délinquance à l'adolescence : de la délinquance cachée et de la délinquance apparente », *Les Annales de Vaucresson* 14, p. 15-52.

Les Cahiers de la sécurité intérieure (1996), numéro sur « Les délinquances quotidiennes », 23 (premier trimestre).

Mendras H. (1994), *La seconde révolution française*, Paris, Gallimard.

Milleron J.-C. (dir.) (1990), *Annuaire rétrospectif de la France, séries longues, 1948-1988*, Paris, INSEE.

Monjardet D. (1991), « Une mission sur un territoire. De la difficulté des policiers à entrer dans les politiques de prévention de la délinquance », *Bulletin de la revue du CLCJ*, 26 (numéro spécial, l'État de la police) : 77-81.

Naudau C. (1995), « Fraude, tricherie et corruption », in *L'État de l'opinion*, Paris, Le Seuil, p. 213-230.

Ocqueteau F. (1992), *Gardiennage, surveillance et sécurité privée*, coll. « Déviance et contrôle social », Paris, CESDIP.

Ogien A. (1995), *Sociologie de la déviance*, Paris, A. Colin.

Padieu R. (1991), « Intérêt et limites des corrélations statistiques », *Les Cahiers de la sécurité intérieure*, 4, 233-244.

Roché S. (1993), *Le sentiment d'insécurité*, Paris, PUF.

Roché S. (1994), *Insécurité et libertés*, Paris, Le Seuil.

Roché S. (1996), *La société incivile*, Paris, Le Seuil.

Roché S. (1998), *Sociologie politique de l'insécurité*, Paris, PUF.

Schweisguth É. (1995), La montée des valeurs individualistes, *Futuribles*, 200 (juillet-août), p. 131-160.

Simmat-Durand L. (1994), *Orientation et sélection des affaires pénales : une approche quantitative de l'action du parquet*, Paris, Université de Paris-1.

Skogan G. Wesley (1990), *Disorder and Decline : Crime and the Spiral of Decay in American Neighborhoods*, Ney York, The Free Press.

Skogan G. Wesley (1989), « The future of violent crime », *in* T. Gurr (ed.), *Violence in America* (vol. 1), Londres, Sage, p. 235-250.

Smith D.J. (1996), *Explaining Crime Trends, Themes in Contemporary Policing*, Londres, PSI, 1-14.

Stoetzel J. (1973), « La perception des menaces par les Français », *Sondages*, 4, 5-60.

Stoetzel J. (1984), *Les valeurs du temps présent*, Paris, PUF.

Syndicat des Commissaires et Hauts Fonctionnaires de la Police Nationale (1995), *La violence des mineurs*, document polycopié, 15 pages.

Tchernia J.-F. (1994), « Les Français et leur société » (chap. 6), *in* H. Riffault (dir.), *Les valeurs des Français*, Paris, PUF, p. 201-225.

Wildawsky A. (1982), *Risk and culture*, University of California Press.

Wilson J.Q. et Kelling G.L. (1982), « Broken Windows », *The Atlantic Monthly*, mars : 29-38, trad. fr. (1994), *« Vitres cassées », Les Cahiers de la Sécurité.*

Zauberman R. et Robert Ph. (1996), *Du côté des victimes, un autre regard sur la délinquance*, Paris, L'Harmattan.

Conclusion

CHANGEMENT DES MŒURS, PERMANENCE DES INSTITUTIONS

Nous avions souligné en introduction que rien n'imposait *a priori* que tous les diagnostics élémentaires, portés chapitre après chapitre sur les changements et évolutions des différents segments de la société, convergent entre eux. Peut-on néanmoins, au terme de l'ouvrage, trouver des éléments similaires ou bien constate-t-on, au contraire, une grande diversité des interprétations proposées ? La réponse qu'on peut faire ne peut qu'être relativement impressionniste. Elle nous paraît cependant assez nette : un même principe d'évolution est à l'œuvre chaque fois qu'il y a changement et les changements se situent plutôt dans le domaine général que nous pourrions appeler des mœurs, quand les permanences se concentrent plutôt dans le mode de fonctionnement des organisations et institutions, entendues largement.

Dans le détail, bien entendu, les diagnostics diffèrent par l'ampleur et le volume des changements qu'ils présentent ou par le détail des registres explicatifs qu'ils en proposent. Tous cependant font plus ou moins appel à un même principe d'interprétation pour rendre compte des évolutions : celui de la montée de l'individualisme, c'est-à-dire du souci de plus en plus répandu des personnes d'être autonomes, indépendantes, libres dans leurs choix vis-à-vis d'autrui et des normes qui réglaient autrefois les comportements.

La montée de l'individualisme est un thème classique et fort ancien de la sociologie. C'est aussi un thème très actuel du débat social. Il peut donc sans doute paraître fort banal de retrouver cette idée. L'élément important, c'est que d'autres thèmes, eux aussi fort classiques en sociologie, ne sont aucunement présents dans cet ouvrage et que les différents auteurs, confrontés aux évolutions de la société, n'ont pas cru devoir les mobiliser pour construire une explication des phénomènes qu'ils observaient.

La notion de « modernité », par exemple, n'est nullement mise à contribution dans toute son ampleur. Les grands penseurs de la modernité que sont Tocqueville, Marx, Durkheim ou, plus ancien, Auguste Comte sont, significativement, peu cités dans cet ouvrage. Certes, l'essor de l'individualisme est l'une des composantes de la modernité mais il y en a bien d'autres. Dans l'ordre du politique – avec la mise en place de régime démocratique –, dans l'ordre de l'économique – avec le développement du souci de la rationalité productive et du développement scientifique – dans l'ordre du religieux – avec la séparation du citoyen, laïque, et du particulier, libre de sa religion : toutes ces dimensions de la modernité sont parfois évoquées, elles n'ont pas le degré d'omniprésence de celle de l'individualisme. Ce n'est pas la « modernité » qui est la catégorie fondamentale.

Il importe de bien voir le point. Un trait est tiré. Comprendre l'évolution récente de notre société n'implique pas, n'implique plus, de devoir se repérer dans des périodes historiques longues au sein desquelles la Révolution française serait un repère fondateur, emblématique précisément de la mise en place progressive de la modernité dans notre pays. À certains égards, et sous une forme quelque peu paradoxale, on retrouve l'analyse classique de F. Furet sur la fin de la Révolution française ou l'idée d'Henri Mendras sur la nouvelle révolution française mais, là où ces deux auteurs ne pouvaient s'abstraire de cette référence fondatrice à la Révolution française, les analystes réunis dans cet ouvrage s'en passent fort bien. *A contrario*, et s'il y a bien nouveauté et renouvellement de la société française, on notera que ce n'est pas non plus la référence à la « post-modernité » que mobilisent ces auteurs.

Autre composante absente des analyses de l'ouvrage : l'industrialisation, plus largement le progrès technique. Le substratum technique et son changement, celui des connaissances rationnelles et du souci d'en tirer profit dans l'ordre matériel, ne sont guère évoqués, peut-être en raison du déclin des références marxistes dans l'analyse sociologique actuelle au profit d'un « retour de l'acteur ». Mais, précisément, ce « retour de l'acteur » se rattache assez bien au thème de la montée de l'individualisme.

La montée de l'individualisme est nette dans tout ce qui touche aux mœurs. Le livre souligne maintes fois que la permissivité et l'individualisme sont désormais des traits dominants des valeurs et des comportements des Français. Il ne fait pas de doute que les mœurs ont subi une évolution considérable, qui n'a fait que se confirmer par la suite, à partir du tournant des années soixante. L'individualisme dont il est question se fixe lui-même ses propres bornes car il concerne essentiellement la sphère privée et n'entend pas entrer en contradiction avec les règles sociales élémentaires qui organisent la vie collective. Rien ne montre pour le moment que cette primauté accordée à l'individu par rapport au groupe débouche sur une forme radicale qui mettrait en cause l'idée même de société. Cet individualisme se déploie d'autre part volontiers dans la coopération librement consentie, car les relations sociales, aujourd'hui plus choisies que subies, sont recherchées et valorisées et le cadre qui peut les organiser avec souplesse n'est pas rejeté s'il ne contraint pas trop fortement. Enfin, cet individualisme des mœurs n'empêche pas les Français d'attendre toujours de l'État qu'il les protège en assurant ses fonctions régaliennes.

Les rapports sociaux ont également connu de profondes transformations depuis une trentaine d'années : plusieurs auteurs de ce livre ont souligné l'atténuation des conflits de classe caractéristiques de la société française d'après-guerre, la baisse de la conflictualité, le développement de procédures de coopération et de négociation, même si le secteur public, où se concentrent de plus en plus les conflits, donne à l'opinion publique une image inverse qui contredit en partie l'évolution d'ensemble.

Mais la conflictualité n'a pas seulement baissé en intensité, elle a aussi en grande partie changé de nature. Comme l'a montré le chapitre 7, nous sommes passés d'une conflictualité qui se situait au cœur de la société et portait sur son orientation fondamentale à une « contestation d'exclus » qui se situe à ses frontières et porte sur les conséquences et la gestion de la modernisation. Cette décentration des conflits sociaux se manifeste également par le fait que l'horizon et les instances nationales en constituent un cadre d'organisation et de déroulement de moins en moins pertinent. Cette « territorialisation » des rapports sociaux se retrouve au niveau de la sociabilité, dans ce que celle-ci a de moins institutionnel. Le développement d'une sociabilité « néoconviviale » portée par les nouvelles couches moyennes s'enracine fortement dans le contexte local.

D'une manière générale, la régulation des relations sociales est moins souvent imposée et plus souvent « négociée » (chap. 4).

On notera, au passage, l'importance de l'élévation du niveau de formation. Cette élévation du niveau d'éducation est une des variables fortement structurantes de l'évolution de la société française tout entière. Ainsi les changements en matière de sociabilité en résultent probablement : si la possibilité de « choisir » ses relations ou la négociation de leur contenu, lorsque celles-ci prennent place dans un cadre institutionnel, se sont répandus, c'en est sans doute le résultat indirect compte tenu de l'importance que le niveau d'éducation peut avoir dans ce domaine de pratiques. Cet effet du niveau de formation est également très sensible dans le domaine idéologique où il polarise les comportements, opposant de plus en plus systématiquement les Français qui expriment un besoin de sécurité, une défiance à l'égard des dirigeants, une crainte à l'égard de l'avenir, un attachement au cadre national, à ceux qui adhèrent au libéralisme culturel et sont favorables à l'intégration européenne.

L'élévation du niveau de formation a eu encore des effets considérables sur les attitudes féminines – on retrouve l'évolution des mœurs et des relations interpersonnelles – dont le changement constitue une des transformations les plus considérables des rapports qui s'établissent entre les Français. Sur le marché du travail comme dans la famille, les femmes, sans parvenir à une position d'équivalence avec leurs partenaires masculins, adoptent désormais des comportements très proches de ceux des hommes. On peut y voir là encore une nouvelle manifestation de la montée de l'individualisme. Dans la sphère familiale par exemple, la traditionnelle complémentarité des rôles masculins et féminins, laisse la place à une association contractuelle de destinées individuelles et un accord des sentiments qui peut aboutir à la séparation dès que le « contrat » n'apparaît plus satisfaisant à l'une ou l'autre des parties.

Un des paradoxes de la société française est que ces transformations nombreuses et importantes des comportements, de l'idéologie des Français et des rapports qu'ils nouent entre eux, se sont effectuées à l'intérieur de structures dont l'architecture a peu évolué. Les tensions, les craintes, le pessimisme, qui semblent plus marqués dans notre pays que dans d'autres de même niveau économique, sont peut-être un facteur et en même temps une conséquence de cette relative invariance des organisations collectives.

Certes les structures de classe se sont affaiblies. Mais l'examen du système de stratification sociale présenté au chapitre 2 est éclairant à cet égard : les positions relatives de chaque groupe social sont finalement restées assez stables. Si la mobilité sociale a été importante, les mouvements enregistrés n'ont pas fondamentalement transformé la place respective de chaque groupe social par rapport à l'autre. Les mouvements ici enregistrés suggèrent des glissements lents et fort progressifs, non les changements massifs, voire révolutionnaires dont il est fait état à propos des mœurs.

De même l'institution familiale, malgré l'évolution spectaculaire des comportements, demeure finalement assez stable dans ses fonctions et dans les attentes de ses membres à son égard. Le couple, même fragilisé par la montée du divorce, demeure une référence centrale dans les projets des individus. Plus encore, les relations de parenté demeurent extrêmement vivaces : les échanges entre parents sont intenses et forment un réseau de solidarité dont la vitalité ne s'est pas démentie depuis une vingtaine d'années (chapitre 3).

Le système éducatif est un autre exemple évident d'une relative stabilité de nombre d'institutions organisationnelles de la société française. Confrontées à une transformation rapide et massive des comportements des usagers, l'avènement d'une école et d'une université de masse n'a, jusqu'à présent, pas entraîné de transformations majeures dans l'architecture institutionnelle du système éducatif, ni dans son organisation pédagogique.

Plus globalement, le chapitre 6 montre que malgré la volonté de réformer les modes d'intervention sociale, dans le sens d'une plus grande décentralisation et concertation (en conformité donc avec l'évolution générale des mœurs et la progression de la demande d'autonomie individuelle), les caractéristiques traditionnelles de l'intervention étatique en France (fondées sur le centralisme et la définition catégorielle des problèmes) restent très marquées.

Même dans le domaine productif où les transformations structurelles ont été les plus importantes en France, le bilan est nuancé. Des formes nouvelles d'organisation du travail, post-tayloriennes, sont apparues, la participation et la mobilisation autour de projets d'entreprise se sont développées, mais la majorité de la population active se trouve dans de petites entreprises où ces innovations ont eu une faible portée.

Finalement, si l'on essaie de faire la balance, au terme de l'examen des évolutions enregistrées dans la société française, des changements et des permanences, les premiers semblent l'emporter dans les mœurs et les relations interpersonnelles alors que les secondes dominent dans les organisations.

Index des notions

M

N

O

P

R

S

T

U

V

Table des matières

Armand Colin
21, rue du Montparnasse • 75006 Paris

N° projet 10091202 - (II) - (3) - OSBB 100 - CGP

Achevé d'imprimer sur les presses de la
SNEL S.A.
Rue Saint-Vincent 12 - B-4020 Liège
tél. 32(0)4 344 65 60 - fax 32(0)4 343 77 50
novembre 2001 – 23222